Spuren suchen –
Landschaften entdecken

Gregor C. Falk · Dirk Lehmann (Hrsg.)

BERLIN

Stadtexkursionen

Mitherausgegeben unter
wissenschaftlicher Beratung
von Michael Kling

Klett PERTHES

Die Deutsche Bibliothek – CIP-Einheitsaufnahme

Berlin : Stadtexkursionen / Hrsg.: Gregor C. Falk ; Dirk Lehmann. –
Gotha ; Stuttgart : Klett-Perthes, 2001
    (Spuren suchen – Landschaften entdecken)
    ISBN 3-623-00638-6

Anschriften der Herausgeber:
G. C. Falk, Maffeistr. 10, 12307 Berlin
D. Lehmann, Elberfelder Str. 25, 10555 Berlin

**Mitherausgegeben unter wissenschaftlicher Beratung von
Michael Kling**

Autoren:
T. Bock, C. Falk, G.C. Falk, G. Haß, M. Kling, D. Lehmann,
W. Radatz, A. Stier

Titelfoto:
Das neue Berlin – Spreebogen mit Baustellen, Kanzleramt, Bundestags-
bauten und Reichstagsgebäude; Lehnartz Berlin

Übrige Quellennachweise:
S. 342

ISBN 3-623-00638-6
1. Auflage

Druck und buchbinderische Verarbeitung:
Salzland Druck & Verlag, Staßfurt
Einbandgestaltung, Herstellung und Lektorat:
Silvia Einsporn, Ulrike Glauner, Dr. Klaus-Peter Herr, Sylvia Pietsch

http://www.klett-verlag.de/klett-perthes

Inhalt

Vorwort

Die Berliner Redewendungen „Berlin, wie haste dir jewandelt"
und „Berlin, wat biste scheen" unterstreichen zwei zentrale
Aspekte, die der Exkursionsführer Berlin aufgreift. Das erste
Zitat dokumentiert die wechselvolle Erfolgs- und Misserfolgs-
geschichte einer fast 800 Jahre alten Stadt, die es trotz zahlreicher Rückschläge und ihrer peripheren Lage zu den meisten
anderen bedeutsamen europäischen Metropolen immer wieder
geschafft hat, eine Spitzenposition im Wettbewerb europäischer
Großstädte einzunehmen. Der Wandel Berlins spiegelt sich nicht
nur in historisch-politischen Fakten wider, sondern wird über-
dies durch alle Bereiche des städtischen Lebens nachgezeichnet.
Dazu zählen architektonische und physiognomische Besonder-
heiten der Stadtlandschaft sowie die Entwicklung der Verkehrswege und der zahlreichen Grünanlagen.

Die Texte und Exkursionsvorschläge in diesem Buch sollen
dabei behilflich sein, Veränderungen zu verstehen und vor Ort
zu erleben. Dabei wird in die Geschichte zurückgeblickt, um auf
der Basis historischer Kenntnisse und geographischer Informationen die Stadtentwicklung durch die Jahrhunderte zu erfas-
sen, den heutigen Zustand zu verstehen und zukünftige Entwicklungen abzuwägen.

Es versteht sich quasi von selbst, dass die Stadt primär vom
Wesen seiner Einwohner und ihren Sorgen, Nöten und Freuden
geprägt wird. Hier greift dann auch das zweite Zitat, das die
Verbundenheit der Berliner mit ihrer Stadt und ihren Stolz, hier
leben zu können, ausdrückt. Dies gilt uneingeschränkt auch für
den Kreis der Autoren dieses Buches.

So beschreibt WERNER RADATZ, der ehemalige Kirchenpräsi-
dent der Evangelischen Kirche der Union und gebürtige Berliner, zahlreiche Aspekte des religösen Lebens der Stadt. Er beschränkt sich dabei nicht nur auf die protestantischen Christen
und die evangelischen Kirchenbauwerke, sondern zeigt auch
Spezifika vieler harmonisch mit- und nebeneinander in Berlin
wirkender Glaubensgemeinschaften auf. Der Geograph MICHAEL
KLING, Mitautor zahlreicher Berlinbücher, Studienrat und hoch-
kompetenter Berlinexperte, diskutiert die wirtschaftliche Entwicklung der einstigen Industriemetropole hin zum Dienstleis-
tungsstandort. Neben einer Exkursion, die zu zahlreichen
Bauten des Nationalsozialismus führt und das architektonische
Gedankengut dieser Zeit kritisch hinterfragt, lädt ein weiterer
von ihm verfasster Beitrag zu einem Streifzug durch den Wedding ein. Herrn KLING sei an dieser Stelle ganz besonders für

seine wissenschaftliche Beratung bei der Erstellung des Werkes und die abschließende kritische Durchsicht des Manuskriptes gedankt. Die Historikerin und Lehrerin CLAUDIA FALK beleuchtet die Grundzüge der historischen Entwicklung der Stadt und führt diese den Leserinnen und Lesern in einem Stadtspaziergang vom alten Stadtkern zum Brandenburger Tor plastisch vor Augen. In den Texten des Germanisten THILO BOCK, der bereits für seine kreative Belletristik bekannt ist, erfährt man einiges über die multikulturelle Vielfalt und die wissenschaftlichen Potentiale unserer Stadt. Der Geograph und Biologe GERRET HAß widmet sich in seinen Beiträgen der Bedeutung des reichlich vorhandenen Wassers als Wirtschafts-, Verkehrs-, Siedlungs- und Freizeitraum. Ferner vergleicht er auf zwei Erkundungsgängen die Architektur, die Bevölkerungsstruktur und die Entwicklung der Großwohnsiedlungen Marzahn und Märkisches Viertel. Einer viel früher, noch vor dem Zweiten Weltkrieg errichteten Großwohnsiedlung, der Hufeisensiedlung in Britz und dem gleichnamigen Ortsteil, widmet sich der Studienrat ANDREAS STIER, der lange Zeit selbst in diesem Teil des Bezirks Neukölln gelebt hat. Stadtplanerische Aspekte hinsichtlich der Entwicklung des Citybandes zwischen Kurfürstendamm und Alexanderplatz, die ökologische Vielfalt des Stadtgebietes und die Genese der Verkehrsinfrastruktur werden in den Beiträgen des Geographen und Studienassessors DIRK LEHMANN vorgeführt. Den ausgesprochen vielseitigen Ortsteilen Köpenick und Marienfelde mit seinen geschichtsträchtigen und neuen Bauwerken sowie den physisch-geographischen Merkmalen Berlins begegnet man in den Texten des promovierten Geographen GREGOR C. FALK.

Gemeinsam mit dem Autorenteam haben die Herausgeber versucht, ein Stück Berlin-Literatur zu schaffen, das auf anspruchsvolle, wissenschaftlich fundierte, aber dennoch verständliche Weise wesentliche Facetten unserer Stadt erlebbar macht. Die ungemeine Vielfalt Berlins zwang jedoch dazu, die Exkursionen auf lokale Beispiele und die einleitenden Kapitel auf Wesentliches zu beschränken. Eine eigene, vertiefende Spurensuche und das Studium einiger in der Literaturliste angegebener Werke kann aber dazu beitragen, das von den Autoren umrissene Berlinbild zu erweitern und zu konkretisieren.

Dieses Werk richtet sich an diejenigen unter den jährlich über vier Millionen Berlinbesuchern, die nicht nur einen oberflächlichen und dadurch oftmals verfälschten Eindruck von der Metropole im Reisegepäck nach Hause nehmen wollen. Darüber hinaus lädt es alle neu zugezogenen und alteingesessenen Berlinerinnen und Berliner ein, ihr Lebensumfeld auf intensive Weise und immer wieder neu kennen zu lernen, indem sie den Erlebnissen der Autoren folgen, die beim Recherchieren und Abschreiten der Exkursionen oft selbst überrascht und fasziniert davon waren, welch verborgene Schätze unsere Heimatstadt bereithält. Autoren und Verlag laden Sie ein, mit Hilfe dieses Buches auf Spurensuche zu gehen und Berliner Stadtlandschaften zu entdecken.

Gregor C. Falk und Dirk Lehmann

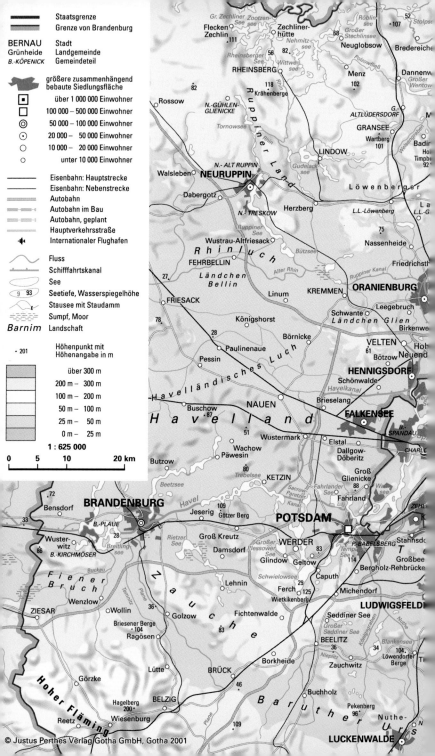

Legend

Staatsgrenze
Grenze von Brandenburg

BERNAU Stadt
Grünheide Landgemeinde
B.-KÖPENICK Gemeindeteil

größere zusammenhängend bebaute Siedlungsfläche

- ■ über 1 000 000 Einwohner
- □ 100 000 – 500 000 Einwohner
- ◎ 50 000 – 100 000 Einwohner
- ⊙ 20 000 – 50 000 Einwohner
- ○ 10 000 – 20 000 Einwohner
- ○ unter 10 000 Einwohner

Eisenbahn: Hauptstrecke
Eisenbahn: Nebenstrecke
Autobahn
Autobahn im Bau
Autobahn, geplant
Hauptverkehrsstraße
✈ Internationaler Flughafen

Fluss
Schifffahrtskanal
See
9 93 Seetiefe, Wasserspiegelhöhe
Stausee mit Staudamm
Sumpf, Moor
Barnim Landschaft

• 201 Höhenpunkt mit Höhenangabe in m

über 300 m
200 m – 300 m
100 m – 200 m
50 m – 100 m
25 m – 50 m
0 m – 25 m

1 : 625 000

0   5   10   20 km

Map labels

Gr. Zechliner Zootzen-See see
Röblin see
52
Stolpse

Flecken Zechlin .111
Zechliner-hütte
Großer Stechlinsee
68
Neuglobsow
Bredereiche

Rheinsberger See .56
82.
Wittw see
Nehmitz see

RHEINSBERG
118
Krähenberge
Menz
102
Dannenw
Großer Wentow

Rossow
N.-GÜHLEN-GLIENICKE
82.
ALTLÜDERSDORF
G.
M

Tornowsee
GRANSEE
Wartberg
101
Badi
Hol
Timpbe
92

Walsleben
N.- ALT RUPPIN
NEURUPPIN
Gudelack see
LINDOW
Löwenberger

Dabergotz
N.- TRESKOW
Herzberg
L.L.-Löwenberg
La
LL-G

Ruppiner See
Wustrau-Altfriesack
Bützsee
75
Nassenheide

R h i n l u c h
FEHRBELLIN
Alter Rhin
Ruppiner Kanal
Friedrichsth

27.
L ä n d c h e n
B e l l i n
Linum
KREMMEN
ORANIENBURG

FRIESACK
Königshorst
Schwante
L ä n d c h e n   G l i e n
Leegebruch
Birkenwe

78.
28.
Börnicke
VELTEN
61
Hol

Paulinenaue
Bötzow
Neuend

Pessin
HENNIGSDORF
Schönwalde

H a v e l l ä n d i s c h e s   L u c h
Havelkanal
Brieselang
Weg

Buschow
87.
NAUEN
Schönwalde
FALKENSEE
B.
SPANDAU

H a v e l l a n d
51.
Wustermark
Elstal
CHARLO

Butzow
Wachow
Päwesin
Dallgow-Döberitz
CHARLO

Beetzsee
Trebelsee
KETZIN
Sacrow-Paretzer Kanal
Fahrlander See
Groß Glienicke
88
Wann

.72
Bensdorf
BRANDENBURG
Jeserig
Götzer Berg
109
Havel
POTSDAM
Fahrland
ZEHL

33.
B.-PLAUE
Rietzer See
Groß Kreutz
WERDER
P.-BABELSBERG
Stahnsd
T

Wuster-witz
86
28.
B.-KIRCHMÖSER
Breitling see
Damsdorf
Glindow
Geltow
Großer Plessower See
83
114
Großbee
Bergholz-Rehbrücke

F i e n e r
B r u c h
Buckau
Z
Lehnin
Schwielowsee
Ferch
29
125
Michendorf
LUDWIGSFELD

Wenzlow
Temnitz
a
Wietkikenberg
Seddiner See

ZIESAR
Wollin
36.
Golzow
u
Fichtenwalde
Großer Seddiner See
Seddiner See

Briesener Berge
104
Ragösen
c
83
Borkheide
BEELITZ
36
34
Blankensee
Löwendorfer Berge
Ti

Görzke
Lütte
h
BRÜCK
Zauchwitz
Nieplitz
Königsgraben

Hoher Fläming
Hagelberg
200.
BELZIG
e
46
Buchholz
Pekenberg
96.
B a r u t h e r
Nuthe-Ur

Reetz
Wiesenburg
109
LUCKENWALDE

Von Gletschern und Schmelzwasserströmen geformt – Geomorphologische Gegebenheiten im Berliner Stadtgebiet
Gregor C. Falk

Die Morphologie des Berliner Raumes erfuhr ihre maßgebliche Gestaltung im Verlauf der vergangenen drei Kaltzeiten, wobei insbesondere die Spuren des letzten Glazials noch immer deutlich im Landschaftsbild erkennbar sind. Ferner wirkten sich die im Zuge der Eiszeiten veränderten, klimatischen Bedingungen direkt auf die Oberflächengestaltung Berlins aus. Die Jahresdurchschnittstemperatur lag während der Kaltzeiten in den mittleren Breiten um bis zu zehn Grad unter den heutigen Werten, im Berliner Raum sank sie bis um den Gefrierpunkt. Vor etwa 350 000 Jahren war Berlin von den mächtigen Gletschern der Elsterkaltzeit bedeckt, die erst mit dem Übergang zur Holsteinwarmzeit nach und nach abtauten. Frühere Eisvorstöße ließen sich im Untergrund des Stadtgebietes bislang nicht eindeutig nachweisen und auch Gesteine, die vor dem Pleistozän – also vor den Eiszeiten – entstanden, stehen nicht an. Lediglich östlich Berlins bei Rüdersdorf liegen hunderte Millionen Jahre alte Kalke aus dem Erdmittelalter an der Oberfläche. Auch bei Sperenberg, ca. 40 km südlich der Stadtgrenze, treten ältere Gesteine, Zechsteinsalze, an die Oberfläche. Dies alles spielt jedoch für den Berliner Raum keine entscheidende landschaftsgestalterische Rolle und so soll die Aufmerksamkeit auf die Prozesse der Oberflächenformung gerichtet werden, die während und nach der Weichseleiszeit ihre landschaftsformenden Kräfte entfalteten: massiges Gletschereis, gewaltige Schmelzwasserströme und der Einfluss des Windes.

Im Brandenburger Stadium dieser letzten Kaltzeit, vor etwa 18 000 Jahren bedeckte ein mehrere hundert Meter mächtiger Gletscher den Berliner Raum vollständig und die südliche Eisgrenze, gleichsam die maximale Ausdehnung des Weichselglazials, erreichte den Nordrand des damals entstandenen Glogau-Baruther Urstromtales, das auch heute noch durch seine satten grünen Wiesen, die dunklen Kiefernbestände und markanten Sanddünen eine vielfältige und reizvoll verspielte Natur- und Kulturlandschaft bietet. Von Norden kommend schob sich das Eis langsam südwärts und stieß dabei in das saalezeitlich angelegte Ausgangsrelief vor. Die Grundmoränen und Rinnen der vorletzten Eiszeit, der Saaleeiszeit, wurden somit vom Weichseleis maßgeblich überformt. Flache Senken und tiefe Rinnen füllten sich dabei mit Eis und dienten gleichermaßen subglazialen Schmelzwässern als natürliche Abflussbahn. In Berlin füllte das Eis ein größeres, von Gletschern vergangener Kaltzeiten ausgeschürftes Becken vollständig. Nur kurz aber kräftig währte der Einfluss des Weichseleises, denn bereits 4 000 Jahre später sollte sich das Eis schon wieder soweit zurückgezogen haben, dass das heutige Stadtgebiet eisfrei war. Die Verbesserung der klimatischen Bedingungen sorgte alsbald für eine schrittweise Rückkehr der Vegetation.

Noch während der Eisbedeckung wurden die ersten Grundstrukturen des späteren Reliefs angelegt. Der Gletscher lag auf der flachwelligen Oberfläche, die insgesamt leicht nach Süden geneigt war. Durch den vergleichsweise hohen Druck unter dem Gletscher schmolz das Eis im Bereich der Kontaktzone zwischen Gletscher und Grundmoräne trotz unter dem Gefrierpunkt liegender Temperaturen ab und sammelte sich in zahlreichen, zum Teil vielfach verzweigten Schmelzwasserbahnen. Diese subglazialen, also unter dem Eise angelegten, Rinnen folgten dem natürlichen Gefälle Richtung Süden, wobei auch Steigungen, durch den hydrostatischen Druck, vom Wasser überwunden werden konnten. Am Südrand des Gletschers traten diese Schmelzwässer dann aus. Eine dieser Abflussbahnen bildet die von Nordosten nach Südwesten verlaufende schmale Rinne bestehend aus Lietzensee, Halensee, Hundekehlensee, Grunewaldsee, Langem Luch, Riemeister Fenn, Krumme Lanke und Schlachtensee im Westen der Stadt. Beim Niedertauen der Eismassen und in den Phasen des allgemeinen Gletscherschwundes verblieben Toteisreste zum Teil auch in diesen zuvor angelegten Abflussbahnen und verhinderten deren frühholozäne Verfüllung mit Sanden. Durch späteres Ausschmelzen des Toteises blieben die Hohlformen der Grunewaldseenrinne bewahrt. Entlang der gesamten Seenkette laden heute befestigte Wanderwege zur eigenen Erkundung ein. Ebenfalls aufgrund des hohen Druckes unter dem Eispanzer, wurden die mitgeführten und überfahrenen Sedimente stark aufgearbeitet und zu feinkörnigen Sanden, Schluffen und Tonen zermahlen.

Über mehrere kältere Abschnitte zog sich das Eis von der Linie seiner Maximalausdehnung zurück und verharrte, nachdem es durch die Temperaturschwankungen immer wieder zu Oszillationsbewegungen des Gletschers kam, längere Zeit nördlich Berlins. Dort bildete sich schließlich die noch heute markante Eisrandlage des Frankfurter Stadiums aus. In Folge dieser

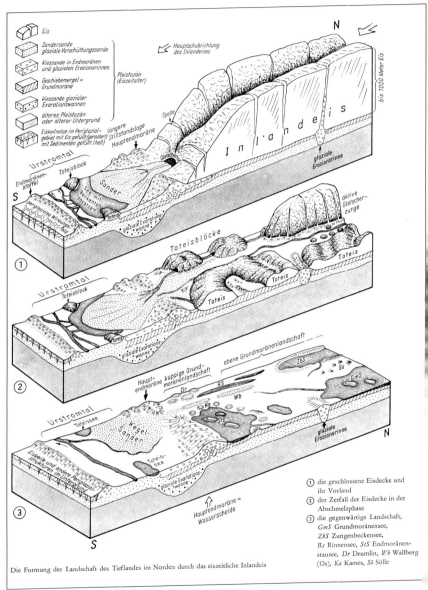

Die Formung der Landschaft des Tieflandes im Norden durch das eiszeitliche Inlandeis

① die geschlossene Eisdecke und ihr Vorland
② der Zerfall der Eisdecke in der Abschmelzphase
③ die gegenwärtige Landschaft, *GmS* Grundmoränensee, *ZbS* Zungenbeckensee, *Rs* Rinnensee, *StS* Endmoränenstausee, *Dr* Drumlin, *Wb* Wallberg (Os), *Ka* Kames, *Sö* Sölle

Abb. 1: Entwicklung des Formenschatzes im Berliner Raum bei Vorstoß und Rückschmelzen des Inlandeises

Gletscheroszillationen wurden auf dem heutigen Berliner Stadtgebiet und in der näheren südlichen Umgebung Endmoränen-
wälle aufgeschoben, so zum Beispiel bei Mahlow und Glasow.
Auch der Kreuzberg (66 m), im gleichnamigen Stadtteil, der
Schäferberg in Zehlendorf (103 m), sowie die Müggelberge
(115 m) verdanken ihre Entstehung den Gletschervorstößen geringfügig kälterer Abschnitte vor dem Erreichen des Frankfurter
Stadiums. Nur so lassen sich die Höhen dieser Stauchendmo-
ränen über 100 m erklären.

Unmittelbar nachdem die Müggelberge entstanden waren, bildete sich im Bereich des Zungenbeckens, nördlich des Höhenzu-
ges, ein Moränenstausee aus, da die abfließenden Schmelzwässer die Erhebungen an dieser Stelle nicht in südliche Richtungen
durchbrachen, sondern zunächst zwischen Gletscherrand und
Moräne aufgestaut wurden. Der Begriff Zungenbecken beschreibt bildlich wie ein Eislobus, eine der zahlreichen Glet-
scherzungen, am äußersten Gletscherrand zungenartig in das
Vorland hineinlappt. Der so angelegte heutige Müggelsee ist mit
770 ha Wasserfläche der größte See der Bundeshauptstadt. Mit
einer Wassertiefe von weniger als neun Metern stellt er eine flache Wanne dar, die heutzutage von der Spree durchflossen wird.
Die ursprüngliche Anlage dieser Hohlform geht mit großer
Wahrscheinlichkeit auf die ausschürfende Wirkung des Eises im
Zuge des kurzen Vorstoßes zurück. Der Müggelsee und die angrenzenden Höhenzüge laden die Berliner schon seit Jahrhunderten ob Sommer oder Winter ein. Es zieht den Berliner mit seiner Badehose eben nicht nur zum Wannsee. Dem Leser dieses
Exkursionsführers sei ein Besuch des Großen Müggelsees zu
jeder Jahreszeit wärmstens empfohlen. Auch im Winter bildet er
ein reizvolles Ziel, da er aufgrund seiner geringen Tiefe rasch zu-
friert und schnell eine Eisdecke entsteht. Wie die Badehose im
Sommer, so sollte im Winter der Schlitten nicht fehlen, um von
den windigen Höhen der schneebedeckten Müggelberge hinab
ins Urstromtal zu flitzen.

Barnim und Teltow, die später zergliederten Platten, lagen am
Übergang zum Frankfurter Stadium als weitgehend zusammenhängende Grundmoränenkomplexe an der Oberfläche. Charakteristisch für die Grundmoräne ist der sandig-tonige, graue Mer-
gel. Beim Niedertauen des Eises schmolzen die im Eis mitgeführten Sedimente unterschiedlichster Größen aus, um auf der
Grundmoräne abgelagert zu werden. So findet man neben Sanden und Kiesen auch größere Blöcke. Diese teilweise tonnen-
schweren, sehr eindrucksvollen Findlinge stammen nicht aus
Norddeutschland, sondern aus verschiedenen Gebieten Skandi-

naviens, wo sie einst als solides Grundgebirge anstanden. Während sich die Gletscher nach Süden ausbreiteten, wurden die Blöcke aus ihrem ursprünglichen Gesteinsverbund herausgerissen und mit dem Eis in unser Gebiet verfrachtet. Daher werden sie zuweilen auch als Erratika bzw. erratische Blöcke bezeichnet (lat. erratio = Verirrung). In der Regel sind ihre Kanten wegen des langen Transportweges stark abgerundet. Nahezu alle Findlinge von mehr als einem Kubikmeter Größe konnten in Berlin erfasst, katalogisiert und als Naturdenkmal ausgewiesen werden. Entsprechende Hinweise finden sich in den topographischen Kartenblättern der Stadt.

Diese letzte glaziale Ablagerungssequenz führte nochmals zu einer Erhöhung des gesamten Sedimentkörpers um bis zu vierzehn Meter, wobei schließlich eine Gesamtmächtigkeit pleistozäner Sedimente von bis zu 200 m im Berliner Stadtgebiet erreicht wurde. Die durchschnittliche Mächtigkeit des Pleistozäns liegt jedoch deutlich unter diesem Wert.

Größere Senken und kleinere Hohlformen blieben zum Teil noch längere Zeit mit Eis gefüllt, ohne dass dieses Eis noch im direkten Zusammenhang mit dem eigentlichen Inlandgletscher stand. Derartige Eisreste, das Toteis, wurden in erheblichem Umfang durch aufgewirbelte Flugsande bedeckt und so durch thermische Isolierung längere Zeit als Eislinsen konserviert. Durch den langjährigen Druck des Eises wurden die darunterliegenden Sedimentschichten zunächst verdichtet. Im Zuge der Abtauperioden, gelangten im jahreszeitlichen Wechsel auch besonders feine Korngrößen zur Ablagerung. Diese bildeten nach dem restlosen Abtauen der Eislinse mehr oder weniger wasserundurchlässige Schichten, die später ein Versickern des Regenwassers verhinderten. Zahlreiche noch heute in der Stadtlandschaft erkennbare Vertiefungen auf Teltow und Barnim, die zum Teil wassergefüllt sind, verdanken diesen Prozessen ihren Ursprung. Dort wo das Wasser in den Pfuhlen (auch Sölle oder Toteislöcher genannt) durch die rückkehrende Vegetation nach und nach verschwand, bildete sich eine moorig-torfige Ablagerungsfazies aus. Der Teltowkanal, dessen Verlauf im östlichen und südlichen Berlin die Bezirke Treptow-Köpenick, Neukölln, Tempelhof-Schöneberg und Steglitz-Zehlendorf berührt, stellt eine wasserbauliche Verbindung zahlreicher ehemaliger Toteisseen dar. Nach wie vor existieren im Berliner Stadtgebiet hunderte kleinerer Teiche, von denen einige im Zentrum älterer Dorfanger liegen. Das Wasser, das heute die Pfuhle füllt, ist selbstverständlich nicht mehr das glasklare Trinkwasser aus dem abgeschmolzenen Toteis, sondern städtisches, mehr oder minder kontaminiertes Regen-

wasser. Zum Teil sind die „Teiche" durch anthropogene Maßnahmen vor Verlandungsprozessen bewahrt worden, zum Teil
reicht die Wassertiefe jedoch aus, um der natürlichen Verlan-
dung entgegenzuwirken.

Während des Gletscherrückzuges vom Brandenburger zum
Frankfurter Stadium kam es zu einem erheblichen Schmelzwas-
seraufkommen, wobei das Wasser meistens oberirdisch abfloss,
da der Boden im tieferen Untergrund noch dauerhaft gefroren
war. Neben der Eintiefung oberirdischer linearer Abflussrinnen
erfolgte seinerzeit ein intensiver flächenhafter Abtrag, verbunden
mit der Einebnung der Vollformen, der sowohl von sommerlichen Schmelzwassern als auch durch Bodenfließen bei gering-
mächtigem Auftauen von Permafrostböden an der Grenze
zwischen angetauten und dauergefrorenen Bodenschichten hervorgerufen wurde. Abgesehen von den zuvor erwähnten kurzen
Phasen neuerlicher Eisvorstöße zog sich das Eis jedoch rasch nach
Norden zurück und die Gliederung der Grundmoräne durch
Schmelzwasser begann. Die beiden größten noch zusammenhängenden Grundmoränenplatten, die das Berliner Stadtgebiet kenn-
zeichnen, sind der Barnim im Norden und der Teltow im Süden,
getrennt durch das 20–30 m tiefer liegende Berlin-Warschauer Urstromtal. Beide Platten werden jeweils westlich und östlich von
ehemaligen, von Norden nach Süden verlaufenden, Abflussrinnen begrenzt und erreichen maximale Geländehöhen von 50 bis
60 m. Als zentraler reliefbildender Faktor wirkten in der Schlus-
sphase der Vereisung die aus dem nördlich Berlins liegenden Gletscher austretenden Schmelzwässer, die das Urstromtal mit Wasser
versorgten und die Grundlage für den heutigen Spreeverlauf im
Berliner Stadtgebiet schufen. Die engste Stelle der sehr feuchten
Niederung sollte später zum Ausgangspunkt der Besiedlung Berlins werden, da hier die Spree in einer Furt überquert werden
konnte. Falsch wäre jedoch die Vorstellung, dass das gesamte Gebiet des Urstromtales, obgleich die Bezeichnung dies vermuten
lässt, vollständig wassergefüllt war. Vielmehr muss man sich diesen Bereich als breite Flussniederung mit sich immer wieder ver-
lagernden, mäandrierenden Flussläufen vorstellen, die dem
natürlichen Gefälle folgend, in westliche Richtungen entwässer-
ten, um letztendlich in die Elbe zu münden. Besonders eindrucksvoll erlebt man den Abfall ins Urstromtal, wenn man vom
Platz der Luftbrücke in Tempelhof dem Verlauf des Mehringdam-
mes nach Norden hinunter ins Spreetal folgt.

Gleichermaßen eindrucksvoll stellt sich der Aufstieg zum Barnim dar, wenn man die Stadtmitte nach Norden über die Prenzlauer Allee in Richtung Prenzlauer Berg verlässt. Die Alpinisten

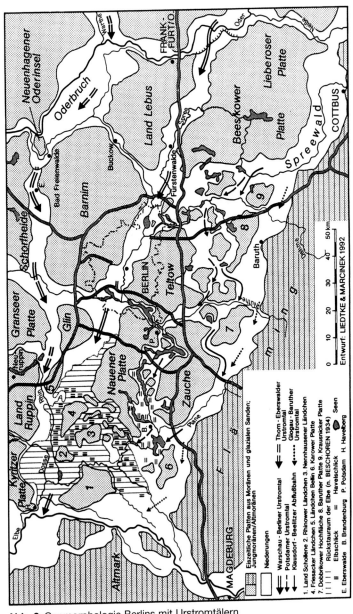

Abb. 2: Geomorphologie Berlins mit Urstromtälern

unter den Lesern sind an dieser Stelle freundlichst aufgefordert diese Ausführungen nicht allzu sehr zu belächeln – in Berlin sind die Berge eben etwas höher als andernorts. Die Sohle des Urstromtales liegt in einer Höhe von 30 bis 40 m NN und die durchschnittliche Breite beträgt 3 – 5 km. Der Verlauf des Urstromtales im Berliner Stadtgebiet wird im postglazialen Relief durch die Spree nachgezeichnet, die heutzutage ihren Lauf durch die Stadt, abgesehen von anthropogenen Maßnahmen, kaum verändert.

Im Frankfurter Stadium, vor rund 14 000 Jahren, verlief der lobenartig auslappende Eisrand nördlich Berlins auf einer Linie etwa zwischen Frankfurt (Oder) und Havelberg und das heutige Stadtgebiet wurde endgültig eisfrei.

Mit dem Rückzug des Eises ging die zügige Überformung der an der Oberfläche liegenden Grundmoräne durch exogene Kräfte einher. Neben der Reliefbildung durch die langsam austauenden, vom sich zurückziehenden Eis abgescherten Toteisreste, speziell im Bereich der Grundmoränen, setzte sich die weitflächige Formung des Geländes durch Erosion und Deflation, aber auch Denudation verstärkt fort. Betrachten wir den Berliner Raum zur Zeit des Frankfurter Stadiums, so müssen auch die klimatischen Rahmenbedingungen berücksichtigt werden. Nur rund zwei Grad Erwärmung haben zu einem maßgeblichen Rückgang des Eises geführt und die fortan stetig steigende Temperatur hatte ein weiteres rasches Abschmelzen des Inlandeises am Ende der Weichseleiszeit zur Folge.

Die Wassermassen des abtauenden Gletschers zur Zeit des Frankfurter Stadiums sorgten für eine weitere Tieferlegung des zentralen Urstromtales sowie der kleineren Nebentäler. Auf dem Barnim, der durch die Taleinschneidungen inzwischen zur Hochfläche geworden war, wurden aus den Schmelzwässern bis zu 30 m mächtige Talsande akkumuliert. Nach dem Austritt aus dem direkten Einzugsbereich des Gletschers, sei es in subglazialen Rinnen oder supraglazialen Abflüssen, kam es zu einer deutlichen Verlangsamung der Fließgeschwindigkeit und mitgeführte Sedimente gelangten zur Ablagerung. Die so entstandenen Borten und Kegelsander bedecken weite Flächen des Barnim nördlich des Berliner Stadtgebietes. Besonders erwähnenswert sind in diesem Zusammenhang der Pankesander, der Strausberger Sander, die ausgedehnten Sandaufwehungen im Einzugsbereich des Tegeler Forstes sowie die Sandflächen der Stadtteile Frohnau und Hermsdorf. Ein erheblicher Teil der ehemaligen Sande ist heute bewaldet oder bebaut, wohingegen die Geschiebemergel der Grundmoräne oft landwirtschaftlich genutzt werden, sofern sie nicht versiegelt wurden.

Bereits während der fluvioglazialen Entstehung der Sander und Talsandflächen begann die teilweise Umlagerung der Sedimente durch Wind zu Dünenfeldern. Die äolischen Prozesse griffen nun als Hauptprozess in die Formung der Landschaft ein. Am Ende der Weichseleiszeit lag Berlin bereits in einer Zone, die überwiegend von Westwinden beherrscht wurde. Ferner sorgten katabatische Winde, kalte Fallwinde, die aufgrund der Temperaturgegensätze vom Gletscher in den Periglazialraum wehten, für Luftströme aus nördlichen Richtungen. Diese Luftbewegungen führten gemeinsam zur Aufwehung von Binnendünen. Als Materialien kamen dafür sowohl die Sande im Bereich der Sander selbst, als auch die im Urstromtal abgelagerten Schmelzwassersande in Frage. Im Zuge dieser Umlagerungsvorgänge entstanden entweder Parabeldünen (Sicheldünen) oder Longitudinaldünen (Längsdünen), die in ihrer Höhe die uns bekannten Küstendünen entlang der Nordsee teilweise übertreffen. Immer wurde die Dünenbildung durch Geländehindernisse initiiert. So lagerten sich aufgrund des abreißenden Luftstromes mitgeführte Sande hinter Steinen, Holzresten, Tierkadavern oder Ähnlichem ab und die eigentliche Dünenbildung begann. Derart in Längsrichtung wachsende Dünen konnten im Bereich des Urstromtales mehrere hundert Meter Länge erreichen und mehrere Meter hoch werden. Im Stadtgebiet sind die Längsdünen im Urstromtal im Allgemeinen durch die dichte städtische Bebauung überformt worden und somit nicht mehr eindeutig, bzw. gar nicht zu identifizieren. Nur der Vergleich mit den Verhältnissen in anderen, nicht flächig versiegelten Tälern, wie der Glogau-Baruther Urstromtalung, erlaubt Rückschlüsse auf die dünenbildenden Prozesse im Berliner Urstromtal und lässt erahnen, dass auch in diesem Gebiet zahlreiche Dünen in West-Ost-Erstreckung existierten.

Im Gegensatz zu den dicht bebauten Bereichen der Innenstadt sind am Südrand der Barnimhochfläche noch zahlreiche Parabeldünen erhalten. Besonders sei hier auf die bis zu 30 m hohen Dünenfelder östlich des Müggelsees und die Dünen in den Stadtteilen Hermsdorf und Heiligensee verwiesen. Nahezu alle Dünen sind gegenwärtig bewaldet, zumeist handelt es sich dabei um aufgeforstete Kiefernbestände, sodass sie ihre Lage nicht mehr verändern. Es muss jedoch davon ausgegangen werden, dass bereits die Vegetationsbedeckung während des Atlantikums die Dünen mehr oder weniger fixierte. Auch schränkte der Bewuchs die erosive Abtragung der Dünen derart ein, dass ihre ursprünglich angelegte Form größtenteils konserviert wurde, wenn nicht anthropogene Eingriffe zu Veränderungen geführt haben.

Die Parabeldünen auf den glazialen Sandflächen des Berliner Raumes weisen mit bis zu 8° Neigungswinkel eine flache Luvseite auf, wo der Sand durch den Wind hangaufwärts getrieben wurde. Die Leeseite ist im Idealfall steiler und weist einen Winkel von bis zu 30° auf. Im Gegensatz zu den Sichelenden der Barchane arider Gebiete, die dem Kern voraneilen, hinken die Enden der Parabeldüne dem Kern gewissermaßen hinterher. Die Ursachen dafür liegen in der unterschiedlichen Geländebeschaffenheit und hier vor allem in der zwar spärlichen, aber zumindest existenten Vegetation im feuchten Periglazialraum, die dafür sorgte, dass die Dünenenden eher fixiert wurden. Eines der ausgedehnten Dünenfelder der Stadt, das einen Besuch lohnt, liegt östlich des Forstamtes Tegel (Ruppiner Chaussee).

Auch schluffige Partikel wurden aus den Sandern ausgeblasen. Sie wurden jedoch im Gegensatz zu den sandigen Fraktionen erheblich weiter transportiert und am Nordrand der Mittelgebirge, der heutigen Bördenzone, als Löß wieder abgelagert.

Im direkten Zusammenhang mit dem äolischen Transport der Sande sei hier auf die Entstehung von Windkantern verwiesen, die man in noch unbebauten, wenig anthropogen umgestalteten Gegenden der Stadt finden kann. Es handelt sich dabei um Gesteine unterschiedlichen Durchmessers, die in Folge der abschleifenden Wirkung des vom Wind transportierten Sandes geformt wurden. Wie durch ein kräftiges Sandstrahlgebläse bearbeitet, konnten so die charakteristisch abgeschliffenen Grate der Windkanter, die aus dem gesamten norddeutschen Glazialraum bekannt sind, entstehen. Derart geformte Steine lagen in Bereichen mit bodennahem Sedimenttransport über mehrere Dekaden ungestört an der Oberfläche. Die Sandpartikel gerieten bereits bei geringen Windgeschwindigkeiten in eine Art hüpfende Bewegung. Bei zunehmendem Wind (je nach Korngröße bereits ab 3–4 Beaufort) kam es zu horizontalem Materialtransport, einige Zentimeter über dem Gelände. Trafen derart bewegte Sandpartikel auf den frei an der Oberfläche liegenden Stein, so setzte eine mechanische Schleifbewegung ein. Erfolgte die Korrasion über einen genügend langen Zeitraum, lässt sich die polierende Einwirkung des Sandes am Gestein ablesen.

Das Stadtgebiet Berlins lag im Frankfurter Stadium und den sich anschließenden Rückzugsphasen des Eises im Periglazialraum, dessen Hauptmerkmal der nahezu ganzjährig gefrorene Boden darstellt. Es herrschten also Permafrostbedingungen wie gegenwärtig in Sibirien, Teilen Kanadas, Alaska und Nordskandinavien. Modifiziert wurden die Verhältnisse jedoch durch die nach wie vor anfallenden Schmelzwassermengen, die nicht versickerten, sondern auf dem gefrorenen Boden an der Oberfläche abflossen. Daraus lässt sich ableiten, dass das Berliner Stadtgebiet im Frankfurter Stadium anfangs weitgehend vegetationsarm war.

Während der nachfolgenden Rückzugsphasen des Eises hin zur Pommerschen Eisrandlage sorgten Schmelzwasserströme für eine weitere Tieferlegung des Barnim und Teltow trennenden Urstromtales. Erst als der Einfluss der Schmelzwässer auf das Berliner Gebiet mit dem Erreichen des Pommerschen Stadiums langsam nachließ und sich die klimatischen Bedingungen weiter verbesserten, kehrten Teile der Vegetation zurück. Zunächst waren dies die typischen Gewächse der Tundrenzone, wie Moose und Zwergsträucher.

Insbesondere in den Sommermonaten Juli und August tauten die obersten Dezimeter des Bodens auf, um ab September alsbald wieder zu gefrieren. Bei rascher Klimaverbesserung im ausklingenden Pleistozän verlängerten sich die sommerlichen Auftauperioden. Infolgedessen stand der Boden jeweils für mehrere Monate unter dem Einfluss von Staunässe und Vergleyungsprozesse setzten ein.

Im weiteren Verlauf des Spätglazial führten neuerliche Temperaturrückgänge zu einem erneuten Vorrücken des Eiskörpers und zur Entstehung der Endmoränen des Pommerschen Stadiums, später der Rosenthaler Staffel. Beide Vorstoßphasen haben für den Berliner Raum insofern Bedeutung, als dass die entstehenden Schmelzwasserströme zur weiteren Überformung des Berliner Raumes beitrugen.

Abgesehen von vereinzelten, noch im Untergrund vorhandenen Toteisresten, zog sich das Eis vor rund 12 000 – 13 000 Jahren vollständig aus Norddeutschland zurück, und der Permafrostboden in Berlin taute gänzlich auf. Nun konnten die Niederschläge versickern und bodenbildende Prozesse setzten ein. Aus dem lehmigen Substrat der Grundmoränenplatten entstanden durch die vertikale Umlagerung von Oxiden und organischen Substanzen zumeist Podsole, Auswaschungsböden, die später intensiv landwirtschaftlich genutzt wurden. Nur in den Niederungen, also auch im Bereich des Berliner Urstromtales, dominierten nach wie vor gleyig anmoorige Böden. Vor ca. 11 500 Jahren kehrten die Birken- und Kieferngewächse nach Berlin zurück und es entstanden erstmalig wieder zusammenhängende Waldflächen, die lediglich in der jüngeren Dryaszeit (10 800 – 10 200 v. Chr.) durch eine kurzzeitige Abkühlung deutlich aufgelockert wurden. Letztendlich setzte sich die Erwärmung jedoch fort und zu den Kiefern und Birken gesellten sich zunehmend weitere Laubbäume. Im Boreal zunächst Hasel, im Klimaoptimum des Atlantikums (5 500 – 2 200 v. Chr.), in dem das Klima mit feuchteren Sommern und wärmeren Wintern etwas milder war als heute, kamen Eichen, Ulmen, Linden und Eschen. Später traten dann bei leichtem Temperaturrückgang auch Buchen hinzu. Mit dem Einzug der Laubbäume ging die Bildung der lokal begrenzt anzutreffenden Braunerden und die Podsolbildung auch in Bereichen des Urstromtales einher. Durch die vergleichsweise hohen Niederschläge im Atlantikum – die durchschnittliche Niederschlagsmenge Berlins lag etwas über dem derzeitigen Jahresmittel von knapp 600 mm – bildeten sich in den Talungen ausgedehnte Niedermoore. Auch in Hohlformen der Platten sammelten sich organische Ablagerungen.

Die organischen Sedimente des Holozäns und die feuchteren, durch einen sehr hohen Grundwasserspiegel gekennzeichneten Zonen des Berliner Urstromtals stellen bis in die Gegenwart hinein besondere Ansprüche an die Art der Bebauung. Vor allem im Stadtbezirk Mitte waren größtenteils Pfahlgründungen zur Errichtung der Gebäude erforderlich. Die Anlage sämtlicher Bauten rund um den Potsdamer Platz wurde von ebenso aufwendigen wie kostspieligen Maßnahmen flankiert.

Der abwechslungsreiche Formenschatz des Berliner Reliefs verdankt seine Ausprägung in erster Linie Prozessen, die weniger als 10 000 Jahre andauerten und erst einige tausend Jahre zurückliegen. Kurze Zeit nach dem Abschmelzen der weichselzeitlichen Gletscher begann die Besiedlung der noch immer recht unfreundlichen, klimatisch rauhen Landschaft durch nomadisierende Jäger. Diese „Urberliner Pflanzen" durchstreiften die dichten weiten Wälder, auf der beschwerlichen Suche nach Nahrung für ihre Familien. Dort nahm die jüngste Besiedlung des Berliner Raumes ihren Ursprung.

Zwar bedarf es einiger Fantasie, die derzeitige Bebauung der stetig wachsenden Großstadt aus dem inneren Auge auszublenden. Doch gelingt dies, wird man vielerorts eines abwechslungsreichen Reliefbildes gewahr, das von sanften flachwelligen Platten (Barnim, Teltow), ausgedehnten Tälern (Berlin-Warschauer Urstromtal), großen Seen (Müggelsee, Wannsee), kleinen Pfuhlen (zahlreiche Dorfteiche), einstigen Schmelzwasserrinnen (Havel, Schlachtensee usw.) und hoch aufragenden Dünenzügen geprägt ist.

Prima Klima in Berlin? – Klimatische Besonderheiten des Berliner Stadtgebietes

Gregor C. Falk

Berlin liegt in einer klimatischen Übergangszone zwischen kontinentalen und maritimen Einflüssen. Daraus ergibt sich für die Stadt ein vielfältiges Witterungsgemisch, mit zahlreichen im Jahresgang variierenden Facetten. LAUER und FRANKENBERG ordnen Berlin klimatisch zwar noch den maritimen, semihumiden, warmgemäßigten Mittelbreiten zu, doch ist der Übergang zu höherer Kontinentalität bereits spürbar. Dies führt im Jahresgang immer wieder zu längeren Witterungsperioden, die durch freundliches Sonnenwetter gekennzeichnet sind und zu ausgedehnten Spaziergängen einladen. Die durchschnittliche Jahrestemperatur liegt bei 9°C, die Durchschnittstemperaturen im Januar und Juli bei -0,7°C bzw. 18,3°C. Diese Mittelwerte erlauben jedoch nur bedingt Rückschlüsse auf den Ablauf des lokalen Witterungsgeschehens, da in den Wintermonaten zuweilen extreme Nachtfröste von unter -20°C erreicht werden. Allein im Januar werden bis zu 24 Eistage mit Temperaturen unter -10°C gezählt. Auch im Sommer treten im Stadtgebiet immer wieder heiße Tage mit Temperaturen von mehr als 35°C auf. Die meist zyklonale Luftströmung sorgt für Winde, die hauptsächlich aus Westen und Südwesten wehen. Diese, der Hauptwindrichtung folgenden Luftmassen, werden über dem Atlantik und der Nordsee mit Feuchtigkeit angereichert und sorgen in Berlin für einen Großteil der Niederschläge. Dabei können zwischen 380 und 800 mm Niederschlag pro Jahr fallen, der durchschnittliche Wert beträgt ca. 590 mm. Seltener sind winterliche Witterungsabschnitte, bei denen Luftmassen von Norden und Nordosten über das Stadtgebiet transportiert werden. Dabei wird kalte skandinavische Festlandsluft über der Ostsee mit Feuchtigkeit angereichert, die im Winter zuweilen zu Schneefällen führt. Die einzelnen Klimaelemente werden jedoch durch die dichte städtische Bebauung deutlich modifiziert, sodass sich im direkten Vergleich mit dem Umland maßgebliche Unterschiede im Klimageschehen ergeben.

Die intensive Inanspruchnahme des Raumes durch den Menschen führt zu einer Veränderung des Mesoklimas, die vielfältige miteinander verzahnte Ursachen hat. Zunächst greift der

Mensch durch seine rege Bautätigkeit stark reliefformend ein. Abgesehen von den künstlich geschaffenen Erhebungen im Stadtgebiet, den Trümmerbergen, den zahlreichen Müllbergen und den Bahndämmen sorgen die Bauten der Stadt für eine Vergrößerung der Geländeoberfläche. Ferner weist das Stadtgebiet einen hohen Versiegelungsgrad nicht nur durch Bauten, sondern auch durch Verkehrsanlagen auf (vgl. Kap. 6). Auch die verstärkte Wärme- und Schadstoffproduktion durch den Fahrzeugverkehr, Heizungsanlagen, Kraftwerke und andere Betriebe sorgt für wesentliche Unterschiede im Vergleich zum Umland.

Die Temperaturverteilung im Stadtgebiet variiert in erster Linie in Abhängigkeit von der Bebauung und von der lokalen Ausstattung mit Grünanlagen und Gewässern. Dies führt über das gesamte Jahr hinweg zu Temperaturdifferenzen zwischen den dichtbebauten innerstädtischen Zonen, den Randzonen und dem Umland. Dabei ist festzustellen, dass das Stadtzentrum um mindestens ein bis eineinhalb Grad höhere Werte aufweist als das Umland. Neben die generellen Temperaturdifferenzen zum Umland treten solche, die aus der Nähe zu Gewässern oder Grünanlagen resultieren. Der Baumbestand und die Gewässer des Tiergartens im Innenstadtbereich sorgen für ganzjährig etwas kühlere Temperaturen verglichen mit den angrenzenden

Abb. 3: Temperaturunterschiede in der westlichen Innenstadt

bebauten Flächen. Die tiefsten Wintertemperaturen in Berlin weisen die unbebauten Talzüge, wie das Tegeler Fließ im Norden der Stadt auf.

Auch die relative Luftfeuchtigkeit liegt hier und im Tiergarten deutlich höher. Der Vergleich von Temperatur, Wind und Feuchtigkeitsgehalt am Breitscheidplatz und im zentralen Tiergarten unterstreichen dies. Alleine die Temperatur weist hier Differenzen von bis zu drei Grad auf. Ebenso ergeben sich für die Luftfeuchtigkeit durch Transpiration der Vegetation und Evaporation der Gewässer höhere Werte. Durch den Düseneffekt, im Falle des Breitscheidplatzes die Ost-West-Achse Kurfürstendamm, liegen jedoch die Windgeschwindigkeiten über den im Tiergarten gemessenen. Heiße Hochsommertage im dichtbebauten Innenstadtbereich Berlins gestalten sich für den durchschnittlichen Mitteleuropäer zuweilen fast unerträglich. Auf der einen Seite führen die dunklen Beton- und Asphaltflächen zu einer erhöhten Wärmeabsorption der ohnehin vergrößerten Oberfläche, auf der anderen Seite verursacht die hohe Verkehrsdichte verstärkte Schadstoffemissionen, in deren Folge, im Zusammenspiel mit der Sonneneinstrahlung, so genannter Sommersmog, entstehen kann.

Nachts wird die gespeicherte Wärme erst langsam abgegeben, sodass im Vergleich zu den Randgemeinden und Außenbezirken die Temperatur erheblich erhöht ist. Gerade dieser Effekt lockt aber an heißen Sommertagen zum späten abendlichen Bummeln und zum Sitzen in Straßenlokalen in die Innenstadt.

Durch die rege menschliche Tätigkeit im Stadtgebiet werden verstärkt Schadstoffe emittiert und Staubpartikel aufgewirbelt, was zu einer Zunahme der Kondensationskerne führt. Aus diesem Grunde weist das Stadtgebiet eine verstärkte Tendenz zur Nebelbildung auf. Auch hier ist eine Erhöhung der Nebelhäufigkeit vom Stadtrand zur Stadtmitte hin erkennbar. Bei winterlichen Inversionswetterlagen, steigt die Schadstoffkonzentration über dem Stadtgebiet deutlich an und es entsteht der winterliche Smog. Durch die zunehmende Ausstattung der Kraftfahrzeuge mit Katalysatoren und der Kraftwerke mit Filteranlagen, konnte der winterlichen Smogbildung jedoch erfolgreich entgegengewirkt werden. Als weitere Ursache für die erhöhte Schadstoffkonzentration muss der Hausbrand Erwähnung finden. Besonders innerhalb des Wilhelminischen Bebauungsringes verfügen noch bei weitem nicht alle Wohnungen über emissionsärmere zentrale Heizungsanlagen, sondern feuern mit Kohleöfen. Vor allem die Verfeuerung der schwefelhaltigen Braunkohle sorgt für einen erheblichen Ausstoß von Schwefeldioxid, das durch die

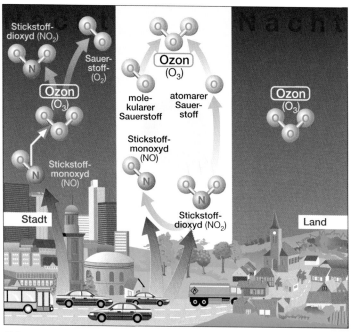

Abb. 4: Auf- und Abbauprozesse von bodennahem Ozon im Ballungsraum und stadtnahen Umland (Sommersmog)

chemische Reaktion mit der Luftfeuchtigkeit in den so genannten sauren Regen umgewandelt wird und sich entsprechend negativ auf das städtische Ökosystem auswirkt. Trotzdem kann der Berlinbesucher die Atemschutzausstattung bei seinem Besuch getrost zu Hause lassen, denn verglichen mit den meisten anderen deutschen Großstädten ist das Klima dennoch prima.

Die Abbildung 5 zeigt das Zusammenspiel der verschiedenen stadtklimatisch wirksamen Faktoren und macht deutlich, das jeweils eine Vielzahl von Parametern ineinandergreifen.

Besonders belastend hat sich das deutlich gesteigerte Verkehrsaufkommen seit der Wiedervereinigung auf die ökologischen Verhältnisse Berlins ausgewirkt. Die gesteigerte Verkehrsdichte verursacht nicht nur ein subjektives Gefühl des Unwohlseins durch Lärm- und Geruchsbelästigung, sondern auch konkrete zusätzliche Belastungen der Berliner Luft. Dabei wirkt sich der durch die Stadt rollende Schwerlastverkehr sehr

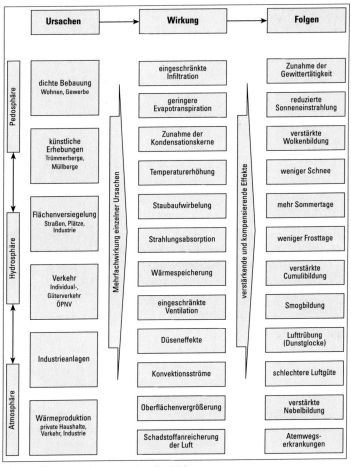

Abb. 5: Wirkungsfaktorengefüge Stadtklima

negativ auf die Luftgüte aus. Entlang der zentralen Verkehrs-achsen, die in das Stadtgebiet führen, hat sich das Lkw-Aufkommen seit 1989 nahezu verdoppelt, obwohl das Schienennetz bereits einen erheblichen Teil der Transporte auffängt. Aufgrund der noch nicht geschlossen fertiggestellten Autobahnverbindung läuft auch ein erheblicher Teil des Transitverkehrs über das stark überlastete innerstädtische Straßennetz. Staus und Stop-and-Go sind maßgeblich für den übermäßigen Ausstoß von Rußpartikeln aus dieselgetriebenen Kraftfahrzeugen verantwortlich. Eine Schließung der Autobahn-Nord-Süd-Achse in den Bezirken Neukölln und Treptow-Köpenick dürfte eine Entlastung des übrigen Straßennetzes bewirken, doch werden im Zuge der Metropolisierung der Bundeshauptstadt die Verkehrsströme eher noch zunehmen und somit auch die Schadstoffemissionen ansteigen. Dies stellt nicht nur aus ökologischer Sicht eine große Herausforderung für die Berliner Stadtentwicklungsplanung dar. Im Gegensatz dazu wird die zunehmende Abwanderung des Produzierenden Gewerbes in das Berliner Umland und die fortschreitende Modernisierung der privaten und gewerblichen Heizungs- und Wärmetechnik zu positiven stadtklimatischen Effekten führen.

Für ein prima Klima im Ballungsgebiet sorgen die zahlreichen Grünanlagen, Parks und die vielen tausend Straßenbäume, die das Stadtgebiet durchziehen und Berlin zu einer vergleichsweise grünen europäischen Metropole machen (vgl. Kap. 3). Besonders hervorzuheben sind die ausgedehnten Waldflächen rund um den Müggelsee, die Baumbestände beiderseits der Havel und die unzähligen Grünanlagen im Innenstadtbereich. Im Vergleich zu anderen europäischen Großstädten schneidet Berlin, trotz der vielen negativen Merkmale, immer noch positiv ab. Dies hängt neben dem hohen Grünflächenanteil nicht zuletzt auch mit dem Fehlen größerer Industriestandorte im Berliner Umland zusammen. Auch die radial auf die Stadt zulaufenden Bahnachsen helfen, die Stadtluft zu ventilieren und die Emissionen mit Frischluft zu durchmischen.

Grünes Berlin –
Urbanes Ökosystem im Wandel
Dirk Lehmann

In der Stadt als Zentrum menschlicher Aktivitäten konzentrieren sich Kommunikation, Technik, Produktion und Verkehr. Unter diesen Bedingungen bleibt von der offenen Natur wenig erhalten, der Landschaftsverbrauch durch den wirtschaftenden Menschen ist immens, das urbane Ökosystem ein extremer Lebensraum. Die Überbauung großer Flächen für Verkehr und Siedlungen, die daraus resultierende Flächenversiegelung und Bodenverdichtung, die entstehenden klimatischen Belastungen und Temperaturunterschiede zum Umland beeinflussen das Stadtklima nachhaltig (vgl. Kap. 2). Die aus dem Siedlungsdruck auf die noch offenen Landschaftsräume entstehenden Belastungen werden durch die jüngsten Suburbanisierungsprozesse im Berliner Umland und die Verdichtung zentraler Innenstadtbereiche erhöht.

Trotz der vielfältigen Probleme hat Berlin dennoch in weiten Teilen der Stadt und in der Stadtregion landschaftliche Qualitäten vorzuweisen, die die Natur greifbar nahe werden lassen. Städtische Dichte und landschaftliche Weite wechseln bis in die Innenbereiche der Stadt hinein ab, die aus dem Umland nach Berlin hineinragenden Klimaschneisen garantieren einen natürlichen Ausgleich im Stadtklima. Von 47% Freiflächenanteil im Berliner Stadtgebiet, die sich in insgesamt mehr als 2 600 Parks und Grünanlagen durch die Stadt ziehen, sind zwei Drittel landwirtschaftliche Nutzflächen, Wald und Wasser, etwa ein Drittel Erholungsparks, Friedhöfe, Kleingartenanlagen und Stadtplätze.

Wie sind diese heutigen Strukturen entstanden, und wie wurden und werden die vorhandenen Freiräume erhalten und genutzt, um die Lebensqualität für den Menschen (als Teil der Natur) zu sichern?

Seit der frühesten Besiedlung sind die naturräumlichen Voraussetzungen entscheidende Bedingung für die Entwicklung der Kulturlandschaft mit ihren unterschiedlichsten Nutzungen: Neben frühen Wohnstätten der Slawen, die sich in erster Linie am Wasser orientierten, bildeten Talsandinseln Orte für die ersten Siedlungen, z.B. an den Spreefurten, an denen Cölln und Berlin entstanden. Die ackerbauliche Wertigkeit der Böden und die Gunstlage am Wasser bestimmte die Lage der alten Sied-

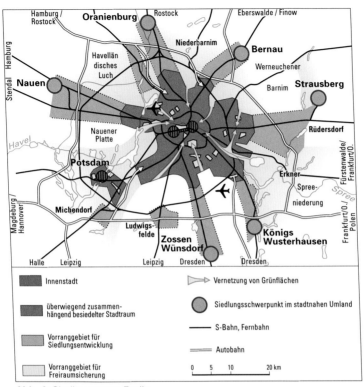

Abb. 6: Siedlungsstern Berlin

lungen und Dorfkerne mit ihren Fluren; die Hochflächen von
Teltow und Barnim waren ideale Nutzflächen für die Landwirtschaft, die sich im Laufe der Jahrhunderte zusehends wandelte.
Hier, auf den inzwischen nahezu vollständig kulturlandschaft-
lich erschlossenen Platten, entstanden später die großen Rieselfelder der wachsenden Metropole. Die in Jahrhunderten gewachsene Stadtlandschaft zeichnet die ursprünglichen, naturräumlichen Gegebenheiten im Großen und Ganzen noch heute nach,
die Grundstruktur der Landschaft bleibt nachvollziehbar.
Gräben, Fließe, Seen, Flüsse, Teiche, Moore, Wälder, Dünen,
usw. bilden zusammen einen reichen Schatz von Freiräumen.
Zwar wird Natur in der Stadt funktional und räumlich reduziert, doch sie bleibt allgegenwärtig. Die leicht welligen Grund-
und Endmoränenlandschaften, von den Gletschern der letzten

29

Eiszeit geformt, bieten auch im inneren Stadtbereich wertvolle Rückzugsgebiete für die Natur, die sich neben inselhaften Gebieten auch entlang von Leitlinien (Flüsse, Kanäle, Bahnlinien) erstrecken.

Zwei Beispiele, Wasser und Wald, sollen dies verdeutlichen: Der differenzierte Wechsel von Landschaftsformen der Jungmoränenlandschaft (vgl. Kap. 1) führte zu einem stark zergliederten, seenreichen Gewässernetz, welches durch die vielfältigen Landschaftsformen durchbrochen wird. Über 150 Seen hat die letzte Eiszeit in Berlin hinterlassen, eine Stadtfläche von über 50 km^2 ist vom Wasser bedeckt.

Doch durch jahrhundertelange menschliche Einflüsse, durch die Inwertsetzung des Landes, wurde viel Ursprüngliches verdrängt: Die am stärksten betroffene landschaftsprägende Besonderheit des Berliner Raumes ist der früher allgegenwärtige Wald, der im heutigen Stadtbild auf eine Fläche von etwa 18% reduziert ist.

Zusätzlich zur anthropogenen Überformung der natürlichen Landschaft wurden einige markante, künstliche Landschaftselemente in das Stadtgebiet hineingesetzt: die Trümmerschuttberge des Zweiten Weltkrieges, die heute Erholungsfunktion besitzen. So entstanden insgesamt sieben Erhebungen, die das Landschaftsbild künstlich verändern, u.a. der Teufelsberg im Grunewald (120 m).

Das Berliner Stadtgebiet mit seinen Wald- und Seengebieten, Gärten, Grünzügen, Freiflächen und Plätzen wird insgesamt zusätzlich mit Grün versorgt. Hier erlebt der Stadtbewohner den Wechsel der Jahreszeiten, hier findet die Wahrnehmung des Naturkreislaufes statt. Durch das Stadtgrün dringen Ruhezonen bis in die städtische Gesellschaft, in das immer schneller werdende Leben vor. Natur ist jedoch mehr als eine Momentaufnahme in der schnelllebigen Stadt, mehr als ein Videoclip in Endlosschleife. Natur in der Stadt wird ständig interpretiert, und mit der Stadtkultur inszeniert. Das bestehende Potential des Stadtgrüns zu nutzen und auszubauen ist eine der wichtigsten Prämissen der Grünplanung. Die Schaffung einer „grünen Stadt" Berlin ist seit Jahren Ziel der Planungen, die im Folgenden, vom heutigen Entwicklungsstand ausgehend, beschrieben werden sollen (vgl. Abb. 6).

Freiräume in Berlin haben unterschiedlichste Qualitäten, die von kleinsten Hinterhofoasen, Parks und Grünanlagen in der dichtbesiedelten Innenstadt bis zu den Naturparks direkt vor den Toren der Stadt reichen, die hohes landschaftliches Potential besitzen.

Seit mehr als hundert Jahren wird im Berliner Raum eine im Großen und Ganzen sensible Freiraumplanung betrieben, die stets die Lebensqualität der Bewohner in den Mittelpunkt stellte. Dadurch ist heute, trotz langjähriger Teilung der Stadt, eine gute Ausgangsbasis gegeben, Berlin als „grüne Stadt" weiterzuentwickeln.

Seit dem industriellen Boom im 19. Jahrhundert wuchs Berlin zu seiner heutigen Größe an. Erst in den letzten Jahrzehnten wurden mit immer größerer Geschwindigkeit immer mehr Freiflächen versiegelt. Dabei blieben jedoch ältere Grünzüge weitgehend erhalten, nur die unterschiedliche städtebauliche Entwicklung in Ost und West führte zu verschiedenen Prämissen und Konzepten der Freiraumgestaltung: Während sich die West-Berliner aufgrund ihrer Insellage um die Entstehung sekundärer Naturlandschaften innerhalb der Stadt bemühten, und Natur durch großangelegte Renaturierungsmaßnahmen und Gewässerreinigung in der Stadt erhielten und „wiedergewannen", hatten die Bewohner im Ostteil der Stadt immer noch ihr Umland, waren nicht allein auf innerstädtisches Grün angewiesen. Trotz der Unterschiede: In beiden Teilen überlebte gleichermaßen die Schrebergartenkultur, im Osten gab es zeitweise einen Boom, der wesentlich zum heutigen, sehr ausgeprägten,

Abb. 7: Schloss Charlottenburg

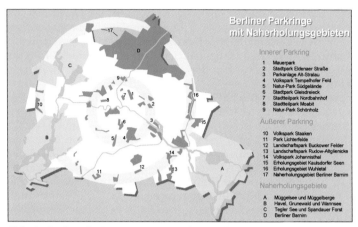

Abb. 8: Berliner Parkringe mit Naherholungsgebieten

Grünanteil beiträgt. In der Oase West-Berlin gab es insgesamt weniger Veränderungen, während der Ostteil der Stadt als Hauptstadt und Zentrum eine steigende Nachfrage an Wohnraum zu befriedigen hatte, der durch die großangelegten Neubauvorhaben der siebziger und achtziger Jahre (vgl. Exk. 6) gedeckt wurde.

Heute entwickelt sich der Stadtraum dynamisch weiter: klare Stadt-Land-Gegensätze, die vor allem die Grenze von West-Berlin und dem Umland bis zum Mauerfall prägten, werden heute durch die erneute Ausbreitung der Stadt und die Bebauung des Speckgürtels zum Teil aufgelöst. Ehemalige Freiflächen wurden und werden durch Industrie- und Gewerbeparks versiegelt, die übergreifenden Planungen verzahnen die politischen Einheiten Berlin und Brandenburg immer stärker und die Grenzen werden fließend. Dabei kommt nicht aller „Speck" aus Berlin selbst, wie häufig suggeriert wird. Viele Firmen ziehen aus anderen Bundesländern, anderen Staaten in diese von niedrigen Grundstückspreisen, vergleichsweise geringen Lohnkosten und guten Verkehrsverbindungen geprägte Umlandregion. Brandenburg wird zur direkten Konkurrenz der Stadt Berlin.

Dies haben auch die Planer erkannt: Seit 1995 existieren Gesetzesvorgaben, wie die gesamte Stadtregion Berlin, der so genannte innere Verflechtungsraum, weiterzuentwickeln ist. Dabei spielen Freiräume eine entscheidende Rolle. Auf der Basis der Freiraumkonzepte früherer Jahre wurde von den Ländern

Berlin und Brandenburg mit dem „Staatsvertrag über das gemeinsame Landesentwicklungsprogramm" in den Jahren 1997/98 ein umfassendes Maßnahmenpaket geschnürt, welches die nachhaltige Sicherung und den Schutz der vorhandenen Freiflächen in den Mittelpunkt stellt und eine ressourcenschonende Stadtentwicklung vorsieht.

Unterschiedliche Schutzgebietsformen sind in und um Berlin verankert worden, die vor den Einwirkungen der sich ausbreitenden Siedlungs- und Verkehrsflächen geschützt werden sollen (Abb. 6). Im Vordergrund stehen bei diesen Planungen die Erhaltung vorhandener Waldgebiete sowie der Schutz charakteristischer Landschaftselemente wie Moore, Feuchtgebiete, Naturwälder und Dünen, die als Erholungs- und Ausgleichsräume erhalten werden müssen.

Diese Räume sind innerhalb Berlins unterschiedlich angeordnet, doch das Grundkonzept ist relativ übersichtlich: Neben dem Wechsel von radialen, aus der Innenstadt weit nach Brandenburg hinausführenden, Siedlungsachsen (Siedlungskeile) und Freiräumen sind im Berliner Stadtgebiet im Wesentlichen drei flächenhaft zusammenhängende Wald- und Seengebiete bestimmend. Im Nordwesten das Seengebiet der Oberhavel mit dem Tegeler See und den Forsten in Spandau und Tegel, im Südwesten das Gebiet des Grunewaldes mit seinen Seen, der Wannsee und die Gatower Heide, im Südosten das Seengebiet von Müggelsee, Dahme und Spree. Diesen Räumen kommt durch ihre Auflockerung des kompakt bebauten Verdichtungsraumes (auch außerhalb der politischen Grenzen) eine außerordentliche ökologische Bedeutung zu. Ergänzt werden diese durch einen vierten, von moderner, industrieller Landwirtschaft geprägten Freiraum im Nordosten (Berliner Barnim), ein Bereich, der erst nach und nach mit Erholungsfunktionen ausgestattet wird. Neben der Bedeutung als Grundwasserreservoir zur Trinkwassergewinnung übernehmen die Waldgebiete eine wichtige Erholungs- und Ausgleichsfunktion und bedienen durch ihre Ausdehnung bis in den Stadtraum wesentliche Bereiche des Naturerlebens auch innerhalb der Stadt. Als Naherholungsgebiete, Lärmschutzflächen, aber auch als ökologischer Ausgleichsraum für die Luftaustauschprozesse zwischen Stadt und Land sind sie von herausragender Bedeutung (vgl. Kap. 2). Als Beispiel für eine solche Achse soll hier der in Süd-Nord-Richtung verlaufende „Grünkeil" genannt werden, der sich aus Süden kommend entlang der alten Eisenbahnstrecken bis zum Potsdamer Platz zieht. Die innerstädtischen Wärmeinseln werden durch die Grünschneise abgekühlt, eine gewisse Artenvielfalt (wenn auch zum Zentrum hin abnehmend), auch exotischer Pflanzen, wird bis in das Stadtzentrum hineingetragen.

Die Zonierung der innerstädtischen Grünvernetzung nimmt die äußeren Grünbereiche als Orientierungspunkte auf: Um den zentralen Tiergarten, die Lunge der Stadt, schließt sich die dichtbebaute Innenstadt mit den Berliner Oberzentren an. Es folgt ein Ring von Grünanlagen (Kleingärten, Friedhöfe, Parks), die in den 1920er Jahren durch große Volksparks ergänzt wurden. Der zweite Grünring, der die Bereiche der oben genannten Wälder- und Seenlandschaft einbezieht, erstreckt sich kreisförmig entlang der städtischen Randgebiete (Abb. 6). Hier wechseln sich Stadtraum und offene Landschaft ab und stellen eine strahlenförmige Verbindung ins Umland her. Die Gegensätze zwischen dichtbesiedelter Fläche und der offenen Weite der Landschaft sind stark ausgeprägt und leicht im Stadtbild nachvollziehbar. Zwischen den Siedlungsachsen entlang der wichtigen Verkehrswege (vgl. Kap. 6) verfügt die Stadt über Grünkeile, durch die unterschiedlichste Funktionen der Stadtnatur wahrgenommen werden. Ein zentrales Grünverbindungsnetz soll die Freiräume noch stärker miteinander verflechten und die vorhandenen Ring- und Radialsysteme untereinander verknüpfen. Zukünftig werden über 360 Natur- und Landschaftsschutzgebiete in Berlin ausgewiesen, die dann insgesamt fast ein Viertel der Stadtfläche bilden sollen.

Die ersten Wachstumsprognosen, die einen starken Bevölkerungsanstieg und damit einen erhöhten Bedarf an versiegelten Nutzflächen für den Menschen enthielten, konnten sich bisher nicht bestätigen. Die Rand- und Umlandwanderung erweckt sogar den Eindruck einer eher schrumpfenden inneren Stadt. Diese Chance muss nun genutzt werden, um der Natur innerhalb der Stadt einen angemessenen Stellenwert zu geben. Selbst kleinste Grünflächen sind für die Stadt lebensnotwendig. Sicher ist die Stadt stark gestaltete Natur, Originäres wird man nur punktuell finden. Doch genau dieses muss der Hintergrund sein, vor dem Natur in der Stadt definiert und „geplant" wird. Natur innerhalb der Stadt zu inszenieren und sich ihrer laufend zu erinnern ist eine der schwierigsten Aufgaben unserer Zeit.

Vom Fischerdorf zur Metropole – Eine historische Rückschau
Claudia Falk

Frühe Siedlungen

Seit dem Ende der Weichseleiszeit nutzten die Flüsse Spree und Dahme das eiszeitich angelegte Berlin-Warschauer Urstromtal. Da feste Flussbetten fehlten, waren weite Bereiche dieser Niederungen häufig überschwemmt, meist sumpfig und somit weitgehend unpassierbar. An der schmalsten Stelle zwischen den höher und daher trockener gelegenen Grundmoränenplatten Barnim und Teltow (rund fünf Kilometer) existierte jedoch eine Furt, durch die die Spree überquert werden konnte. An dieser Furt entstanden später zwei Ansiedlungen: Berlin auf der nördlichen Seite und Cölln auf der südlichen Seite.

Bereits vor mehr als 50 000 Jahren jagten Rentierjäger im Gebiet des Urstromtals. Ab 3000 v. Chr. besiedelten sesshafte Bauern dieses Gebiet. Um 1200 v. Chr. kamen Siedler aus der so genannten Lausitzer Kultur in den Berliner Raum. Funde in Buch (Siedlungen), Spindlersfeld (Schatzfunde) und Rahnsdorf (Bestattungsplätze) zeigen noch Spuren dieser Besiedelung, die jedoch im 7. Jh. v. Chr. aufgegeben wurde. Die Ursache hierfür könnte möglicherweise in einer Klimaverschlechterung gelegen haben. Die im Havelgebiet ansässigen germanischen Stämme der Jastorf-Kultur besiedelten im 5. Jh. v. Chr. die weiten Talungen. Sie wurden von den Römern Semnonen genannt und gelten als Kernstamm der Sueben. Ihre Kultur war von Bauern und Handwerkern geprägt.

Die Bevölkerungszahl wurde im Zuge der Völkerwanderung seit dem 2. Jh. n. Chr. stark minimiert, was sich zumindest teilweise an der Beteiligung an den Beutezügen in die römischen Provinzen erklären lässt.

Erst um 600 n. Chr. kamen slawische Stämme nach Berlin, die den Flüssen und Seen folgten, da sie das Wasser für ihr Vieh benötigten. Spuren dieser Stämme findet man in Marzahn, Köpenick, Spandau, Rudow und Waltersdorf. Es waren meist Bauern, die sich vermutlich auch in der Nähe bestehender germanischer Siedlungen niederließen und deren bereits erfolgte Erschließung nutzten. Hauptsächlich wurden Roggen, Weizen und Gerste angebaut. Ihren Fleischbedarf konnten die Bauern durch die Jagd decken, da die ausgedehnten Waldgebiete im ehemaligen Urstromtal ausgesprochen wildreich waren. Auch die Flüsse, in denen sich Hechte, Welse, Karpfen und andere Süßwasserdelikatessen tummelten, boten eine ausgezeichnete Nahrungsquelle. Das Gebiet zwischen Treptow im Osten und Spandau im Westen bildete den Grenzraum zwischen dem Siedlungsgebiet der Sprewanen (lebten an der Spree) und den Hevellern (Havelländern).

Seit dem 7./8. Jh. n. Chr. entstanden die ersten befestigten Siedlungen, beispielsweise die Burgen der Heveller, im heutigen Spandau, wo sich die großen Handelswege zwischen Elbe und Oder am Havelübergang kreuzten, und der Sprewanen, z. B. Köpenick (um 825 n. Chr.), die am Zusammenfluss von Dahme und Spree strategisch günstig lag.

Ab dem 10. Jh. n. Chr. wurde es im Berliner Raum unruhig. Der deutsche König HEINRICH I. eroberte im Jahre 930 Spandau und veranlasste die Gründung einer neuen Anlage.

936 starb HEINRICH I. Inzwischen waren alle slawischen Stämme zwischen Elbe und Oder besiegt und abhängig vom Deutschen Reich. HEINRICHS Sohn OTTO I. wollte in diesem Gebiet die christliche Religion einführen und gründete mehrere kirchliche Zentren, z. B. das Bistum Havelberg, das Bistum Brandenburg und Magdeburg.

983 beendete der Große Slawenaufstand (Lutizienaufstand) vorerst die deutsche Herrschaft. Feudalherrschaft und Kirchenhoheit brachen zusammen, die deutschen Adligen wurden vertrieben. Die Elblinie wurde wieder zur natürlichen Grenze und die Slawen unabhängig.

Der deutsche Herrscher OTTO III. verbündete sich um 990 mit dem polnischen Herzog MIESZKO, um die Gebiete zwischen Elbe und Oder zurückzuerobern. Den Heeren MIESZKOS gelang es Köpenick einzunehmen. So entstand am Ende des 10. Jh. ein polnisches Herrschaftsgebiet. Köpenick wurde ca. 150 Jahre später vom polnischen Fürsten JAXA als Residenz genutzt. Als der letzte uns bekannte Herrscher des Fürstentums der Heveller starb, kämpften Fürst JAXA und der Askanierfürst ALBRECHT DER BÄR, der vom deutschen Kaiser LOTHAR II. zum Markgrafen der Nordmark bestellt worden war, um die Brandenburg und somit um das Fürstentum der Heveller.

1157 konnte ALBRECHT DER BÄR die kurzzeitig von JAXA besetzte Brandenburg zurückerobern und die Herrschaft über das Stammesgebiet der Heveller antreten. Spandau wurde von ALBRECHT als Burgzentrum ausgebaut. Die Askanier trieben eine bewusste Siedlungspolitik und gründeten seinerzeit viele der Anger- und Straßendörfer. Dieser Aufbruch wird als Geburtsstunde der Mark Brandenburg bezeichnet.

Entstehung der Doppelstadt

Für die Gründung Cöllns und später Berlins waren die geographische Lagegunst, besonders hervorzuheben ist die Nähe zu zahlreichen Gewässern, und merkantile Faktoren maßgebend. Seit dem Ende des 12. Jahrhunderts (unter Kaiser BARBAROSSA) kamen verstärkt Handwerker, Bauern und Kaufleute über die großen Handels- und Verkehrswege in das Berliner Gebiet, wo sie an der Furt zwischen Barnim und Teltow die Spree überqueren mussten.

Auf der kleinen Spreeinsel entstand ein Warenumschlagsplatz. Diese erste Siedlung wurde Cölln genannt, was sich vermutlich aus einer Namensübertragung durch rheinische Siedler erklären lässt.

Die Insel im Spreetal bot Schutz gegen Überfälle. Ein Netz von Wasserläufen und Seen öffnete den Spreeschiffern den Zugang zu den wendischen Siedlungen des Spreegaus bis zur Lausitz. Aus dem Umschlagplatz wurde eine kleine Gemeinde und aus dieser schließlich ein kleines Städtchen.

Da Cölln sich nicht weiter ausdehnen konnte, gründeten die Askanier am gegenüberliegenden Spreeufer eine neue, zunächst selbständige Gemeinde: Berlin.

Abb. 9: Frühe Siedlungen im Berliner Raum

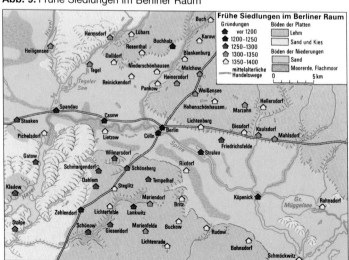

Berlin und Cölln wurden kleine Zentren und spätere Markt-flecken für den Fernhandel, dessen Hauptgüter Roggen und Holz waren. Sie avancierten zu Kaufmannssiedlungen auf dem Fernhandelsweg vom Harz zur Warthe. Parallel zu den beiden Ansiedlungen an der Furt entstanden auf den höher gelegenen Platten Anger- und Straßendörfer, denn die Geschiebelehme der Grundmoränen erwiesen sich als recht fruchtbar, ein Transportweg zu Wasser war vorhanden und für die Kirchen stellten die sandigeren Flächen einen soliden Baugrund dar.

1237 n. Chr. schließlich wurde die Doppelstadt Berlin-Cölln erstmals urkundlich erwähnt. Sie expandierte bald zum Wirtschafts- und Handelszentrum und vorübergehend auch zu einem Mitglied der Hanse (vgl. Kap. 5).

Aufschwung und Rückschläge

Der rasche wirtschaftliche Aufschwung kam jedoch nicht allein durch die verkehrsgünstige Lage, sondern vor allem durch die besondere Förderung der Askanierfürsten, die durch verstärkte Siedlungspolitik ihre Herrschaft festigen wollten. Berlin-Cölln sicherte dabei den Kaufleuten viele Vorteile. Sie mussten in der Mark Brandenburg keinen Zoll zahlen und konnten so ihre Transportkosten gering halten. Zusätzlich führten die Askanier das so genannte Niederlagsrecht ein. Alle durchfahrenden Kaufleute mussten ihre Waren einige Tage in der Doppelstadt anbieten oder einen hohen Durchgangszoll bezahlen. Das bot der ansässigen Bevölkerung eine gute Einkaufsmöglichkeit und brachte Gebühreneinahmen für die Stadt, die sich die Benutzung des Marktes oder des Kaufhauses selbstverständlich bezahlen ließ. Günstig für das Niederlagsrecht wirkte sich auch der Mühlendamm aus, der aufgestaut worden war, um Antriebskraft für die Mühlen zu gewinnen und die Wasserhaltung im Hafen und in den Stadtgräben zu gewährleisten. Er trennte die Ober- von der Unterspree, sodass die Schiffer ihre Waren ohnehin umladen mussten. Berlin / Cölln war somit auf dem Wasser kein Durchgangsort mehr, sondern Sammelpunkt für Fernhandelswaren und Umschlagplatz zwischen Land- und Wasserwegen. Haupthandelswaren waren Roggen und Holz, Fisch, Häute und Felle aus Osteuropa, sowie Gewürze und sonstige Waren aus dem außereuropäischen Fernhandel.

Dass Berlin / Cölln bereits 1280 n. Chr. eine eigene Goldprägeanstalt besaß, beweist die wirtschaftliche Bedeutung der Doppelstadt. Die Bevorzugung Berlins durch die Landesfürsten schlug sich auch im Bau von steinernen Kirchen, Kloster- und

Spitalbauten nieder. Mitte des 13. Jahrhunderts erhielt Berlin eine ansehnliche Stadtmauer aus Feldsteinen, die durch drei Stadttore passiert werden konnte: Spandauer, Oderberger (später Georgen-) und Stralauer Tor. Cölln hatte zwei Stadttore: das Köpenicker und das Teltower Tor.

Die Grundlage für den Ausbau beider Städte bot ein rasterförmiger Grundriss mit breiten Straßen und schmalen Gassen. Genaue Rekonstruktionen sind leider nicht möglich, da der älteste erhaltene Stadtplan erst aus dem 17. Jh. stammt. Es kann jedoch davon ausgegangen werden, dass ein älterer unregelmäßiger Kern rund um die Nikolaikirche und den Alten Markt später durch eine ausgeprägte Rastererweiterung um die Marienkirche und den Neuen Markt ergänzt wurde.

1307 vereinigte sich die Doppelstadt zu einer „Bundesstadt" mit einem gemeinsamen Rathaus auf der Neuen (Langen) Brücke. Im 14. Jh. wurde die Stadt mehrmals von verheerenden Bränden heimgesucht. So wurde Cölln 1376 und Berlin 1380 Opfer von Flammen. Alle öffentlichen Gebäude mit Ausnahme der Klosterkirche wurden vernichtet. Dabei war die Stadt durch die Pest im Jahre 1348 schon stark angegriffen. Nach den Bränden wurden die Straßen erhöht und teilweise gepflastert, die Häuser massiver gebaut und vor allem die Eckhäuser aus Stein gemauert. Im Zusammenhang mit der Pest kam es in Berlin zur Verfolgung der Juden, die für das Elend verantwortlich gemacht und zu Hunderten getötet wurden. Doch bereits 1354 wurden in Cölln wieder jüdische Familien aufgenommen und der Fortbestand der jüdischen Gemeinde war sichergestellt.

1345 tagte in Berlin die erste gesamtbrandenburgische Ständeversammlung und rückte die Stadt damit auch politisch an die Spitze der märkischen Städte. Kaufleute wurden zur einflussreichsten Bevölkerungsgruppe der Doppelstadt.

Ihre Wirtschaftskraft erzielten sie neben dem Handel mit Roggen und bearbeitetem Eichenholz vor allem durch ihren Lehnsbesitz im Umland, den sie meist wirtschaftlich bedrängten Adligen abgekauft hatten. Den abhängigen Bauern pressten sie Geld- und Naturalabgaben ab. Durch ihre herausragende wirtschaftliche Position konnten die Kaufleute auch ihren politischen Einfluss verstärken.

Ihr wachsender Führungsanspruch führte um 1400 allerdings zu innerstädtischen Spannungen. Die einfachen Kaufleute und Handwerker stellten sich gegen die bürgerliche Oberschicht, da diese die Innungen kontrollierte und in ihrer Autonomie beschränkte. Diese Unstimmigkeiten innerhalb der städtischen Bevölkerung nutzte der brandenburgische Kurfürst FRIEDRICH II.

von Hohenzollern („Eisenzahn") aus, um die Autonomie der Stadt zu beschneiden. Seinem Vater war nach dem Aussterben der Askanier die brandenburgische Kurfürstenwürde übertragen worden. Er setzte die Position der reichen Patrizier und die Privilegien der Stadt herab und legte den Grundstein des ersten Schlosses, das in die Cöllner Stadtmauer eingelassen wurde. Für die Bevölkerung war dieses Schloss, das sie „Zwing Cölln" nannte, das Symbol ihrer Unterwerfung. Sie versuchten sich am 19. Juni 1448 mit einem Aufstand („Berliner Unwillen") zu wehren. Doch der Kurfürst hinderte die anderen Städte durch Drohungen und Verpflichtungen daran, ihren Beistandsverpflichtungen nachzukommen. Berlin und Cölln standen allein da. FRIEDRICH II. teilte die Stadt wieder, nahm ihr die hohe Gerichtsbarkeit und sprach ihr das Bündnisrecht ab. Die Bewohner mussten ihm ihre Treue geloben, erwarteten durch Herrscher und Hof aber auch weitere wirtschaftliche Förderung und Privilegien.

1448 wurde das Schloss bezugsfertig und ab 1486 übernahm die Stadt verstärkt Repräsentationsaufgaben, da sie ständiger Aufenthaltsort der Markgrafen und Kurfürsten wurde. JOACHIM II. HEKTOR, seit 1535 Kurfürst, diente die Doppelstadt bereits als feste Residenz. Er ließ einen schnellen Verbindungsweg zwischen dem Stadtschloss und dem 1542 neugebauten Jagdschloss Grunewald bauen, den Vorläufer des später unter Bismarck befestigten Kurfürstendamms.

Die Einwohnerzahl wuchs. Vor allem aus Sachsen und Thüringen zogen die Menschen nach Berlin, um eine Stelle am Hofe oder in der Verwaltung zu bekommen.

Wirtschaftlich stagnierte die Region. Leipzig hatte Berlin inzwischen den Rang abgelaufen und sich zum Zentrum des Ost-West-Handels zwischen Danzig, Breslau, Frankfurt / M. und Antwerpen entwickelt. Berlin lag mittlerweile zu weit von den großen Handelsrouten entfernt.

Die Auswirkungen des Dreißigjährigen Krieges

Brandenburg kämpfte im Dreißigjährigen Krieg auf der Seite der antihabsburgisch-antikatholischen Union. Doch war die Politik des Kurfürsten so undurchsichtig, dass die Bevölkerung gegen beide Heere kämpfen musste. Zusätzlich wütete in Berlin mehrmals die Pest. Die Bevölkerung schrumpfte bis 1643 von 12 000 auf ca. 6 000 Einwohner. Die Vorstädte wurden größtenteils zerstört, über ein Drittel aller Häuser waren verlassen oder Opfer des Krieges geworden.

Nach dem Westfälischen Frieden 1648 wurden Berlin und Cölln zur Residenz des „Großen Kurfürsten" FRIEDRICH WILHELM. Die Bürger stellten hohe Erwartungen an den neuen Landesherren. Dieser wollte die Staatsgewalt in einer Hand konzentrieren und trieb den Aufbau eines stehenden Heeres und den Ausbau Berlins zu einer Garnisons- und Festungsstadt voran. Berlin erhielt einen sternförmigen Festungsring, der die bisherige Stadtgrenze geringfügig erweiterte. Die wichtigste kommunalpolitische Institution wurde das Militärgouvernement, welches die Stadtverwaltung weitgehend entmachtete.

Langsam aber stetig stabilisierte sich die wirtschaftliche Situation der kurfürstlichen Stadt. Wollmanufakturen, die den heimischen Rohstoff nutzten, wurden gegründet und westeuropäische Kolonisten als Fachkräfte (z. B. Juden und Hugenotten) angeworben. Die Hugenotten wurden wegen ihres Glaubens aus Frankreich vertrieben und kamen aufgrund des Toleranzedikts von Potsdam nach Berlin. Der Einfluss des Französischen ist noch immer in „typisch berlinischen" Redewendungen zu erkennen. So riefen besorgte Mütter ihren Töchtern lautstark zu, sie sollten „keene Visematenten" machen. Gemeint war, dass sie keinesfalls der Einladung junger Franzosen in deren Zelt folgen sollten (visité ma tente) und auch heute noch verzieht manch einer sein Gesicht bei einem Tässchen „Mukkefuck", dem französischen Mocca faux. Der Große Kurfürst ließ auch die Juden wieder ins Land, nachdem es seit 1572 ein Ansiedlungsverbot für Juden in der Mark gegeben hatte.

Um die Baulust der Bürger zu steigern und den Wiederaufbau der Doppelstadt voranzutreiben, gewährte ihnen der Kurfürst freies Bauholz und sechs steuerfreie Jahre. Gleichzeitig führte er eine neue Art der Besteuerung ein, die Akzise, eine indirekte Verbrauchssteuer auf Brot und andere Verbrauchsgüter.

Es entstand ein neuer Stadtteil: Friedrichswerder, der 1670 zur Stadt erhoben und somit neben Berlin und Cölln zur dritten Residenzstadt wurde. Die vierte Stadt, die Dorotheenstadt, entwickelte sich seit 1674. Städtebaulich verfügte FRIEDRICH WILHELM die Pflasterung der Straßen und Plätze, das Aufstellen von Laternen als Straßenbeleuchtung. Ferner erließ er das Verbot, Scheunen und Ställe auf öffentlichem Straßenland zu errichten.

Nach dem Bau des Oder-Spree-Kanals als Inlandsverbindung zwischen Nord- und Ostsee wurde Berlin Hauptumschlagsplatz für schlesische Waren. In den beiden darauffolgenden Jahrhunderten sollte sich das Hafensystem der Stadt weiter entwickeln und Berlin zu einem der größten Schifffahrtsplätze Europas werden.

Auf dem Weg zur königlichen Residenz und im Schatten der Revolution

1701 krönte sich Kurfürst FRIEDRICH III. selbst zum König in Preußen und nannte sich fortan FRIEDRICH I. Er baute Berlin zur königlichen Residenzstadt aus. Viele neue Bauten entstanden, so das Schloss Monbijou, das jedoch wenig später wieder abgetragen wurde, die neue Spreeschleuse der Langen Brücke und das Schloss Charlottenburg. ANDREAS SCHLÜTER baute das Stadtschloss um und wirkte am Bau des Zeughauses mit. Vorstädte wie die Friedrichstadt und Luisenstadt entstanden. Die Friedrichstadt beherbergte dabei die Beamten des Hofes und die Offiziere. Sämtliche Vorstädte hatten eine eigene Verwaltung, die sich jedoch langfristig als unrentabel erwies. 1709 wurden die Vorstädte mit Berlin und Cölln zu einer Stadt zusammengefasst und der neu zu bildende Magistrat erhielt seinen Sitz im Cöllnischen Rathaus.

Mitte der 30er Jahre des 18. Jh. ließ FRIEDRICH WILHELM I. der „Soldatenkönig", die Stadt mit einer sechs Meter hohen, 14,5 km langen Stadtmauer mit fünfzehn Stadttoren (darunter das

Abb. 10: Stadtentwicklung 18. bis 20. Jahrhundert

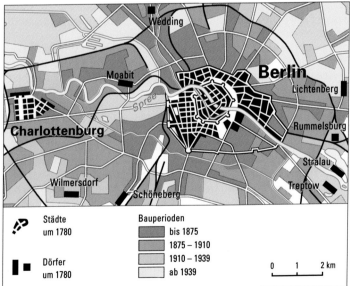

Brandenburger Tor) umgeben. Diese dritte Stadtmauer, die so genannte Akzisemauer, gliederte nun auch die Vorstädte Friedrichstadt, Dorotheenstadt, Georgenvorstadt, die Spandauer Vorstadt, die Stralauer Vorstadt, die Köpenicker und die Leipziger Vorstadt in das Stadtgebiet ein. Am damaligen Stadtrand entstanden Plätze, die nach ihrer Form Karree (heute Pariser Platz), Oktogon (Leipziger Platz) und Rondell (Mehringplatz) genannt wurden.

Unter FRIEDRICH DEM GROßEN (Friedrich II., 1740–1786) entstanden die Oper, die St.-Hedwigs-Kathedrale, das Prinz-Heinrich-Palais (heute das Hauptgebäude der Humboldt-Universität) und das Bibliotheksgebäude („Kommode") am Opernplatz. Die Straße Unter den Linden wurde zur Prachtstraße und der Tiergarten zum Landschaftspark ausgebaut. In Potsdam begannen Bauleute mit der Errichtung des Schlosses Sanssouci.

Das Manufakturwesen wurde für den Bereich Metall, Waffen, Porzellan und schwerpunktmäßig Textilien (Uniformen) eingerichtet. 1763 entstand die Königlich-Preußische Porzellanmanufaktur (KPM).

Nach dem Tode FRIEDRICH DES GROßEN 1786 folgte ihm FRIEDRICH WILHELM II. auf den Thron, der das Volk in bitterer Armut leben ließ, während er seiner Verschwendungssucht frönte. Als er starb, hinterließ er seinem Sohn FRIEDRICH WILHELM III. (1797–1840) einen gewaltigen Schuldenberg.

Infolge der Französischen Revolution wurde Europa durch NAPOLEON zum Kriegsschauplatz. Als Preußen nach zehnjähriger Neutralität doch noch gegen ihn kämpfen musste, war es darauf nicht vorbereitet und unterlag in Schlachten bei Jena und Auerstedt 1806.

FRIEDRICH WILHELM III. floh nach Königsberg, die Garnison wurde aus der Hauptstadt abgezogen und viele Bewohner verließen Berlin, während andere aus dem Umland in die Stadt strömten und Zuflucht suchten. Am 23.10.1806 marschierte NAPOLEON in Berlin ein und besetzte es bis 1808. Die Schulden, die er machte, musste die Stadt noch bis 1850 abbezahlen. FRIEDRICH WILHELM III. wollte auch nach NAPOLEONS Abzug zunächst nicht nach Berlin zurückkehren. Als sich seine Hauptstadt an den Befreiungskriegen gegen die französische Fremdherrschaft beteiligen wollte, scheiterte dies an der Passivität des Königs. Erst 1809 kehrte er zurück. Im Jahre 1812 zogen erneut französische Truppen in Berlin ein, doch endlich, 1813, entschloss sich der König, gegen die Franzosen vorzugehen. Berlin wurde zum Mittelpunkt der nationalen Erhebung. Die Schlacht bei Großbeeren brachte schließlich den endgültigen Sieg über NAPOLEON (1813).

Nach den Befreiungskriegen verdoppelte sich innerhalb kurzer Zeit die Bevölkerungszahl Berlins auf rund 400 000 Einwohner, womit die Stadt an die vierte Stelle der europäischen Metropolen trat.

1840 starb der König und FRIEDRICH WILHELM IV. trat seine Nachfolge an. Am Vorabend der Märzrevolution, vor dem Hintergrund sich verschärfender Klassengegensätze, erwies sich der absolute Regierungsstil des neuen Herrschers als kaum mehr realisierbar. Zwar beendete FRIEDRICH WILHELM die politischen Verfolgungen, milderte die Zensur, aber eine grundlegende Verfassungsänderung lehnte er vehement ab. Die Unruhe in der Bevölkerung wuchs, eine Missernte steigerte die aufgeputschte Stimmung („Kartoffelrevolution"). Berlin wurde zum Zentrum der Märzrevolution 1848. Der König reagierte am 05.12.1848 mit einer oktroyierten Verfassung, die Preußen zu einer konstitutionellen Monarchie machte. 1849 siegte die Reaktion (Ablehnung der deutschen Kaiserkrone durch den preußischen König). Es kam zu Verhaftungen und Verurteilungen. Eine strenge Pressezensur wurde verhängt. Berlin wurde von diesen „Vergeltungsmaßnahmen" als Zentrum der Revolution am härtesten getroffen.

1850 wurde die neue Stadtverfassung und Gemeindeordnung in Berlin gültig. Aktiv wählen durfte, wer ein Jahreseinkommen von 300 Talern nachweisen konnte. Dies traf immerhin auf ungefähr 5 % der Einwohner zu. Die Geisteskrankheit König FRIEDRICH WILHELM IV. führte letztendlich im Jahre 1857 zu dessen völliger Regierungsunfähigkeit und sein Bruder WILHELM I. übernahm die Regierung.

Berlin wurde im 19. Jh. zum Zentrum von Industrie und Technik und zur größten deutschen Industriestadt, ohne jedoch auf geeignete eigene Rohstoffe zurückgreifen zu können. Der Standortvorteil ergab sich vielmehr aus dem ausgebauten Verkehrssystem (vgl. Kap. 6). So entstand in Berlin der zweitgrößte Binnenschifffahrtshafen Europas. 1838 verkehrte die erste Eisenbahn zwischen Berlin und Potsdam. Das Eisenbahnnetz stellte Berlin ins Zentrum und ließ sämtliche Linien sternförmig auf Berlin zuführen. Viele Fabriken (Borsig, Siemens, Halske) und Banken entstanden. Die Einwohnerzahl wuchs rasant, sodass Gesundbrunnen, Moabit, Wedding, nördliche Teile Tempelhofs und Schöneberg 1860 in das Stadtgebiet eingemeindet wurden (Wilhelminischer Ring). Die Stadtmauer wurde 1867/68 abgerissen, neue Fernbahnlinien und drei innerstädtische Kanäle gebaut. Das Rote Rathaus, nach seiner roten Klinkerfassade benannt, entstand zwischen 1861–69 und die feierliche Einweihung des neuen Anhalter Bahnhofes fand 1880 statt.

Die Reichshauptstadt

1871 wurde Berlin Reichshauptstadt und einwohnerbezogen die größte deutsche Stadt, die 1877 die Millionengrenze überschritt. Der wirtschaftliche Aufschwung wurde finanziell durch die französischen Reparationszahlungen nach dem Deutsch-Französischen Krieg von 1870/71 begünstigt. Unter anderem bildeten diese Gelder die Grundlage der Finanzierung des Reichtagsbaus. Die Aktienkurse stiegen rasant und auch die Kredite wurden billiger. Dem Anstieg der Einwohnerzahl und der daraus resultierenden Wohnungsknappheit konnte nur durch den Bau von „Mietskasernen" entgegengetreten werden, bei denen menschliche Bedürfnisse weitgehend außer Acht gelassen wurden. Bis zu sechs Hinterhöfe lagen düster hintereinander, umgeben von fünfgeschossigen Häusern. Großfamilien lebten unter erbärmlichen Bedingungen in $1^1/_2$-Zimmer-Wohnungen mit Außentoiletten (diese mussten wiederum mit anderen Familien geteilt werden). Nachdem die hygienische Situation unhaltbar zu werden drohte, wurde 1873 u.a. auf Betreiben des Arztes und Stadtverordneten RUDOLF VIRCHOW der Bau einer unterirdischen Kanalisation vorangetrieben, die vom Stadtbaumeister HOBRECHT konzipiert und realisiert wurde.

Die Standorte der Industrie verlagerten sich an den Stadtrand und an die Wasserstraßen. Die weitere Entwicklung Berlins verlief dezentral und in den einzelnen Stadtteilen unterschiedlich. In der Friedrichstadt entstanden vorwiegend Geschäfte und Verwaltungsbauten, in der Siemensstadt siedelte sich Industrie an und im Westend, Lichterfelde und Tiergarten entstanden repäsentative Villenviertel. Die Stadt vergrößerte sich auch nach außen. Die Bauern verkauften bereitwillig ihre Felder und kamen dabei teilweise zu beachtlichem Vermögen. Dies wiederum konnten sie für die Eigenständigkeit der umliegenden Städte und Gemeinden in die Waagschale werfen, in deren Gemeinde- und Stadträten sie saßen.

Um die Arbeit der Versorgungsbetriebe effizienter zu gestalten, schloss man diese 1912 zu einem Zweckverband Groß-Berlin zusammen, denn es gab eine Vielzahl von Gas-, Wasser-, Elektrizitätswerken, Verkehrsgesellschaften etc., die oftmals gegeneinander statt miteinander arbeiteten.

Berlin zwischen Monarchie und Diktatur

Der Erste Weltkrieg ließ eine Zeit der Entbehrungen folgen, sämtliche Verbrauchsgüter wurden streng rationiert und der staatlichen Verteilung unterzogen.

Im Verlauf des Krieges erreichte die Novemberrevolution auch Berlin. Der Kaiser musste abdanken und SCHEIDEMANN und LIEB-KNECHT verkündeten beinahe zeitgleich das Ende der Monarchie. Beide riefen die Republik aus, SCHEIDEMANN die deutsche, LIEB-KNECHT die sozialistische. Die Nationalversammlung verabschiedete 1919 schließlich die Verfassung der Weimarer Republik. Für den Stadtausbau setzte in den Zwanziger Jahren, nach der Bildung der Einheitsgemeinde „Groß-Berlin", eine innovative Phase ein. Ein neuer Wohngrundsatz, das Wohnen in Licht, Luft und Sonne, setzte sich durch und führte zum Bau von insgesamt 18 Großwohnsiedlungen wie die Hufeisensiedlung in Britz, Onkel Toms Hütte in Zehlendorf, die Siemensstadt, die Carl-Legien-Siedlung im Prenzlauer Berg und die „Weiße Stadt" in Reinickendorf.

Ende der 1920er Jahre, die bis dahin wirtschaftlich zufriedenstellend verlaufen waren, sank die Wirtschaftskraft Berlins

Abb. 11: Groß-Berlin 1920

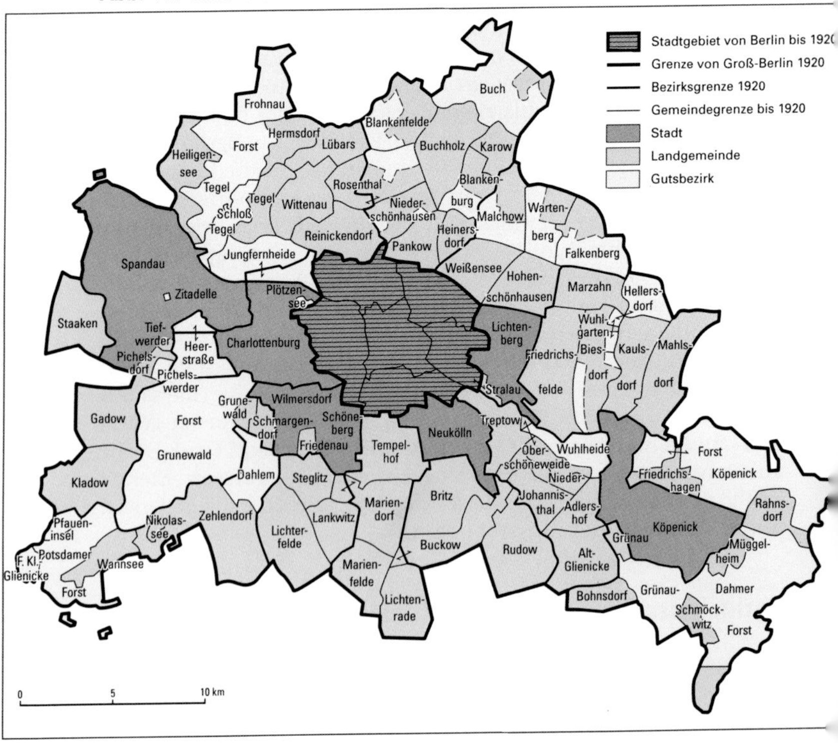

Legende:
- Stadtgebiet von Berlin bis 1920
- Grenze von Groß-Berlin 1920
- Bezirksgrenze 1920
- Gemeindegrenze bis 1920
- Stadt
- Landgemeinde
- Gutsbezirk

deutlich. Die Schulden wuchsen, die Arbeitslosenzahlen stiegen. Die Politiker waren der Lage nicht mehr Herr und die Wirtschaftskrise entwickelte sich zur politischen Krise, die in die Machtergreifung der Nationalsozialisten ab 1933 mündete.

Diese bauten den Zentralflughafen Tempelhof aus und schufen eine große Ost-West-Achse (Berliner Stadtschloss – Unter den Linden – Theodor-Heuss-Platz – Heerstraße bis Spandau). 1936 richtete Deutschland die Olympischen Spiele aus. Aus diesem Anlass errichtete man in Berlin das Olympiastadion und die heutige Waldbühne. HITLER plante Berlin als Hauptstadt seines neuen Weltreiches: „Germania", mit monumentalen Bauten, die seine Größe und Macht symbolisieren sollten. Doch blieben diese Pläne weitgehend unverwirklicht. Das Empfangsgebäude des Tempelhofer Flughafens, die 1935 eröffnete Deutschlandhalle und die Verwaltungsgebäude am Fehrbelliner Platz geben eine kleine Vorstellung der geplanten Monumentalwirkung dieser Gebäude (vgl. Exk. 11).

Der Zweite Weltkrieg traf die deutsche Hauptstadt sehr hart. In den Innenstadtbezirken wurden ungefähr die Hälfte aller Wohnungen zerstört. Anfang Juli 1945 besetzten die Sowjets die Stadt. Erst ab September 1945 rückten die Franzosen, Briten und Amerikaner ein. Bereits 1944 hatten sich die Alliierten über eine Aufteilung Berlins in vier Besatzungssektoren verständigt, die gemeinsam im Alliierten Kontrollrat verwaltet werden sollten.

Berlin war ein Trümmerhaufen, Wortschöpfungen wie „Stehtnix" für den Bezirk Steglitz spiegeln den Sarkasmus der Berliner wider, die sich vor einer nicht zu bewältigenden Aufgabe sahen: dem Wiederaufbau ihrer Stadt. Es erwies sich als besonders problematisch, dass die robusten, aus Ziegeln oder Kalksteinen gebauten, Berliner Häuser, zwar häufig ausgebrannt waren, aber die Grundmauern noch standen. Es musste also aufwendig „entrümpelt" werden. Hauptsächlich weibliche Arbeitskräfte, die „Trümmerfrauen", übernahmen diese Arbeiten, da die Männer entweder gefallen waren oder sich in Kriegsgefangenschaft befanden. Ohne nennenswerte technische Hilfsmittel räumten sie die gesamte Stadt auf und leisteten somit den wohl wichtigsten Beitrag zum Wiederaufbau. Riesige Trümmerberge wurden aufgeschüttet und begrünt. Der Teufelsberg, der Insulaner, der Bunkerberg im Humboldthain und viele andere Erhebungen im Stadtgebiet bezeugen bis in die Gegenwart den unermüdlichen Einsatz, den die Berliner Frauen in der unmittelbaren Nachkriegszeit geleistet haben.

Neubauten wurden vor allem in den Randbezirken wie Tempelhof, Spandau und Zehlendorf errichtet, wo günstige und leicht zu erschließende Freiflächen zur Verfügung standen.

1948 sperrten die Sowjets sämtliche Zufahrtswege nach Berlin und verhängten die Blockade. Die West-Berliner, ohnedies durch den Krieg stark geschwächt, sollten in der Frage um die Währungsreform als Druckmittel gegen die Westmächte fungieren. Doch die Westmächte ließen die Berliner nicht im Stich und versorgten sie über Luftkorridore. Innerhalb von drei Monaten wurde der Flughafen Tegel fertiggestellt. Die Flugzeuge landeten in Tegel, Tempelhof und Gatow. Das Luftbrückendenkmal vor dem Flughafen Tempelhof („Hungerharke") symbolisiert die drei Luftkorridore, auf denen die sogenannten „Rosinenbomber" die westliche Stadtbevölkerung mit Versorgungsgütern wie Nahrungsmittel, Kohle und sogar mit Einzelteilen für ein neues Kraftwerk, das „Kraftwerk Ernst-Reuter", versorgten. Seit dieser Blockade legte der Westberliner Senat die sogenannte „Senatsreserve" von unverderblichen Lebensmitteln an, die bis zur Wiedervereinigung der Stadthälften 1990 alle fünf Monate ausgetauscht wurde.

Mit der Blockade der westlichen Teilstadt war das Nebeneinander der Besatzungsmächte im Alliierten Kontrollrat beendet. Nach elf Monaten, am 12. Mai 1949, gaben die Sowjets die Blockade auf und noch im selben Jahr wurden zwei Verfassungen für Deutschland herausgegeben: das Grundgesetz der Bundesrepublik Deutschland (24. Mai 1949) und die Verfassung der neugegründeten Deutschen Demokratischen Republik (7. Oktober 1949).

Die Verfassungen behandelten Berlin unterschiedlich. Das Grundgesetz sah die Stadt als ein Land der Bundesrepublik, die Verfassung der DDR machte Berlin zur Hauptstadt der DDR. Beides bezog sich jeweils auf ganz Berlin, wirkte sich faktisch jedoch nur auf den jeweils verwalteten Bereich aus.

Die Verfassung von Berlin, die am 1. Oktober 1950 in Kraft trat, war nominell für ganz Berlin gedacht, kam jedoch nur in den Westsektoren zur Anwendung. Die Teilung der Stadt wurde niemals anerkannt und offiziell nur als vorübergehender Status angesehen.

West-Berlin wurde zu einer „Insel" inmitten des Staatsgebietes der Deutschen Demokratischen Republik, isoliert von seinem natürlichen Umland. Am 13. August 1961 begannen Grenztruppen und Bausoldaten der DDR mit der Errichtung eines „Antifaschistischen Schutzwalls", der nach wenigen Tagen die drei Westsektoren vollständig umschloss. Das Museum im Haus am Checkpoint Charlie erinnert an diese Zeit der Berliner Geschichte. Beide Stadthälften sollten endgültig voneinander getrennt sein. Auch die zahlreichen Berufspendler zwischen Ost-

und West-Berlin, die die sozialistische Struktur des Ostteils massiv beeinflussen konnten, mussten sich eine Tätigkeit in der Stadthälfte suchen, in der sie beheimatet waren. Westberliner bedurften fortan eines Visums, um in das Gebiet der Deutschen Demokratischen Republik „einreisen" zu dürfen. DDR-Bürgern war die Einreise in das nichtsozialistische Ausland, in die Bundesrepublik und nach Westberlin gänzlich untersagt.

Städtebaulich entwickelten sich die beiden Stadthälften fortan ebenfalls unterschiedlich. Während im Osten nach sowjetischem Vorbild Plattenbausiedlungen entstanden, in denen zeitweise bis zu 47 % der Bevölkerung lebten, setzte man im Westteil zunächst auf die moderne Wiederherstellung des verlorenen Wohnraumes, baute das südliche Hansaviertel als Neubauviertel auf und erneuerte die Siedlungsstrukturen in Wedding und Charlottenburg.

In Ost-Berlin wurden anlässlich der 750-Jahrfeier Berlins das historische Nikolaiviertel und die Friedrichstadt rekonstruiert, in West-Berlin schuf man zwischen 1961 und 1984 das Märkische Viertel, die Gropiusstadt und das Falkenhagener Feld als Großwohnsiedlungen, die vorwiegend die Menschen aufnehmen sollten, die aus der total zu sanierenden Innenstadt zogen. Teilweise kam es zum Abriss ganzer Straßenzüge im westlichen Innenstadtbereich.

Erst seit 1978 war ein Umdenken erkennbar. Statt „Kahlschlag" setzte man nunmehr auf Stadterhaltung. Projekte der „Internationale Bauausstellung 1984 / 87" beschäftigen sich mit der Anforderung die Innenstadt zu gestalten. Wesentliche Kriterien der Bauplanung waren die gelungene Verbindung von Architektur, Umweltverträglichkeit und Bürgerbeteiligung. Es entstanden Wohnviertel mit regionalen Zentren und kurzen Wegen.

Nach der Wiedervereinigung stehen den Berlinern wieder beide Stadthälften zur Verfügung. Die City-West und die City-Ost sollen durch ein Cityband miteinander verbunden werden. Der Potsdamer und der Leipziger Platz wurden als gewichtiger Teil der neuen Berliner Mitte wieder aufgebaut. Marktführende Firmen errichteten hier ihre Firmenniederlassungen, eine grundlegend neue Infrastruktur entstand. Die ehemaligen innerstädtischen Grenzen sind teilweise nicht einmal mehr für Einheimische erkennbar. Berlin entwickelt sich erneut zu einer repräsentativen Metropole, die ihrem Symbolcharakter für die Einheit Deutschlands Rechnung trägt. Berlin war und ist Spiegel der oft schicksalhaften deutschen Geschichte, von den Berlinern immer mit Schnauze und Herz gemeistert!

Vom Spreedorf zur Dienstleistungsmetropole – Ein wirtschaftshistorischer Reigen der deutschen Hauptstadt von der Gründung bis zur Gegenwart

Michael Kling

Die Genese: Vom Spreedorf zum Handelsstädtchen (1200 – 1540)

Wirft man etwa um das Jahr 1400 einen Blick auf die Wirtschaftskarte der mittelalterlichen Verkehrs- und Handelswege im Elbe-Oder-Raum, erkennt man im Zentrum der bedeutenden Ost-West-Achse von Magdeburg nach Frankfurt/Oder und den eher Nord-Süd ausgerichteten Verkehrswegen von Leipzig, Dresden, Bautzen in Richtung Wismar, Rostock und Danzig einen absoluten zentralen Knotenpunkt mit dem Namen Berlin.

Dieser Ballungsraum wurde höchstwahrscheinlich bereits im letzten Viertel des 12. Jahrhunderts als Doppelstadt Berlin-Cölln an der schmalsten Stelle des von der Spree genutzten Berlin-Warschauer-Urstromtals gegründet. Da archäologische Funde zudem eindeutig die hier schon seit längerer Zeit existierenden dörflichen Siedlungen Berlin und Cölln belegen, scheint diese naturräumliche Gunstlage schon viel länger als bisher vermutet von wendischen und slawischen Siedlern erkannt worden zu sein. Das oftmals fälschlicherweise als Gründungsdatum Berlins

Abb. 12: Sukzessive Stadterweiterung im 15. Jahrhundert

postulierte Jahr 1237 verkörpert demzufolge lediglich die erste urkundliche Erwähnung Cöllns und bezieht sich zweifelsohne auf einen bereits funktionierenden Siedlungs- und Wirtschaftsraum, der für seine Genese die naturräumlichen Talsandinseln der Spreemündung nutzte.

Zwei der wichtigsten Voraussetzungen zum Aufblühen der Wirtschaftsmetropole Berlin waren die geographisch günstige Lage an der schmalsten Stelle des Urstromtales mit der bevorzugten Überquerungsmöglichkeit der Spreefurt, die auch ideale Voraussetzungen für die Fischwirtschaft aufwies, sowie die überregionale Bedeutung als Knotenpunkt des aufstrebenden Fernverkehrs.

Insbesondere die erstgenannte Funktion als Brückenverbindung zwischen den höherliegenden Grundmoränenflächen des Teltow im Süden und des Barnim im Norden wird in der Literatur oftmals unterschätzt, zumal in der damaligen Zeit die Spree auch ohne Überschwemmung etwa doppelt so breit war wie heute. Außer Acht gelassen wird häufig auch die bis weit ins 13. Jahrhundert währende natürliche Unwegsamkeit der buschigen Heide- und Waldlandschaft. Erst jahrhundertelange Kulturarbeit des Menschen ließ die fast geschlossene Urwaldvegetation allmählich verschwinden und sukzessive Platz für den wirtschaftenden Menschen greifen.

Im 13. Jahrhundert expandierte die Doppelstadt und um 1247 kann es sich Berlin-Cölln leisten, mit einer ringförmigen Mauer aus Feldsteinen eine neue Befestigung anzulegen. Bereits vor 1251 muss Markgraf JOHANN I. neben Brandenburg auch Berlin die Zollfreiheit gewährt haben, die ebenfalls einen wichtigen Meilenstein für das Aufblühen der Handelsstadt darstellte. Ausländische Tuche, vor allem aus Flandern, geräucherte oder getrocknete Seefische wie Hering und Stockfisch, Wein, Gewürze, Wachs, Reis, Feigen, Pech, Öl, Kupfer, Messing, Zinn und Eisengeräte wurden importiert. Berliner Kaufleute exportierten Leinen- und Wollgewebe, einheimische Flussfische und das berühmte Berliner Bier. Berlins Handelsbeziehungen reichten über viele Handelsetappen bis zum Mittelmeerraum, Osteuropa, ja sogar bis in den Orient.

Viele einzelne Faktoren tragen in der Folgezeit dazu bei, Berlins Wirtschaftskraft gewaltig aufblühen zu lassen. Die Einrichtung landesherrlicher Mühlen oder der größten märkischen Münze (1280), die Expansion des Handwerks, die Vereinigung Berlins und Cöllns zu einer Stadt (1307), die Mitgliedschaft in der Hanse (ab 1359), der Erwerb des eigenen Münz- und Prägerechts (1369) sowie das immer stärker anwachsende Aufbegehren der wohlhabenden Bürger gegen die Landesherrschaft bilden einzelne, kleine Facetten des wirtschaftlichen und politischen „Bedeutungsüberschusses", den Berlin sich Schritt für Schritt aneignete:

„So wurde aus Cölln und Berlin eine wichtige Stadt der nordostdeutschen Hanse. Sie trieb Handel weit bis nach Russland hinein, und der deutsche Kaiser bedachte sie mit großen Privilegien. Berlin erhielt eigene Gerichtsbarkeit und auch das Stapelrecht; was jeden Kaufmann, der über den Mühlendamm wollte, zwang seine Waren in Berlin auszustellen und feilzubieten. Von diesem Vorkaufsrecht konnte man sich durch Gebühren befreien, und so wurde die Stadt immer reicher. Sie trieb ihre Gemarkungen nach West und Ost bis nach Spandau und Cöpenick vor, besaß einen großen Stadtwald den späteren Tiergarten, und war begütert bis nach Teltow hinunter" (KIAULEHN 1958, S. 39).

Halten wir ohne Rangfolge zu den oben genannten zwei Voraussetzungen die Folgenden fest und wir können erahnen, warum Berlin vom Fischerdorf im märkischen Sand zur steinernen Industriemetropole des 19./20. Jahrhunderts werden konnte: Gewährung von Privilegien wie Zollfreiheit und insbesondere das Stapelrecht, (vorerst temporäre) Wohnsitznahme des Landesherren, Einrichtung hoheitlicher Institutionen wie Landtag oder Münze und die Herausbildung einer aktiven und wohlhabenden Bürgerschaft.

Die Expansion: Residenz-, Garnisons- und Manufakturstadt (1540 – 1800)

Nach der Anlage des Mitte des 15. Jahrhunderts entstandenen Stadtschlosses und der um 1540 von Kurfürst JOACHIM II. bestimmten Festlegung Berlins zur kurfürstlichen Residenzstadt trat Berlin in die zweite Periode seiner Entwicklung ein. Die Doppelstadt wuchs bis zum Dreißigjährigen Krieg zum politischen, wirtschaftlichen und kulturellen Zentrum des entstehenden brandenburgpreußischen Staates. Einen schweren Rückschlag erlitt die Stadt durch die Auswirkungen des Dreißigjährigen Krieges (1618 – 1648). Die Wirtschaft lag am Boden. Berlins Einwohnerzahl ging auf 6 000 zurück, der Hälfte des Bestandes zu Kriegsbeginn!

Nur der Tatkraft des Kurfürsten FRIEDRICH WILHELM (1640 – 1688), der zu Recht als Großer Kurfürst in die Geschichte einging, war der Aufstieg Brandenburgs und später des Königreichs Preußen zur europäischen Großmacht zu verdanken. Die sich nur allmählich erholende Wirtschaft der Residenz profitierte hierbei besonders seit 1657 durch die Bestimmung Berlins zur Garnisonsstadt und dem sich bis etwa 1683 anschließenden Festungsausbau, der fast jedem Arbeitsfähigen und Handeltreibenden einen guten Verdienst ermöglichte. Der vom Kurfürsten forcierte Ausbau des Kanalnetzes, insbesondere der 1668 fertiggestellte Oder-Spree-Kanal, schuf weitere Impulse auf dem Wege Berlins zu einem führenden Wirtschafts- und Verkehrsknotenpunkt des Kontinents.

Entscheidend für die ökonomische Führungsstellung des rohstoffarmen Berlin war aber zweifellos die kluge Wirtschaftspolitik des preußischen Merkantilismus. Auf der einen Seite begünstigte eine konsequente Kolonistenpolitik des Herrscherhauses die infrastrukturelle Entwicklung der vom Krieg und verschiedenen Seuchen entvölkerten Stadt. Den bereits Mitte des 17. Jahrhunderts eingewanderten niederländischen Kolonisten, wohlhabenden österreichischen Juden und Böhmen, folgten nach der Aufhebung des Edikts von Nantes (1685) zahlreiche religiös verfolgte französische Protestanten. Sie erweiterten mit über 40 bis dahin nicht in Berlin bekannten Berufen das Wirtschaftsspektrum der Stadt und sorgten für wichtige technische Innovationen (z.B. 1687 Einführung des mechanischen Webstuhles). Zum Ende des Jahrhunderts lebten 25 000 Einwohner innerhalb der Stadtmauern, davon allein über 5 000 Hugenotten, die neben ihrer Arbeitskraft viel Kapital und technisches Know-how mitbrachten.

Das zweite merkantile Standbein bildete die unter einer strengen staatlichen Kontrolle durchgeführte Gewerbeförderung. Parallel zu Einfuhrverboten (z.B. für Kupfer- und Bleierzeugnisse 1654) und Strafzöllen unterstützte der Staat aktiv durch Zuschüsse und Darlehen die Gründung eigener Betriebe und Manufakturen. Die avisierten Ziele wurden erreicht: Förderung des auch schon in anderen Ländern bewährten „Fabriksystems" und Wiederbelebung des Handwerks.

Der Wandel Berlins von der Handels- zur Manufakturstadt lässt sich am Beispiel der bedeutenden Textilindustrie belegen. Innerhalb weniger Jahrzehnte expandierte die 1687 gegründete kurfürstliche Wollmanufaktur, im Volksmund als „Lagerhaus" bekannt geworden, zu einem der größten Wirtschaftsbetriebe des Königreichs. Ihr Wachstum begründete sich vor allem auf die Versorgung des ständig größer werdenden Heeres mit Uniformtuch. Die führende Position wurde 1719 untermauert, als allen preußischen Untertanen das Tragen ausländischer Tuche untersagt wurde. In den 30er Jahren des 18. Jh. beschäftigte das Lagerhaus über 5 000 Arbeitskräfte. Der Aufschwung der Textilindustrie Berlins offenbart sich augenscheinlich, indem 1712 erst jeder hundertste Bürger in der Textilbranche tätig war, auf dem Höhepunkt dieses Gewerbes um 1800 jedoch bereits jeder achte.

Anfang des 19. Jahrhunderts war Berlin nicht nur Hauptstadt, Garnison und Verwaltungszentrum, sondern auch zu einem der bedeutendsten Wirtschafts- und Kulturzentren Mitteleuropas herangewachsen. Allein 36 000 Beschäftigte arbeiteten in Manufakturen, das bedeutete ein Viertel der Bevölkerung. Über 50 % aller Arbeiter Berlins waren in der Textilbranche tätig. Überragende Bedeutung besaßen auch das Bekleidungs-, Metall- und Druckereigewerbe. Buchhandlungen, Verlage, Handels-, Bank- und Versicherungswesen bildeten weitere Stützen der Berliner Wirtschaft.

Die Revolution: Berlin wird Weltstadt (1800 – 1939/45)

Bereits vor dem 19. Jh., dem europäischen Zeitalter der Industrialisierung, zog in die Berliner Wirtschaftswelt der erste Hauch der industriellen Revolution von den Britischen Inseln ein. Im Jahre 1793 wurde erstmalig eine aus England stammende Dampfmaschine in einer Baumwollmanufaktur zum Einsatz gebracht, 1800 folgte die Königliche Porzellan Manufaktur (KPM) mit dieser technischen Innovation, die die gesamte Wirtschaftsstruktur Berlins und der restlichen Welt fundamental verändern sollte.

Interessant in diesem Zusammenhang ist die Tatsache, dass Preußen bereits seit etwa 1770 in kluger Voraussicht Ingenieure nach England sandte, um die Wiege der industriemäßig betriebenen Mechanisierung auszuspionieren. Wenn man so will, liegt damit die Geburtsstunde der staatlich organisierten Industriespionage im Berlin der späten Manufakturperiode. Schon 1773 schickte Preußen den Ingenieur BÜCKLING nach England, um die gerade patentierte Dampfmaschine von JAMES WATT näher zu erkunden, nur fünf Jahre später folgte Freiherr VOM STEIN, der in einigen Jahren Minister für das Akzise- und Fabrikwesen werden sollte, und auch der spätere Leiter des königlichen Gewerbeinstituts Preußens P.W.C. BEUTH reiste über Jahre durch die britischen Industr/reviere, um den kleinsten technischen Fortschritt in Manchester oder Birmingham für sein Heimatland zu nutzen.

Der nun folgende märchenhafte Aufstieg Berlins zur Wirtschaftsmetropole Europas war nicht denkbar ohne tiefgreifende Veränderungen im politisch-sozialen Gesellschaftsleben Preußens. Berlin wurde zum Kristallisationspunkt der revolutionären Umwälzung innerhalb der bäuerlich-feudalen Aristokratiegesellschaft, die während kürzester Zeit durcheinandergewirbelt wurde. Mit einer Serie von Reformen reagierten fortschrittliche Kräfte des preußischen Staates 1807 – 1812 auf die allgemeine politische Stagnation. Als erstes Reformgesetz führte das Edikt zur Bauernbefreiung zu einer bislang ungeahnten Freizügigkeit und Mobilität weiter Bevölkerungsschichten. Eine neue Städteordnung, die Gewerbefreiheit ohne Zunftzwang und die Gleichberechtigung der Juden revolutionierte das bisher starre Gesellschafts- und Wirtschaftsgefüge und trug den lautstark geforderten Emanzipationsbestrebungen der städtischen Bürgerschaft Rechnung.

Gilt das 19. Jahrhundert zu Recht als Zeitalter der Maschine schlechthin, so bildet sicherlich der Aufschwung des Berliner Maschinenbaus ein wesentliches Kennzeichen dieser Phase. 1804 nahm die Königliche Eisengießerei in der Invalidenstraße ihre Produktion auf und inspirierte in der Folgezeit eine unglaubliche Gründungswelle von metallverarbeitenden Fabriken. Ein Großteil dieser Maschinenbaubetriebe siedelte sich nur einen Steinwurf entfernt an der Chausseestraße im Norden der Stadt, vor dem Oranienburger Tor, an.

Berlins berühmtester und wohl auch bedeutendster Maschinenbauer war der aus Schlesien stammende AUGUST BORSIG. 1837 begründete er mit der Errichtung einer Eisengießerei und Maschinenbauanstalt seinen späteren Weltruf. Für das seit 1838 im Aufbau begriffene preußische Eisenbahnnetz produzierte BORSIG jedwedes Hilfsmaterial wie Schienen oder Schrauben, ansonsten erledigte er alle Arbeiten im Bereich Kunst- und Bauguss (z.B. Säulen, Brückengeländer, Gitter). Auch die vier Figuren der bekannten Löwenbrücke im Tiergarten stammen aus dieser Anfangszeit. Frühzeitig erkannte BORSIG die wachsende Nachfrage für ortsfeste Dampfmaschinen und belieferte fast alle Industriezweige (u.a. Zuckersiedereien, Ölfabriken, Spinnereien, Sägemühlen).

Parallel zur Expansion seines Werksgeländes erweiterte er mit dem zukunftsträchtigen Lokomotivbau seine Produktpalette. Die erste Lokomotive mit dem Namen „Borsig" wurde 1841 fertiggestellt. In der Folge errang BORSIG fast eine Monopolstellung im Eisenbahnwesen. Von den bis zu ihrer Verstaatlichung im Jahre 1882 angeschafften 185 Loks der Berlin-Anhaltischen Eisenbahn stammten 165 aus Borsigs Fabrik.

Eine Reihe von Patenten, Erfindungen und technischen Neuerungen belegen den erfinderischen Unternehmergeist des genialen Fabrikanten. Sein Hauptziel war nunmehr die Verdrängung der englischen und amerikanischen Eisenbahnkonkurrenten vom deutschen Markt. Um nicht weiterhin auf teure Importe von hochwertigen Stabeisen, Blechen und Schmiedestücken aus England angewiesen zu sein, erwarb BORSIG 1846 in Moabit ein Terrain, um hier nach neuesten Erkenntnissen ein Eisen-, Hammer- und Walzwerk zu errichten.

Wie damals üblich, erbaute Borsig neben den Fabrikanlagen an der heutigen Stromstraße eine repräsentative Villa nach Entwürfen seines Hausarchitekten Johann Heinrich Strack. König Friedrich Wilhelm IV. soll 1850 bei einem Besuch der Borsigschen Villa lakonisch bemerkt haben: „So wie Sie möchte ich auch mal wohnen, mein lieber Borsig" (Kling 1981, S. 195).

Noch im gleichen Jahr erweiterte Borsig seinen Industriekomplex erneut, indem er für 140 000 Taler von der Kgl. Seehandlung deren Maschinenbauanstalt in der Moabiter Kirchstraße erwarb. Nunmehr produzierte Borsig seit dem Jahr 1850 an drei verschiedenen Standorten und war 1860 mit über 2 000 Arbeitern zum größten industriellen Arbeitgeber Berlins geworden.

Im Laufe der Zeit erwies sich die Zersplitterung in verschiedene Standorte als betriebswirtschaftlicher Nachteil, sodass Borsigs Erben gegen Ende des Jahrhunderts die Fabriken veräußerten und 1896 in Tegel ein 220 000 m² großes Areal erwarben. Zeitgleich wurde eine 15 ha große Wohnhauskolonie für Arbeiter begonnen, die diesem Ortsteil den Namen Borsigwalde bescherte. Dieses Phänomen der industriellen Randwanderung war typisch für Berlin. Nach der im 19. Jahrhundert rasant verlaufenen Industrialisierung, oftmals als Hinterhofgewerbe in Mietskasernen, entstanden Tausende von Gewerbebetrieben

Abb. 13: Alte Industrieanlagen – Borsiggelände in der Chausseestraße

und Fabriken, die für Berlin die charakteristische Mischstruktur von Wohnen und Arbeiten auf verdichtetem Raum entstehen ließ. Die Fabrikgründung von SIEMENS und HALSKE 1847 auf einem Kreuzberger Hinterhof am Anhalter Bahnhof verkörpert hier das Paradebeispiel. Vergleichbar mit dem Genius eines BORSIG führte die Schaffenskraft, der Erfindungsgeist und die unternehmerische Weitsicht eines WERNER VON SIEMENS fast zwangsläufig zur Schaffung eines weltweit agierenden Konzerns, der gezwungenermaßen aus Raumproblemen von der Innenstadt an die Peripherie der Stadt ausweichen musste, oftmals sogar in zwei Randwanderungsphasen. SIEMENS bündelte seine Aktivitäten räumlich und begründete in Charlottenburg-Nord und Spandau mit diversen Fabrikanlagen und modernen Wohnsiedlungen, u.a. von den bekannten Architekten HANS SCHAROUN, OTTO BARTNING, WALTER GROPIUS, FRED FORBAT und HUGO HÄRING, den neuen, modernen Stadtteil Siemensstadt (vgl. HOFMEISTER 1990, S. 235–239).

Durch die rasche Industrialisierung und den überaus starken Bevölkerungszustrom in die Hauptstadt (1805: 167 000, 1871: 932 000, 1900: 2 712 000) wuchs Berlin in der zweiten Hälfte des Jahrhunderts zur führenden Industriemetropole Europas.

Zwar bildete der Maschinenbau in den ersten Jahrzehnten den Motor des Aufschwungs, aber gemessen an der Beschäftigungszahl war um 1850 das Bekleidungsgewerbe mit einem Fünftel der Arbeiter immer noch führend. Wichtige Impulse gab nunmehr auch die chemische Industrie, beispielsweise die im Wedding aus einer Apotheke groß gewordene Firma Schering. Die Elektroindustrie gewann nach 1850 immer größeren Spielraum.

1871 wurde Berlin Hauptstadt des Deutschen Reiches und mit dem Ausbau des Eisenbahnnetzes der größte Verkehrsknotenpunkt Mitteleuropas. Alle großen Betriebe, Banken und Dienstleistungszentren zog es nach Berlin. Berlins Verlags- und Zeitungswesen expandierte in unglaublicher Weise. Die Baubranche boomte und die Börse wurde zur Spielwiese unzähliger Spekulanten, Rentiers und „Kuponschneider". Es schien als sollte Berlin in den turbulenten „Gründerjahren" fortwährend neu errichtet werden. Zwischen 1871 und 1910 hatte sich die Bevölkerung auf 3,7 Mio. Einwohner vervierfacht. Riesige Pendlerströme mussten tagtäglich mit der S-Bahn zu ihren Industriestandorten nach Tegel, Siemensstadt, Rummelsburg, Oberschöneweide oder Marienfelde (und retour) geleitet werden.

Im Verlauf des Ersten Weltkriegs gewann Berlins Wirtschaft durch seine kriegswichtigen Industriesparten im Vergleich zu den anderen Regionen sogar noch an Bedeutung. Zur Mitte der - goldenen Zwanziger Jahre beschäftigten 300 000 Gewerbebetriebe 1,7 Mio. der 2,3 Mio. Erwerbstätigen der mittlerweile Vier-Millionen-Metropole. Die ökonomische Potenz der Stadt wird durch die Tatsache deutlich, dass auf sie 8,5 % aller Betriebe und 9,3 % aller Beschäftigten Deutschlands entfielen, obgleich „nur" knapp 7 % der Bevölkerung in den Stadtgrenzen lebten. Dieser wirtschaftliche Bedeutungsüberschuss wurde auf engstem, städtischem Verdichtungsraum erarbeitet, denn die im statistischen Vergleich gleichstarke Rheinprovinz verfügte über eine 28-mal so große Fläche! Insgesamt waren in Industrie und Handwerk 51 % der Berliner Erwerbsbevölkerung, im Handel und Verkehr 30 % und in der öffentlichen Verwaltung 8 % tätig.

Trotz vielfältiger Turbulenzen in der Zeit der Weimarer Republik wie Inflation, Weltwirtschaftskrise und hoher Arbeitslosigkeit nahm die Konzentration der größten Branchen während des Nationalsozialismus noch zu. Im Zuge der Kriegsvorbereitung wurde die Rüstungsindustrie intensiv gefördert. Während des Krieges konnte die Produktion lediglich durch einen hohen Arbeitskräfteanteil von Frauen, aber auch von Juden, Kriegsgefangenen und politisch Verfolgten aufrecht gehalten werden. Im Jahre 1944 mussten fast 400 000 Zwangsarbeiter, überwiegend aus Osteuropa, in der Berliner Industrie Frondienst leisten. Ihre Unterdrückung durch ein menschenverachtendes System endete erst mit der totalen militärischen Niederlage und dem Untergang des nationalsozialistischen Unrechtsstaates. Die beschämende Diskussion um Entschädigung der Zwangsarbeiter zeitigte bis März 2001 kein befriedigendes Ergebnis.

Zerstörung und Wiederaufbau (1939/45 – 1960)

Im Mai 1945 verkörperte die einstige Weltstadt Berlin ein riesiges Trümmerfeld von rund 80 Mio. m³ Schutt. Von 1,6 Mio. Wohnungen waren 600 000 total zerstört, 100 000 schwer beschädigt. Es gab weder Wasser, noch Gas oder Strom. Schwarzmarkt und Hamsterfahrten bestimmten das Überleben der Menschen.

Die ehemals pulsierende Wirtschaft Berlins war an ihrem absoluten Tiefpunkt angelangt. Hatten bereits direkte Kriegseinwirkungen fast ein Viertel der industriellen Gesamtkapazität zerstört, so entzog insbesondere die nach Kriegsende von der Sowjetunion im Westteil durchgeführte Demontage der Berliner Wirtschaft die Lebensfähigkeit (Verlust von 70 % der noch bei Kriegsende vorhandenen Industriewerte).

Diese ungünstige Ausgangssituation verschärfte sich mit dem Verlust der Hauptstadtfunktion und der sukzessiven Isolierung West-Berlins vom Umland, die 1948 mit der von den Sowjets verhängten Blockade der Land- und Wasserwege ihren Kulminationspunkt fand. Nur mit dem außerordentlichen Kraftakt der alliierten Luftbrücke konnte das abgeschnürte Berlin am Leben gehalten werden.

So makaber es klingen mag, doch erst die im Oktober 1949 durch die Gründung der Deutschen Demokratischen Republik (DDR) vollzogene Spaltung der Stadt wies den (West-) Berlinern den Weg in eine bessere Zukunft. Erst jetzt gelangte der Westteil in den Genuss des, nach dem US-amerikanischen Außenminister benannten, Marshall-Planes, den die UdSSR seit 1947 für die Ostzone und Berlin kategorisch abgelehnt hatte.

Mit Hilfe des 1950 unter der Beteiligung der Bundesregierung anlaufenden „Berliner Aufbauprogramms", das primär aus Mitteln des „European Recovery Programs" (ERP) finanziert wurde, sollten drei Ziele realisiert werden:

- Die Enttrümmerung der Stadt und Wiederherstellung von Grünflächen (als Folge entstanden sieben künstliche Trümmerberge, wie z.B. der Teufelsberg im Grunewald oder der Bunkerberg im Humboldthain),

Abb. 14: Trümmerstadt Berlin

- Die Unterstützung von Großbetrieben der Elektro- und Ma-
  schinenbauindustrie sowie der öffentlichen Versorgungsbetriebe, um Dauerarbeitsplätze zu schaffen,
- Neuansiedlung von Produktionsstätten für Damenoberbeklei-
  dung (z.b. im Zooviertel), Teppiche, Kunststoffe, Papier und
  Pappe, sowie die Bevorzugung Berlins bei der Vergabe von
  öffentlichen Aufträgen durch Erklärung zum Notstandsgebiet.

Wie wichtig diese auswärtigen Aufbauhilfen für den Neubeginn
der Stadt waren, verdeutlicht die Tatsache, dass die zinsgünsti-
gen ERP-Kredite 1950 etwa 94 % des gesamten Kreditvolumens der
West-Berliner Wirtschaft ausmachten. Besondere Förderungsge-
setze und Steuervergünstigungen kurbelten zwar die Konjunktur an, trotzdem hinkte Berlin 1955 mit noch weit über 100 000
Arbeitslosen dem Wirtschaftswunder in Westdeutschland mit
seiner inzwischen erreichten Vollbeschäftigung hinterher.

Die wirtschaftliche Entwicklung in Ost-Berlin (1948–1989)

Die Gründung beider deutscher Staaten 1949 zementierte die
unterschiedliche Entwicklung in den West- und Ostsektoren Berlins und bereitete den 1961 folgenden Mauerbau und die Teilung
der Stadt vor.

Der historisch gewachsene, einst zusammengehörige Wirt-
schaftsorganismus der ehemaligen Reichshauptstadt brach
künstlich auseinander und die folgende Entwicklung Ost-Berlins
lehnte sich den politisch-gesellschaftlichen Veränderungen in der
Deutschen Demokratischen Republik an, wie auch West-Berlin
sich an den neuen Strukturen der Bundesrepublik orientierte.

Die von der Demontage weniger betroffenen Fabriken im Ostteil wurden wie der gesamte Privatbesitz an Produktionsmitteln
enteignet und verstaatlicht, mussten jedoch weiterhin unter
Reparationszahlungen an die UdSSR leiden. Es entstanden die
Volkseigenen Betriebe (VEB). Ähnlich wie im Westen ging die
wirtschaftliche Entwicklung allmählich aufwärts, jedoch mit
einem geringeren Tempo. Der materielle Wohlstand der Bevölkerung wuchs nicht in dem Maße, wie das von den Grenzgängern bei den täglichen Besuchen in den Westsektoren festzustellen war. Obgleich 1950 der Durchschnittslohn auf 300
Mark gesteigert wurde, entlud sich die wirtschaftliche Unzu-
friedenheit explosionsartig, als sich am 16./17. Juni 1953 eine
Arbeitsniederlegung von Bauarbeitern der Stalinallee (heute:
Frankfurter Allee) zum kurzfristigen Aufstand gegen das kom-
munistische Regime ausweitete.

Angesichts der eminenten Versorgungsschwierigkeiten der Stadtbevölkerung versuchte die SED 1953 mit Gründung der ersten landwirtschaftlichen Produktionsgenossenschaft (LPG) in Marzahn die sozialistische Landwirtschaft zu intensivieren. Heutzutage unvorstellbar ist die Tatsache, dass damals etwa 20 % der Fläche Ost-Berlins landwirtschaftlich, vor allem zum Gemüseanbau, genutzt wurde.

Mit dem 1956 verabschiedeten zweiten Fünfjahresplan sollte die Verstaatlichung der Wirtschaft vorangetrieben und die Industrieproduktion um mehr als die Hälfte gesteigert werden, zwei Jahre später verkündete Parteichef WALTER ULBRICHT gar das ehrgeizige Vorhaben, bis 1961 die Volkswirtschaft der Bundesrepublik überholen zu wollen.

Parallel zu diesen illusionären Zielen und einer führenden Rolle im „Rat für gemeinsame Wirtschaftshilfe" (RGW) – der östlichen Analogie zur EWG – offenbarten sich doch gravierende Defizite der sozialistischen Planwirtschaft gegenüber dem auf freier Konkurrenz basierenden kapitalistischen System. Trotz einer bedingungslosen Hochindustrialisierung mit erfolgreicher Steigerung der Arbeitsproduktivität in den 1960er Jahren zeigten sich weiterhin strukturelle Mängel der Ost-Berliner Industrie, die noch weitgehend in den traditionellen Vorkriegsstandorten, oftmals auch noch in den alten Fabrikanlagen des späten 19. Jahrhunderts produzierte. Im innerstädtischen Vergleich wiesen die Ost-Berliner Produktionsstätten jedoch bis in die 1980er Jahre einen geringeren Grad der Mechanisierung und Automatisierung sowie eine niedrigere Arbeitsproduktivität auf. Auch mit dem umfassenden Wirtschaftsreformpaket der 1960er Jahre, dem so genannten „Neuen Ökonomischen System der Planung und Leitung der Volkswirtschaft", konnten die Strukturdefizite der Planung, der Energiemangel und die einseitige Ausrichtung des Außenhandels auf die Sowjetunion nur in Ansätzen gemildert werden.

Immerhin bildete die Hauptstadt der DDR neben dem sächsischen Industrierevier und einigen neuen Zentren den wichtigsten ökonomischen Ballungsraum östlich der Elbe. Ist allein schon der absolute Anstieg der berufstätigen Bevölkerung im östlichen Teil Berlins beachtlich, – im Gegensatz zum Westen war fast jeder der arbeiten konnte auch berufstätig –, so liegt die Vermutung nahe, dass dieser Trend nur durch eine wesentlich stärkere Einbindung der Frauen in den Produktionsprozess möglich war. Beispielsweise übten 1977 neun von zehn im arbeitsfähigen Alter stehenden Frauen eine Tätigkeit aus, 49,6 % aller Beschäftigten Ost-Berlins waren Frauen! Im Westteil lag diese Quote bei 44 %, im Bundesdurchschnitt sogar unter 38 %. Obgleich größte Industriestadt der DDR, besaß Ost-Berlin – gemessen an der Beschäftigtenzahl – ein im Landesvergleich geringes Gewicht. 1989 arbeiteten ein Viertel der Beschäftigten im sekundären Sektor, im Landesdurchschnitt waren es aber weit mehr als ein Drittel. Der bedeutendste Industriezweig war, wie in West-Berlin, die Elektroindustrie, deren Erscheinungsbild nicht nur von alten Berliner Betrieben, wie VEB Bergmann-Borsig oder VEB Kabelwerk Oberspree (früher AEG) geprägt wurde, sondern auch von neuen Produktionsstätten, wie z.B. VEB Werk für Fernsehelektronik oder VEB Stern-Radio. Rund 30 % der gesamten industriellen Bruttoproduktion Ost-Berlins wurden 1989 in den Bereichen Elektrotechnik/Elektronik/ Gerätebau von 76 000 Arbeitern und Angestellten hergestellt.

Der Bedeutungsüberschuss der Ost-Berliner Wirtschaft kennzeichnete sich zudem dadurch, dass 18 zentral geleitete und sieben bezirksgeleitete Industriekombinate ihren Sitz im Stadtgebiet innehatten. So, wie nach 1945 das städtebauliche Antlitz Berlins im Ostteil stark durch Neubauten im Stadtzentrum und an der Peripherie überprägt wurde, veränderten sich auch die industriellen Standorte. Ein Schwerpunkt des industriellen Ausbaus erfolgte in den traditionellen Gebieten, besonders im Südosten mit Ober- und Niederschöneweide oder in den mit der zweiten Randwanderung des 19. Jahrhunderts in Lichtenberg und Weißensee entstandenen Revieren. Neugegründete Standorte entstanden vor allem in den auf dem Reißbrett konzipierten Großwohnsiedlungen am Stadtrand, z.B. im Westen des erst 1979 neu gebildeten Bezirks Marzahn. Nach dem Zusammenbruch der DDR und der Wiedervereinigung wird von der Senatsverwaltung angestrebt, auf diesem Gebiet kleinere und mittelständische Betriebe anzusiedeln.

Das verzögerte Wirtschaftswunder im Schatten der Spaltung (1960 – 1975)

Mit Hilfe weiterer Einkommensförderungsgesetze und Abschreibungsvergünstigungen versuchte die Bundesregierung die anhaltende Arbeitskräfte- und Unternehmensabwanderung aus dem Westteil, die aus der unruhigen politischen Insellage inmitten des „Kalten Krieges" resultierte, abzufedern. Erste Früchte dieser Intention deuteten sich 1957 an, als die West-Berliner Produktion erstmals über den Eigenbedarf hinaus einen Exportüberschuss erwirtschaftete. Spätestens 1961 war die Wiederaufbauphase der Berliner Wirtschaft mit dem Erreichen der Vollbeschäftigung vollendet. Doch der Bau der Mauer am 13. August 1961 schnürte die Westsektoren von ihren 60 000 täglich einpendelnden Grenzgängern und dem starken Flüchtlingsstrom aus der DDR ab. Zugleich entfachte diese nun in brutaler Weise vollendete Spaltung der Stadt das gerade erst gelöschte Feuer der politischen Destabilisierung, die Investitionen und Neuansiedlungen im Berlin des Kalten Krieges großen Unsicherheiten aussetzte.

Derart unter Druck gesetzt, reagierte der Gesetzgeber in Bonn mit einem Bündel weiterer Subventionen, Sonderabschreibungsmöglichkeiten, Einkommensförderungen und Zuwendungshilfen. Der Zielsetzung der Berlinförderung entsprechend nutzten viele Firmen die ökonomischen Anreize und initiierten eine spürbare Strukturverschiebung innerhalb der Berliner Wirtschaftswelt.

Signifikantes Beispiel hierfür ist die Zigarettenindustrie, die bis dato in der Nachkriegsentwicklung kaum eine Rolle spielte, 1962 aber bereits ein Drittel des gesamten bundesdeutschen Absatzes verarbeitete. In diesem Zusammenhang muss man wissen, dass die für verschiedene Industriebranchen äußerst lukrative Hersteller- und Abnehmerpräferenz nicht primär für eine in Berlin getätigte Wertschöpfung gewährt wurde, sondern sich nach dem Gesamtumsatz einer Ware berechnete. Diese ursprünglich als Wirtschaftshilfe, der unter diversen Standortnachteilen leidenden Stadt, gedachte Maßnahme wurde von vielen Gewerbebetrieben in der Form konterkariert, dass bestimmte kapitalintensive Produkte (z.B. Zigaretten, Kakaoerzeugnisse, Kosmetika etc.) oftmals nur für einen letzten Bearbeitungsgang, und sei es auch nur das Annähen von Knöpfen, nach Berlin transportiert wurden, um mit den höchsten Umsätzen des fertigen Produkts auch die maximale Förderungspräferenz zu gewinnen. Berlin war zum Steuerparadies und zur Spielwiese für Abschreibungskünstler geworden.

Dieses Phänomen fand seinen Zenit in der regen Bautätigkeit so genannter Abschreibungsgesellschaften (berüchtigte Rechtsform: „GmbH & Co KG"), die oft am Bedarf vorbei hochgeschossige Geschäfts- und Verwaltungsgebäude errichteten. Bis Ende 1974 ermöglichte diese Vergünstigung unzähligen Kapitalgebern horrende Verlustzuweisungen bis zum Dreifachen ihrer Einlage. Bekannte, z.T. sogar stadtteilprägende, Bauten wie das Europacenter (1965), Forum Steglitz (1970), Kudamm-Eck (1972) oder das Kurfürstendamm-Karree (1974) verdanken diesen zweifelhaften Steuertricks ihr Entstehen. Den traurigen Höhepunkt markierte der mit einer längeren Unterbrechung zwischen 1969 – 80 errichtete 130 m hohe Büroturm des Steglitzer Kreisels, der nach dem 1974 erfolgten Konkurs um ein Haar gesprengt worden wäre. Dem Senat, und damit auch den Bürgern von Berlin, ging eine Bürgschaft von über 40 Mio. DM verloren.

Eine ganz andere Eigenart des Berliner Wirtschaftslebens stellte die Zusammensetzung der Arbeiterschaft in dieser Hochkonjunkturphase dar, die sich in auffälliger Weise von der Beschäftigungsstruktur der Bundesrepublik abhob. Wie kam es dazu? Bereits 1952 war es trotz Arbeitslosigkeit (9,5%) und dem andauernden Zustrom von Flüchtlingen in bestimmten Teilbereichen der Wirtschaft Westdeutschlands zur Verknappung von Arbeitskräften gekommen. Für den Bausektor und die Landwirtschaft Südbadens warb man kurzfristig Italiener an, die den Beginn der „Gastarbeiter"- Einwanderung in die Bundesrepublik darstellten. Nach dem offiziellen Staatsvertrag mit Italien (1955) schloss die Bundesregierung quasi im Auftrag der Wirtschaft weitere Anwerbeverträge mit acht mediterranen Anrainerstaaten, u.a. Spanien und Griechenland (1960), der Türkei (1961 und 1964) sowie Jugoslawien (1968). „Mit der hermetischen Abriegelung der DDR 1961 versiegte eine der wichtigsten Arbeitskräftequellen, aus der immerhin jährlich zwischen 150 000 und 300 000 zumeist arbeitsfähige Zuwanderer sprudelten. Arbeitsmarktpolitisch gesehen, traten die Gastarbeiter an ihre Stelle und wurden endgültig zum festen Bestandteil der bundesdeutschen Wirtschaftspolitik" (KLING 1985, S. 31).

Die Bundesrepublik warb also in großem Stil ausländische Arbeitnehmer aus den Anwerbestaaten an, vor allem Italiener, Spanier, Griechen, Portugiesen und erst in zweiter Linie, aufgrund der großen kulturellen Distanz, Arbeiter aus der Türkei. Als nun Berlins Wirtschaft wegen der dargelegten Standortnachteile um einige Jahre verzögert händeringend nach Arbeitskräften suchte, stand nur noch das riesige Arbeitskräftepotential der Türkei, und später auch Jugoslawiens, zur Verfügung. Hieraus erklärt sich nachvollziehbar die spezifische Dominanz der türkischen Gastarbeiter in West-Berlin (1981 war fast jeder zweite der 246 000 Ausländer türkischer Herkunft), während in Stuttgart und München der Anteil der Jugoslawen überwog und in Wolfsburg mehr als 70% der Ausländer aus Italien stammten.

Entscheidend für den Ruf Berlins als bedeutendste türkische Großstadt außerhalb Kleinasiens ist das geographische Phänomen der regionalen Disparität. Weite Straßenzüge der alten Innenstadtbezirke Kreuzberg und Wedding, die nach der Spaltung plötzlich eine Peripherlage an der innerstädtischen Mauergrenze erhielten, wandelten unter dem sukzessiven Einfluss der türkischen Immigranten ihre Struktur und Physiognomie, sodass beispielsweise das Stadtviertel um das Kottbusser Tor im Volksmund nur noch „Klein Istanbul" genannt wurde. Der innerstädtische Konzentrationsprozess der einwandernden Migranten, die in immer größer anwachsenden Zahlen die räumliche Nähe zu ihren Landsleuten oder Verwandten suchten, die in ihren, ihrer Religion und Essgewohnheiten entsprechenden Geschäften, Teestuben, Gaststätten und Moscheen einkaufen und verkehren wollten, war für einen Prozess verantwortlich, der über Jahrhunderte gewachsene Strukturen innerhalb weniger Jahre überformte. Der seinerzeit bereits offensichtliche Verfall der Bausubstanz, wurde durch avisierte Flächensanierungen und den geplanten Stadtautobahnausbau weiter forciert. Diese Maßnahmen, die nie realisiert wurden, haben sich aufgrund großer Planungsunsicherheiten im Baubereich zunächst investitionshemmend ausgewirkt und dem weiteren Verfall der Bausubstanz, aber auch der Mietpreise Vorschub geleistet.

Auf dem Höhepunkt der Gastarbeiterbeschäftigung 1980, arbeiteten knapp 100 000 ausländische Personen in den Berliner Betrieben (Ausländerquote = 13,0%). Gleichzeitig betrug die ausländische Wohnbevölkerung 233 000 Personen, was einem Anteil an der Gesamtbevölkerung von 11,7% entsprach. Bis zum Jahr 2000 hat sich die Gesamtzahl der in Berlin wohnhaften Ausländer mit 434 000 Personen fast verdoppelt (= 13% der Gesamtbevölkerung), was primär jedoch auf die Asylproblematik zurückzuführen ist. Jeder dritte Bewohner Kreuzbergs ist damit heute ausländischer Herkunft (33,1%), während diese Quote in Hellersdorf lediglich 2,4% beträgt.

Berlins Wirtschaft im Umbruch

„Im 21. Jahrhundert werden Berlin, Paris und London die drei wichtigsten Städte in Europa sein!", urteilte AGNUS MCINTOSH, einer der führenden britischen Wirtschaftsberater.

Eigentlich ist es nicht genau zu fassen, seit wann Berlin, die einstige Industriehauptstadt Europas, im Umbruch befindlich ist. Außer Frage steht seit langer Zeit, dass der primäre Sektor, also die Land- und Forstwirtschaft einschließlich Tierhaltung und Fischerei, großstadttypisch keine Rolle spielt. Weitaus interessanter gestaltete sich der Werdegang des sekundären und tertiären Sektors, mit anderen Worten das Industrie- und Dienstleistungsgewerbe. Blättert man nun heutzutage in den Hochglanzbroschüren des Wirtschaftssenators, so ist als übergeordnetes Ziel der anvisierten Strukturveränderung über die Jahrtausendwende hinweg in Berlin die Prämisse formuliert, die „High-Tech-Umwandlung" von der simplen Industrieproduktion zur „intelligenten Dienstleistung" zu realisieren.

Wagen wir den statistischen Vergleich der einschlägigen Strukturdaten Berlins innerhalb eines aussagekräftigen historischen Zeitrahmens, so erhalten wir verblüffende Erkenntnisse. Deutlich ist zu erkennen, wie sich der Beschäftigtenanteil des Produzierenden Gewerbes seit 1939 zugunsten des Dienstleistungssektors dramatisch verringerte, bis 1986 praktisch halbiert hatte. Selbst bei der Berücksichtigung der kriegsbedingten Anomalien (hoher Zerstörungsgrad, Demontagen, etc.) und der Tatsache, dass der relative Bedeutungsverlust des industriellen Sektors nach 1960 beschleunigt wurde, ist es durchaus zulässig, von einer „tertiären Revolution" zu sprechen. Nur ist diese keine Erfindung der postmodernen 1980er und 1990er Jahre, sondern vielmehr ein schon lange anhaltender, systemimmanenter Konzentrations- und Wandlungsprozess des Kapitalismus, der die Wirtschaft aller hochindustrialisierten Staaten, und hierbei im Besonderen die urbanen Zentren, erfasst hat. Schon die Vergleichswerte von 1925 zeigen in Ansätzen diese Entwicklung, indem bereits in der Phase bis zum Zweiten Weltkrieg eine Abnahme des sekundären Sektors, zumindest in seinem relativen Anteil, zu registrieren war.

Mit dieser Statistik lässt sich noch ein weiteres zentrales ökonomisches Phänomen der letzten Jahrzehnte belegen. Trotz dieses eminenten relativen Bedeutungsverlustes des Produzierenden Gewerbes, erwirtschaftete der industrielle Sektor 1986 mit 44,2 % sogar noch einen größeren Beitrag zum Bruttoinlandsprodukt der Stadt als 1960 mit einem weitaus höheren Beschäftigtenanteil. Wie erklärt sich diese scheinbar unlogische Aussage?

Einzig die Tatsache, dass Berlins Wirtschaft in der Lage war, mit immer weniger arbeitenden Händen immer mehr Waren produzieren zu können, vermag als Erklärung für diesen Widerspruch herzuhalten. Diente zur „Wirtschaftswunderzeit" das Zauberwort „Rationalisierung" zuvorderst als Problemlösung des Arbeitskräftemangels, so verkehrte sich in der Folgezeit der vermeintlich ökonomische Zwang zum rationelleren Umgang mit den zur Verfügung stehenden Arbeitsmitteln und Ressourcen zum primären Instrument der Arbeitsplatzvernichtung. Im Bereich der industriellen Fertigung gingen Hunderttausende von Arbeitsplätzen verloren und weite Teile der Erwerbsbevölkerung mussten entweder neue Betätigungen in Büro-, Verwaltungs-, Beratungs- oder Forschungstätigkeiten suchen oder wurden in die Arbeitslosigkeit gedrängt, die seit der Rezession 1974/75 den Berliner Arbeitsmarkt bis heute sehr negativ belastet.

Besonders betroffen vom technischen Strukturwandel waren die traditionellen Industriezweige der Elektrotechnik und des Maschinenbaus, deren Anpassungsschwierigkeiten bis heute andauern. Zwischen 1970 und 1980 verlor Berlins Industriesektor rund 100 000 Beschäftigte, davon allein etwa die Hälfte in den beiden historisch bedeutenden Branchen. Teilweise kompensiert wurde dieser Verlust an Beschäftigten durch eine erhebliche Aufstockung um 23 % im Staatssektor. Im Jahre 1980 arbeiteten im Öffentlichen Dienst des Landes Berlin, allen Bundesbehörden und der Sozialversicherung über 20 % aller Erwerbstätigen in Berlin! Obgleich in diesen Bereichen z.T. hochwertige Dienstleistungen für das Bundesgebiet erbracht oder in lobenswerter Weise das Hochschulwesen imposant ausgebaut wurden, kennzeichnet dieser auch 1990 noch fast doppelt so hohe Wert im Vergleich zu anderen deutschen Ballungsräumen ein negatives Strukturmerkmal.

Resümieren wir: Der zeitliche Beginn des Wirtschaftsumbruchs Berlins ist nicht definitiv festzulegen, der Siegeszug des Dienstleistungssektors über die Industrie setzte bereits vor dem Zweiten Weltkrieg ein. Das Phänomen der Rationalisierung forcierte den Strukturwandel elementar. Die strukturelle Erneuerung der Berliner Wirtschaft brachte Kernbereiche der traditionellen Industrie an den Rand der Bedeutungslosigkeit und führte zum Dauerproblem Arbeitslosigkeit auf überdurchschnittlich hohem Niveau. Berlins aufgeblähter Öffentlicher Dienst belastet den wirtschaftlichen Aufschwung. Trotz hoffnungsvoller Ansätze weist die Stadt immer noch elementare Defizite im Bereich der privaten Dienstleistungen auf. Die Stadt bleibt trotz der Wiedervereinigung aufgrund einer stark disparaten Wirtschaftskraft im Ost- und Westteil ökonomisch getrennt. Die marode Wirtschaft des strukturschwachen Ostteils bindet das Gros der Fördermaßnahmen.

Die Berliner Wirtschaft heute: Unternehmerstadt und Kompetenzzentrum!?

Die in gewisser Weise provokante Überschrift dieses Kapitels verdeutlicht mit ihrer Fragestellung den Scheideweg vor dem Berlins Wirtschaftsentwicklung momentan steht.

Obgleich sich die allgemeine wirtschaftliche Entwicklung Berlins nach einer Schwächephase 1996 im Folgejahr mit einer Zunahme des Bruttoinlandsproduktes (BIP) von 0,7 % stabilisieren konnte, behält es im Vergleich mit den anderen Bundesländern die rote Laterne beim Wirtschaftswachstum (Bundesdurchschnitt 2,2 %). Ausschlaggebend waren dafür die verhaltene private Binnennachfrage, die großen Sparanstrengungen der Öffentlichen Hand und der verhältnismäßig geringe Exportanteil der Berliner Wirtschaft, der selbst bei erheblich verbessertem Auslandsgeschäft 1997, einen durchschlagenden Erfolg verhinderte.

Die Tabelle zeigt die relative Entwicklung des Bruttoinlandsproduktes Berlins der letzten Jahre nach Wirtschaftssektoren aufgeschlüsselt. Signifikant ist die Spitzenposition der privaten Dienstleistungsunternehmen, die als Motor der wirtschaftlichen Aktivität wichtige Impulse setzen. Allein 38,3 % der Bruttowertschöpfung 1997 wurden in diesem Sektor erarbeitet, Handel und Verkehr fügten noch fast 12 % hinzu. Gleichwohl litt der Handel angesichts der verhaltenen Einkommensentwicklung und dem andauernden Beschäftigungsrückgang unter realen Umsatzeinbußen. Ebenso ging die Wertschöpfung des Staates aufgrund der spürbaren Personaleinsparungen weiter zurück. Positiv überraschte der industrielle Sektor durch die oben angesprochene lebhafte Auslandsnachfrage. Dieser leichte Aufwärtstrend wäre sicherlich noch deutlicher ausgefallen, wenn das Baugewerbe nicht nach den euphorischen Jahren bis 1995 einen desolaten Einbruch erlebt hätte. Es mutet in der Tat skurril an, wenn Berlin mit einem geschätzten jährlichen Bauvolumen von 30 Mrd. DM als größte Baustelle der Welt bezeichnet wird und zeitgleich massenhaft Bauarbeiter erwerbslos sind, weil die Bauindustrie überwiegend ausländische Arbeiter beschäftigt! Allein zwischen

Entwicklung des Bruttoinlandsprodukts 1993-1997

Wirtschaftsbereich	1993	1994	1995	1996	1997
Bruttoinlandsprodukt					
Berlin	1,5	1,6	2,8	-0,3	0,7
Deutschland	-1,2	2,7	1,8	1,4	2,2
Unternehmen zusammen	1,3	0,5	4,2	0,3	1,6
Land- und Forstwirtschaft	-4,9	2,8	-3,7	6,6	0,5
Produzierendes Gewerbe	-3,1	-2,0	5,6	-3,0	0,9
Baugewerbe	1,5	7,2	3,2	-0,5	-7,0
Handel und Verkehr	4,6	-1,6	-0,5	1,2	1,5
Dienstleistungsunternehmen	5,0	3,9	4,8	3,3	2,3
Staat, Private Haushalte, private Organisationen ohne Erwerbszweck	2,5	5,2	-0,7	-1,0	-1,2

Juni 1997 und 1998 nahm die Zahl der Beschäftigten im Bauhauptgewerbe um 8200 (-17%) auf 39300 Personen ab (Senatsverwaltung für Wirtschaft und Betriebe 1998c, S. 14–15).

Seit 1999 deuten die Strukturdaten eine Verbesserung des Wirtschaftsklimas an. Das reale BIP wird 2000 mit einem Wachstum um 1,5% auf etwa 160,5 Mrd. DM prognostiziert. Wichtigster Wachtumsträger bleiben hierbei die Dienstleistungen. Allein 1999 wurden in diesem Bereich 22000 neue Arbeitsplätze geschaffen. Zum Wechsel ins Jahr 2000 arbeiteten mit knapp 900000 Beschäftigten rund 77% aller Erwerbstätigen im Tertiären Sektor. Im Zeitraum 1989–2000 sank die Zahl der Erwerbstätigen im Verarbeitenden Gewerbe von 400000 auf rund 155000 um 60%, gleichzeitig stieg die Zahl der in privaten Dienstleistungen Beschäftigten von 314000 auf eine halbe Million. Deutlicher kann dieser Strukturwandel nicht erklärt werden (Senatsverwaltung für Wirtschaft und Technologie 2000a, S. 6ff.).

In der nächsten Abbildung wird eines der brennendsten Basisprobleme der Berliner und auch der deutschen Wirtschaft vergegenwärtigt. Schier unaufhaltsam scheinen die schwindelerregenden Kurven der abnehmenden Erwerbstätigenzahlen und der als unmittelbares Resultat steigenden Arbeitslosenquote ihren Verlauf zu nehmen. Berlins Wirtschaft erlitt in nur acht Jahren von 1989–97 in seinem wertvollsten Bereich, dem „Humankapital" in Gestalt seiner werktätigen Facharbeiter, Angestellten und Akademiker, einen unglaublichen Raubbau von über 350000 Personen. Das Beschäftigungsniveau in der Stadt lag damit 1997 um ein Fünftel niedriger als 1989. Katastrophale Auswirkungen besaß diese Tendenz für das ehemalige - Ost-Berlin, wo nahezu jeder zweite Arbeitsplatz verloren ging!

Aktuell scheint sich die negative Entwicklung der letzten Jahre seit 1999 abzumildern. Einer leichten Abflachung der Erwerbstätigenzahlen im Jahr 2000 auf knapp unter 1,5 Mio. Personen steht eine Reduzierung der Arbeitslosigkeit um etwa 15000 auf rund 250000 Personen gegenüber. Im Februar 2000 waren 30400 Jugendliche (bis 25 Jahre) ohne Arbeit.

Eindrucksvoll unterstützen die Verlaufskurven des Produzierenden Gewerbes und der Dienstleistungsunternehmen die oben aufgestellte These der sich mit außerordentlicher Dynamik vollziehenden „tertiären Revolution". Die Standortnachteile des rohstoffarmen Berlin werden trotz aller Bemühungen zur Verbesserung der Rahmenbedingungen auch in den nächsten Jahren die Entwicklung in der Industrie durch Stilllegungen, Verlagerungen in den „Speckgürtel" des Umlands und weiterer Arbeitsplatzabbau negativ beeinflussen.

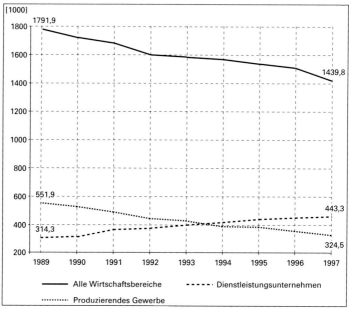

Abb. 15: Erwerbstätige nach Wirtschaftsbereichen

Zwei für ihre tiefgreifende Raumwirksamkeit bedeutsamen Prozesse seien an dieser Stelle nur kurz angerissen. Mit der Wende 1989 setzten gewaltige Wanderungsströme zwischen dem städtischen Kerngebiet und dem engeren Verflechtungsraum in Brandenburg ein, die inzwischen Berlins Wirtschaftsleben mit Wucht tangieren. Ein durch die Mauer nur künstlich unterdrückter Suburbanisierungsprozess überformte nach 1989 in kürzester Zeit Berlins Umland und beeinflusste Berlins Wirtschaft in negativer Weise. Erstens verlor die Stadt insbesondere junge, gutverdienende Steuerzahler, zweitens initiierte die mit der Freizügigkeit gewonnene Mobilität eine beruflich motivierte Gegenwanderung: Im Jahr 2000 pendelten gut 123 000 sozialversicherungspflichtige Arbeitnehmer alltäglich nach Berlin (53 000 nach Brandenburg). Dieses Reservoir erklärt auch, warum trotz partieller Erfolge bei der Schaffung neuer Arbeitsplätze keine Reaktion bei der Arbeitslosenquote erfolgte. Bedingt ist diese gigantische Pendlerwanderung durch den regen Bevölkerungsaustausch zwischen Berlin und Brandenburg. Zwischen 1991 und 1999 sind im Saldo 124 000 Berliner mehr ins Umland gezogen als umgekehrt.

Bis zum Jahr 2005 wird Berlin nochmals gut 100 000 Einwohner an Brandenburg „verlieren" (Bankgesellschaft Berlin 2000, S. 51).

Die Entwicklung der Arbeitslosenzahlen in Berlin geben Anlass zu größter Besorgnis und stellen in ihrer seit einem Vierteljahrhundert steigenden Tendenz das vermutlich schwerwiegendste Strukturproblem der Hauptstadt dar. Die Zahl der Arbeitslosen stieg von 1991 bis 1999 um sagenhafte 55 % an. Ungefähr jeder sechste erwerbsfähige Berliner muss sein Dasein ohne Beschäftigung und selbstverdientes Einkommen fristen. Die Erwerbslosigkeit hat sich zu einem Massenphänomen gewandelt und sukzessive alle Bevölkerungsschichten der Stadt erfasst. In jüngster Zeit sind besonders Jugendliche sowie ältere und ausländische Arbeitnehmer überdurchschnittlich von der Arbeitslosigkeit betroffen.

Diese Entwicklung lässt sich u. a. auch aus der Abbildung herauslesen, indem speziell die sozial schwachen und mit einem hohen Ausländeranteil behafteten Bezirke Kreuzberg, Neukölln, Wedding und Tiergarten die Bezirksrangliste der Arbeitslosigkeit anführen. Angesichts des oben diagnostizierten, beispiellosen West-Ost-Wirtschaftsgefälles muss diese eindeutige

Abb. 16: Arbeitslosenquote Berlin nach Stadtbezirken

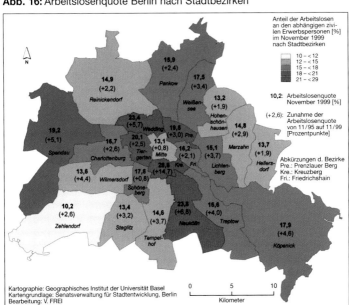

71

Führungsstellung von vier früheren Westbezirken überraschen, um so mehr als mit Marzahn, Mitte, Hellersdorf und Hohenschönhausen vier ehemalige Bezirke Ost-Berlins deutlich unter dem Berliner Arbeitslosendurchschnitt von etwa 16% (1999) rangieren. Im nationalen Vergleich der Arbeitslosenquote in den 16 Bundesländern liegt Deutschlands Hauptstadt im Oktober 2000 mit 15,2 % auf dem 12. Platz. Nur als skandalöse Fußnote sei hier der Hinweis erlaubt, dass heutzutage 45% aller Berliner Arbeitnehmer regelmäßig Überstunden in ihrem Beruf zu leisten haben, die sich pro Kopf aller Beschäftigten im Jahr auf 65 Stunden belaufen und in etwa dem Bundesdurchschnitt entsprechen. In der Gesamtsumme addieren sich jährlich demzufolge etwa 100 Mio. Überstunden nur in der Berliner Wirtschaft, während gleichzeitig Hunderttausende (zumeist) händeringend auf Arbeit hoffen.

Es liegt auf der Hand, dass die Wirtschaft aus Flexibilitätsgründen nicht auf das Instrument der Überstunden verzichten kann, doch sollte bei der gigantischen Höhe dieser Mehrarbeit bei gutem Willen der Arbeitgeber und Solidarität der Arbeitnehmer die Schaffung Tausender neuer Arbeitsplätze in Berlin möglich sein!

Entwicklung der wichtigsten Wirtschaftsbereiche

Erstmals seit Jahren ist beim Verarbeitenden Gewerbe, das im letzten Jahrzehnt einen dramatischen Kapazitäts- und Arbeitsplatzabbau zu erleiden hatte, seit 1997 wieder Land in Sicht. Obwohl es noch in Teilbereichen zu deutlichen Personaleinschränkungen kam, erhöhte sich der Gesamtumsatz der Berliner Industrie.

Die Abbildung 17 veranschaulicht deutlich die rezenten industriellen Präferenzen Berlins im Bereich der EDV- und Elektrotechnik, dem Ernährungsgewerbe und der Tabakverarbeitung, dem Papier-, Verlags- und Druckgewerbe und mit Abstrichen der Chemieindustrie, wobei hier die in Berlin ansässige Weltfirma Schering als Galionsfigur herhalten muss. Geradezu melancholisch stimmt die heutige Position des einst unter BORSIG so glorreichen Maschinenbaus den unvoreingenommen Betrachter. Doch die Industrie in Berlin erhält in den letzten Jahren ebenso lebenswichtige Kapitalinfusionen. So unterstreicht die Firma Gilette mit der größten Investition seit der Wende (524 Mio. DM) den zukünftigen Stellenwert des Industriezentrums Berlin in der Mitte zwischen Paris und Moskau, amerikanische Firmen wie Ford (50 Mio. DM), General Electric (13 Mio. DM), Coca Cola

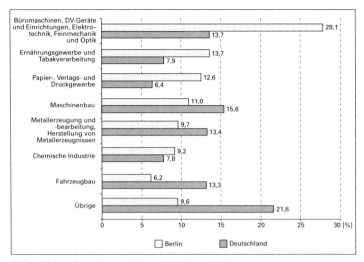

Abb. 17: Anteil der Industriebeschäftigten 1997

und Philip Morris bauen ihre Firmensitze aus, Sony verlegt seine Europazentrale an die Spree; Schering, Berlin-Chemie und andere chemische Betriebe schweben auf Erfolgskurs; Siemens und Krone leisten wichtige Beiträge zur Modernisierung und Zukunftssicherung der Berliner Elektroindustrie um nur einige Beispiele zu nennen. Es ist jedoch nicht zu verleugnen, dass zur Jahrtausendwende die ehemalige Industrieweltmetropole Berlin im Sekundären Sektor mit rund 116 000 Beschäftigten in knapp 1000 Betrieben mit 20 und mehr Beschäftigten lediglich einen Anteil von 12,7 % der Bruttowertschöpfung erarbeitete.

Berlin soll zu einem Zentrum der Medizin- und Biotechnik ausgebaut werden, und Wachstum versprechende Industrien wie Informationstechnik und Medien, Umwelt- und Energietechnik und die Verkehrstechnik, die Berlin zu einem Weltkompetenzzentrum für Schienenverkehr und einen wichtigen Telematikstandort entwickeln soll, werden verstärkt gefördert.

Die überaus wichtige Funktion des Dienstleistungssektors wurde schon zur Genüge gewürdigt. Die privaten Dienstleistungen einschließlich der Bereiche Handel, Verkehr, Nachrichtenwesen sowie Kredite und Versicherungswesen sind ohne Frage der wichtigste Arbeitgeber der Stadt. Mitte 1997 waren in diesem Bereich 710 000 Beschäftigte aktiv (= 52 % aller Beschäftigten). Aufgrund der starken Expansion der privaten Dienstleister stieg der Anteil aller Berliner Beschäftigten im Tertiären Sektor bis Juni 1999 auf 860 000 (= 76,5 %). Als bedeutende Wachstumsmotoren erweisen sich hierbei insbesondere die Werbebranche (+21,5 %), die Datenverarbeitung mit einem Beschäftigtenzuwachs von 21,8 % im Vergleich zum Vorjahr, als auch die Segmente Film und Medien sowie das Gastgewerbe mit einem Beschäftigtenzuwachs von 6,9 %.

Im Vergleich zu prosperierenden Ballungsräumen in den Altbundesländern (z. B. Hamburg, Düsseldorf, Frankfurt oder München) weist Berlin jedoch nach wie vor einen deutlichen Nachholbedarf im Dienstleistungsbereich auf. Dieses strukturelle Defizit muss jedoch relativiert werden, da Berlin, im Gegensatz zu den über ein dicht besiedeltes Umland verfügenden westdeutschen Großstädten, historisch über Jahrzehnte abgeschnürt war und infolgedessen erst allmählich wieder hochwertige Funktionen für sein Umland aufbauen kann. Insbesondere der Regierungsumzug dürfte den Zukunftsperspektiven des Dienstleistungsgewerbes neue Impulse geben.

Einer der wichtigsten wachstumsorientierten und hoffnungsvollen Wirtschaftszweige der Zukunft ist jedoch die Medien- und Kommunikationsbranche. Die traditionsreiche Zeitungs- und Verlagsstadt Berlin besinnt sich immer mehr ihrer ökonomischen Wurzeln und entwickelt sich rapide zu einem der bedeutendsten Printmedienplätze Deutschlands. Schon heute bietet die Stadt die größte Pressevielfalt Europas. Mit 10 Tages- und 4 Sonntagszeitungen, 11 Stadtmagazinen, 1 Wochenzeitung, 13 Anzeigenblättern, 1 Offertenblatt und etlichen überregionalen Zeitschriften gehört der Berliner Printmedienmarkt zu den am meisten umkämpften Zeitungslandschaften des Kontinents. Insgesamt zählt die Verlagsbranche mit über 500 Betrieben und einem Umsatzvolumen von knapp 4 Mrd. DM zu den umsatzstärksten Zweigen der Berliner Medien- und Kommunikationswirtschaft. Berlin liegt heute bereits nach der Zahl der in der Stadt publizierten Bücher auf dem zweiten Rang in Deutschland, wobei das Schwergewicht in diesem Sektor auf der wissenschaftlichen Literatur liegt. Beim Bucheinzelhandel und Zeitungsverkauf wurden 7 % des deutschen Gesamtumsatzes erzielt. Damit hat Berlin als bibliophiles Zeitungs- und Buchzentrum seine führende Stellung wiederhergestellt.

Auch die Filmwirtschaft im Berliner Raum wandelt sich immer mehr zu einem schillernden Aushängeschild und gewinnt langsam verloren gegangenes Terrain zurück. 1995 erarbeiteten allein die 5 000 festen Mitarbeiter in 1 000 Betrieben 815 Mio. DM. Branchenführer ist hier inzwischen die Mediacity

Adlershof, die mit 1 600 Beschäftigten und etwa 800 freien Mitarbeitern auf rund 20 ha Betriebsfläche der größte zusammenhängende Fernsehproduktionsstandort in der Region Berlin-Brandenburg ist. Über den Standort Adlershof wird ob seiner überragenden Bedeutung noch gesondert zu reden sein.

Durchaus interessant gestaltet sich die Entwicklung des Einzelhandels. 1997 brachte den Unternehmen im sechsten Jahr hintereinander Umsatz- und Beschäftigungseinbußen in beträchtlicher Höhe. Gegenüber dem Vorjahr reduzierte sich der Umsatz um fast 3 %, die Beschäftigtenzahl verminderte sich gar um 4,5 %. Gleichwohl expandierte der Berliner Einzelhandel insbesondere als Großflächenanbieter in Gestalt von großmaßstäblich angelegten Einkaufszentren wie dem 1998 eröffneten Gesundbrunnen-Center am geplanten Verkehrsnordkreuz im Wedding, den Gropiuspassagen oder dem multifunktionalen Arkaden-Center an der Schönhauser Allee. Die neuen Einkaufs- und Erlebnistempel täuschen trotz allem nicht darüber hinweg, dass Berlin in dieser Hinsicht einen gewissen Sättigungsgrad erreicht hat. Zwischen 1991 und 1997 hat sich die Flächenausstattung je Einwohner um fast 30 % erhöht. Der ehemals festgestellte Nachholbedarf bezüglich der Einzelhandelsfläche nach der Wende ist somit lange ausgeglichen.

Das Touristenzentrum Berlin schloss das Jahr 1999 sehr erfolgreich ab. Etwa 4,2 Mio. Gäste konnte das Beherbergungsgewerbe begrüßen, immerhin eine Steigerung gegenüber dem Vorjahr um 16 %. Die Zahl der Übernachtungen stieg bei 9,5 Mio. um 15 %. Ein Viertel der Berlinbesucher kam dabei aus dem Ausland. Führend sind hier die US-Amerikaner, es folgen Briten, Dänen und Schweden. Deutlich vor München und Hamburg baute Berlin im selben Jahr seine Führungsstellung im deutschen Städtetourismus aus. Die Tourismusbranche ist somit einer der erfolgreichsten Wirtschaftszweige der Stadt, da fast 50 000 Arbeitsplätze vom Fremdenverkehr abhängig sind. Der Tourismus steht mit 7,7 Mrd. DM Umsatz an fünfter Stelle im Vergleich mit anderen Wirtschaftsbranchen in Berlin. In Erwartung eines Booms durch die neue Hauptstadtfunktion forcierte die Hotellerie in nur sechs Jahren seit 1993 ihre Bruttokapazität um knapp 30 % auf 58 000 Betten in über 500 Betrieben. In den kommenden Jahren ist sogar noch eine weitere Steigerung um 15 000 Betten geplant. Der Optimismus der Berliner Hotellerie kommt nicht von ungefähr, denn Berlins größter Hotel-Gigant, das 1994 an der Neuköllner Sonnenallee mit 1 125 Zimmern eröffnete „Estrel", erzielte im Jahr 2000 mit einer Steigerung von 53,4 % einen Umsatzrekord von 100,8 Mio. DM, der bundesweit eine

Rekordmarke setzte. Folgerichtig wurde der Hotelinhaber, EKKE-
HARD STRELETZKI, der prestigefördernde Veranstaltungen wie die
Bambi-Verleihung, „Wetten, dass…", Box-WM-Kämpfe oder
selbstproduzierte, erfolgreiche Shows in seinem Haus organi-
siert, mit der begehrten Auszeichnung „Hotelier des Jahres
2000" geehrt.

Das Feld der Wirtschaftspolitik und -förderung in Berlin verkörpert aktuell ein gigantisches, oft nur schwer überschaubares
Geflecht von Maßnahmen, Programmen und Institutionen, die
hier nur kurz angerissen werden können.

Trotz der angesprochenen Schwierigkeiten lässt die ökonomische Entwicklung Berlins in den Jahren 2000/2001 die Verantwortlichen in Politik und Wirtschaft verhalten optimistisch in die
Zukunft blicken. Gründe für diese Annahme liefert das beachtliche Entwicklungspotential der Stadt: Berlin und sein Brandenburger Umland bilden einen Ballungsraum von 5 Mio. Einwohnern, Berlin ist wieder die deutsche Hauptstadt und wird durch
den Umzug des Deutschen Bundestages, des Bundesrats und der
Bundesregierung der politische Kristallisationspunkt einer
führenden Industrienation mit über 80 Mio. Einwohnern. Die
Lage Berlins im Herzen des zusammenwachsenden Europas und
ihre geographische Nähe zu den Reformstaaten Mittel- und Osteu-
ropas machen die Stadt zu einem wichtigen Ort internationaler
Begegnung und Zusammenarbeit. Trotz der Verluste der vergangenen Jahre besitzt Berlin noch einen leistungsfähigen Kern aus
27 weltweit tätigen Industriebetrieben mit jeweils mehr als 1 000
Beschäftigten und mehr als 100 000 kleinen und mittleren Unternehmen aus allen Branchen. Das herausragende Forschungs- und
Entwicklungspotential schafft beste Voraussetzungen dafür, Berlin zu einem Standort für wissensintensive Zukunftsbranchen zu
entwickeln.

Ausblick: Das „Neue Berlin" – „High-Tech"–City der Zukunft

Während in den alten Wirtschaftsstandorten in Lichtenberg,
Treptow, Haselhorst, Siemensstadt oder in Marienfelde allmählich die Osram-Lichter ausgingen oder zumindest der schlei-
chende Arbeitsplatzabbau den Tod der traditionellen Industrie
andeutete, wurde um 1980 im „Roten Wedding", dem ehemals
proletarischsten Bezirk der Stadt, ein „innovatives" Lichtzei-
chen gesetzt. Mit dem Projekt des Berliner Innovations- und
Gründerzentrums („BIG") als Kooperationseinrichtung der
Technischen Universität mit der Wirtschaft in einer ehemaligen

AEG-Halle an der Ackerstraße wurde deutschlandweit ein Zeichen für die noch vorhandene Lebenskraft der alten Hauptstadt gesetzt (s. Exk. 9). Hautnahe Vernetzung von Wissenschaft und Wirtschaft unter Zuhilfenahme von Forschung und Technik sollten eine Revitalisierung der maroden Berliner Industrielandschaft bewirken.

Das vermutlich weltweit neben dem City-Entwicklungsprojekt am Potsdamer Platz mit größtem Interesse verfolgte Bauobjekt stellt der Wissenschafts- und Wirtschaftsstandort Berlin-Adlershof (WISTA) dar. Hier verfolgt Berlin die ehrgeizige Idee, der Welt zu demonstrieren, wie man Standorte des dritten Jahrtausends konzipieren muss.

Nur etwa 12 km vom Stadtzentrum entfernt, in relativer Nähe zum sehr dicht am Stadtgefüge geplanten Hauptstadtflughafen in Schönefeld, entsteht auf dem 420 ha großen Gelände innerhalb von 15 Jahren ein neuer Stadtteil mit rund 30 000 Arbeitsplätzen, 4 500 Studienplätzen und Wohnungen für 15 000 Menschen sowie einem großen Landschaftspark.

Ziel ist es hier, Synergien zwischen Industrie und Forschung zu initiieren, um hochwertige Produkte von morgen zu entwickeln und zu vermarkten. Auf vier Schwerpunktfelder konzentrieren sich vier Innovationszentren, die jungen Unternehmen neben kostengünstigen Mietflächen auch eine hervorragende Infrastruktur bieten: Photonik, Umwelttechnologie, Informations- und Kommunikationstechnologie sowie Fertigungstechnologie. Herzstück dieses in die Zukunft weisenden Projekts ist ein neuer Campus für die naturwissenschaftlichen Fachbereiche der traditionsreichen Humboldt-Universität. Flankierend zum Forschungs- und Technologiepark (WISTA) bilden die Media City Adlershof und ein Medien- und Technologiepark (MED TECH PARK) weitere ökonomische Standbeine.

Berlin – Quo Vadis?

Wir haben viel gelesen über die Wirtschaftsentwicklung der deutschen Hauptstadt. Wir sahen wie Berlin als kleine dörfliche Siedlung im märkischen Sand entstand, zur Doppelstadt Berlin-Cölln und Residenz der adligen Landesherren anwuchs, sich Schritt für Schritt zu einem politischen, kulturellen und ökonomischen Zentrum entwickelte, um im späten 19. und frühen 20. Jahrhundert zu einer der bedeutendsten Weltstädte und potentesten Wirtschaftsmetropolen des Erdballs aufzusteigen! Der Machtergreifung der Nationalsozialisten folgte der verbrecherische Zweite Weltkrieg und der totale Zusammenbruch. Wiederaufbau und Spaltung der, von Hitler als inhumanen Machtzentrale missbrauchten, Stadt vollzogen sich gleichzeitig und gegensätzlich. Die bis 1989 während widernatürliche Trennung der historisch gewachsenen Stadt hat dennoch so starke Spuren im gesellschaftlichen, wirtschaftlichen und menschlichen Leben hinterlassen, dass ihre Auswirkungen noch für viele Jahre in Berlin und Deutschland spürbar sein werden.

Neu ins Spree-Havel-Gebiet vordringende Siedler haben die Stadt vor rund 800 Jahren geboren. Über Jahrhunderte bestimmten einwandernde Kolonisten aus den Niederlanden, Frankreich, Böhmen oder Österreich die sozio-ökonomische Aufwärtsentwicklung der brandenburgischen Hauptstadt, und setzten mit den Zugewanderten aus Schlesien und den anderen deutschen Landesteilen den Grundstein für den sagenhaften Aufstieg Berlins zur Weltstadt und Industriemetropole.

Auch der Wiederaufbau und Wirtschaftsaufschwung nach der selbstverschuldeten Katastrophe des Zweiten Weltkrieges konnten nur dank Hunderttausender „Gastarbeiter" realisiert werden. Heute ist die Mehrzahl dieser noch in der Stadt verbliebenen ausländischen Arbeitnehmer ins soziale Abseits gedrängt und überproportional von Arbeitslosigkeit und sozialer Armut betroffen.

Abb. 18: Potsdamer Platz

Die Berliner Wirtschaftspolitik scheint mit der Schwerpunktsetzung auf die neuentwickelten Konzepte der zukunftsorientierten Wachstumsindustrien und der Hinwendung zum mittel- und osteuropäischen Wirtschaftsraum (MOE-Länder) dennoch auf dem richtigen Weg.

Die Fokussierung aller ökonomischen Potenzen, der immer noch größten deutschen Industriestadt, auf die Innovationsfähigkeit der Wirtschaft und die praxisorientierte Zusammenarbeit mit Wissenschaft, Technik und Forschung unter der Obhut modern denkender und kompetenter Politiker scheint in der Tat Berlin den Weg als Chancenstadt des 21. Jahrhunderts und Nahtstelle zwischen Ost und West zu eröffnen.

Mobil in Berlin – Dynamik der Verkehrsentwicklung in der Stadtregion
Dirk Lehmann

Mobilität und damit Verkehr ist ein wesentlicher Bestandteil des Stadtlebens. Verkehr bedeutet einerseits Lebensqualität, doch schränkt er diese andererseits beträchtlich ein. Verkehr in Berlin behindert sich zunehmend selbst. Die sich in schöner Regelmäßigkeit aufbauenden Staus werden zum alltäglichen Ritual, das technische System Verkehr stößt im sozialen System Stadt sehr deutlich auf Wachstumsgrenzen. Verkehrslärm, Luftbelastung und der steigende Raumbedarf für den zunehmenden Stadtverkehr bedürfen in Berlin daher einer genauen und sensiblen Planung, um die Lebensqualität sichern zu können.

Die Gliederung der Stadtregion in ihrer polyzentrischen Struktur hat derzeit eine relativ gute Nutzungsmischung vorzuweisen. Auch konzentrieren sich große Bevölkerungsteile in der Kernstadt (etwa $4/5$), was vergleichsweise moderate Pendlerströme bewirkt.

Die Teilung der Stadt hatte zwar zunächst eine Zersiedlung des Umlandes verhindern und die Stadtregion so vor den Fehlentwicklungen anderer Verdichtungsräume bewahren können, die Wiedervereinigung hat jedoch ein beträchtliches Verkehrswachstum ins Rollen gebracht.

Die Dynamik der seit der Wende fortschreitenden Suburbanisierung Berlins zeigt deutlich, wie sich Verkehrsströme innerhalb kürzester Zeit etablieren und nachteilig für die Gesamtstadt entwickeln können. Nur wenige Monate nach der Grenzöffnung 1989 waren viele Straßenverbindungen, wenn auch provisorisch, wieder geschlossen. Dadurch gewann der Autoverkehr gegenüber der Bahn schnell die Überhand. Neue Verkehrsgewohnheiten entstanden, und bei der Standortwahl für Wohngebiete, aber vor allem bei der Suche nach geeigneten Flächen für Gewerbe und Industrie war die Erreichbarkeit mit dem Auto entscheidend. Den Status quo nun zu durchbrechen erweist sich als weit schwieriger als zunächst angenommen. Etablierte Strukturen werden nicht ohne weiteres aufgegeben. Heute wird immer klarer, dass die traditionellen Siedlungsschwerpunkte entlang der Verkehrsleitlinien der Eisenbahnen immer stärker von schnellbahnfernen, straßenorientierten Siedlungen und Gewerbegebieten ergänzt werden und damit das Berliner Sternkonzept durch ungeordnete Versiegelung gefährdet scheint.

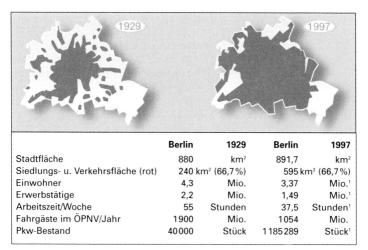

	Berlin	1929	Berlin	1997
Stadtfläche	880	km²	891,7	km²
Siedlungs- u. Verkehrsfläche (rot)	240 km² (66,7%)		595 km² (66,7%)	
Einwohner	4,3	Mio.	3,37	Mio.[1]
Erwerbstätige	2,2	Mio.	1,49	Mio.[1]
Arbeitszeit/Woche	55	Stunden	37,5	Stunden[1]
Fahrgäste im ÖPNV/Jahr	1900	Mio.	1054	Mio.
Pkw-Bestand	40000	Stück	1185289	Stück[1]

Abb. 19: Flächenverbrauch 1929/1997 ([1] 1999)

An der Entwicklung des Flächenverbrauchs lässt sich eindrucksvoll deutlich machen, wie sich die automobile Gesellschaft insgesamt auf die Stadtentwicklung auswirkt. Ein Flächenvergleich soll diese Entwicklung verdeutlichen: Im Jahre 1929 lebten 4,3 Mio. Einwohner innerhalb der politischen Grenzen Berlins auf nicht einmal der Hälfte der heutigen Siedlungsfläche, und das, obwohl heute nur noch 3,5 Mio. Menschen im gleichen Gebiet wohnen. Die Straßen und Stellflächen, die allein für den Autoverkehr benötigt werden, machen derzeit mehr als ein Zehntel der Gesamtfläche Berlins aus und zusammen mit den Siedlungsflächen ist heute mehr als die Hälfte des Stadtgebietes bebaut oder versiegelt (etwa 475 km²).

Eine Erklärung für den gestiegenen Flächenverbrauch liegt im Verkehrsverhalten: In den 1920er Jahren war motorisierter Verkehr überwiegend öffentlicher Bus- und Bahnverkehr. Knapp zwei Milliarden Personen wurden im Jahre 1929 mit S-Bahnen, U-Bahnen und Straßenbahnen befördert und nur 40 000 Pkw fuhren auf den Berliner Straßen. Heute gibt es in der Stadt etwa 1 Mio. Pkw. Der individuelle Autoverkehr hat trotz Bevölkerungsrückgang beträchtlich zugenommen und der ÖPNV erreicht Ende der 1990er Jahre mit etwa 1,5 Mrd. beförderter Passagiere im gesamten Jahr erst drei Viertel des Wertes von 1929. Stagnation und teilweiser Rückgang der Passagierzahlen im öffentlichen Nahverkehr sind kennzeichnend für die 1990er Jahre.

Verkehrsentwicklung in Berlin

Um die Entwicklung der Stadtregion zur heutigen Form zu erklären, bedarf es zunächst einer Reise in die Vergangenheit: Zu Beginn des 19. Jahrhunderts war Berlin eine Fußgängerstadt, denn trotz der Stadterweiterungen (Dorotheenstadt/Friedrichstadt) waren Verkehrsmittel nicht notwendig, um die geringen Entfernungen zurückzulegen. Die Verbindung in die umliegenden Gemeinden und Städte wurde zwar mit Pferdefuhrwerken ermöglicht, doch die Nachfrage war bis ins frühe 19. Jahrhundert gering. Berlins Ausdehnung betrug nicht mehr als vier Kilometer. Erst im Laufe der Industrialisierung Deutschlands und der steigenden Zuwanderung nach Berlin veränderten sich die Rahmenbedingungen. Zunächst waren dies Veränderungen hinsichtlich des Schienennetzes, die entscheidend auf die Neugestaltung der Stadtstruktur wirken und teilweise bis heute die Grundlage der vorhandenen Verkehrsinfrastruktur bilden. Grundlage für die Veränderungen war der Wandel in der Wirtschaft, der nach der ersten industriellen Revolution Anfang des 19. Jahrhunderts klare Züge annahm. Der Beginn des Dampfmaschineneinsatzes vor allem in der Textilindustrie (Schwerpunkt: Uniformen), sowie erster Fabriken für Metallverarbeitung und Maschinenbau und die verstärkt vorangetriebene staatliche Förderung von Musterbetrieben trugen zur raschen Entwicklung der Schwerindustrie bei. Durch den 1834 gegründeten Zollverein wurde Berlin erstmalig zu einem überregional wirtschaftlich bedeutenden Zentrum. Kleinräumliche Binnenzölle fielen weg und im wirtschaftlich zusammenwachsenden Nord- und Mitteldeutschland stiegen die Chancen für moderne Wirtschaftszentren (vgl. Kap. 5). Der Zustrom der Landbevölkerung in die Stadt begünstigte dabei zusätzlich das Wachstum. Die Einwohnerzahl stieg von knapp 200 000 Menschen 1815 auf über 400 000 im Jahre 1850. Nun musste ein leistungsfähiges Verkehrssystem die Städter „mobil" machen. Ab 1847 fuhren regelmäßig die ersten Pferdeomnibusse, 1865 wurde die erste Pferdebahn Deutschlands zwischen Charlottenburg und dem Brandenburger Tor in Betrieb genommen.

Bis 1850 entstanden über 5 500 km Eisenbahnlinien in Preußen, die Berlin als Knotenpunkt anliefen. Diese Attraktivitätssteigerung verhalf vor allem der Maschinenbau- und Metallindustrie in Berlin zum weiteren Aufschwung, die zum Motor der Berliner Wirtschaftsentwicklung wurde. Gewerbegebiete, die vor allem im Norden der Stadt entstanden, benötigten für ein weiteres Wachstum Anschluss an weiter entfernte Märkte.

Im ersten Abschnitt entstanden fünf Kopfbahnhöfe außerhalb des eigentlichen Stadtgebietes, deren Zufahrtstrassen zu späteren Leitlinien der Stadtentwicklung werden sollten: Potsdamer (1839), Anhalter (1841), Frankfurter (1842), Stettiner (1842) und Hamburger Bahnhof (1846). Diese Bahnhofsstruktur folgte vor allem den finanziellen Interessen der Bahngesellschaften, die sich nicht an einheitliche Bauauflagen innerhalb der Stadt halten mussten und somit erheblich Kosten einsparen konnten. Den Bahngesellschaften als unabhängigen Unternehmen war daran gelegen, den Anlegern die kürzeste Verbindung zwischen Berlin und den übrigen Absatzmärkten zu garantieren, sodass in der Anfangszeit des Eisenbahnnetzes Verknüpfungen zwischen den einzelnen Linien nicht als notwendig erachtet wurden. Zusätzlich ergaben sich grundlegende Probleme bei der Konzeption von Verbindungsbahnen: Einflussreiche Spekulanten fürchteten einen Preisverfall in der Innenstadt, Durchbrüche in der Stadtmauer wurden von der Regierung nicht gutgeheißen und auch die Berliner Bevölkerung stand einer Verbindungsbahn zunächst ablehnend gegenüber. Eine erste 1851 gebaute Bahn, die als Tangentensystem entlang der Akzisemauer ebenerdig schnellere Anschlüsse ermöglichen sollte, stieß sehr bald an ihre Leistungsgrenze. Diese innere Verbindungsbahn zwischen den Kopfbahnhöfen erwies sich schnell als unzureichend für die Bewältigung des rapide steigenden Verkehrsaufkommens in der wachsenden Stadt und im Jahre 1865 erhielt die Niederschlesisch-Märkische Bahn den Auftrag, eine neue, leistungsfähige Trasse zu erbauen. Einen Bauschub erhielt die Bahn nicht zuletzt auf Grund militärischer Überlegungen, um Truppenbewegungen zu flexibilisieren.

Berlin entwickelte sich in den Gründerjahren ab 1871 rasant und 1877 überschritt die Bevölkerung die Millionengrenze. Der Magistrat war sich der Tatsache bewusst, dass die weitere Entwicklung der Stadt, die seit 1871 Reichshauptstadt geworden war, von der Schaffung weiterer Verkehrsmittel abhängig war. So wurde in den 1870er Jahren die Ringbahn gebaut (innerer S-Bahn-Ring). 1871 konnte der östliche Teil für den Güterverkehr eröffnet werden, 1872 erfolgte die Inbetriebnahme des Personenverkehrs, Ende 1877 wurde die westliche Teilstrecke eröffnet. Die Randwanderung der Industriebetriebe und der Bau von Mietskasernen innerhalb des Gebietes des Berliner S-Bahn-Ringes führten zu längeren Wegen zwischen Wohn- und Arbeitsplatz und bedingten somit eine steigende Nachfrage nach Eisenbahnverbindungen. Die Fahrgastzahlen schnellten in die Höhe, und innerhalb kürzester Zeit musste die Zugdichte deutlich erhöht werden,

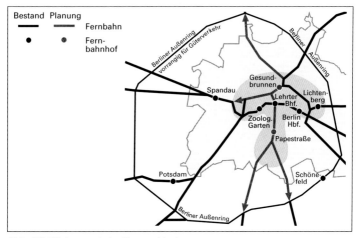

Abb. 20: Pilzkonzept der Fernverbindungen

um das steigende Verkehrsaufkommen aufzufangen. Um den zentralen Bereich besser zu erschließen wurde zusätzlich eine Ost-West-Verbindungsachse gebaut: die Stadtbahn, eine von Beginn an als Personenstrecke geplante Trasse, die neben dem Regionalverkehr auch wichtige Fernstrecken bediente. 1882 für den Regional- und Fernverkehr geöffnet, wurde sie schnell zur dichtbefahrensten Strecke des Ballungsraumes. Heute wird am regierungsviertelnahen Lehrter Stadtbahnhof ein moderner Knotenpunkt errichtet, der erstmalig in der Berliner Geschichte die Funktion eines Kreuzungs- und Zentralbahnhofes übernimmt.

Neben dem Schnell- und Fernbahnverkehr waren jedoch neue Ansätze notwendig, um das Verkehrschaos in der Hauptstadt zu lenken, denn in der Millionenstadt Berlin verstopften Pferdebahnen, Omnibusse, Droschken und Fuhrwerke die Straßen. Die Idee für den Bau einer vom Straßenverkehr unabhängigen Bahn erwuchs aus diesen katastrophalen Verhältnissen Ende der 1870er Jahre. WERNER VON SIEMENS gab bereits 1880 den Anstoß für die Planung einer Hochbahn, die die Innenstadt entlasten sollte. Diskussionen über Streckenführungen und Widerstand der Anwohner verschoben jedoch den Bau des ersten Abschnitts der Ost-West-Linie bis ins Jahr 1901. Bis zum Ersten Weltkrieg wuchs das Bahnnetz dennoch auf immerhin elf Kilometer an und verband den Zoologischen Garten mit der Warschauer Brücke (heute Abschnitt der U-Bahn-Linie 1).

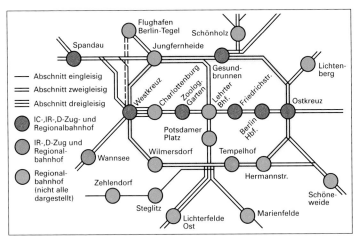

Abb. 21: Innerstädtisches Verkehrsnetz (Stadtbahn und Innenstadtring)

Berlin als führende Industriestadt und größte Mietskasernen-stadt der Welt wuchs neben der Verdichtung innerhalb des S-Bahn-Ringes in sein Umland hinaus. Die weitere Entwicklung hing entscheidend von der Weiterentwicklung eines anderen leistungsstarken Verkehrsmittels ab. Um die Jahrhundertwende revolutionierte die Elektrifizierung des Straßenschienennetzes die Verkehrsentwicklung. Die Berliner „High-Tech-Industrie", namentlich WERNER VON SIEMENS, experimentierte seit 1866 mit dem Elektromotor. Ab 1881 fuhr die erste elektrische Straßen-bahn der Welt in Groß-Lichterfelde. Doch der Durchbruch gelang erst 1897, als der Beschluss gefasst wurde, das Strecken-netz bis 1902 zu elektrifizieren. Durch die Monopolstellung der Straßenbahngesellschaft und die schnelle Folge technischer Innovationen wurde bis 1929 das Streckennetz auf über 635 km ausgebaut. Die Straßenbahn trug zu diesem Zeitpunkt fast die Hälfte der Verkehrsleistung des öffentlichen Personenverkehrs. Sie verlor erst nach dem Zweiten Weltkrieg durch die wachsende Automobilindustrie an Bedeutung, als Autobus und Individual-verkehr ihren Siegeszug als vorherrschendes Straßenverkehrs-mittel antraten.

In den Jahrzehnten von 1860 bis 1910 entwickelte sich Berlin durch sein rapides Wachstum zu einer Stadtregion von europä-ischem Rang. Durch vielfältige Interessenkonflikte, die sich in der Koordinierung von Flächennutzung, Verkehr sowie Ver- und

Entsorgung im Stadtraum ergaben, erwuchs die Notwendigkeit einer übergreifenden Raumplanung und Koordinierung. So wurden nach langwierigen Verhandlungen im Jahre 1920 die sieben Städte Berlin, Charlottenburg, Schöneberg, Köpenick, Spandau, Wilmersdorf und Lichtenberg, sowie 59 Landgemeinden und 27 Gutsbezirke in insgesamt 20 Berliner Bezirke aufgeteilt und zur Vier-Millionen-Stadt Groß-Berlin zusammengefasst. Berlin begann sich weit über die ehemaligen Stadtgrenzen hinaus auszubreiten, im Jahr der Gründung wohnte etwa die Hälfte der Bevölkerung in den ehemaligen Vororten. In dieser Außenzone verstärkten sich Siedlungsbau, Industrieniederlassungen und Verkehrsausbau.

Nicht allein der öffentliche Verkehr musste zunehmend koordiniert werden. Parallel zum Aufstieg schienengebundener Fahrzeuge, die trotz diverser Verzögerungen durch das Berliner Stadtparlament zum wichtigsten Verkehrsmittel avancierten, schritt die Entwicklung des Individualverkehrs explosiv voran.

Die Einführung der Fließbandproduktion war entscheidender Grund für die gigantische Zahl von Zweirädern, die bald das Bild Berlins prägten. Trotz der Ausdehnung des Siedlungsgebietes bis zu 40 km (Ost-West) trat das Fahrrad seinen Siegeszug in der Stadt an, und nahm zeitweise bis 60 % des Verkehrsaufgebotes ein. Als individuelles Verkehrsmittel ist es noch heute wichtig und in der Innenstadt oft das einzige Fortbewegungsmittel, mit dem man ohne langes Warten sein Ziel erreicht.

Ungeachtet der täglichen Staus ist seit einigen Jahrzehnten das Auto unumstrittenes Verkehrsmittel Nummer 1. Vor allem im Westen der Stadt wurde nach dem Zweiten Weltkrieg immer autofreundlich geplant und gebaut. Die Verkehrsplanungen nach den schweren Zerstörungen in Berlin durch den Zweiten Weltkrieg liefen durch den Neubau von Straßensystemen und Autobahnen auf eine bis heute wirksame Umstrukturierung des Stadtraums hinaus. Die leistungsstarke Straßenbahn, die immerhin bis 1965 weiterfuhr, wurde sukzessive aus der gesamten westlichen Teilstadt verbannt. Stadtautobahnen wurden aus dem Boden gestampft und der Autobahnring nach dem Vorbild der Bahn parallel um den inneren S-Bahn-Ring errichtet. Dieser wurde auf den weitgehend verödeten Lagerflächen des S-Bahn-Rings erbaut, sodass Autobahn und S-Bahn auf weiten Strecken parallel geführt sind. Um die S-Bahn selbst war es ebenfalls schlecht bestellt. Da der gesamte Schienenverkehr in den Hoheitsbereich der DDR fiel, wurde sie zu Zeiten des Kalten Krieges im Westen boykottiert und durch neue, parallel verlaufende Buslinien und U-Bahnen ihrer Bedeutung beraubt. Noch heute, mehr als zehn Jahre nach dem Mauerfall, ist der Leistungsstand von 1961 nicht wieder erreicht. Durch die Teilung existierte kein Verkehrssystem, was den Namen verdient hätte oder auch nur ansatzweise fähig gewesen wäre, bei einer (wenn auch wenig wahrscheinlichen) Wiedervereinigung schnell angepasst zu werden. Die Straße dominierte nach dem Mauerbau den Transitverkehr nach Westdeutschland. Fast drei Viertel des Personenverkehrsaufkommens und zwei Drittel des Güterverkehrs wurden 1988 auf der Strasse eingefahren, der Schienenverkehr war mit knapp 10 % im Personen- und 15 % im Güterverkehr nur von geringer Bedeutung. Die großen Berliner Kopfbahnhöfe, von denen vor dem Krieg die radialen Eisenbahnlinien ausgingen, verloren ihre Bedeutung und wurden abgerissen (Anhalter, Potsdamer, Görlitzer, Lehrter und Stettiner Bahnhof).

Zu einem starken auto-mobilen Boom führte in jüngster Zeit die Tatsache, dass nach der Wende in kürzester Zeit alle wichtigen Straßenverbindungen zwischen West-Berlin und dem Umland wiederhergestellt wurden, doch nicht alle Schienenstränge. Die Zunahme der Pendlerverflechtungen, die autoorientierte Ausrichtung der Gewerbeansiedlung, sowie die Tendenz zum Wohnen im Grünen verstärken heute das Wachstum des Individualverkehrs. Diese nichtintegrierten Einrichtungen außerhalb der Ortskerne fordern den Autoverkehr geradezu heraus. Der Großteil der Einkaufszentren auf der „Grünen Wiese" ist nur schwer oder umständlich mit dem öffentlichen Nahverkehr zu erreichen. Autoorientierter Individualverkehr ist mittlerweile gesellschaftliches Phänomen und kulturelle Entscheidung, hervorgerufen durch die immer kürzer werdende Lebensarbeitszeit gekoppelt mit einem immer größeren Freizeitanteil und damit erhöhter Spaßmobilität. Nur noch ein Fünftel aller Verkehrswege wird heute allein durch Arbeitsfahrten bestimmt. Das Spielzeug Auto und die Liebe zur Blechlawine ist tief in das Bewusstsein der Menschen vorgedrungen und offensichtlich aus dem Leben nicht mehr wegzudenken.

Verkehr schränkt die Lebensqualität in der Innenstadt durch Lärm und Luftbelastung empfindlich ein (vgl. Kap. 2), was dazu führt, dass immer mehr Menschen das Wohnen im Grünen bevorzugen und somit oft ihrerseits zu Pendlern werden, die das Verkehrswachstum wiederum mittragen. Zusätzlich ist der „ruhende Verkehr" in seiner aufdringlichen Allgegenwärtigkeit ein entscheidender Faktor in der Beschneidung der Lebensqualität innerhalb der Stadt. Wo früher Schwerindustrien und Kohleöfen die Hauptbelastungen für den Stadtbewohner darstellten, steht heute der Verkehr an erster Stelle. Verkehrsvermeidungspolitik muss daher dringend betrieben werden, um Lebensqualität auch innerhalb der Großstadt zu sichern. Das bereits 1991 vom Senat gesteckte Ziel, das Verhältnis von ÖPNV und Autoverkehr in der Innenstadt auf 80 zu 20 zu heben, wurde bisher nicht annähernd erreicht. Bisher liegt dieser Wert selbst nach optimistischer Analyse bei etwa 40 zu 60, und der Verkehr ist immer noch bedeutendster Wachstumsbereich sowohl in der Innenstadt als auch im inneren Verflechtungsraum. Das Stadtleben lebt von Mobilität, doch Mobilität soll nicht zwangsläufig Auto-Mobilität nahelegen. Dem „unstillbaren Verkehrshunger" müssen Wachstumsgrenzen im System Stadt gesetzt werden, sonst können auch die hochgesteckten ökologischen Ziele wie Schadstoffreduzierung oder die Verhinderung von Sommersmog, verursacht durch bodennahes Ozon, nicht erreicht werden (Kap. 2). Eine stadttaugliche Mobilitätspolitik ist gefragt, in der das Auto in seiner Bedeutung auf eines von vielen möglichen Verkehrsmitteln reduziert und wieder als Gelegenheitsverkehrsmittel begriffen wird. Die Stärkung des öffentlichen Verkehrs ist ein Aspekt der Erhöhung von Lebensqualität, der in Berlin wohl erst wiederentdeckt werden muss, denn es bleibt in Berlin oberstes Ziel, zumindest die Verkehrssituation der 1920er (!) Jahre wiederherzustellen.

Die Planungen, die heute in Gang kommen und umgesetzt werden müssen, bilden die Grundlage für die gesamte Entwicklung des Verdichtungsraumes in den nächsten Jahrzehnten. Integrierte Strategien zur Verkehrsvermeidung und -verlagerung sind notwendig und die Kombination von Verkehrsträgern erscheint als sinnvollste Lösung der Verkehrsprobleme der Zukunft. Die Zauberworte heißen „dezentrale Konzentration" und „polyzentrische Entwicklung". Heute ist die Stadtregion von diesem Ziel jedoch noch weit entfernt. Man befindet sich in der Region Berlin-Brandenburg zwar in der einmaligen Situation, Fehler anderer Ballungsgebiete vermeiden zu können und mit den Planungen einen Verkehrskollaps zu vermeiden. Noch ist alles möglich in der wachsenden „Mobilopolis". Doch die Zeit drängt. Die derzeitige Planung und Ausführung lässt eher vermuten, dass genau die gleichen Fehler erst wiederholt werden müssen.

„Berlin werde Athen!" –
Kunst, Kultur und geistiges Leben in Berlin
Thilo Bock

Berlin war lange Zeit geistige und kulturelle Provinz. Dringend ändern wollte dies FRIEDRICH DER GROßE (1712–1786), der, obwohl absolutistischer Regent, für Religionsfreiheit eintrat und wollte, dass jeder nach seiner eigenen Fasson glücklich würde. Mit seinem Credo „Berlin werde Athen!" rief er 1750 den französischen, im Exil lebenden Philosophen VOLTAIRE (1694–1778) an seinen Hof in Potsdam.

In Sanssouci diskutierte der König mit VOLTAIRE, dem Berliner Akademiepräsidenten MOREAU DE MAUPERTUIS und anderen Intellektuellen, doch mit der Zeit wurden die beiden sich gegenseitig überdrüssig. VOLTAIRE schrieb an seine Nichte, die königliche Aufforderung „Soupieren Sie heute mit mir!" hieße nichts anderes als: „Ich will sie heute Abend verhöhnen".

Weihnachten 1752 musste er schließlich von den Fenstern seiner Berliner Wohnung in der Taubenstraße 17 aus mit ansehen, wie seine Schmähschrift „Histoire du docteur Akakia", mit der er eigentlich MAUPERTUIS, seinen Rivalen in des Königs Gunst, ausbooten wollte, auf Befehl FRIEDRICHS zur Volksbelustigung auf dem Gendarmenmarkt verbrannt wurde – übrigens in der in Sachsen gedruckten und in Preußen verbotenen Übersetzung, die LESSING besorgt hatte. Im März 1753 reiste VOLTAIRE daher enttäuscht aus Berlin ab. Sein „Akakia" wurde dennoch ein Erfolg, und die Stadt blieb seither Spree-Athen.

VOLTAIRE war einer der Hauptvertreter der französischen Aufklärung, jener sich in Europa ausbreitenden Bewegung also, die das vernunftbestimmte Denken und Handeln eines jeden Menschen zum Ziel hatte. Kritik und Meinungsaustausch sollten Intoleranz, Willkür und Aberglauben bekämpfen und das Wissen fördern. Zu einem bedeutenden Zentrum der deutschen Aufklärung wurde Berlin weniger durch VOLTAIRE als durch drei Freunde: GOTTHOLD EPHRAIM LESSING, FRIEDRICH NICOLAI und MOSES MENDELSSOHN.

LESSING (1729–1781) kam 1748 als völlig mittelloser Student aus Leipzig, wo er studiert hatte, nach Berlin und wohnte die ersten Jahre unter bescheidenen Verhältnissen in der Spandauer Straße 68. (1905 ehrte die Stadt seinen Aufenthalt mit einer Gedenktafel an diesem Gebäude.) Mit Unterbrechungen wohnte er bis 1767 in der Stadt, zusammengezählt zehn Jahre. Er arbeitete an Übersetzungen, darunter eben auch Schriften VOLTAIRES. Mit dem 1779 geschriebenen Stück „Nathan der Weise" plädierte LESSING nicht nur für Humanität, Vernunft und Toleranz, nicht zuletzt zwischen den Weltreligionen, sondern setzte damit seinem Freund MENDELSSOHN ein literarisches Denkmal. Es wurde 1783 in Berlin uraufgeführt.

MENDELSSOHN (1729–1786) bezeichnete das Judentum als die Vernunftreligion der Aufklärung. Seine auf Toleranz und Humanität basierende Interpretation der jüdischen Religion mittels philosophischer Kategorien war von einschneidender Bedeutung für die jüdische Geistesgeschichte.

Der dritte im Bunde war FRIEDRICH NICOLAI (1733–1811), der Organisator der Aufklärung. 1758 übernahm er von seinem verstorbenen Bruder den völlig verschuldeten väterlichen Verlag. Insgesamt veröffentlichte er 550 Werke in fast 900 Bänden aus den unterschiedlichsten Literatur- und Wissensgebieten. Denn für ihn war Aufklärung keine rein philosophische Angelegenheit. Ihm ging es vielmehr um eine Aufklärung auf allen Ebenen des Lebens. Sein Konzept ging auf, er wurde rasch reich, davon zeugt noch heute sein Haus in der Brüderstraße. Seine Buchhandlung war lange Zeit Mittelpunkt des geistigen Lebens in der Stadt. Berlin war ohnehin – nach Leipzig – zum zweitwichtigsten deutschen Verlagszentrum geworden.

Quasi ein staatlicher Beitrag zur Aufklärung war die Wiederbelebung der Königlichen Akademie der Wissenschaften durch FRIEDRICH DEN GROßEN im Jahr 1774, nachdem sein Vater FRIEDRICH WILHELM I., der „Soldatenkönig", diese Institution fast vollkommen ignoriert hatte. Führend war hier die philosophische Abteilung, vor der philologischen, der mathematischen und der physikalischen. Die öffentlichen Vorträge wurden auch vom bürgerlichen Publikum stark besucht, die von der Akademie gestellten Preisaufgaben beachtete man in ganz Europa. Die Sprache der Institution war französisch.

Aber völlige Meinungsfreiheit gab es dennoch nicht. So blieb es LESSING versagt, Direktor der Königlichen Bibliothek zu werden, weil er dem König nicht genehm war. FRIEDRICH II. war es auch, der 1771 MOSES MENDELSSOHN die Aufnahme in die Akademie der Wissenschaften verwehrte.

FRIEDRICH WILHELM II. (1744–1797), seit 1786 Preußischer König, verschärfte die Zensur durch ein 1788 erlassenes Edikt und gefährdete dadurch den Erfolg der bürgerlichen Aufklärung. So konnte die von NICOLAI herausgegebene Zeitschrift die „Allgemeine Deutsche Bibliothek" nicht mehr in Berlin gedruckt werden.

Im Zuge der Aufklärung gründeten sich mehrere, meist exklusive Klubs. Dort diskutierten Wissenschaftler, Ärzte, Schriftsteller, Künstler, Theologen und Staatsbeamte regelmäßig über Kunst, Philosophie, Literatur, Politik, Justiz und Ökonomie.

In den 1780er Jahren entwickelte sich eine neue Form von Geselligkeit, man traf sich fortan in Salons zum Meinungsaustausch. Hier galten keine Standes- und Berufsunterschiede, auch Frauen nahmen an den Gesprächen teil, sie luden ohnehin meistens dazu ein.

Besonders bedeutsam war der Doppelsalon im Hause HERZ: Um den Arzt MARKUS HERZ (1747–1803) versammelten sich Gelehrte, nebenan bei seiner Frau HENRIETTE (1764–1847) verkehrten unter anderen WILHELM VON HUMBOLDT (1767–1835) und sein Bruder ALEXANDER (1769–1859), die ursprünglich Gäste ihres Mannes gewesen waren, sowie die ersten Romantiker; LUDWIG TIECK (1773–1853), AUGUST WILHELM und FRIEDRICH SCHLEGEL (1772–1829) unterhielten sich über Kunst und Literatur. Im März 1804 kam während ihres Berlinbesuches GERMAINE DE STAËL (1766–1817) in den Salon. Von JOHANN GOTTLIEB FICHTE (1762–1814) wollte sie sich sein philosophisches System „so kurz als möglich, in einer Viertelstunde" erklären lassen. Auf Empfehlung GOETHES ernannte sie A. W. SCHLEGEL (1767–1845) zu ihrem Begleiter und Berater. Das blieb er bis zu ihrem Tod. Auch FRIEDRICH SCHILLER (1759–1805) und JEAN PAUL (1763–1825) gaben sich während ihrer Berlinvisiten die Ehre.

Ab 1791 veranstaltete RAHEL LEVIN (1771–1833) in ihrer Dachwohnung in der Jägerstraße 24 ihren ersten literarischen Salon. Hier trafen sich u.a. FRIEDRICH SCHLEGEL, HEINRICH VON KLEIST (1771–1811), FRIEDRICH ERNST DANIEL SCHLEIERMACHER (1768–1834), FICHTE, PRINZ LOUIS FERDINAND (1772–1806), der eigene Klavierkompositionen spielte, LUDWIG TIECK und sein jüngerer Bruder, der Bildhauer FRIEDRICH TIECK (1776–1851), sowie die Gebrüder HUMBOLDT. In dieser Dachstube wurde der „Goethekult" geboren. 1808 zog Levin um. 1819, inzwischen verheiratet mit dem Schriftsteller und Diplomaten KARL AUGUST VARNHAGEN VON ENSE (1785–1858), gründete sie erneut einen Salon in ihrer Wohnung Französische Straße / Ecke Friedrichstraße. Nun versammelten sich hier Autoren der jüngeren kritischen Generation, darunter LUDWIG BÖRNE (1786–1837) und HEINRICH HEINE (1797–1856). Letzterer nannte die Gastgeberin die „geistreichste Frau des Universums".

Für Schleiermacher waren die Salons das verkörperte Ideal romantischer Geselligkeit. Der Konkurrenzkampf zwischen den Salondamen war gnadenlos. Als HENRIETTE HERZ Berlin Richtung

Italien verließ, hatte RAHEL VARNHAGEN gewonnen. Nach ihrer Rückkehr gelang es HERZ nicht, ihre frühere gesellschaftliche Dominanz zurückzugewinnen.

Nicht zuletzt durch die Salons war Berlin seit 1789 eine Hochburg der Romantik geworden. Eine Hochburg der Wissenschaften wurde die Stadt erst ziemlich spät mit der Universitätsgründung 1810, mit der man den Leiter des preußischen Kultur- und Unterrichtswesens WILHELM VON HUMBOLDT beauftragte, nachdem die Universität in Halle 1807 durch NAPOLEON geschlossen worden war. HUMBOLDT berief eine beträchtliche Anzahl bedeutender Gelehrter. Der Besuch von Vorlesungen wurde zum gesellschaftlichen Ereignis. SCHLEIERMACHER, der Professor für Theologie wurde, ließ dies zu der Bemerkung hinreißen: „Zu mir kommen hauptsächlich Studenten, Frauen und Offiziere. Die Studenten müssen mich predigen hören, die Frauen wollen meine Studenten sehen, und die Offiziere kommen eben der Frauen wegen."

HUMBOLDT sorgte für grundlegende Reformen des Universitätswesens. Er wandte sich gegen die Vermittlung vorgegebener Lerninhalte und plädierte für die Einheit von Forschung und Lehre und die Lehr- und Lernfreiheit. 1819 trat er von seinem Amt zurück und widmete sich seinen sprachwissen-

Abb. 22: Humboldt-Universität zu Berlin / Unter den Linden

schaftlichen Arbeiten. 1830 gründete er das Alte Museum am Lustgarten, ein klassizistischer Musterbau KARL FRIEDRICH SCHINKELS. Dort wurden zunächst die öffentlichen Kunstsammlungen ausgestellt.

Rektor der Universität wurde FICHTE, der auch den Lehrstuhl für Philosophie inne hatte. Nach dessen Tod 1814 folgte vier Jahre später mit GEORG WILHELM FRIEDRICH HEGEL (1770 – 1831) der bedeutendste Philosoph seiner Zeit. Der bedeutendste Vertreter der Naturwissenschaft war ALEXANDER VON HUMBOLDT, der ab 1827 in der Singakademie, dem heutigen Maxim-Gorki-Theater, vor über 1 000 Zuhörern Privatvorlesungen über seine Forschungsreisen hielt.

Um 1900 war die Friedrich-Wilhelm-Universität, wie sie seit 1829 hieß, eine der angesehensten Hochschulen der Welt. Hier lehrten – um nur einige Namen zu nennen – die Althistoriker THEODOR MOMMSEN (1817 – 1903) und ERNST CURTIUS (1814 – 1896), der Geograph CARL RITTER (1779–1859), die Mediziner RUDOLF VIRCHOW (1821 – 1902), FERDINAND SAUERBRUCH (1875 – 1951) und ROBERT KOCH (1843-1910) sowie die Physiker HERMANN HELMHOLTZ (1821 – 1894) und MAX PLANCK (1858 – 1947). Zahlreiche Auszeichnungen, darunter mehrere Nobelpreise, gingen an die Wissenschaftler dieser Uni. Allerdings zogen die technisch-naturwissenschaftlichen Fakultäten schon bald nach Charlottenburg, wo man 1879 die Technische Hochschule gegründet hatte. Ab 1899 war diese den Universitäten gleichgestellt und entwickelte sich innerhalb weniger Jahre zu einer international führenden Einrichtung.

1911 begann man mit der Gründung der Kaiser-Wilhelm-Gesellschaft in Dahlem, Pläne zu einem „deutschen Oxford" zu realisieren, wo man unabhängige, durch private Mittel finanzierte naturwissenschaftliche Forschungsinstitute ansiedeln wollte.

Um die Jahrhundertwende konzentrierte sich die staatliche Kulturpolitik vor allem auch auf die Erweiterung der hauptstädtischen Museen. Schon aus Konkurrenz zu älteren Kunstmetropolen wie London wurde der Etat der Museen immer mehr aufgestockt. Das Berliner Großbürgertum half dabei durch Spenden und Stiftungen. Finanziert wurden auch archäologische Unternehmungen. Bei Grabungen in Ägypten fand man um 1913 die Büste der NOFRETETE, die noch heute eine der Hauptattraktionen der Berliner Museen ist.

Kaiser WILHELM II. interessierte sich vor allem für die Archäologie. Doch als die Nationalgalerie 1899 durch deren Direktor HUGO VON TSCHUDI umgestaltet wurde, indem er einen Akzent auf

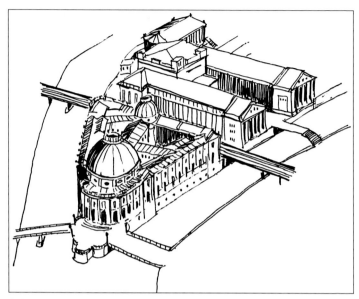

Abb. 23: Nördliche Museumsinsel (Mit Bode- und Pergamonmuseum)

die französischen Impressionisten setzte und die akademischen Historienbilder in einige Nebenräume verbannte, griff der Kaiser ein. Weitere Ankäufe der Nationalgalerie durften nur mit seiner Einwilligung getätigt werden. Ähnlich schwer hatten es moderne Berliner Maler, die oftmals von den alljährlich stattfindenden großen Kunstausstellungen abgelehnt wurden, sodass sie schließlich mit der „Berliner Secession" eine unabhängige Künstlergemeinschaft gründeten, um eigene Ausstellungen zu veranstalten. Ihr Präsident wurde MAX LIEBERMANN (1847 – 1935), der von 1920 bis 1933 auch Präsident der Preußischen Akademie der Künste war. Er trat aus Protest gegen die diktatorischen und antijüdischen Bestimmungen der Nationalsozialisten zurück.

Ohnehin reichten die seit 1843 errichteten Gebäude der Museumsinsel in Mitte für die Bestände bald nicht mehr aus, sodass für Museen wie das Völkerkundemuseum und das Kunstgewerbemuseum andere Standorte gefunden werden mussten.

Aber auch die Kulturszene der Hauptstadt florierte. Verstärkt gründeten sich kleine Gruppen Gleichgesinnter. In dem Hinterzimmer einer kleinen Kneipe am Spittelmarkt in Berlin-Mitte wurde 1886 bei den Treffen des Vereins „Durch" „ein neues

Götterbild – die Moderne!" beschworen. Hier versammelten sich einige Vorkämpfer des Naturalismus, darunter JOHANNES SCHLAF (1862 – 1941), der mit ARNO HOLZ (1863 – 1929) den „konsequenten Naturalismus" ins Leben rief. 1895 brach HOLZ mit SCHLAF.

Den Durchbruch auf der Bühne erreichte diese neue Kunstbewegung durch den 1889 gegründeten Verein Freie Bühne. Man spielte vor geladenem Publikum neben klassischen Stücken Werke naturalistischer Autoren, als eines der ersten „Vor Sonnenaufgang", das Debütdrama von GERHART HAUPTMANN (1862 – 1946), der 1882 zum Studieren nach Berlin gekommen war. Im Februar 1892 folgte sein Sozialdrama „Die Weber", das kurze Zeit später auch von dem 1890 gegründeten Verein Freie Volksbühne gezeigt wurde. Diese Theaterorganisation richtete sich vornehmlich an Arbeiter, schließlich schickte sich Berlin an, die größte Mietskaserne der Welt zu werden. Bis 1914 mietete man Säle, in denen sonntagnachmittags gespielt wurde, bis schließlich ein eigenes Theater am Bülowplatz bezogen werden konnte, die heutige Volksbühne am Rosa-Luxemburg-Platz.

Der schwedische Dichter und Maler AUGUST STRINDBERG (1849 – 1912) war 1892 nach Berlin gekommen, zunächst wohnte er bei Freunden in Friedrichshagen (Köpenick). Mit dem norwegischen Maler EDVARD MUNCH (1863 – 1944), RICHARD DEHMEL

Abb. 24: Volksbühne am Rosa-Luxemburg-Patz

(1863 – 1920) u. a. gründete er im Weinrestaurant „Zum Schwarzen Ferkel" in Berlin-Mitte die gleichnamige Tafelrunde. Zum Friedrichshagener Dichterkreis gehörten u. a. auch HAUPTMANN und FRANK WEDEKIND (1864 – 1918), der von 1905 bis 1908 Ensemblemitglied des Deutschen Theaters war.

Allmählich verlagerte sich das geistige Zentrum aus dem alten Berlin in Richtung Westen. In den Cafés und Restaurants zwischen Nollendorfplatz und Halensee mit einem Mittelpunkt rund um die Gedächtniskirche siedelte sich das „Industriegebiet der Intelligenz" (ERICH MÜHSAM) an. Zu einem Mythos der Moderne ist das „Romanische Café" geworden, jenes Künstlercafé, das eigentlich schon während seiner Existenz mythisch umrankt war. Das liegt auch daran, dass es eigentlich zwei Cafés gab, die nacheinander, in der Übergangszeit aber auch nebeneinander zum Treffpunkt der Berliner Kunstszene wurden.

1893 öffnete das „Kleine Café" am Kurfürstendamm / Ecke Joachimsthaler Straße. Damals war die Gegend noch recht unbebaut, andere Cafés gab es auch noch nicht, statt dessen lag in der Nähe ein Kiefernwäldchen. Ab 1898 nannte man sich offiziell „Café des Westens", im Volksmund hieß es allerdings schon bald „Café Größenwahn".

Um die Jahrhundertwende 1800 / 1900 trafen sich hier Literaten wie WEDEKIND und CARL STERNHEIM (1878 – 1942), aber auch einige Maler der „Berliner Secession". 1900 wurden hier die ersten beiden Berliner Kabaretts konzipiert: ERNST VON WOLZOGENS (1855 – 1934) „Überbrettl" und MAX REINHARDTS (1873 – 1943) „Schall und Rauch".

1907 traf sich hier unter Leitung KURT HILLERS (1885 – 1972) das Neopathetische Kabarett, wo u. a. PAUL SCHEERBART (1863 – 1915), ALFRED DÖBLIN (1878 – 1957) und GOTTFRIED BENN (1886 – 1956) auftraten. Allerdings blieb die einen „frohe[n] Intellektualismus" (HILLER) ersehnende Künstlergesellschaft weitgehend unter sich, wenn Essays und Dialoge, Gedichte, Glossen und Texte mit kabarettistischen Elementen vorgetragen wurden.

ELSE LASKER-SCHÜLER (1869 – 1945) war Stammgast des Cafés. Sie war 1884 jungverheiratet nach Berlin gekommen und verkehrte schon bald in den Kreisen der Boheme. 1902 ließ sie sich scheiden, um GEORG LEVIN (1878 – 1941) zu heiraten, dem sie den Künstlernamen HERWARTH WALDEN gab. WALDEN gründete 1910 im „Café des Westens" seine Zeitschrift „Der Sturm", in der u. a. BENN und DÖBLIN ihre ersten Texte veröffentlichten. Die Zeitschrift und die gleichnamige Galerie, die WALDEN am Potsdamer Platz eröffnete, waren eine Keimzelle des Expressionismus.

Ein Jahr später gründeten Franz Pfemfert (1879–1954) und Kurt Hiller die Zeitschrift „Die Aktion", die politischer als „Der Sturm" war und einige Jahre später trotz scharfer Zensur gegen die Kriegsbegeisterung anschrieb.

1911 ließ sich Lasker-Schüler von Walden scheiden und lebte seitdem ohne festen Wohnsitz. Ihr Lebensmittelpunkt blieb das „Café des Westens", das 1913 umzog, wenn auch nur ein paar Häuser weiter. Doch das neue Lokal war vielen Künstlern zu vornehm geworden, und als die Lasker-Schüler auch noch Hausverbot erhielt, verlagerte die Boheme ihren Stützpunkt. Fortan traf man sich im „Romanischen Café" an der Kaiser-Wilhelm-Gedächtnis-Kirche. Auf dem Auguste-Viktoria-Platz, der seit 1947 Breitscheidplatz heißt, war um die Jahrhundertwende nicht nur die Kirche im „romanischen" Stil errichtet worden, sondern auch zwei dazu passende Gebäude. In einem davon hatte das Café-Restaurant eröffnet. Hier trafen sich überwiegend Literaten wie Bertolt Brecht (1898–1956) und Carl Zuckmayer (1896–1977), beide waren Dramaturgen bei Max Reinhardt am Deutschen Theater. Egon Erwin Kisch (1885–1948), der in den 1920er Jahren als „rasender Reporter" des „Berliner Tageblatts" arbeitete, hatte hier seinen Stammplatz.

Nach dem Ersten Weltkrieg wurde Berlin Hauptstadt der Weimarer Republik und versuchte, mit der Modernität Schritt zu halten. Überall leuchteten Lampen und Leuchtreklamen, gern nannten die Berliner ihre Stadt „Elektropolis", und Erich Kästner (1899–1974) reimte auf „Potsdamer Platz": „Die Nacht glüht auf in Kilowatts".

Der Technikenthusiasmus war Ausdruck einer neuen Ästhetik, die sich an der Formsprache der Maschinen orientierte. „Technische Schönheit, die neue Romantik", schrieb der Architekt Erich Mendelsohn (1887–1953), dessen 1928 fertiggestellter Woga-Gebäudekomplex am Lehniner Platz inklusive Kino, Ladenzeilen, Apartments und Reklameflächen den urbanen Zeitgeist der 1920er Jahre symbolisiert.

Man versuchte, mit amerikanischen Städten Schritt zu halten, und in der Kunstszene wurde vielerorts ein „Amerika-Spleen" (Rudolf Schlichter) konstatiert. Helmut Herzfelde und Georg Groß nannten sich fortan John Heartfield (1891–1968) und George Grosz (1893–1959), letzterer gab sich zudem als „Asphalt-Cowboy".

Durch den Ersten Weltkrieges war ein kulturelles Vakuum entstanden. Junge, desillusionierte Künstler wie Grosz und Heartfield versuchten einen Neuanfang mit lärmenden Manifestationen. Der Dadaismus wurde aus Zürich importiert. Vor allem Raoul Hausmann (1886–1971), Richard Huelsenbeck (1892–1974) und Johannes Baader (1875–1955) provozierten ab 1918 mit skandalösen Auftritten vor großem Publikum und mit öffentlichen Aktionen. Man gab Zeitschriften und Flugblätter heraus. Grosz begann sozialkritische Gesellschaftssatiren zu malen, und Heartfield machte die Photomontage zum politischen Agitationsmittel.

Bereits 1916 hatte er zusammen mit seinem Bruder Wieland Herzfelde (1896–1988) den Malik-Verlag gegründet, der zum Sprachrohr revolutionärer Literatur wurde. Der Journalist und Satiriker Kurt Tucholsky (1890–1935), der zwar mit Dada nichts anfangen konnte, sagte, wäre er nicht Tucholsky, so würde er gerne „Buchumschlag bei Malik sein". Die gestaltete nämlich Heartfield. Beide arbeiteten 1929 zusammen an dem „Bilderbuch" „Deutschland, Deutschland über alles!", in dem sie einen linksgerichteten pazifistischen Humanismus vertraten.

In der Hauptstadt der jungen Republik herrschte ein urbanes Kulturklima: Schriftsteller und Maler versuchten, auf die Öffentlichkeit einzuwirken. Für ein kulturelles Massenpublikum entstand eine kaum überschaubare Anzahl von Printmedien. Aber Erfolg hatte vor allem, was leichtes Amüsement versprach. Kultur war Massengut geworden, sie musste fortan milieuübergreifend sein. Man hatte mehr Freizeit, man ging ins Kino, aber man ging auch ins Varieté. Max Reinhardt eröffnete in einem ehemaligen Zirkus das Große Schauspielhaus, wo er vor mehreren Tausenden Theater spielen ließ. Im Keller befand sich seit Dezember 1919 eine Neuauflage seines „Schall und Rauch", diesmal mit über 1 000 Sitzplätzen. Das Programm pendelte zwischen Schmunzelnummern und bissiger Zeitkritik. Die Texte schrieben u. a. Tucholsky, Klabund (1890–1928) und Walter Mehring (1896–1981), der zur 1920 aufgelösten Dada-Gruppe gehört hatte. Grosz entwarf Puppen. Am Klavier saß Friedrich Hollaender (1886–1976), der 1930 mit der Musik zu dem Film „Der Blaue Engel" weltbekannt wurde.

Mit schnellem Witz, sanfter Ironie, politischer Satire, einem Quentchen augenzwinkernder Erotik und verruchtem Tralala wurden im „Schall und Rauch" die „Goldenen 20er" eingeläutet. Doch schon Mitte der 1920er hatte die Kabarett-Begeisterung nachgelassen, Zeitkritik war unerwünscht, das Publikum verlangte nach großartig ausgestatteten Varieté-Shows. Hier ging es weniger um Inhalte als um Augenweide und Hörgenuss. Die Vergnügungssucht nahm immer mehr zu, während das Geld immer weniger wert war.

Revuen veranstaltete auch Erwin Piscator (1893–1966) mit seinem 1921 gegründeten Proletarischen Theater, die allerdings nicht nur unterhalten, sondern auch belehren sollten. Seine politisch-agitatorischen Inszenierungen wurden zwiespältig aufgenommen. So trennte sich die Volksbühne, die ihn 1924 berufen hatte, nach kurzer Zeit wieder von dem Regisseur. Weitere Bühnenexperimente Piscators scheiterten daran, dass er ein proletarisches Massenpublikum ansprechen wollte, aber zur Finanzierung seiner aufwendigen Produktionen auf das zahlungskräftige Bürgertum angewiesen war. Dennoch entwickelte er binnen kurzer Zeit Bühnenformen, die in die Schauspielgeschichte eingingen. Erst als er sich auf sehr beschränkte finanzielle Möglichkeiten einließ, konnte er sein politisches Theater durchsetzen und damit sogar in die Klassenkämpfe der Weimarer Republik eingreifen.

Drehscheibe des Kulturbetriebes blieb das „Romanische Café", das zugleich auch eine Talentbörse war. 1925 gründeten hier Ernst Rowohlt und Willy Haas die „Literarische Welt", die zum wichtigsten Periodikum der 1920er Jahre wurde, nach Autoren brauchten sie nicht lange zu suchen, die saßen schließlich am Nebentisch.

Das „Romanische Café" war aber auch erste Anlaufstelle für viele Emigranten aus dem Osten, die hier ihre Landsleute zu treffen wussten. Das Berlin der 1920er Jahre war nämlich auch das russische Berlin. In der Stadt lebten neben vier Millionen Berlinern zeitweilig bis zu 300 000 Russen, vor allem in den Bezirken Charlottenburg, Schöneberg, Wilmersdorf und Tiergarten. Bald schon sprach man von „Charlottengrad". Unter den Emigranten waren zahlreiche Maler, Musiker und Schriftsteller. Einer der dauerhaftesten war der Schriftsteller Vladimir Nabokov (1899–1977), der Berlin erst 1937 verließ – Richtung Westen. Andere wie Andrej Bely (1880–1934), Ilja Ehrenburg (1891–1967) kehrten Mitte der 1920er Jahre in die Sowjetunion zurück.

In der deutschen Hauptstadt führten die Emigranten ihre eigenen kulturellen und gesellschaftlichen Traditionen weiter, gaben zahlreiche Zeitschriften und Bücher in ihrer Sprache heraus. Viele der in Berlin geschriebenen Werke spielen auch hier, nur dass die Stadt mehr als Projektionsfläche für die verlorene Heimat dient, Einheimische treten nur selten auf.

Trotz aller Krisen blieb Berlin auch nach dem Ersten Weltkrieg ein Zentrum der Wissenschaften. Vor allem Wissenschaftler jüdischer Herkunft wie die Physiker Lise Meitner (1878–1968) und Albert Einstein (1879–1955) sowie der Chemiker Fritz Haber (1868–1934) spielten dabei eine führende Rolle.

Doch die geistigen Protagonisten verloren allmählich den Sinn für die Realität. Längst marodierten Schlägertrupps der Nationalsozialisten durch die Stadt. So störte man Ende 1930 unter Anführung von Joseph Goebbels die erste öffentliche Aufführung des Antikriegsfilms „Im Westen nichts Neues" mit Parolen, Stinkbomben und Mäusen. Die Romanvorlage hatte Erich Maria Remarque (1898–1970) nur fünf U-Bahnstationen entfernt, in der Wittelsbacher Straße verfaßt.

Alle, die im „Romanischen Café" oder an ähnlichen Orten verkehrten, wurden öffentlich als dekandent und „jüdisch", als „auszumerzende Unmenschen" beschimpft. Mit der Machtergreifung der Nationalsozialisten wurden aus verbalen Schmähungen Lebensbedrohungen. Die Epoche republikanischer Kultur wurde spätestens am 10. Mai 1933 auf dem Scheiterhaufen auf dem Opernplatz zusammen mit den Büchern der verfemten Autoren verbrannt.

Die Jahre zwischen 1933 und 1945 waren auch für die Kultur der Stadt eine Katastrophe. Die meisten klugen Köpfe mussten emigrieren, wenn sie nicht den nationalsozialistischen Henkern in die Hände fallen wollten. Die meisten Namen der Künstler, die blieben, sind zurecht vergessen. Ausnahmen bilden vor allem Schauspieler wie Gustaf Gründgens (1899–1963) und Heinz Rühmann (1902–1994), die auch nach dem Krieg in der Bundesrepublik Erfolge feiern konnten. Heinrich George (1893–1946) spielte in zahlreichen Spielfilmen mit und war seit 1935 Intendant des Schillertheaters. Er starb im sowjetischen Internierungslager Sachsenhausen.

Einige Künstler waren in Deutschland in einer sogenannten „inneren Emigration" geblieben. Darunter Benn, der den Nationalsozialismus zunächst begrüßte, aber schon 1934 verstummte. Erich Kästner, dessen Bücher verbrannt und verboten wurden, wollte ebenfalls nicht emigrieren und publizierte nur im Ausland. Unter Pseudonym schrieb er das Drehbuch zu dem Film „Münchhausen" (1943).

1944 wurden sämtliche Bühnen geschlossen, bei Kriegsende war über die Hälfte der Gebäude zerstört, doch schon in den ersten Wochen nach dem Krieg kam das öffentliche Leben der gewesenen Reichshauptstadt wieder in Gang. So spielte bereits am 13. Mai das Berliner Kammerorchester im Bürgersaal des Schöneberger Rathauses. Zwei Wochen später gab man im Renaissance-Theater die erste Theateraufführung nach dem Krieg. Bis Sylvester 1945 gab es schon wieder 200 Premieren in Berlin. Im Oktober 1945 wurde das Deutsche Theater mit Lessings „Nathan der Weise" wiedereröffnet. Ab August 1946 leitete

WOLFGANG LANGHOFF (1901–1966) das Haus. Der Spielplan wollte Klassiker „zu wahren Zeitgenossen" machen, und man bemühte sich um zeitgenössische Dramen aus der DDR und der UdSSR.

Die meisten Künstler und Wissenschaftler kehrten aus dem Exil zurück zu dem „Schutthaufen bei Potsdam", wie BRECHT die Stadt bei seiner Ankunft 1948 nannte. BRECHT zählte zu denjenigen, die mit der Gründung eines sozialistischen deutschen Staates Hoffnungen verbanden und sich daher im sowjetisch besetzten Sektor der Stadt ansiedelten. Laut dem Gründungsmanifest des 1945 ins Leben gerufenen Kulturbundes zur demokratischen Erneuerung Deutschlands wollte man „die Überreste des Faschismus und der Reaktion" vernichten „und auf geistig kulturellem Gebiet ein neues, sauberes, anständiges Leben" aufbauen.

Ohnehin bekam BRECHT, der inzwischen österreichischer Staatsbürger war, keine Einreisegenehmigung für die Bundesrepublik. Sein Hauptanliegen war es, seine im Exil geschriebenen Dramen auf die Bühne zu bringen. Bereits im Januar 1949 inszenierte er „Mutter Courage und ihre Kinder" am Deutschen Theater. Mit seiner Frau HELENE WEIGEL (1900–1971) gründete er das Berliner Ensemble, welches 1954 mit dem Theater am Schiffbauerdamm ein eigenes Haus bekam.

Viele Heimkehrer erhielten in der DDR öffentliche Ämter. JOHANNES R. BECHER (1891–1958), einst ein Wortführer des Expressionismus, der inzwischen nur noch agitatorische Lyrik schrieb, darunter den Text der Nationalhymne der DDR, war Vorsitzender des Kulturbundes und wurde 1954 Kulturminister der DDR. ARNOLD ZWEIG (1887–1968) wurde 1950 Präsident der Akademie der Künste. WIELAND HERZFELDE lehrte an der Leipziger Universität Literatursoziologie. ANNA SEGHERS (1900–1983), die mit ihren im Exil geschriebenen Romanen „Das siebte Kreuz" (1942) und „Transit" (1944) Weltruhm erlangte, war von 1952 bis 1978 Präsidentin des Schriftstellerverbandes der DDR. Unter ihrer Ägide kam es zur Ausbürgerung des Liedermachers und Dichters WOLF BIERMANN (*1936), der seit 1965 Auftrittsverbot hatte. Als er 1976 nach einem Konzert in Köln nicht in die DDR zurückkehren durfte, begann eine Emigrationswelle von Schriftstellern und Künstlern, unter ihnen die Schriftsteller JUREK BECKER (1937–1997), THOMAS BRASCH (*1945) und der Schauspieler und Sänger MANFRED KRUG (*1937).

Bereits 1959 stieg der in der DDR lebende UWE JOHNSON (1934–1984) an „dem Tag, an dem in einer westdeutschen Druckerei ein Name auf die Titelseite seines Romans ‚Mutmaßungen über Jakob' eingefügt werden musste..." in West-Berlin aus der S-Bahn. Er zog nach Friedenau, in die Nachbarschaft des Schweizers Max Frisch (1911–1991), der seine Wohnung in der Sarrazinstraße 8 und die Umgebung in der Erzählung Montauk (1975) beschrieben hat.

Johnson lebte mit Unterbrechungen bis 1974 in der Friedenauer Stierstraße 3, wo zeitweilig auch Günter Grass (*1927) und Hans Magnus Enzensberger (*1929) lebten. Ohnehin war West-Berlin in den 1960er Jahren Anziehungspunkt für die verschiedensten Künstler. Samuel Beckett (1906–1989) inszenierte hier 1967 mit „Endspiel" zum ersten Mal eines seiner Stücke, und zwar am Schillertheater, das 1951 wiedereröffnet und bis 1972 von Boleslaw Barlog (*1906) geleitet wurde.

Zum zweiten wichtigen West-Berliner Theater wurde das Theater der Freien Volksbühne, das 1953 ein eigenes Gebäude erhielt und seitdem von dem aus dem Exil heimgekehrten Piscator geleitet wurde, der im gleichen Jahr Rolf Hochhuths (*1931) brisantes Stück „Der Stellvertreter" erfolgreich uraufführte und damit die Form des Dokumentartheaters etablierte. In der Folgezeit glänzte die Freie Volksbühne durch einen risikofreudigen Spielplan, avantgardistische Inszenierungen und wichtige Regisseure wie Peter Zadek (*1926) und Hans Neuenfels (*1941), der hier von 1986 bis 1990 Intendant war.

Die 1969 gegründete Schaubühne am Halleschen Ufer, seit 1970 Ensembletheater unter künstlerischer Leitung von Peter Stein (*1937), war in den Siebzigern Inbegriff progressiver Theaterarbeit. Seit 1981 bespielt man als Schaubühne am Lehniner Platz das ehemalige, von Mendelsohn errichtete Kino am Kurfürstendamm.

Eine der Vorzeigebühnen Ost-Berlins war nach wie vor das Berliner Ensemble, das in den Jahrzehnten nach Brechts Tod meistens eher eine museale Traditionspflege aufwies. Den letzten, wirklich international anerkannten Erfolg hatte man dementsprechend in den 1960er Jahren. Erst 1971 kam nach dem Tod von Helene Weigel unter der neuen Intendantin Ruth Berghaus (1927–1996) neuer Schwung auf die Bühne, die sich wieder den Fragen der Zeit öffnete und Brechts Werk mit einem neuen, unvoreingenommenem Blick betrachtete. Außerdem wurden Stücke von DDR-Autoren wie Heiner Müller (1929–1995) gespielt. Doch kurz nach der Biermann-Ausbürgerung musste Berghaus aufgeben. Die konservativen Erben Brechts setzten die Rückkehr zum gewohnten Stil durch.

1962 kam es nach der Uraufführung von „Sorgen um die Macht" von Peter Hacks (*1928) zu heftigen Attacken seitens der SED, die zum Rücktritt des Intendanten Langhoff führten.

Einige Jahre später feierte der BRECHT-Schüler BENNO BESSON (*1922), der auch am Berliner Ensemble und an der Volksbühne arbeitete, Welterfolge mit seinen Regiearbeiten.

Bis 1989 hatten sich auf beiden Seiten der Berliner Mauer zwei getrennte Kulturbetriebe etabliert. So gründete man bereits während der Blockade West-Berlins 1948 die Freie Universität in Dahlem als Gegenpol zur Ost-Berliner Humboldt-Universität, die man 1946 nach ihrem Gründer umbenannte. Ende der 1960er Jahre war der Westteil ein Zentrum der Studentenbewegung.

West-Berlin wurde in den Jahren des Kalten Krieges zunehmend ein kulturelles und wirtschaftliches Schaufenster des Westens, ein Gegenpol zu den „Errungenschaften der Volksdemokratie". Doch erst durch den Mauerbau 1961 war das Kulturleben wirklich auseinandergerissen worden. Nun konnte man nicht mehr ohne weiteres zwischen den Stadthälften pendeln.

Inzwischen wachsen die Kulturen wieder zusammen, Abgrenzungen haben nichts mehr mit der Teilung zu tun. Durch eine stets angespannte Finanzsituation ist es nicht leicht, immer allen Interessen zu genügen. Durch den Regierungsumzug werden die so genannten „Leuchttürme" der hauptstädtischen Kultur allerdings zukünftig auf vermehrte Finanzhilfe von staatlicher Seite hoffen können.

Von der Aufbruchsstimmung der Wendejahre ist nur wenig Authentizität erhalten geblieben. Eine alternative Kulturszene versammelte sich in alten, sanierungsbedürftigen, meist eher illegal besetzten Gebäuden, die nach und nach zum großen Teil saniert wurden und somit als Kunststätten verschwanden. Eine Trutzburg geblieben ist das Tacheles in der Oranienburger Straße in Mitte. Nach jahrelangem Streit zwischen Betreibern und Investoren hat sich das „Kunsthaus" mit Atelieretagen, Kino- und Theateraufführungen, einem Café, sowie Musik- und Partyveranstaltungen etabliert. Allerdings wird die zerlöcherte Ruine eines Kaufhauses demnächst renoviert und zwangsläufig ihr Erscheinungsbild verändern.

In morbiden Gemäuern mit ungeklärter Nutzung, wie dem Tresorraum des ehemaligen Kaufhauses „Wertheim" unweit des Potsdamer Platzes feierte die Ende der 1980er im Westteil entstandene Techno-Bewegung ihre Parties, meistens illegal. Bereits im Sommer 1989 waren um die 150 „Raver" über den Kurfürstendamm getanzt, 2000 nahm weit über eine Million Menschen an der vermutlich größten Party der Welt auf der Straße des 17. Juni teil. Längst ist aus der unabhängigen und unkommerziellen Idee der „Love Parade" eine umfangreiche Finanzmaschine geworden, von der auch die Stadt profitiert.

Im Sommer gibt es Unmengen verschiedenster Straßenfeste in Berlin, genannt sei nur noch der Karneval der Kulturen, bei dem Berlin zeigt, dass es längst entsprechend seiner Bewohner multikulturell geworden ist. Hier tanzen Menschen zu jeder erdenklichen Art von Musik durch die Straßen von Kreuzberg, dem beinahe klassischen Bezirk der Kulturenvielfalt.

Aber auch an den Stätten der Hochkultur gibt es nach wie vor Leben. In den späten 1980ern wurden die Inszenierungen an den West-Berliner Bühnen immer teurer, und das Publikum nahm immer weiter ab. Das Schillertheater verlor an Ausstrahlung, wirklich innovativ waren die Inszenierungen nicht mehr, und man vernachlässigte das deutschsprachige Gegenwartsdrama. Wie schon im Vorjahr das Theater der Freien Volksbühne wurde das Schillertheater 1993 vom Senat geschlossen.

Das Gebäude des Berliner Ensembles (BE) gehört inzwischen ROLF HOCHHUTH, der versucht, den Einfluss geltend zu machen, den er als Autor längst verloren hat. Das BE wurde bis zu dessen Tod 1995 von HEINER MÜLLER geleitet, zuerst in einem Kollektiv, dem auch PETER ZADEK angehörte, schließlich im Alleingang. 1999 hat CLAUS PEYMANN (*1937), der zuletzt als Direktor des Wiener Burgtheaters erfolgreich war, die Intendanz übernommen.

Die Volksbühne am Rosa-Luxemburg-Platz wird seit 1992 von FRANK CASTORF (*1951) geleitet. Mit skandalösen Inszenierungen, billigen Kartenpreisen, Rockkonzerten und ungewöhnlichen Events lockt man nach wie vor überwiegend ein junges Publikum ins Haus.

Ruhig geht es dagegen am Deutschen Theater (DT) zu. Intendant THOMAS LANGHOFF (*1938), dessen Vertrag 2001 ausläuft, hat stets auf Tradition und Kontinuität gesetzt und sowohl Klassiker als auch Zeitgenossen spielen lassen. Unter anderem inszenierte hier HEINER MÜLLER seine eigenen Stücke.

Nebenan ließ LANGHOFF 1996 in der provisorischen DT-Baracke junges, experimentierfreudiges Theater spielen. In diesem winzigen Werkraum hat THOMAS OSTERMEIER (*1968) mit neuen angloamerikanischen Stücken vor allem junges Publikum angezogen. Wie vor ihm schon CASTORF, ist es ihm gelungen, Theater mit Popkultur zu verbinden. OSTERMEIERS Erfolge führten dazu, dass er mit seinem Team im Januar 2000 die Schaubühne übernommen hat.

◄ **Abb. 25**: Love Parade Berlin

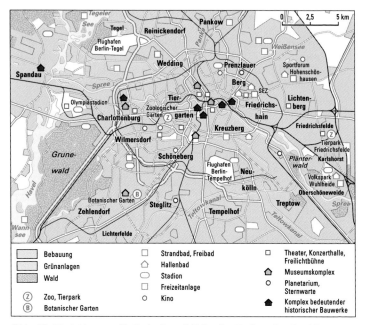

Abb. 26: Einrichtungen für Freizeit und Kultur im Berliner Stadtgebiet

Deutlich erkennbar ist die Wiedervereinigung auch in der Museumslandschaft Berlins. So konnten viele Sammlungen endlich wieder zusammengeführt werden. Während das Ägyptische Museum in seinem West-Berliner Domizil am Schloss Charlottenburg geblieben ist, kehrten viele im Krieg ausgelagerte Exponante endlich zurück auf die Museumsinsel in Mitte, die umfangreich saniert wurde und wird. So werden die Gebäude in Zukunft unterirdisch miteinander verbunden sein und einen zentralen Zugang erhalten. Zusätzliche Schauflächen sollen genutzt werden. Derzeit sind nämlich lediglich zwei Prozent der Kunstschätze zu besichtigen.

Aber es gibt auch einige spektakuläre Neubauten wie die Gemäldegalerie am Kulturforum von HEINZ HILMER und CHRISTOPH SATTLER und das Jüdische Museum von DANIEL LIBESKIND (*1946) in Kreuzberg, die bereits durch ihre Architektur ein Ereignis sind. Hier kann man die Meisterwerke europäischer Malerei aus sechs Jahrhunderten bei Tageslicht betrachten, dort symbolisiert ein als erstarrter Blitz geformtes Gebäude

einen zerrissenen Judenstern als „Labyrinth der Erinnerung"
und markiert so die Zerstörung der jüdischen Kultur Berlins.

Neben den festen täglichen oder jährlichen kulturellen Höhe-
punkten gibt es aber auch einmalige Ereignisse, mit denen sich
die Stadt als Kunstwerk inszeniert. So wurde 1995 der Reichstag
nach jahrelangem Hin und Her durch die US-Amerikaner
CHRISTO und JEANNE-CLAUDE (*beide am 13. Juni 1935) verhüllt.
Inzwischen tagt der Bundestag in dem von SIR NORMAN FOSTER
(*1935) renovierten Gebäude, das mit einer gewaltigen, begeh-
baren Glaskuppel gekrönt wurde, die Besuchern offen steht.

Doch obwohl Berlin zum Anfang des neuen Jahrtausends
strahlt und glänzt wie lange nicht mehr, wird die Kultur weiterhin ein Prozess bleiben, der nicht aufzuhalten ist. Bleibt abzuwarten, was kommen wird.

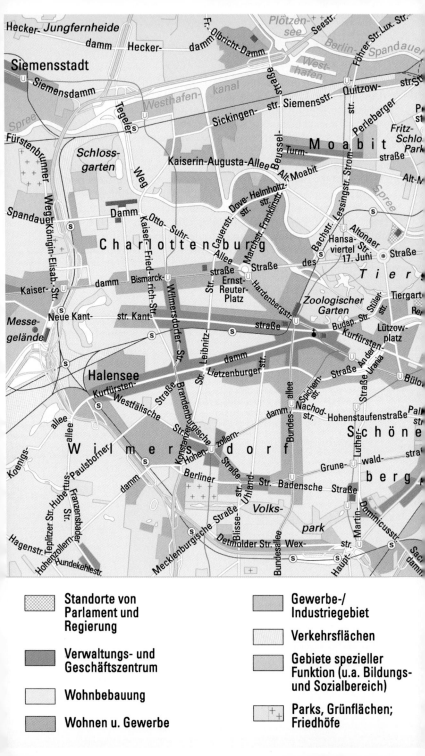

Legende:

Standorte von Parlament und Regierung

Verwaltungs- und Geschäftszentrum

Wohnbebauung

Wohnen u. Gewerbe

Gewerbe-/Industriegebiet

Verkehrsflächen

Gebiete spezieller Funktion (u.a. Bildungs- und Sozialbereich)

Parks, Grünflächen; Friedhöfe

EXKURSIONEN

Legende:

- bedeutendes Bauwerk
- ✝ wichtige Kirche
- Autobahn
- Bundesstraße
- wichtige Straße
- Straßentunnel (im Bau)
- Eisenbahn mit Fernbahnhof
- Eisenbahn (im Bau)
- S-Bahn (unterirdisch)
- —Ⓢ— S-Bahn mit wichtigen Stationen
- —Ⓤ— U-Bahn mit wichtigen Stationen

0   500   1000 m

Von der ersten zur letzten Mauer

Claudia Falk

➡ Exkursionsroute

U-Bahnhof Klosterstraße – Littenstraße – Rolandufer – Jannowitzbrücke – Märkisches Ufer – Köllnischer Park – Wallstraße – Inselstraße – Fischerinsel – Gertraudenbrücke – Spittelmarkt –
Niederwallstraße – Hausvogteiplatz – Oberwallstraße – Werderstraße – Schlossplatz/Schlossbrücke – Unter den Linden

1–2h **Dauer:** ca. 1–2 Stunden (ohne Besichtigungen)

▶ Überblick

Die Berliner Nachkriegsgeschichte ist eng verknüpft mit einem
dieser Mauerbauwerke, das seinem aufgesetzten Namen nach
(„Antiimperialistischer Schutzwall") schützen sollte, das deutsche Volk aber über 28 Jahre voneinander getrennt hat. In Berlin
war diese Trennung am deutlichsten zu spüren, die Mauer allgegenwärtig. Die Berliner reagierten deshalb auf die Erwähnung
ihrer Mauern stets sensibel. Rund eine Dekade nach der Wiedervereinigung hat sich diese Befangenheit deutlich gelegt, zumal
die heranwachsende Generation das trennende Bauwerk nur
noch aus Erzählungen kennt. Diese Entwicklung soll zum Anlass
genommen werden, der Berliner Geschichte anhand ihrer Mauern ein wenig näher zu kommen.

Wir beginnen an den Ursprüngen der Stadt im historischen
Zentrum, folgen dem südöstlichen Verlauf der ersten Stadtmauer, gehen weiter auf den Spuren der zweiten Stadtmauer und
enden auf der berühmtesten Ausfallstraße des Berliner Kern-
gebietes, dem Boulevard **Unter den Linden** und dem ehemaligen Stadttor, dem **Brandenburger Tor**, seit 1989 das Symbol
der Deutschen Wiedervereinigung.

Abb. 27: Exkursionsroute 1 Mauer ➤

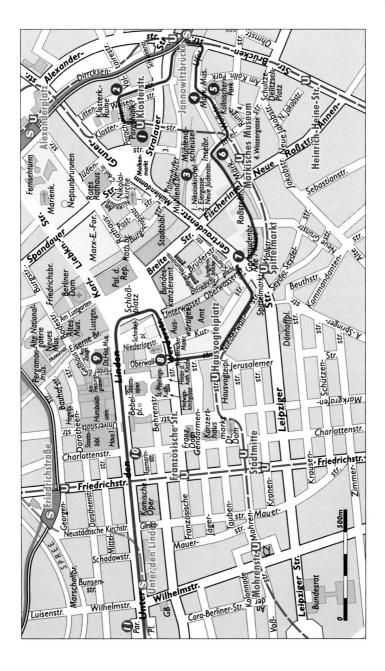

Rundgang

1 Parochialkirche

Unsere Tour beginnt am U-Bahnhof **Klosterstraße**. Wenn man den Bahnhof verlassen hat, steht man vor dem restaurierten Dienstgebäude des Berliner Innensenators. Direkt gegenüber steht die **Parochialkirche**, die momentan renoviert wird, nachdem sie in der DDR als Lagerhaus genutzt wurde. Der Grundstein wurde bereits 1695 gelegt. Das Gotteshaus erlangte im frühen 18. Jahrhundert Berühmtheit, da in ihm das erste Glockenspiel Preußens erklang. Leider währte dieser Ohrenschmaus nur bis zum Jahre 1944. Wenn man rechts an der Kirche vorbei auf den **Friedhof** tritt, findet man ehrwürdige Eisenkreuze aus dem 19. Jahrhundert, die in dieser sakralruhigen Umgebung einen Rückblick in die Geschichte zulassen. Die Menschen, die unter diesen Kreuzen bestattet liegen, haben Berlin in der Pracht der Kaiserzeit erlebt, als man entlang der Straße Unter den Linden flanierte, um seine Sonntagsgarderobe auszuführen. Eine Zeit, in der die Straßen von Kutschen und vornehmen Damen und Herren belebt waren und Berlin als

Abb. 28: Historisches Berlin mit Berliner Schloss, Marienkirche, Berliner Dom – Luftaufnahme 1920

Weltstadt galt. Eine Zeit aber auch, in der in Berlin mehr und mehr Industrien ansässig wurden, die erste Eisenbahnlinie von Berlin nach Potsdam eröffnet wurde und die einfachen Arbeiter in den so genannten Mietskasernen in winzigen Zimmern mit einer Großfamilie lebten.

Stadtmauer

So eingestimmt auf den historischen Rückblick, tritt man durch das kleine Tor neben dem Gemeindehaus auf die **Littenstraße** und sieht das einzig erhaltene Stück **Stadtmauer**, das Berlin von seinen insgesamt vier Ummauerungen geblieben ist. Dieses Stück gehörte zur ersten Stadtmauer, die die Doppelstadt Berlin (nördlich der Spree) und Cölln (auf der Spreeinsel) schützen sollte und erstmals 1319 erwähnt wurde.

Im Jahre 1307 war der Zusammenschluss der Städte Berlin und Cölln zu einer „Union" beschlossen worden. **Berlin-Cölln** erfuhr in seiner Gründungszeit einen wirtschaftlichen Aufschwung, dem einerseits die verkehrsgünstige Lage auf dem Fernhandelsweg von Magdeburg nach Posen zugrundelag, aber auch die besondere Förderung durch das von den Askaniern eingeführte Niederlagsrecht der Stadt, das jeden durchreisenden Kaufmann verpflichtete, seine Waren zunächst den Stadtbewohnern anzubieten.

Die **Littenstraße** selbst war zu Zeiten der Stadtbefestigung vor allem mit militärischen Gebäuden bebaut. Wir folgen der Littenstraße nach rechts, überqueren die Stralauer Straße und kommen zum **Rolandufer**. Wir sind exakt dem Verlauf der ersten Stadtmauer gefolgt und stehen jetzt genau an der Stelle, an der der Schutzwall stand. Die Stadtmauer aus Feldsteinen war nur an **fünf Stadttoren** durchlässig (Spandauer Tor, Georgentor und Stralauer Tor auf Berliner Seite, auf Cöllner Seite Köpenicker Tor und Gertraudentor). Leider ist keines der damaligen Tore erhalten, ebensowenig wie weitere Relikte der Schutzmauern, doch befand sich das Stralauer Tor etwa zweihundert Meter entfernt. Die Bauern, die ihre umliegenden Felder bewirtschaften mussten, verließen die Stadt durch eines dieser Tore, sollten jedoch bei Anbruch der Dunkelheit das Tor in Richtung Stadt passiert haben, da sie sonst außerhalb der schützenden Mauer nächtigen mussten.

1440 wird in die auf der **Cöllnischen Spreeinsel** abknickende Stadtmauer das **erste Schloss** hineingebaut. Der Bauherr, Kurfürst FRIEDRICH II., genannt „Eisenzahn" zog sich mit „Zwing

Cölln" den Unmut der Stadtbewohner zu, die das Schloss als Symbol der angestrebten Unterwerfung sahen. Doch der „Berliner Unwille", der Aufstand der Bevölkerung am 19. Juni 1448, wurde niedergeschlagen und die Anführer mit dem Tode bestraft.

Lassen wir nun unseren Blick auf die gegenüberliegende Uferseite schweifen. Dort erhebt sich rot und wuchtig, im Stil der märkischen Gotik, der Bau des **Märkischen Museums**.

3 Mühlendammschleuse

Schauen wir nach rechts, den Spreearm entlang, sehen wir die **Mühlendammschleuse**, die zum Betreiben von Wassermühlen das Wasser der Spree staute und die älteste Schleuse Berlins darstellt. Diese lieferte in den frühen Jahren der Doppelstadt neben der Antriebskraft für die Mühlen noch einen weiteren Beitrag zur positiven wirtschaftlichen Entwicklung. Das notwendige Passieren dieser Schleuse machte es erforderlich, dass durchreisende Schiffe ihre Waren umladen mussten. Die Kaufleute nutzten diesen Umstand, um ihre Waren feilzubieten, was wiederum der Stadt eine Belebung der Konjunktur versprach.

4 Märkisches Ufer

Wir folgen dem Verlauf des Rolandufers nach Osten, um die **Jannowitzbrücke** zu überqueren und auf das gegenüberliegende, das Märkische Ufer, zu gelangen. Die Brücke überwindet gleichzeitig die imaginäre Distanz zwischen dem Lauf der ersten und der zweiten Stadtmauer, die den Spreearm in das Stadtgebiet eingliederte.

Seit 1658 wurde Berlin unter dem Großen Kurfürsten FRIEDRICH WILHELM zur **Festung** ausgebaut. Die neue, 8 m hohe und 6 m breite Stadtmauer verfügte nun über 6 Tore und 13 Bastionen, der alte Stadtgraben wurde aufgefüllt und daneben der neue 50 m breite Bastionsgraben ausgehoben. Aus dem Aushub wurde die Bastionskette und ein schmaler Wallstreifen aufgeschüttet. Durch die Breite des Grabens sank der Wasserstand der Spree und es entwickelte sich innerhalb der Stadtmauer die **Vorstadt Neu-Cölln** (heute in etwa das schmale Stück zwischen der Wallstraße und dem Märkischen Ufer mit dem Museum). Stellen wir uns auf den Grünstreifen vor dem Märkischen Museum mit Blick auf die Spree, benötigen wir etwas Fantasie, um uns mit Blick auf die Schiffe vorzustellen, dass hier eine „Vorstadt" entstand.

Seit 1680 wurde damit begonnen, die alte Stadtmauer im Cöllner Gebiet abzutragen, während sie im Berliner Teil weitgehend stehen gelassen wurde, da sie dort in etwa der ersten Mauer entsprach, die nur verstärkt werden musste. FRIEDRICH WILHELM, seit 1640 Kurfürst, ist es zu verdanken, dass die Stadt nach den Wirren des Dreißigjährigen Krieges mit Brandschatzungen und der Pest, die die Stadtbevölkerung auf die Hälfte reduzierte, wiederaufgebaut und zur **kurfürstlichen Residenz** erhoben wurde. FRIEDRICH WILHELM nahm verfolgte Hugenotten auf und warb niederländische Baumeister an, von deren Können die Stadtentwicklung enorm profitieren konnte. Die gezielte Anwerbung ausländischer Fachkräfte, nach dem Vorbild des französichen Merkantilismus, verschaffte der Stadt das notwendige Knowhow, den einheimischen Rohstoff Wolle zu nutzen und in Manufakturen zu verarbeiten. Um die Baulust und die Investitionen der Bewohner zu fördern, blieb das Bauholz gratis und einige Jahre steuerfrei.

Märkisches Museum

Wenden wir uns nun dem **Märkischen Museum** zu. Es lohnt sich, das Gebäude genauer zu betrachten. Trotz seines teilweise sakral wirkenden Charakters und des wuchtigen eckigen Turmes, der an eine Burg erinnert, wurde das Gebäude weder als Kirche noch als Festungsanlage gebaut, sondern eigens zu dem Zweck, ein Museum zu beherbergen. Der Bau wurde 1898 im Stil märkischer Backsteingotik begonnen und 1908 der Öffentlichkeit übergeben. Der westliche Kapellenflügel sollte den passenden Rahmen für die Ausstellung sakraler Exponate bilden. Im Erdgeschoss können wir Bilder und Dokumente Berlins von der Stadtgründung bis zum Großen Kurfürsten besichtigen. Eingebettet ist das Museum in den **Köllnischen Park**, eine der ältesten innerstädtischen Grünanlagen. Dieser Park ist im 18./19. Jh. als Privatgarten innerhalb der hier befindlichen Bastion angelegt worden. Nach den Zerstörungen des Zweiten Weltkriegs wurde zunächst der Bärenzwinger instand gesetzt und 1949/50 zwei Braunbären gekauft, damit Berlin seine Wappentiere zurückerhielt. Heute leben hier drei Braunbären.

Verlassen wir den Park wieder in Richtung **Wallstraße**, treffen wir „uff eenen echten Berliner Typen". Da steht der „Pinselheinrich", HEINRICH ZILLE. Keiner verstand es besser, Berliner Milieustudien zu betreiben und das pralle Leben in den Berliner Hinterhöfen, in den typischen Arbeiterfamilien zu Papier zu bringen. Mit Hilfe von Zilles Zeichnungen kann man sich heute noch in die derben, aber herzlichen Jahrzehnte zu Beginn des 20. Jahrhunderts versetzen, in der nicht viel weiter als bis zum nächsten Tag gedacht werden konnte, da man nie genau wusste, was passieren würde und wie man seine Familie über die Runden bringt; eine Zeit, in der man sich aber auch täglich freute, dass man es wieder einen Tag geschafft hatte.

Bleiben wir neben dem Denkmal stehen und schauen spreewärts, haben wir einen interessanten Blick auf Türme und Kuppeln einiger **Berliner Sehenswürdigkeiten**. Dort eifern von rechts der Fernsehturm, der schlanke runde Turmaufbau der Parochialkirche, der Uhrenturm des Roten Rathauses, dem Regierungssitz des Berliner Bürgermeisters, die Doppeltürme der Nikolaikirche, der ältesten Kirche Alt-Berlins, und die Kuppel des Berliner Doms um den besten Platz und die schönste Aussicht über die Dächer der „historischen Altstadt".

Doch folgen wir der **Wallstraße**. Auf der linken Seite passiert man einen roten Backsteinbau, der heute eine **Musikschule** beherbergt, 1876 aber als Köllnisches Gymnasium gebaut wurde und den Polarforscher und Geographen Alfred Wegener zu seinen Schülern zählte. Bevor wir rechts in die Inselstraße einbiegen, empfiehlt sich noch ein kleiner Abstecher in den **U–Bahnhof Märkisches Museum**, in dem mosaikartig die Entwicklungsetappen Berlins dargestellt sind.

6 Museumshafen

Nach diesem kurzen Abstecher biegen wir in die **Inselstraße** ein und stoßen am Märkischen Ufer auf den Museumshafen, dessen Ausstellung vom 1. Mai bis 30. September zu besichtigen ist. Der **Museumshafen** zeigt über 20 fahrtaugliche Schiffe, die die Geschichte der märkischen Binnenschifffahrt dokumentieren. Die Schiffe wurden zunächst traditionell getreidelt, d.h. vom Ufer aus (anfangs meist mit Pferden, später mit Loks) gezogen oder unter günstigen Bedingungen gesegelt, was die preisgünstigste Fortbewegungsvariante darstellte. Mit der zunehmenden Industrialiserung und der Nutzbarmachung der Dampfkraft konnten bis zu 7 Kähne in einem Schleppzug von einem Dampfschlepper gezogen werden. Ältere Schleppkähne wurden von kleinen Stoßbooten geschoben.

Über den Hafen hat man nun noch einmal einen genaueren Blick auf die **Schleusenanlage**. Früher war hier ein Damm aufgeschüttet, um das Stauwasser für die Mühlen zu nutzen. Im stehenden Wasser hinter dem Damm hatten die Fischer ihre Fischkästen aufgebaut und auf der **Fischerinsel**, die sich zwischen dem diesseitigen Ufer und der Spree erstreckt, standen ihre Hütten. Wir gehen über die kleine Brücke und finden mit Blick auf die historischen Kähne ein kleines Plätzchen zum kurzen Verweilen.

Gertraudenbrücke

Unser Gang wird fortgesetzt, indem wir von der Brücke aus das rechte Ufer entlanggehen und die Fischerinsel zu unserer Rechten behalten. Man kann sich die kleinen Hütten der Fischer vor dem Hintergrund typisch sozialistischer Plattenbauhochhäuser leider kaum noch vorstellen, doch könnte sich, den Blick aufs Wasser gerichtet, noch ein leichter Fischgeruch einstellen.

Hier ist die geringe Stadtausdehnung zwischen der ersten und zweiten Stadtmauer genau nachvollziehbar, da wir momentan dem Verlauf der ersten Mauer folgen. Am gegenüberliegenden Ufer, der Wallstraße verlief aber die **zweite Stadtmauer**. Nach dem kleinen Rechtsbogen führt die Route unter der stark befahrenen Brücke hindurch, über die heute die **Gertraudenstraße** verläuft, bis unmittelbar dahinter eine zweite Fußgängerbrücke erreicht wird. Wir überwinden den kleinen Höhenunterschied und steigen ein paar Stufen zur **Gertraudenbrücke** hinauf. Die heilige GERTRAUDE, Schutzpatronin der Wandernden und Reisenden, auf der Brückenmitte nimmt uns in Empfang. Diese Brücke lag außerhalb der ersten Stadtmauer, aber innerhalb der zweiten, deren Bastion den der Gertraudenbrücke stadtauswärts vorgelagerten Spittelmarkt einschloss. Stadteinwärts führt die heutige Gertraudenstraße direkt zum **Molkenmarkt**, dem ältesten Markt der Stadt, der in erster Linie den Hauptumschlagsplatz für Fernhandelswaren darstellte. Der Name stammt vermutlich von den Mühlen (Molken) des nahe gelegenen Mühlendammes. Hinter dem Denkmal der heiligen GERTRAUDE sehen wir die älteste erhaltene Brücke Berlins, die im frühen 18. Jahrhundert nach dem Vorbild der holländischen Brückenbauweise an den Grachten gebaut worden war und nach der Restaurierung im März 1999 wiedereröffnet wurde, die **Jungfernbrücke**.

Bevor wir die Gertraudenbrücke stadtauswärts überqueren, um dem Verlauf der zweiten Stadtmauer zu folgen, werfen wir noch einen Blick auf das wunderschöne, im Stil der flandrischen Gotik erbaute Eckhaus.

8 Friedrichswerdersche Kirche

Wir kommen auf den **Spittelmarkt**, den ehemaligen Spitalmarkt, der am Gertraudenhospital stand, das ansteckende Krankheiten durch Quarantäne der Reisenden vor der Stadtmauer halten sollte. Hier etwa befand sich eine der 13 Bastionen der Festungsmauer. Vor uns, schräg links, sehen wir einen historisch umrahmten Platz, der heutzutage bei schönem Wetter von Skateboardern belagert wird. In dessen Mitte steht eine Meilensäule von 1730. Wir folgen erneut dem Verlauf des Festungsringes und biegen hinter dem **Spindlerbrunnen** rechts in die **Niederwallstraße** ein. Durch die Häuserflucht wird schon jetzt der Blick auf die Friedrichswerdersche Kirche frei, unserem nächsten Ziel. Die riesigen Baustellen links und rechts des Weges hängen allesamt mit der gesamtdeutschen Funktion der Hauptstadt zusammen. Dienstgebäude, Niederlassungen von Informationszentren und Telekommunikationsfirmen, sowie Radio- und Fernsehsendern, die natürlich möglichst dicht am politischen Geschehen sein wollen, werden errichtet. Dabei wird darauf geachtet, dass historische Fassaden erhalten und neue dem Bild der historischen Nachbarn angepasst werden, sodass hier eine imposante Mischung neuer und hergerichteter Bauten entsteht, die selbst ein solches Dienstleistungszentrum zu einem optisch interessanten, ansprechenden Punkt im Berliner Stadtbild werden lässt. Biegen wir hinter dem **Hausvogteiplatz**, ebenfalls eine ehemalige Bastion des Festungsringes von der **Oberwallstraße** rechts in die **Werderstraße** ein, kommen wir zur **Friedrichswerderschen Kirche**.

Nachdem wir Neu-Cölln durchlaufen haben, ist nun eine weitere Vorstadt, **Friedrichswerder**, erreicht. Auch diese befand sich bereits innerhalb des Stadtgebietes der zweiten Stadtmauer und beherbergte ursprünglich hauptsächlich Hugenotten. Seit 1685 wohnten die Angehörigen der deutsch-französischen Gemeinde vor allem auf dem Friedrichswerder und benötigten bald ein eigenes Gotteshaus. Zunächst wurde ihnen daher das bisherige kurfürstliche „Lange Stallgebäude" zugewiesen, das 1700/01 zur Kirche umgebaut wurde. 1817 begann SCHINKEL einen Neubau der Kirche zu planen. Doch bedurfte es erst verschiedener Entwürfe, bis sich der heutige gotisierende Backsteinbau herauskristallisierte, der ursprünglich vier Türme aufweisen sollte. König FRIEDRICH WILHELM III., der den Bau in Auftrag gab, entschied sich dann jedoch für die Doppelturmvariante. Die Kirche konnte bereits 1830 fertiggestellt werden. Auch diese Kirche wurde im Zweiten Weltkrieg stark beschädigt, wiederaufgebaut und beherbergt heute das **Schinkelmuseum**.

Treten wir aus der Kirche heraus und halten uns links, gelangen wir zum **Bärenbrunnen**, der 1928 von Professor HUGO LEDERER errichtet worden ist und das Wappentier Berlins in putzigen Posen zeigt. Unser Blick fällt auf die Front des **Palastes der Republik**, einem der letzten Zeugen der Vergangenheit Ost-Berlins als Hauptstadt der DDR. Heute ist er wegen des hohen Asbest- gehaltes der Bausubstanz geschlossen. Symbolträchtig steht dieser Palast am Standort des **alten Berliner Schlosses**, das 1950 gesprengt wurde. Kontrastierend wirkt ein weiterer Zeitzeuge glorreicherer Zeiten, der **Berliner Dom**, der zur Linken des Palastes zu sehen ist und 1893 – 1905 im Auftrag KAISER WIL- HELM II. als Hofkirche der Hohenzollern errichtet wurde. Berlin war damals die Hauptstadt des Deutschen Reiches und kaiserliche Residenz (s. Exk. 4).

Zeughaus 9

Wir überqueren den Platz in Richtung **Schlossbrücke**. Direkt vor uns erstreckt sich der rosa Bau des Zeughauses von 1706, in dem heute das **Deutsche Historische Museum** untergebracht ist. Es diente von 1730 bis 1875 als Waffenarsenal und beherbergte bis 1944 als Armeemuseum die wohl größte europäische Sammlung historischer Waffen. Leider bleibt das Gebäude wegen Umbau- und Sanierungsarbeiten bis zum Jahr 2002 geschlossen, sodass man erst danach wieder SCHLÜTERS 22 Masken sterbender Krieger im Innenhof besichtigen kann.

Angrenzend an das Zeughaus befindet sich die ehemalige „Neue Wache", die 1816/1818 von SCHINKEL erbaut wurde und hundert Jahre lang, von 1818 bis 1918 die **königliche Wache** beherbergte. Heute ist sie die „Gedenkstätte für die Opfer des Krieges und der Gewaltherrschaft".

Unter den Linden 10

Wir können nun unseren Blick nach innen wandern lassen oder uns dem Schmökern ergeben, wenn uns die Literaturauswahl der Bücherstände vor der **Humboldt-Universität** nicht zu „intellektuell" erscheint. Geistig erfrischt geht unsere Exkursion dem Ende zu. Wir folgen der Straße **Unter den Linden** bis zum **Brandenburger Tor**. Wen die Füße nicht mehr tragen wollen, dem kommt die Bushaltestelle des Busses 100 direkt vor der Univer- sität entgegen. Die Erholung währt allerdings nicht lange, denn am S-Bahnhof **Unter den Linden** werden wir wieder aussteigen. Wer sich für die sportlichere Fortbewegungsvariante entscheidet, kann auf den Spuren der Kurfürsten den ehemaligen und wieder neu entstehenden Prachtboulevard entlangflanieren und sich an den Geschäften der Haute Couture ergötzen oder im Schatten der Linden wandeln, die erstmalig 1646/47 auf Geheiß des Kurfürsten FRIEDRICH WILHELM angepflanzt wurden (Zur Beschreibung wichtiger Gebäude Unter den Linden s. Exk. 2).

Nördlich der Allee entstand ab 1674 die **Dorotheenstadt**, die die Gattin des Kurfürsten anlegen ließ. Im gleichen Jahr erhielt die neue Vorstadt ihre eigene städtische Verwaltung. Der erste Bürgermeister wurde JOHANN GREGOR MEMHARD, der Erbauer der Festungsanlage.

Südlich der Allee entstand unter Kurfürst FRIEDRICH III. (später FRIEDRICH I. von Preußen) ein militärisches Viertel mit kurfürstlichem Marstall, Exerzierplatz und Wohngebäuden für die Soldaten – die **Friedrichstadt**. Zentraler Platz dieser Vorstadt wurde der Gendarmenmarkt. Früher waren der **Deutsche Dom** und der **Französische Dom** von kurfürstlichen Stallgebäuden umgeben, die jedoch 1773 abgerissen wurden, um den Platz repräsentativer zu gestalten. So zählt der **Gendarmenmarkt** heute zu den beeindruckendsten Plätzen Berlins. Er ist zu erreichen, indem man die Straße Unter den Linden kurz hinter der Staatsoper überquert und links in die **Charlottenstraße** einbiegt. Wen die Füße noch tragen, der sollte diesen kleinen Abstecher wagen (s. Exkursionen 2, 3 u. 4).

11 Brandenburger Tor

Die anderen flanieren weiter bis zum **Pariser Platz**. Hier kann man sich entweder im wiederaufgebauten Hotel Adlon zu einer „fürstlichen" Tasse Kaffee begeben oder direkt zum Brandenburger Tor laufen.

Hier schließt sich der Kreis der Berliner „Mauergeschichte", da hier die dritte Stadtmauer von 1734/36 zu erwähnen ist, die nun auch die Vorstädte Dorotheenstadt, Friedrichstadt, Spandauer Vorstadt, Köpenicker Vorstadt und Stralauer Vorstadt in das Stadtgebiet integrierte. Sie wurde unter FRIEDRICH WILHELM I. als **Zollmauer** errichtet, die die Erhebung, aber auch Überwachung der städtischen Abgaben, der Ein- und Ausfuhrzölle, aber auch den Zuzug von Fremden überschaubarer machen und die Kontrolle erleichtern sollte. Die so genannte **Akzisemauer** bestand im Süden aus verputztem Ziegelmauerwerk, im Norden

Abb. 29: Berliner Stadtgebiet 1734

aus einem Palisadenzaun. Sie war 14,5 km lang und hatte kaum noch eine Schutzfunktion. 14 Stadttore gewährleisteten ihre Durchlässigkeit. In der Kreuzberger Stresemannstraße steht in Höhe der Möckernstraße eine Nachbildung dieser Stadtmauer. Sensationellerweise fand man bei Bauarbeiten Relikte der historischen Akzisemauer und legte diese frei. Unter FRIEDRICH WILHELM II. wurde diese Mauer auf 17 km verlängert und auf 4,2 m erhöht, sodass man von einer vierten Mauer sprechen könnte, diese wurde jedoch 1866–1869 endgültig abgerissen, da sie die Ausdehnung der Stadt behinderte.

Das **Brandenburger Tor** blieb als einziges Stadttor dieser Akzisemauer bestehen, wurde aber 1788/99 völlig neu gestaltet. CARL GOTTHARD LANGHANS erbaute es als 14 m (einschließlich **Quadriga**) hohes „Friedenstor" während der Französischen Revolution. Nach zeitgenössischen Aussagen, auch von LANGHANS selbst, hatten seinem Entwurf die in Stichen verbreiteten Ansichten der Propyläen, des Eingangsbaus der Akropolis in Athen, zugrunde gelegen. Die Siegesgöttin VIKTORIA steht auf dem Tor und lenkt eine kupferne „Quadriga". Als NAPOLEON I. 1806 in

Abb. 30: Brandenburger Tor im November 1989

Berlin einmarschierte, nahm er bei seinem Abzug die Quadriga mit. Sie wurde aber nach dem Sieg über die Franzosen 1814 zurückgebracht.

Das Brandenburger Tor, das in der Zeit des Kalten Krieges auf dem Gebiet Ost-Berlins stand und durch die (hoffentlich) letzte und unüberwindlichste Mauer für die Bewohner beider Stadthälften unerreichbar war, wurde 1989 zum Symbol der wiedervereinten Stadt und zum tatsächlichen „Friedenstor", dessen Öffnung zu Weihnachten 1989 symbolisch den Kalten Krieg beendete. Das Tor, an dem 28 Jahre lang der Durchgang von einer Stadthälfte in die andere blockiert war, steht nun wieder inmitten der neuen alten Hauptstadt des geeinten Deutschlands und bildet den Endpunkt unserer Exkursion.

Ein kultureller Stadtspaziergang

Thilo Bock

2

Exkursionsroute

Bahnhof Friedrichstraße – Schiffbauerdamm – Albrechtstraße – Reinhardtstraße – Schumannstraße – Virchowweg – Luisenstraße – Chausseestraße – Friedrichstraße – Charlottenstraße – Gendarmenmarkt – Markgrafenstraße – Bebelplatz – Unter den Linden

Abb. 31: Exkursionsroute 2 Kultureller Stadtspaziergang

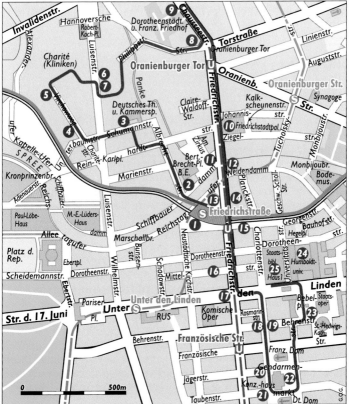

► Überblick

„Berlin ist gar keine Stadt, sondern Berlin gibt bloß den Ort dazu her, wo sich eine Menge Menschen, und zwar darunter viele Menschen von Geist, versammeln, denen der Ort ganz gleichgültig ist; diese bilden das geistige Berlin." So HEINRICH HEINE (1797–1856).

Doch ob sie es wollten oder nicht, diese „Menschen von Geist" haben in Berlin ihre Spuren hinterlassen, haben die Stadt in ihren Werken verewigt. Durch den Wandel der Zeiten, besonders natürlich durch die Zerstörungen des letzten Krieges, würden HEINE, FONTANE und all die anderen die von ihnen beschriebenen Plätze und Häuser wahrscheinlich nicht wiedererkennen. Doch genauso wie man sich als Leser auf die Fantasie der Autoren einlassen muss, kommt die Suche nach ihren Spuren nicht ohne die Vorstellungskraft des Spaziergängers aus.

1 Rundgang

Bahnhof Friedrichstraße

Wir beginnen unsere Exkursion am **Bahnhof Friedrichstraße**, der seit seiner Eröffnung im Mai 1882 ein hektischer Knotenpunkt der Stadt ist.

Über die nördlich gelegene Brücke überqueren wir die Spree und gelangen so auf den **Schiffbauerdamm**. „Linkerhand längs der Spree", schreibt FRIEDRICH NICOLAI (1733–1811), „bauten sich 1738 verschiedene Schiffbauer an. Von dieser Zeit entstand der Name."

2 Albrechtstraße 20

Wir gehen aber gleich weiter in die **Albrechtstraße**. In das Haus Nr. 20 auf der rechten Seite, einem schlichten Bau aus gelben Backsteinen, zog 1890 der damals neunjährige VICTOR KLEMPERER mit seiner Familie ein, wo er bis 1896 wohnte.

Der jüdische Romanist ist heute vor allem durch seine erst vor kurzer Zeit erschienenen Tagebücher aus der Zeit von 1933 bis 1945 bekannt. Nach dem Zweiten Weltkrieg hat er unter dem Titel „LTI" eine Analyse der Sprache des Dritten Reiches veröffentlicht.

Deutsches Theater

Wir biegen links in die **Reinhardtstraße**, die nach dem berühmten Regisseur und Intendanten des **Deutschen Theaters** benannt ist, auf welches wir nach ein paar hundert Metern durch eine kleine, auf der rechten Seite gelegene Grünanlage zugehen können.

Es wurde 1850 als Friedrich-Wilhelmstädtisches Theater eröffnet, seit 1883 trägt es seinen heutigen Namen. 1894 kam MAX REINHARDT (1873–1943) zum Ensemble, wurde 1904 Intendant und zwei Jahre später Eigentümer des Hauses, als der er dann im Nebengebäude die Kammerspiele eröffnete. Mit einer Unterbrechung von vier Jahren leitete er die Spielstätten bis zu seiner Emigration im Jahre 1933. Besonders mit seinen SHAKESPEARE-Inszenierungen führte REINHARDT das Deutsche Theater zu Weltruhm.

Von 1905 bis 1908 war FRANK WEDEKIND (1864–1918) Ensemblemitglied bis er in Unfrieden ging. BERTOLT BRECHT (1898–1956) und CARL ZUCKMAYER (1896–1977) waren hier von 1924 bis 1926 als Dramaturgen beschäftigt. BRECHTS Stück „Im Dickicht der Städte", das bereits 1923 in München aufgeführt worden war, wurde am Deutschen Theater 1924 mit FRITZ KORTNER (1892–1970) in der Hauptrolle gespielt. Die Uraufführung von BRECHTS „Baal" folgte 1925, diesmal führte der Autor selbst Regie. ZUCKMAYER war hier 1931 mit seinem „Hauptmann von Köpenick" erfolgreich.

Virchowweg

Unser Weg führt uns nun nach links durch die **Schumannstraße**. Wir überqueren die **Luisenstraße**.

Nach etwa hundert Metern biegen wir rechts in den **Virchowweg** und befinden uns somit auf dem Gelände der **Charité**, die 1710 als Pesthaus und Lazarett vor der Stadt erbaut worden ist, und ihren Namen 1727 durch König FRIEDRICH WILHELM I. erhalten hat.

Dass diese Krankenhausgotik aus Erkern, Türmen und Säulengängen vor gut hundert Jahren ein Weltzentrum der Medizin war, ist nur noch schwer vorstellbar. Zu idyllisch wirkt das elf Hektar große Gelände an manchen Stellen, sieht man einmal von den Neubauten und den Baumaßnahmen ab. Doch hinter den Backsteingemäuern haben die Großen ihrer Zunft Spuren hinterlassen.

5 Institut für Pathologie

An vorderster Stelle natürlich RUDOLF VIRCHOW (1821–1902), Politiker, Revolutionär und Forscher von Weltruf geleitete die Medizin in die moderne Naturwissenschaft. Er setzte sich für die öffentliche Gesundheitspflege ein. In diesem Zusammenhang plante er die ersten Schlachthöfe und das Berliner Abwassersystem. Hier an der **Charité** trug er eine Sammlung von Feuchtpräparaten zusammen, schon um seinen Studenten dreidimensionale Unterrichtsmaterialen zeigen zu können. Der nach VIRCHOW benannte Weg führt uns zum **Institut für Pathologie**, an das sich das neue **Medizinhistorische Museum** anschließt, dessen Kernstück Virchows Kuriositätenkabinett ist. Als dieser es damals der Öffentlichkeit zugänglich machte, war das ungeheuerlich. Was man früher nur auf Jahrmärkten mit einem wohligen Schauder begutachten konnte, gab es nun wissenschaftlich fundiert zu besichtigen. Der Blinddarm FRIEDRICH EBERTS bleibt allerdings auch heutzutage im Magazin. Dafür sieht man hier Geschwüre und Missbildungen, etwa Föten, die man Zyklopen und Siren nannte, weil sie an mythologische Ungeheuer erinnerten. Dies lässt den Verdacht aufkommen, dass die antiken Bestien ihre Vorbilder in realen Missbildungen hatten.

Jetzt schickt sich die Charité an, das größte **Uni-Klinikum** Europas zu werden. 1810 wurden die Studenten noch in einem kleinen Hospital in der Friedrichstraße unterrichtet, sehr zum Missfallen der Nachbarn. Diese empörten sich über die Schreie der Operierten, Narkose gab es noch keine. Außerdem störte man sich an dem Anblick der Skelette, die zum Bleichen auf den Balkon gestellt wurden.

6 Luisenstraße 60

Auf der Höhe des Gebäudes der Pathologie biegen wir rechts in den **Bonhoefferweg** ein, in Richtung Hauptgebäude. Am Ende des Weges halten wir uns weiter rechts und folgen dem **Pawlowweg** zum Durchgang unter dem Neubau, sodass wir zur **Luisenstraße** gelangen. Schräg gegenüber auf der anderen Straßenseite befindet sich Haus Nr. 60 (früher Nr. 45). Dies ist das einzige erhaltene Wohnhaus von KARL MARX (1818–1883), der in Berlin von 1836 bis 1841 neun Semester Rechtswissenschaften, Philosophie und Geschichte studiert hat. BETTINA VON ARNIM (1785–1859) machte ihn auf das Elend im Arbeiter- und Armenviertel zwischen Hamburger und Oranienburger Tor aufmerksam, welches sie 1841 protokollierte.

Luisenstraße 57

Wir gehen jetzt nach rechts. In dem Haus **Luisenstraße 57** hat der Bakteriologe Robert Koch (1843–1910) von 1879 bis 1897 gearbeitet und hier 1882 das Tuberkelbakterium entdeckt. 1905 erhielt er den Nobelpreis, die Urkunde Kochs befindet sich im Museum der Charité. Insgesamt bekam die Klinik sechs dieser begehrten Auszeichnungen, so viel wie keine andere Einzelinstitution der Welt.

Wenn wir etwas weiter gehen, gelangen wir durch eine unscheinbare Pforte (Luisenstr. 56, dieser Zugang ist nur wochentags und zwar bis 20 Uhr geöffnet) auf das charmante Gelände der alten **Tierarzneischule**. An einer Wegkreuzung gehen wir nach links, wo wir bereits den Ausgang **Philippstraße 13** erkennen (Dieser ist immer geöffnet. Am Wochenende müssen Sie also von außen hierher kommen!).

Chausseestraße 131

Nun gehen wir nach rechts, bis die Chausseestraße kreuzt. Im zweiten Stock des Eckhauses **Chausseestraße 131**, gegenüber der ehemaligen Ständigen Vertretung der Bundesrepublik, lebte der Liedermacher und Dichter Wolf Biermann (*1936) bis zu seiner Ausbürgerung 1976. Diese vielleicht berühmteste Adresse der DDR hat er als Titel einer Schallplatte verewigt. Hierhin pilgerten der westdeutsche Studentenführer Rudi Dutschke (1940–1979), der New Yorker Beat-Poet Allen Ginsberg (1926–1997) und die amerikanische Sängerin und Woodstock-Veteranin Joan Baez (*1941). Die hier geführten Gespräche und gesungenen Lieder wurden von der Staatssicherheit abgehört und für die Akten mitstenographiert. Als Biermann nach der Wende zurückkehren wollte, wurde ihm das verwehrt. Heute wohnt hier das PDS-Mitglied Hanno Harnisch.

Friedhof der Dorotheenstädtischen und Französischen Gemeinde

Wir biegen nun links in die **Chausseestraße**, gehen am Friedhof der französisch-reformierten Gemeinde vorbei und betreten schließlich den dahinter liegenden **Friedhof** der Dorotheenstädtischen und Französischen Gemeinde. Rechterhand sehen wir das Haus **Chausseestraße 121**, wo Brecht von Oktober 1953

Friedhof der Dorotheenstädtischen und Friedrich-Werderschen Gemeinde

1 Erich Arendt
2 Johannes R. Becher
3 Bertolt Brecht und Helene Weigel
4 Arnolt Bronnen
5 Paul Dessau und Ruth Berghaus
6 Hanns Eisler
7 Erich Engel
8 Johann Gottlieb Fichte
9 John Heartfield
10 G. W. F. Hegel
11 Stephan Hermlin

12 Wieland Herzfelde
13 Erbbegräbnis Hitzig
14 Wilhelm von Hufeland
15 Werner Krauss
16 Wolfgang Langhoff
17 Heinrich Mann
18 Heiner Müller
19 Hans José Rehfisch
20 K. F. Schinkel
21 Anna Seghers
22 Johannes Tralow
23 Bodo Uhse
24 Widerstand

25 Hedda Zinner und Fritz Erpenbeck
26 Arnold Zweig
27 Ruth Berlau
28 Slatan Dudow
29 Elisabeth Hauptmann
30 Jürgen Kuczynski
31 Johann Gottfried Schadow
32 August Borsig
33 Christian Daniel Rauch
34 Carl Friedrich Rungenhagen
35 Bernhard Minetti

Friedhof der französisch-reformierten Gemeinde

I Daniel Chodowiecki   II Ludwig Devrient

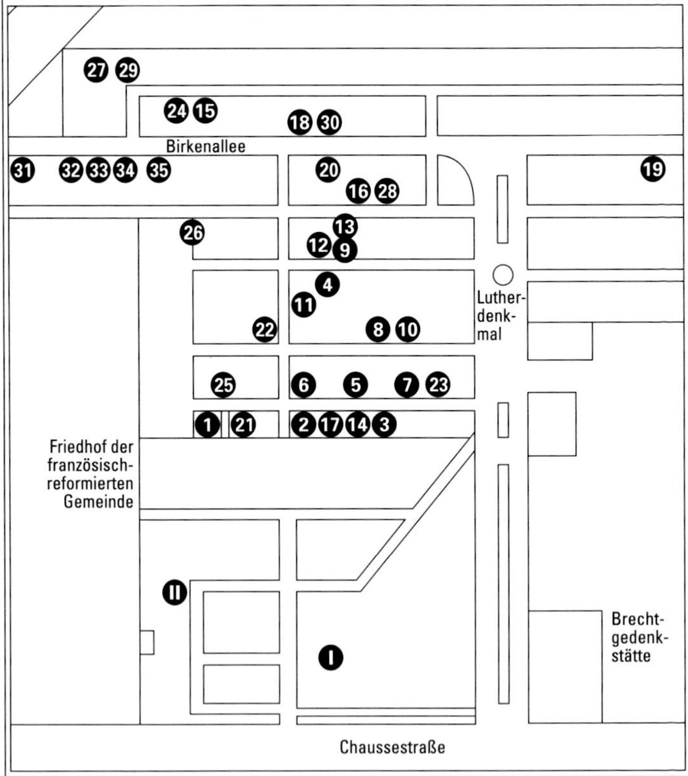

Abb. 32: Übersichtsplan zum Friedhof der Dorotheenstädtischen und Französischen Gemeinde

bis zu seinem Tod im August 1956 drei Zimmer im ersten Stock des Hinterhauses bewohnt hat. In der Etage darunter lebte seine Frau, die Schauspielerin HELENE WEIGEL (1900–1971). Seit er „dem Theater soviel näher wohne", habe er – so BRECHT – seine „jungen Leute noch öfter auf dem Hals, sie kommen in Rabenschwärmen, aber sie wissen, ich bin dafür". Das **Brechthaus** kann besichtigt werden (telefonische Information 2 82 99 16).

Von seinen Fenstern konnte BRECHT auf den Friedhof blicken, „da ist alles grün und weit". Seinem Wunsch entsprechend, wurde er auch dort bestattet. Neben ihm liegt seine Frau. Ihre schlichten Grabsteine erreicht man, wenn man den ersten Weg nach links einschlägt.

BRECHTS Voraussage, der Friedhof werde einst ein Treffpunkt wie der Künstlerklub „Die Möwe" sein, ist eingetreten. Denn so viele tote Prominente wie hier trifft man lebendig nur selten auf einem Platz. Nehmen Sie sich die Zeit und gehen Sie ein wenig umher. Mit Hilfe der Karte können Sie gezielt nach Grabmälern suchen, aber auch so werden Sie zwangsläufig auf bekannte Namen stoßen. HEINRICH MANN (1871–1950) liegt hier, HEINER MÜLLER (1929–1995), GEORG WILHELM FRIEDRICH HEGEL (1770–1831), JOHANN GOTTLIEB FICHTE (1762–1814), ARNOLD ZWEIG (1887–1968), ANNA SEGHERS (1900–1983), die Brüder WIELAND HERZFELDE (1896–1988) und JOHN HEARTFIELD (1891–1968), JOHANNES R. BECHER (1891–1958), der Schauspieler BERNHARD MINETTI (1905–1998) sowie die Komponisten HANNS EISLER (1898–1962) und PAUL DESSAU (1894–1979).

Nach dem Verlassen des Friedhofs können Sie in eine Straßen- bahn Richtung Bahnhof Friedrichstraße steigen. Die Haltestelle befindet sich unweit vom Eingang.

Friedrichstadtpalast 10

Die **Chausseestraße** geht in die **Friedrichstraße** über, deren nördlicher Teil im Gegensatz zum jenseits der Straße Unter den Linden gelegenen eleganteren südlichen Teil eher von den hier lebenden Studenten der Charité geprägt war. Hier lagen dicht an dicht Kneipen und Kabaretts.

In der Friedrichstraße 107 befindet sich der 1984 eingeweihte **Friedrichstadtpalast**, der schnell den Spitznamen „Hauptbahnhof von Aserbaidschan" erhielt – wegen seiner orientalisch anmutenden Verzierungen.

11 Bertolt-Brecht-Platz

Linkerhand sehen wir unmittelbar vor der Spree einen freien Platz, den heutigen **Bertolt-Brecht-Platz**. Hier befand sich einst MAX REINHARDTS Großes Schauspielhaus, ein umgebauter Zirkus, in dem REINHARDT 1910 „König Ödipus" von HUGO VON HOFMANNSTHAL (1874–1929) vor mehr als 3 000 Zuschauern spielen ließ. Im Keller befand sich das zweite „Schall und Rauch". Im Dezember 1919 hatte REINHARDT die Neuauflage seines berühmten Kabaretts eröffnet. Hier wurden die so genannten „Goldenen 20er" eingeleitet.

Etwas weiter hinten sehen wir das Gebäude des **Berliner Ensembles**, wie das Theater seit der Übernahme durch BRECHT im Jahr 1954 heißt. 1891/92 errichtet, wurde es 1924 als Neues Theater von dem ehemaligen Tänzer und Schauspieler ERIK CHARELL zu einem Varietétheater umgewandelt, in dem große Ausstattungsrevuen gespielt wurden. 1928 eröffnete es als Theater am Schiffbauerdamm wieder mit der Uraufführung der wahrscheinlich berühmtesten Revue der 1920er Jahre, angekündigt als „Stück mit Musik" und macht zwei Menschen endgültig bekannt: KURT WEILL (1900–1950) und eben BRECHT. Ihr Stück hieß „Die Dreigroschenoper", ihr Star war eine Frau, deren Namen man auf dem Programmzettel vergessen hatte: LOTTE LENYA (1900–1981). Obwohl es als eine Parodie auf die bürgerliche Gesellschaft und ihre Kultur gemeint war, sangen die Bürger WEILLS Songs bald in allen Gassen.

HEINER MÜLLER, bereits von 1970 bis 1976 Dramaturg am Berliner Ensemble, war 1995 alleiniger künstlerischer Leiter des Theaters. Er verstarb allerdings im Dezember des gleichen Jahres.

12 Weidendammer Brücke

Wir überqueren die 1896 fertiggestellte **Weidendammer Brücke** mit dem preußischen Adler, BIERMANNS „Preußischer Ikarus", „Da wo die Friedrichstraße sacht/Den Schritt übers Wasser macht".

Am 8. Dezember 1845 standen hier EMILIE ROUANET und THEODOR FONTANE (1819–1898), der sich erinnert: „Es war wenige Schritte vor der Weidendammer Brücke, dass mir dieser glücklichste Gedanke meines Lebens kam, und als ich die Brücke wieder um ebenso viele Schritte hinter mir hatte, war ich denn auch verlobt."

Sowieso scheint dies eine Gegend für verliebte Literaten gewesen zu sein. Schon im Dezember 1810 verlobte sich bei einem Spaziergang am Schiffbauerdamm BETTINA BRENTANO mit ihrem späteren Mann ACHIM VON ARNIM (1781 – 1831).

ERICH KÄSTNER (1899 – 1974) lässt in seinem Kinderbuch „Pünktchen und Anton" Anton hier im Regen stehen und Streichhölzer verkaufen.

Gelände des heutigen Tränenpalastes [13]

Auf dem Areal des heutigen **Tränenpalastes**, der früheren Grenzübergangsstelle zwischen Ost- und Westberlin, **Friedrichstraße 139 – 41**, erstreckte sich bis zum Bahnhof die Pépinière, ein Wohnhauskomplex.

In einem Seitenhaus wohnte hier ALEXANDER VON HUMBOLDT (1769 – 1859) nach seiner Rückkehr aus Amerika 1805. Er führte in einem eisenfreien Häuschen nahe der Brücke erdmagnetische Untersuchungen durch. Fünf Jahre später zog JOHANN GOTTLIEB FICHTE hierher, wo er 1814 an Typhus starb. Der Hausbesitzer BENJAMIN GEORGE prahlte gerne – so erzählt HUMBOLDT – mit „seinen Gelehrten". Bei FICHTE fügte er aber stets hinzu: „der aber nur ein Philosoph sein soll".

Admiralspalast [14]

Gegenüber, **Friedrichstraße 101/102**, steht der alte **Admiralspalast**, einst auch ein großes Varietétheater, in dessen Hintergebäude sich das **Metropol-Theater** befindet.

Wir unterqueren jetzt die Bahnhofsbrücke. Wenn Sie mit der Straßenbahn gefahren sind, steigen Sie bitte hier aus.

Der Schweizer Erzähler und Lyriker ROBERT WALSER (1878 – 1956), der von 1905 bis 1913 in Charlottenburg lebte, spürte hier die Luft beben und erschrecken „vor Weltleben": „Bis zu den Dächern hinauf und über die Dächer hinaus schweben und kleben Reklamen. Große Buchstaben fallen in die Augen. Und immer gehen hier Menschen. Noch nie, seit sie ist, hat in dieser Straße das Leben aufgehört zu leben. Hier ist das Herz, die unaufhörlich atmende Brust des großstädtischen Lebens."

HANS FALLADA (1893 – 1947) schreibt 1923: „[...] es ging auf der Friedrichstraße zu, wie man sich etwa einen morgenländischen Basar vorstellt. Fast Mann an Mann standen sie an den Hauswänden und auf dem Rande des Gehsteigs: Händler, Bettler,

Dirnen. [...] An den Hauswänden saßen, hockten, lagen Bettler, alles Kriegsverletzte, glaubte man den Schildern, die sie trugen."

Das Treiben in der Friedrichstraße inspirierte auch Maler. MAX BECKMANN (1884 – 1950) notierte einen Szenenentwurf: „Männer, die sich nach ein paar Dirnen im Gehen umdrehen. Die Frauen drehen sich ebenfalls nach ihnen um. Die Männer grell von einem Straßenlicht beleuchtet die Frauen etwas dunkler." Und GEORGE GROSZ (1893 – 1959) notierte: „In der Friedrichstraße wimmelte es von Huren. Sie standen in den Hauseingängen wie Schildwachen und flüsterten ihr stereotypes: „Kleiner, kommste mit?" Es war die Zeit der Federboas und des hochgeschnürten Busens. Die hin und her geschwenkte Tasche war das Abzeichen der Gilde. Das berühmteste Hurencafé war das Café National in der Friedrichstraße."

Doch schon Ende der 1920er Jahre waren die Spuren dieses „Zentrum[s] der berlinischen Sündenhaftigkeit" (FRANZ HESSEL) verweht. Das Nachtleben am Kurfürstendamm war inzwischen aufregender geworden.

15 Georgenstraße

Mit dem Anfang von FONTANES „Mathilde Möhring" werfen wir einen kurzen Blick in die direkt am Bahnhof entlang führende **Georgenstraße**, von deren Häuserbestand nichts erhalten geblieben ist: „Möhrings wohnten Georgenstraße 19 dicht an der Friedrichsstraße [...] beinah schon ein Palais, vorn kleine Balkone von Eisen mit Vergoldung. Was anscheinend fehlte, waren Keller und natürlich auch Kellerwohnungen, statt dessen lagen kleine Läden, ein Vorkostladen, ein Barbier-, ein Optikus- und ein Schirmladen in gleicher Höhe mit dem Straßenzug [...]."

Wir bleiben aber auf der **Friedrichstraße** und gehen in Fahrtrichtung weiter.

16 Mittelstraße

Bevorzugt in der **Mittelstraße**, der übernächsten Querstraße, stieg der norwegische Maler EDVARD MUNCH (1863 – 1944) in verschiedenen Hotels ab, wenn er in Berlin weilte. Zwischen den Jahren 1895 und 1905 wohnte er insgesamt acht Mal in dieser Straße.

In dem rechten Eckhaus befand sich die **Polnische Apotheke**, wie die restaurierte Inschrift erkennen lässt. Hier war FONTANE von 1845 bis 1849 beschäftigt. Später wurde sie Dorotheen-

städtische Apotheke genannt, ist aber nicht mit der heutigen
Apotheke gleichen Namens, ein paar Läden weiter, identisch,
auch wenn die dort im Schaufenster ausgehängte Tafel eben dies
behauptet.

Unter den Linden / Friedrichstraße

Begeben wir uns nun an die Kreuzung **Unter den Linden** / **Ecke
Friedrichstraße**. Von den alten Gebäuden ist nichts erhalten
geblieben. Auf der anderen Straßenseite Richtung Brandenburger Tor befand sich einst der Gasthof „Zur Sonne". Im Mai 1778
wohnte hier JOHANN WOLFGANG GOETHE (1749 – 1832) als er in
Begleitung des inkognito reisenden Herzogs KARL AUGUST VON
WEIMAR das einzige Mal Berlin besuchte. An der „Quelle des Krieges zu sitzen in dem Augenblick, da sie überzusprudeln droht",
gab ihm „ein schönes Gefühl". 1804 – inzwischen hieß das Haus
„Russischer Hof" – kam FRIEDRICH SCHILLER (1759 – 1805) hierher.

Abb. 33:
Vergnügungs-
viertel Friedrich-
straße um 1900

An der linken Ecke Unter den Linden / Friedrichstraße hatte Wilhelm von Humboldt (1767 – 1835) von 1809 an zwanzig Jahre lang
seine Stadtwohnung. Er war 1815 der erste Berliner, der einen
Weihnachtsbaum aufstellte. Im gleichen Gebäude eröffnete 1877
das Café „Bauer", in dem 600 in- und ausländische Zeitungen
auslagen.

Ohnehin ist dies die Straßenkreuzung der berühmten **Cafés**.
Seit 1825 gab es auf der Südseite das Café „Kranzler". Hierhin
musste 1862 Fontane dem Berlin-Besucher Theodor Storm
(1817 – 1888) folgen. Fontane war ob der auffälligen Kleidung des
Freundes – so trug dieser einen großen Reisehut und einen
langen Schal mit „Puscheln" am Ende – peinlich berührt und
wollte lieber in ein unauffälligeres Lokal gehen, konnte sich
jedoch nicht durchsetzen. Auch seine Hoffnung, Storm in eine
unauffällige Ecke zu bugsieren, misslang. Der Husumer ging,
laut über Lyrik redend, quer durch das Café, sehr zur Freude der
anwesenden Offiziere. Fontane atmete erst auf, als man nach
einer halben Stunde „heil wieder heraus" ging.

Auf dem Platz vor dem Hotel „Unter den Linden" befand sich
einst das Café und Hotel „Victoria". Im daneben gelegenem
„Arnims Hotel" richtete der noch unbekannte Max Reinhardt im
Januar 1901 sein Kabarett „Schall und Rauch" ein, das sich bald
allerdings **Kleines Theater** nannte. In seinen 1822 für den „Rhei-
nisch-westfälischen Anzeiger" verfassten „Briefen aus Berlin"
schreibt Heine: „Sehen Sie das Gebäude an der Ecke der Charlottenstraße? Das ist das ‚Café Royal'! Bitte, laßt uns hier einkehren,
ich kann nicht gut vorbeigehen, ohne einen Augenblick hinein-
zusehen. Sie wollen nicht? Doch beim Umkehren müssen Sie mit
hinein. Hier schrägüber sehen Sie das ‚Hotel de Rôme' und hier
wieder links das ‚Hotel de Pétersbourg', die zwei angesehensten
Gasthöfe. Nahebei ist die Konditorei von Teichmann. Die gefüll-
ten Bonbons sind hier die besten Berlins; aber in den Kuchen ist
zuviel Butter. Wenn Sie für acht Groschen schlecht zu Mittag
essen wollen, so gehen Sie in die Restauration neben Teichmann
auf die erste Etage. Jetzt sehen Sie mal rechts und links. Das ist
die große Friedrichstraße. Wenn man diese betrachtet, kann man
sich die Idee der Unendlichkeit veranschaulichen."

18 Charlottenstraße / Behrenstraße

Jetzt überqueren wir die Straße **Unter den Linden** und gehen
rechts in die **Charlottenstraße**. Rund um den südlichen Teil der
Friedrichstraße wohnten im 19. Jahrhundert viele Intellektuelle.

Hier fanden zum Beispiel die literarischen Salons statt. Da von der historischen Bebauung kaum Substanz erhalten geblieben ist, lohnt sich eine Spurensuche nur begrenzt. FONTANE lässt in seiner Erzählung „Schach von Wuthenow" (1883) FRAU VON CARAYON und ihre Tochter VICTOIRE **Charlottenstraße / Ecke Behrenstraße** wohnen, in „aristokratischer Gegend", wie er schreibt.

Charlottenstraße / Französische Straße [19]

Im Eckhaus **Charlottenstraße 49 / Französische Straße**, heute ist hier der Neubau des „Hotel Four Seasons", befand sich einst der legendäre **Weinkeller** LUTTER & WEGENER. An diesem Ort trafen sich die „Seraphionsbrüder", bei denen ERNST THEODOR AMADEUS HOFFMANN (1776 – 1822) führend war. Dazu JOSEPH FREIHERR VON EICHENDORFF (1788 – 1857), der sich 1809 in Berlin aufhielt, in seiner „Geschichte der poetischen Literatur Deutschlands": „HOFFMANN schlug in Berlin fortan sein Reich im Weinhause bei LUTTER und WEGENER auf, wo er allnächtlich seine Feuerwerke von Witz und Fantasie verpuffte, und trieb zuletzt die Kunst, mit Hintansetzung seiner tieferen Intentionen, nur noch als Erwerb für die Weinkosten; er schrieb, um zu trinken, und trank, um zu schreiben."

E.T.A. HOFFMANN, Deutschlands „erster Kriminal- und Gruselschriftsteller" (STROHMEYER), traf sich hier auch regelmäßig zum Marathontrinken mit dem Starschauspieler LUDWIG DEVRIENT (1784 – 1832), der die Bezeichnung Sekt in das Deutsche eingeführt haben soll.

Charlottenstraße / Jägerstraße [20]

Wir haben nun die Rückseite des **Gendarmenmarktes** erreicht. Dies ist vor allem der Platz HOFFMANNS, den HEINE als „kleine[s] bewegliche[s] Männchen mit den ewig vibrierenden Gesichtsmuskeln, mit den possierlichen und doch unheimlichen Gesten" beschrieben hat. **Charlottenstraße 36 / Ecke Jägerstraße** lag die von HOFFMANN ebenfalls oft besuchte **Lesekonditorei Stehely**. Dort lagen unzensierte Zeitungen aus. Deshalb kamen HEINE und CHRISTIAN DIETRICH GRABBE (1801 – 1836) auch häufig hierher, allerdings nicht immer einträchtig, sollen sie sich doch hier sogar einmal geprügelt haben. Gemeinsam hatten die beiden Studenten die Möglichkeit eines recht unbeschwerten Lebens. HEINE wurde von seinem Onkel und GRABBE von seinem Vater finanziert.

21 Charlottenstraße/Taubenstraße

Charlottenstraße 56/Ecke Taubenstraße befand sich die letzte Wohnung HOFFMANNS, wo er von 1815 bis zu seinem Tod 1822 lebte. In seiner letzten Erzählung „Des Vetters Eckfenster" beschreibt er seinen Ausblick auf den Platz, den „schönsten Teile der Hauptstadt, [...] der von Prachtgebäuden umschlossen ist, und in dessen Mitte das kolossal und genial gedachte Theatergebäude prangt. Aus »dem Fenster eines kleinen Kabinetts" blickte er auf „das ganze Panorama des grandiosen Platzes" und beobachtete die auf dem Markt „dicht zusammengedrängte Volksmasse", die so enge wirkte, „dass man glauben musste, ein dazwischen geworfener Apfel könne niemals zur Erde gelangen".

22 Gendarmenmarkt

Betreten wir nun den **Gendarmenmarkt**. KARL FRIEDRICH SCHINKELS (1781–1841) **Schauspielhaus** hatte zwei Vorgängerbauten. Im 1776 erbauten Königlichen Nationaltheater, das 1802 durch einen Neubau von CARL GOTTHARD LANGHANS (1732–1808), dem Architekten des Brandenburger Tores, ersetzt wurde, ist auch WOLFGANG AMADEUS MOZART (1756–1791) gewesen. Als er bei einem Berlin-Besuch im Mai 1789 erfuhr, dass man die „Entführung aus dem Serail" (damals noch unter dem Titel „Belmonte und Constanze") gebe, soll er die Aufführung seiner Oper inkognito besucht haben. Allerdings blieb er nicht unerkannt, weil er fortwährend leise mitbrummte und murrte und schließlich sogar laut ausrief: „Verflucht! Wollt Ihr D greifen!", denn die zweite Violine spielte bei PEDRILLOS Arie „Frisch zum Kampfe, frisch zum Streite" im zweiten Akt wiederholt Dis statt D.

Vor dem Schauspielhaus steht seit 1988 wieder das 1869 eingeweihte Denkmal FRIEDRICH SCHILLERS. Die Begeisterung für dessen Werk hat vor allem AUGUST WILHELM IFFLAND (1759–1814) entfacht, der als Intendant des Schauspielhauses den Weimarer Klassiker nicht nur spielen ließ, sondern auch 1804 in Berlin begrüßen konnte. Drei Wochen weilte dieser zusammen mit seiner Familie in der Stadt und wurde emphatisch gefeiert. Ihm zu Ehren hatte das Nationaltheater sein Stück „Die Braut von Messina" einstudiert.

Ein anderes seiner Stücke war auch indirekt an der heutigen Gestalt des Theaters beteiligt, denn am 29. Juli 1817 brach während der Proben zu den „Räubern" ein Feuer aus, just in dem Moment, als man den Schlussakt mit dem Schlossbrand übte. Mit dem Theater verbrannten sämtliche Requisiten, darunter auch die von SCHINKEL entworfenen fünf Bühnenbilder zu HOFFMANNS Oper „Undine", die 1816 hier uraufgeführt worden war. Sie allein hatten einen Wert von 11 000 Talern. HOFFMANN beobachtete das Feuer von seiner Wohnung in der Charlottenstraße / Ecke Taubenstraße aus, die Fensterscheiben waren geplatzt.

Die Feuerwehr konnte lediglich die umstehenden Häuser schützen. Zahlreiche Schaulustige aus der besseren Gesellschaft hatten sich hier versammelt, um der Katastrophe beizuwohnen. Der schwedische Schriftsteller PER DANIEL AMADEUS ATTERBOM (1790 – 1855) war selbst Augenzeuge: „Man sah recht vergnügt aus und schien sich mit einer gewissen Befriedigung über den kostspieligen Verlust damit zu trösten, dass das Schauspielhaus selbst noch in seinem Untergang ein sehenswertes Schauspiel veranstaltete." Bis zur Eröffnung des SCHINKELschen Neubaus im Mai 1823 gab es in Berlin nur noch eine Bühne, nämlich die **Königliche Oper** Unter den Linden.

Als Theaterkritiker saß FONTANE in den Jahren 1870 bis 1889 im Schauspielhaus immer auf seinem angestammten Parkettplatz 23, um seine meistens recht unkonventionelle Meinung am nächsten Tag in der „Vossischen Zeitung" zu verkünden.

Abb. 34: Gendarmenmarkt mit Französischem Dom und Schauspielhaus

Im Winter 1920 kam der junge CARL ZUCKMAYER nach Berlin und musste an diesem Theater erleben, wie sein Stück „Kreuzweg" durchfiel.

Die beiden Kirchen, links der **Deutsche Dom** und rechts der **Französische Dom**, sind im ersten Jahrzehnt des 18. Jahrhunderts errichtet worden. Den Turm des letzteren kann man besteigen. Er bietet einen schönen Ausblick.

23 Opernplatz

Am Französischen Dom vorbei gehen wir über die **Markgrafenstraße** wieder zurück Richtung Unter den Linden. Wir biegen rechts in die **Behrenstraße** und gelangen so zum **Bebelplatz**, vormals Opernplatz. Die 1773 fertiggestellte **St.-Hedwigs-Kathedrale** wurde zwar dem Pantheon in Rom nachempfunden, aber in Berlin erzählte man sich lieber, FRIEDRICH DER GROßE sei beim Frühstück mit der Bitte um ein katholisches Gotteshaus konfrontiert worden, worauf er eine Kaffeetasse umgedreht und somit die Kuppelform des Gebäudes vorgegeben habe.

Linkerhand befindet sich die 1780 fertiggestellte ehemalige **Königliche Bibliothek**, die wegen der geschwungenen Fassade „Kommode" genannt wird. Hier studierte 1895 WLADIMIR ILJITSCH LENIN (1870–1924) Werke, die ihm in Russland nicht zugänglich waren.

Auf der Mitte des Platzes erinnert ein von dem israelischen Bildhauer MICHA ULLMANN 1995 geschaffenes unterirdisches Denkmal an jenen 10. Mai 1933, an dem die Nationalsozialisten hier Bücher verbrannten. Durch eine inzwischen ziemlich zerkratzte Glasscheibe sieht man eine leere Bibliothek, einen „**Raum des Schweigens**". Nachts ist diese „Leerstelle im Text der Stadt" (BIENERT) innen beleuchtet, was die Dämonie des Ortes unterstreicht.

Einer der verfemten Autoren war ERICH KÄSTNER, der als einziger von ihnen sogar anwesend war, inkognito versteht sich, „um dieser theatralischen Frechheit beizuwohnen". Es sei „Mord und Selbstmord in einem" gewesen. Vierfach ins Pflaster eingelassen liest man hier u.a. einen Satz aus HEINES in Berlin verfasstem Drama „Almansor": „Das war ein Vorspiel nur, dort wo man Bücher verbrennt, verbrennt man am Ende auch Menschen." HEINE wurde während seiner Berliner Studienzeit von 1821 bis 1823 immer wieder mit einem latenten Antisemitismus konfrontiert. So blieb Juden die Tätigkeit im Staatsdienst, also auch an der Universität, verwehrt.

Humboldt-Universität

Die nationalsozialistische Bücherverbrennung war der symbolische Auftakt für die kulturellen Einschränkungen und für den Bruch mit den Bildungsideen eines WILHELM VON HUMBOLDT, der 1810 die auf der anderen Straßenseite gelegene **Universität** gegründet hat, die seit 1946 seinen Namen trägt. Sein Standbild und das seines Bruders ALEXANDER stehen seit 1883 vor dem Hauptgebäude, das zwischen 1748 und 1753 als Palais für PRINZ HEINRICH, den Bruder FRIEDRICHS II., gebaut wurde (s. Kap. 4).

HEINE besuchte hier überwiegend Vorlesungen der Fächer Philosophie (bei HEGEL) und Literatur, obwohl er eigentlich für Jura eingeschrieben war: „Wie gefällt Ihnen aber die Universität? Fürwahr, ein herrliches Gebäude! Nur schade, die wenigsten Hörsäle sind geräumig, die meisten düster und unfreundlich, und, was das schlimmste ist, bei vielen gehen die Fenster nach der Straße, und da kann man schrägüber das Opernhaus bemerken."

Die **Lindenoper** wurde 1741–43 nach Plänen von GEORG WENZESLAUS VON KNOBELSDORFF (1699–1753) gebaut. Ursprünglich war das Parkett nicht bestuhlt, nur der König durfte sitzen, auf dessen Einladung hin überwiegend Adlige den Vorstellungen

Abb. 35: Deutsche Staatsoper – Königliche Oper Unter den Linden

beiwohnen konnten. Erst ab 1789 wurden Karten verkauft. 1843 bei einem Brand zerstört, wurde sie von LANGHANS D.J. wieder errichtet. Jetzt gab es Sitzreihen.

 Wir begeben uns nun auf die **Mittelpromenade** zu dem 1851 eingeweihten Reiterstandbild FRIEDRICHS II. von CHRISTIAN DANIEL RAUCH (1777 – 1857). Auf dem Sockel sind 150 Personen gruppiert. Unter dem Pferdeschweif kann man IMMANUEL KANT (1724 – 1804) und LESSING entdecken.

25 Deutsche Staatsbibliothek

Wir gehen nun zurück Richtung Brandenburger Tor. Auf der rechten Seite, **Unter den Linden 8**, kommen wir an der ehemals Preußischen, jetzt **Deutschen Staatsbibliothek**, die 1914 fertiggestellt wurde, vorbei. Im schönen Innenhof befindet sich die Bronzeplastik „Lesender Arbeiter" von 1961 und gegenüber das dazugehörige Gedicht BRECHTS „Fragen eines lesenden Arbeiters", beide von WERNER STÖTZER entworfen. Im Vorgängerbau befand sich im oberen Stockwerk die Preußische Akademie der Künste, gegründet 1694 auf Anregung des „reisenden Philosophen" GOTTFRIED WILHELM LEIBNIZ (1646 – 1716), der zwar nie in Berlin beheimatet war, dem aber immer eine Zimmerflucht im Schloss Charlottenburg offenstand. Im Winter 1807/08 hielt hier JOHANN GOTTLIEB FICHTE seine 14 Reden „An die deutsche Nation".

Das Cityband zwischen Breitscheidplatz und Alex 3
Dirk Lehmann

Exkursionsroute

City West (Bahnhof Zoo, Breitscheidplatz) – Wittenbergplatz –
Kulturforum – Potsdamer Platz – Leipziger Straße – Friedrichstraße – Französische Straße – Gendarmenmarkt – Unter den Linden – Lustgarten – Alexanderplatz

Details:
Benutzung des Busses 129 von Wittenbergplatz bis Kulturforum,
Alternative: Hochbahnstrecke der U2 zwischen Wittenbergplatz
und Potsdamer Platz;
Aussichtspunkte: Europa-Center, Französischer Dom (Gendar-
menmarkt), Fernsehturm (Alexanderplatz)

Dauer: ca. 2 Stunden

2h

Überblick

Durch die lange Zeit der Teilung weisen die beiden alten Zentren Berlins verschiedene, jeweils spezifische Merkmale auf. Die
polyzentrale Struktur der Gesamtstadt, wie sie vor dem Zweiten
Weltkrieg gewachsen war, entwickelte sich in beiden Stadthälften sehr unterschiedlich. Diese Gegensätze sind noch heute im
Stadtbild zu erkennen. So haben sich die beiden **Cityzentren** der
Berliner Innenstadt im Laufe der Zeit aufgrund ihrer Bedeutung
flächenartig als vernetztes System innerstädtischer Einkaufsstraßen ausgebreitet, sind nicht mehr linienhaft an einzelnen
Straßen positioniert. Am **Alexanderplatz** als großflächigem,
zentralem Verkehrsknotenpunkt laufen die Magistralen aus dem
Osten, Norden und Süden zusammen, weite Freiflächen sind
kennzeichnend. Das **Zooviertel** ist bis auf wenige Ausnahmen
dicht bebaut, der Verkehr wurde in West-Berlin um das Zentrum
herumgeleitet (s. Hinweisschilder Abb. 83, S. 284). Zu den historisch gewachsenen Zentren ist ein neuer Stadtteil am **Potsdamer Platz** als Verbindungsglied zwischen den beiden alten Citys
errichtet worden, der innerhalb von nur 10 Jahren vielfältigste
Funktionen vereinen soll, ein Stadtteil, welcher der gesamten
Innenstadtentwicklung neue Impulse geben wird.

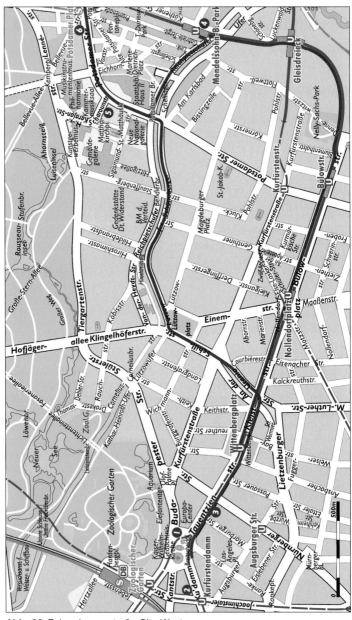

Abb. 36: Exkursionsroute 3a City West

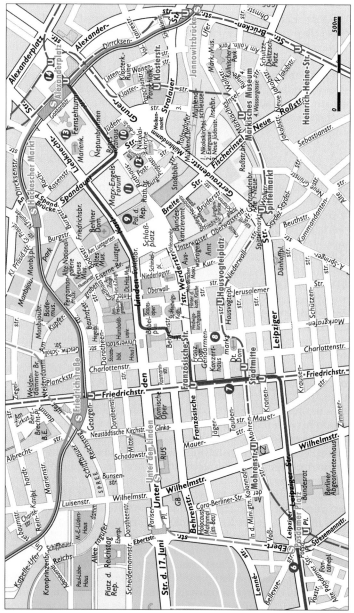

Abb. 37: Exkursionsroute 3b City Ost

Die Exkursion beginnt im Zooviertel am Breitscheidplatz und führt über das Kulturforum und den Potsdamer Platz zum Alexanderplatz im Osten. Die markante Herausbildung der West-City erfolgte seit der politischen Spaltung und der Blockade 1948/49. Als Subzentrum in der Westverlängerung der Innenstadt nach Charlottenburg konnte das **Zooviertel** bis dahin zentrale Funktionen in Kultur, Gewerbe und Handel in der westlichen Teilstadt übernehmen und erhielt im Laufe der Zeit alle Merkmale einer City. Seit das Gebiet durch den Bebauungsplan von HOBRECHT 1862 erweitert und mit einer Vielzahl von **Repräsentativbauten** ergänzt wurde (Theater des Westens 1896, Technische Universität 1884, Hochschule der Künste 1902, Bundesverwaltungsgericht 1907), entwickelte sich der „Neue Westen" zu einer herausragenden Wohnadresse und zur vielfrequentierten Flaniermeile jenseits der Linden.

Rundgang

1 Breitscheidplatz

Der Breitscheidplatz mit der Ruine der „**Kaiser-Wilhelm-Gedächtniskirche**" und den EIERMANNschen Neubauten aus den 1960er Jahren bildet den Ausgangs- und Orientierungspunkt für die Exkursion durch die westliche Innenstadt. Nach Westen verlaufend erstreckt sich der **Kurfüstendamm**, die Einkaufsmeile im Westen, nach Osten erweitert die **Tauentzienstraße** das Zentrum, das seinen Abschluss am Bahnhof Wittenbergplatz mit dem **Kaufhaus des Westens** (KaDeWe) findet. Die seit den 1920er Jahren wachsende Kinobranche ist noch heute markant im Stadtbild vertreten. Das traditionsreiche, mittlerweile aber geschlossene **Marmorhaus** und die ehemalige **Filmbühne Wien** am Ku'damm wurden in späterer Zeit durch den **Royalpalast** am und im Europacenter und den großen Einzelbau des **Zoopalastes** ergänzt, der als Premierenkino unter anderem auch Zentrum der alljährlichen Internationalen Filmfestspiele war. Mit dem neuen Jahrtausend wanderte die Berlinale zum neuen Zentrum am Potsdamer Platz. Auch wird in unmittelbarer Nähe des umgebauten und stark verkleinerten Cafés „Kranzler" (Joachimsthaler Str./Ecke Ku'damm) ein Multiplexkino errichtet, welches dieses Kinoviertel wiederbeleben soll.

Der **Breitscheidplatz** wurde nach starken Kriegszerstörungen in den 1950er Jahren umgestaltet und ergibt heute ein architektonisch insgesamt sehr junges Bild, das nur im südlichen Bereich von einzelnen alten Häuserfronten durchbrochen wird.

Nach dem Mauerbau entstand das **Europa-Center** als Ausdruck der nun nachzuholenden Citybildung im neuen Zentrum der westlichen Teilstadt. Einzelne Funktionsbereiche lassen sich hier hervorragend abgrenzen: nordwestlich des Bahnhofs Zoo liegt ein Schwerpunkt auf dem Bildungssektor, der Campus der **Technischen Universität** (TU) und die **Hochschule der Künste** haben hier ihre zentralen Bauten, aber auch der Finanzsektor ist vertreten: die **Berliner Börse** im neu erbauten, architektonisch interessanten „Gürteltier", dem Ludwig-Erhardt-Haus, sowie **Berliner Bank**, und **Industrie- und Handelskammer**. Das Gebiet südlich des Hardenbergplatzes ist zurzeit noch Bauwüste. Das Neubauprojekt des so genannten „Zoofensters" ist zwar auf dem Papier fertig, doch die Konzeption dieses Geschäfts- und Bürozentrums findet noch nicht bei allen Entscheidungsträgern Zustimmung. Nordöstlich des Hardenbergplatzes schließt sich die große Grünfläche des **Zoologischen Gartens** an. Der 1844 gegründete Zoo gilt als einer der bedeutendsten der Welt.

Der Kurfürstendamm (Ku'damm)

Der **Ku'damm**, die wohl bekannteste Straße Berlins, blickt auf eine mehr als 450-jährige Geschichte zurück, seit sie im 16. Jahrhundert als Verbindung zum Jagdschloss Grunewald als Knüppeldamm errichtet wurde. Im späten 19. Jahrhundert (1883–86), nach dem Aufstieg des „Neuen Westens" zur noblen Wohnadresse wurde der Straßenzug auf einer Länge von 3,5 km zur **Prachtstraße** ausgebaut, wobei im östlichen Bereich eine Anlehnung an die Champs Elysée offensichtlich ist. Schon in den 1920er Jahren als Vergnügungs- und Geschäftszentrum ausgebaut, wurde somit, zunächst entlang dieser einen Hauptstraße, der Grundstein für die Bedeutung als spätere West-Berliner City gelegt. Der Ku'damm hat seinen Charakter mit Cafés, Restaurants, Film- und Boulevardtheatern und Geschäften mit höherem Bedarf auch nach der Wende und der Verlagerung von Geschäften in die östliche Innenstadt weitgehend erhalten, allerdings ist die gesamte Straße im Umbruch begriffen. Die Exklusivität hat nach der Wende nachgelassen, man kämpft mit Leerstand und Bauruinen. Mit spektakulären Neubauten (**Zoofenster, Kantdreieck, Ku'dammkarrée**) wird versucht, das Stadtbild langfristig aufzubessern. Bandbreite und Dichte des Gaststätten- und Unterhaltungsgewerbes sind allerdings rund um Ku'damm, TU-Campus und **Ludwigkirchplatz** einzigartig in Berlin. Die weitere Entwicklung des westlichen Citygebietes bleibt offen: Die

Wende hat hier deutlich gemacht, dass die „Idylle" der Subventionsoase und der Sonderstatus der „Insel" West-Berlin endgültig der Vergangenheit angehören. Dennoch schaut man in der West-City gedämpft optimistisch in die Zukunft.

Tauentzienstraße

Über knapp einen halben Kilometer erstreckt sich in südöstlicher Richtung der „Tauentzien" (eigentlich **Tauentzienstraße**), eine der bekanntesten Einkaufsstraßen der Stadt. Mit dem Bau des **KaDeWe's** im Jahre 1907 wurde aus der bürgerlichen Wohnstraße sehr schnell ein Boulevard mit zahlreichen Geschäften des gehobenen Bedarfs. Den östlichen Abschluss der West-City bildet der U-Bahnhof **Wittenbergplatz**, der im Jahre 1913 im neoklassizistischen Stil erbaut wurde und einen auffälligen Blockplatz bildet.

Landwehrkanal/Mendelssohn-Bartholdy-Park

Von dort aus gibt es zwei Möglichkeiten, zum nächsten Exkursionspunkt, dem Kulturforum, zu gelangen: Mit dem Bus 129 entlang des **Landwehrkanals** fährt man bis zur Potsdamer Brücke, passiert dabei das **Bauhaus-Archiv**, die **Gedenkstätte Deutscher Widerstand**, die im so genannten Bendlerblock untergebracht ist, sowie das bunte Gebäude des **Wissenschaftszentrums Berlin**.

Eine Variante wäre die Fahrt mit der U-Bahn (U2) bis **Mendelssohn-Bartholdy-Park**. Dabei durchquert man in luftiger Höhe das riesige Logistikareal der Baustellen des Potsdamer Platzes und der neuen Regierungsanlagen.

Kulturforum

Von der Haltestelle „Potsdamer Brücke" aus erschließt sich ein in weiten Teilen sehr junges Zentrum Berlins: das **Kulturforum** und der **Potsdamer Platz**. Das international bedeutsame Kulturforum dokumentiert die unterschiedliche Konzeption der Bebauung in der Zeit der Teilung der Stadt. Während im Westteil mit **Philharmonie** (1960–1963), **Neuer Nationalgalerie**

◄ **Abb. 38:** West-City vor der Wiedervereinigung mit altem Ku'damm-Eck (rechts) und dem ehemaligen Café „Kranzler" (links)

(1965 – 1968) und **Staatsbibliothek** (1978) sowie weiteren Bauten der Stiftung Preußischer Kulturbesitz rund um die **Matthäikirche** (1844 – 1846) ein Kulturzentrum in der urbanen Wüste entstand, das mit seinem Verbindungscharakter zwischen westlicher und östlicher Innenstadt der Zentralität des Ortes innerhalb der Gesamtstadt Rechnung trug, wurden jenseits des breiten Mauerstreifens am Potsdamer Platz Wohnhäuser gebaut,

die eine Peripherie suggerierten, die das Konzept der Hauptstadtplanung der DDR dokumentierte, die Teilung der Stadt als historisch endgültig anzusehen.

Westlich des heutigen Forums schließt sich das alte **Diplomatenviertel** an. Im Norden wird es vom Tiergarten begrenzt, im Osten erstrecken sich die Neubauten des Potsdamer Platzes und neuer Regierungs- und Botschaftsgebäude, südlich bildet der Landwehrkanal die Grenze.

6 Potsdamer Platz

Am **Potsdamer Platz**, dem einstigen Verkehrsknotenpunkt, wo über Jahrzehnte das Niemandsland des Todesstreifens den „Stadtrand" markierte, entsteht sukzessive ein völlig neuer Stadtteil. Investoren aus aller Welt haben hier an zentraler Stelle mit Milliardenaufwand eine neue Berliner Mitte in unmittelbarer Nähe der Regierungsgebäude an der Spree errichtet, die die beiden Zentren Zoo und Alexanderplatz langfristig als Kultur- und Cityband verbinden wird. Hier wächst ein neuer zentraler Stadtraum mit hoher baulicher Dichte, der in kürzester Zeit Publikumsmagnet Nummer Eins geworden ist. Im eindrucksvollen Sony-Center, der Europazentrale des Konzerns, mit der mächtigen futuristischen Zeltkuppel, herrscht Weltstadtflair.

Das **Musicaltheater** am Marlene-Dietrich-Platz öffnete im Juni 1999 seine Pforten: Der Disney-Konzern investierte Millionen für die erste Musical-Welturaufführung des Unterhaltungsriesen

(„Der Glöckner von Notre Dame"), die **Berliner Volksbank** stationierte hier ihre Zentrale und der **debis-Konzern** lenkt zentral Finanzdienstleistungen in aller Welt. Die **Potsdamer-Platz-Arkaden** bieten auf drei Stockwerken ein vielseitiges Einkaufszentrum während zwei Multiplexkinos und – europaweit einzigartig – zwei Imax-Kinos die Besucher locken. Ob sich diese neue Mitte als Anziehungspunkt etablieren kann, bleibt jedoch abzuwarten, denn „Stadtquartiere und Straßenräume werden von dem Leben bestimmt, das dort einzieht, nicht von der Architektur, die preisgekrönt wird" (Siedler 1998).

Das gesamte Areal zeugt von der Aufbruchstimmung im neuen Berlin, das sich gerade in diesen zentralen Bereichen völlig neu definiert und europäisches Metropolenflair anstrebt. Südlich des Platzes ist die Tunnelmündung des **Tiergartentunnels** zu erkennen, der hier in naher Zukunft einem neuen, verkehrschaotischen Zeitalter entgegensieht. Nach vorläufigen Prognosen werden sich an dieser Stelle täglich bis zu 130 000 Fahrzeuge freudig im Stau begegnen.

Vom Potsdamer Platz aus gelangt man über die **Leipziger Straße** in die **City-Ost**, die sowohl aus dem alten sozialistischen Stadtzentrum rund um den Alexanderplatz als auch aus der neuen Glitzerwelt rund um die Friedrichstraße besteht.

Friedrichstraße

Die nach links von der Leipziger Straße abbiegende **Friedrichstraße** knüpft mit ihren vielen neuen Büro- und Geschäftsbauten wieder an die durch die Kriegszerstörungen und die nachfolgende Vernachlässigung beendeten Zeiten als bedeutendste Geschäftsstraße der alten Berliner Mitte an. Fast alle Baulücken wurden in den letzten 10 Jahren durch Gebäude geschlossen, in deren Läden und Büros fast ausschließlich große Namen der internationalen Geschäftswelt zu finden sind. Die auf der östlichen Seite gelegenen drei Baublöcke zwischen **Mohren**- und **Französischer Straße** sind im Untergeschoss durch eine Ladenpassage verbunden, durch die sich ein Abstecher wegen der luxuriösen Ausstattung und des kegelförmigen Innenhofes des abschließenden Kaufhauses „**Galeries Lafayettes**" lohnt. Hier entlang der Friedrichstraße sieht man, warum der Kurfürstendamm und der Tauentzien in den letzten Jahren unter der gewachsenen Konkurrenz in der „Neuen Mitte" zu leiden haben.

Gendarmenmarkt

Biegt man nach rechts in die **Französische Straße**, wird nach wenigen Metern der **Gendarmenmarkt** erreicht. Dieser besteht eigentlich aus drei Baublöcken – jeweils einem klassizistischen Monumentalbau: **Französischer** und **Deutscher Dom** flankieren das **Konzerthaus**, das frühere Schauspielhaus. Rund um diesen Platz und in den weiter östlich anschließenden Blöcken entstanden in den letzten Jahren neue Büro- und Verwaltungsbauten und auch die erhalten gebliebenen Häuser wurden meist aufwendig saniert.

9 Palast der Republik

Über Markgrafenstraße und Bebelplatz gelangt man zur barocken Hauptachse des alten Berlin, der Straße **Unter den Linden**, die mit ihren **Prachtbauten** (Universität, Staatsbibliothek, Staatsoper, Zeughaus/Museum für Deutsche Geschichte, Brandenburger Tor) nach wie vor den touristischen Höhepunkt für jeden Berlin-Besucher darstellt. Ihr östlicher Endpunkt war bis zu seiner Sprengung (1950) das **Berliner Stadtschloss**, an dessen Stelle sich jetzt der weite und leere **Schlossplatz** und der seit der Wende geschlossene **Palast der Republik** befinden. Nach der derzeit laufenden Asbestbeseitigung wird vom Palast kaum mehr als die Tragkonstruktion übrig bleiben. Die Neubebauung des weitläufigen Areals respektive der Wiederaufbau des Stadtschlosses wird gegenwärtig kontrovers diskutiert (s. Exk. 1, Abb. 25).

Dennoch beginnt sich auch um dieses städtebauliche „Loch" die neue Mitte zu etablieren. Südlich des Schlossplatzes sind hier mit dem vorläufigen Sitz des Bundeskanzlers und dem Neubau des **Auswärtigen Amtes** höchste **Regierungseinrichtungen** angesiedelt worden. Die westlich angrenzenden Flächen werden mit luxuriösen Wohnungen und Bürogebäuden bebaut. Und nördlich angrenzend bildet hinter dem neu gestalteten Lustgarten die **Museumsinsel** mit ihren weltweit bekannten Ausstellungsgebäuden den räumlichen Abschluss des alten Schlossbezirks.

Hinter der **Karl-Liebknecht-Brücke** beginnt der Teil des Stadtzentrums, der schon zu DDR-Zeiten neu gestaltet wurde und deshalb auch heute noch Zeugnis ablegt von den städtebaulichen Leitbildern der 1970er und 1980er Jahre im sozialistischen Berlin.

10 Rotes Rathaus

Zwischen der Spree und dem Stadtbahnbogen befand sich das mittelalterliche Berlin, wovon nur noch die beiden Kirchen **St. Marien** und **St. Nikolai** zeugen (vgl. Exk. 4). Mit der Umgestaltung zum Zentrum der sozialistischen Hauptstadt gegen Ende der 1960er Jahre wurden die letzten Bürgerhäuser, die den Krieg überstanden hatten, abgerissen. Zwischen Marienkirche und **Rotem Rathaus**, in welchem heute der regierende Bürgermeister residiert, entstand um den **Neptunbrunnen** eine Grünanlage.

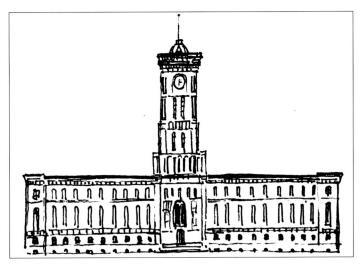

Abb. 39: Rotes Rathaus

Marx-Engels-Forum

Zusammen mit dem benachbarten **Marx-Engels-Forum**, einer
parkartigen Denkmalanlage von 1986, ergibt sich so in der Mitte
der Stadt eine unbebaute Fläche, die man in vergleichbaren
Dimensionen in anderen Großstädten kaum findet. Umrahmt
wird diese Freifläche von Wohnhochhäusern mit Geschäften in
den unteren Geschossen, die ebenso wie die am Kurfürstendamm nach der Wende ihre herausgehobene Stellung als wichtigster Einkaufsbereich in der jeweiligen Stadthälfte verloren
haben und sich nun eine neue Position erkämpfen müssen.

Nikolaiviertel

Dazu zählen auch die Geschäfte, Wohnungen und Gaststätten
im **Nikolaiviertel**, das in den 1980er Jahren neu entstand, als die
Dichte und Enge natürlich gewachsener Stadtzentren wieder als
stadträumliche Qualität entdeckt wurde.

Das Nikolaiviertel markiert die Wiege Berlins. Im Krieg zerstört, gelang es, das Viertel als eines der ältesten der Stadt bis
zur 750-Jahr-Feier (1987) zu rekonstruieren. Dabei war man
architektonisch bemüht, die mittelalterliche Physiognomie zu

Abb. 40: Nikolaiviertel

berücksichtigen. Mit einer Mischung aus Plattenbauten in Sonderformen und historischen Berliner Häusern nachempfundenen Mauerwerksbauten wurden um die vier letzten Originalgebäude wieder städtische Räume geschaffen, die in diesem Teil der Stadt heute eher ungewöhnlich anheimelnd wirken.

13 Fernsehturm

Der 1969 eröffnete **Fernsehturm** bietet von seiner 203 m hoch gelegenen Panoramaetage einen guten Überblick über die Stadtstruktur. An schönen Tagen kann man bis weit über die Stadtgrenze hinaus schauen.

14 Alexanderplatz

Den Abschluss des Citybandes und den städtebaulichen Gegenpol zum Bereich um den Bahnhof Zoo bildet der **Alexanderplatz**. Der Ort, der seinen Namen 1805 anlässlich des Zarenbesuchs ALEXANDERS I. erhielt, verharrt als sozialistisch geplanter und nur gering veränderter Platz bis heute in einer städtebaulichen Wartestellung. Der **Brunnen der Völkerfreundschaft** und die **Urania** von WALTER WOMACKA erinnern an seine Bestimmung als zentraler Platz der Hauptstadt der DDR. Von den damaligen Gestaltungsprinzipien zeugen heute noch die **Weltzeituhr** und das „Bauchbinde" genannte Wandbild am östlich gelegenen „**Haus des Lehrers**".

Außer der (provisorischen) Begrünung Anfang der 1990er Jahre und der neuen Trasse der Straßenbahn, die seit 1998 wieder den Alexanderplatz überquert, wurden noch keine größeren Projekte in Angriff genommen, den Platz umzugestalten. Auffallend ist die improvisiert wirkende Buden- und Baustellenstadt, die am ehemaligen CENTRUM-Warenhaus (heute **Kaufhof**) plaziert wurde. Der **Bahnhof Alexanderplatz** ist mittlerweile grundrestauriert und modernisiert und für den überregionalen Verkehr ausgebaut. Bisher hat die Neugestaltungswelle der 1990er Jahre den Alex noch nicht erreicht. Doch weitreichende Pläne mit einer bis zu 150 m hohen Hochhausgruppe rund um den Platz befinden sich in den Schubläden der Investoren und warten darauf realisiert zu werden.

Noch bietet das ca. 5 km lange Cityband zwischen dem Bahnhof Zoo und dem Alex genug Flächen für weitere Investorenwünsche. Setzt sich die Entwicklung der vergangenen zehn Jahre fort, ist damit zu rechnen, dass auch der Alexanderplatz sein Aussehen verändern wird.

4 Zu Kirchen und anderen religiösen Stätten in Berlins Mitte
Werner Radatz

➡ **Exkursionsroute**

S-Bahnhof Oranienburger Straße – Krausnickstraße – Große Hamburger Straße – Kleine Präsidentenstraße – Karl-Liebknecht–Straße – Am Nußbaum – Propststraße – Rathausbrücke – Schleusenbrücke – Französische Straße

2h **Dauer:** ca. 2 Stunden

Abb. 41: Exkursionsroute 4 Kirchen

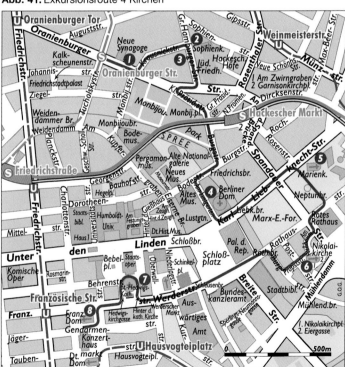

Überblick ◄

In zentraler Lage finden wir die größten und bekanntesten Kirchen Berlins. Ältere Kirchen, die mit der wachsenden Bevölkerungszahl im Laufe der Zeit mitgewachsen sind, was Anbauten und Verbreiterungen nach sich zog, aber auch Gebäude, die von ihrem Anspruch her unbedingt in das Stadtzentrum oder wenigstens in seine Nähe sollten. Neben der Konfession der Landesherren und ihrer Untertanen, die vor der Reformation im 16. Jahrhundert römisch-katholisch waren, hatten es die anderen nicht leicht, einen Bau durchzusetzen. Nach der Reformation dauerte es immerhin fast zweieinhalb Jahrhunderte bis mit der **St.‑Hedwigs‑Kathedrale** ein angemessener Bau, was Platz und Größe anlangte, zur Verfügung der römisch-katholischen Christen stand.

Auch die große **Neue Synagoge** sollte nach Meinung des Königs eigentlich in Kreuzberg gebaut werden. Schließlich entstand sie wenigstens am Rande von Berlins Mitte. Inzwischen ist die Zahl der Christen beider Konfessionen und der Juden in der Stadtmitte stark zurückgegangen. Die neue Synagoge wurde nicht in alter Größe aufgebaut.

Kirchen wurden aufgegeben, und andere Religionen haben ihre Versammlungsräume dort, wo ihre Gläubigen leben, meist nicht die Stadtmitte ist. Volle Kirchen gibt es allenfalls zu besonderen Gottesdiensten. An Heiligabend dürften sie eigentlich größer sein. Ansonsten aber gilt nach wie vor die Berliner Redensart über den Kirchenbesuch: „Weil se nich *alle* rin jehn, *jehn* se alle rin." Längst werden Kirchen nicht mehr so groß gebaut, dass alle Gläubigen auf einmal darin untergebracht werden könnten. Aber nach wie vor setzen sie kräftige Akzente in Stadtbild und Stadtgeschichte.

So ist das älteste, dabei nahezu unveränderte Gebäude in Berlin die **Marienfelder Dorfkirche** (ca. 1220, vgl. Exk. 8). Zu Berlin gehört seit 1920 (Groß-Berlin) ein Kranz von mehr als 50 Dorfkirchen, die z. B. für Trauungen beliebter sind als andere Räumlichkeiten.

An Kirchen lässt sich mehr ablesen als an anderen Informationen über Glauben, Konfession, Kunst und Architektur. Sie geben auch Auskunft über wirtschaftliche und politische Macht sowie über Veränderungen in der Zusammensetzung der Bevölkerung. Es ist auch nicht von ungefähr, dass die Religionen der Minderheiten nicht in Berlins Mitte repräsentativ in Erscheinung treten. Berlin, Rom und Jerusalem sind jedenfalls kräftig vertreten.

In der Stadt gab es 1997 neben den christlichen Kirchen und Gottesdiensträumen (Evangelisch 393 – Römisch-katholisch 171; ca. 890 000 evangelische und 340 000 katholische Christen, dazu ca. 34 000 Orthodoxe und 64 000 in vielen christlischen Gemeinschaften), 104 islamische Begegnungstätten, davon 69 „Moscheen" (200 000 Gläubige) sowie sechs jüdische Synagogen und Gebetssäle (ca. 12 000 Gemeindemitglieder).

Der Besuch religiöser Stätten kann und soll über den Gewinn ästhetischer Empfindungen und der Wissensbereicherung hinaus dazu anregen, sowohl über die eigenen Wurzeln, die vor der Geburt liegen, als auch über die Zukunft, auch nach dem eigenen Tod, nachzudenken. Die Stille des Raumes kann dazu helfen, die Gegenwart, – je nachdem – mit ihrem bedrückenden oder beglückenden Alltag, neu zu ordnen und als große Chance zu akzeptieren. Viele Menschen kommen darüber zum Beten.

Rundgang

1 Neue Synagoge

Die Exkursion beginnt am S-Bahnhof **Oranienburger Straße**. Wir gehen einige Schritte die Oranienburger Straße in Richtung Osten auf den von weitem sichtbaren Turm der Marienkirche zu und stehen dann unvermittelt vor dem Eingang des Centrum Judaicum mit der zum Teil wieder erbauten **Neuen Synagoge**.

Eine prächtige, islamisch anmutende blaue Kuppel mit goldenen Ornamenten und zwei kleinere Nebenkuppeln krönen das Centrum Judaicum (eröffnet 1995), wie sie schon von 1866–1943 die Neue Synagoge (mit 3 200 Plätzen größte deutsche Synagoge) schmückten.

Während der Jahrhundertwende vom 19. zum 20. Jahrhundert gab es in Berlin etwa 160 000 Juden sowie 14 große Synagogen. Durch Vertreibung und Holocaust ging die Zahl der in Berlin lebenden Juden auf unter 16 000 zurück. Zwar wurde die Synagoge am 9. November 1938 durch den beherzten Polizei-Reviervorsteher WILHELM KRÜTZFELD vor der Zerstörung durch brandstiftende SA-Leute der Nazis bewahrt, aber im Kriege wurde sie 1943 schwer zerstört.

Abb. 42: Neue Synagoge/Oranienburger Straße

Für das heutige Centrum Judaicum wurde die an der Oranienburger Straße liegende Fassade völlig rekonstruiert. Mehrere Erinnerungstafeln verweisen auf verschiedene Stationen der Entwicklung. Im Centrum befinden sich eine kleine Synagoge, ein Archiv, ein Dokumentationszentrum eine Bibliothek und ein Museum. Lebendig und anschaulich werden hier Gestalt und Geschichte der Neuen Synagoge und des jüdischen Lebens vermittelt. Das ganze Ensemble ist angelegt als „ein bleibendes Mahnmal und ein Zentrum für die Pflege und Bewahrung jüdischer Kultur" (H. GALINSKI, ehem. Vorsitzender der Jüdischen Gemeinde).

Rund 60 Jahre später wurde in Kreuzberg ein neues **Jüdisches Museum** fertiggestellt, welches von DANIEL LIBESKIND im Stile des Dekonstruktivismus errichtet wurde. Im Januar 1999 eingeweiht, soll es künftig ständige Ausstellungen zum Jüdischen Leben der Stadt beherbergen. Das erste Jüdische Museum der Stadt war wenige Tage vor dem Beginn der NS-Diktatur in der Oranienburger Straße übergeben worden. Nach wenigen Jahren der Nutzung wurde es dann 1938 für immer geschlossen.

Der neue Bau hat als Grundriss die Form einer Zickzacklinie, die stark an einen aufgebrochenen Davidstern erinnert. Von außen ist die Anzahl der Stockwerke nicht zu erkennen. Die Außenhaut des symbolbeladenen Museums ist durchschnitten von schmalen Fensterscheiben, die an Verletzungen oder Wunden erinnern.

2 Sophienkirche

Weiter in Richtung auf die Marienkirche. Rechts zweigt die **Monbijoustraße** (Schloss Monbijou kriegszerstört) ab, an deren Ende die mächtige Kuppel des Bodemuseums die **Museumsinsel** signalisiert. Links geht es jetzt in die **Krausnickstraße** (KRAUSNICK war fast 30 Jahre Bürgermeister in Berlin.) Nach leichter Rechtskurve wird – von der linken Straßenseite aus – der Blick auf den barocken Turm (1734) der **Sophienkirche** frei. Die Kirche wurde 1712 von J.F. GRAEL als Stiftung der Königin SOPHIE LUISE erbaut, deren Ehemann FRIEDRICH WILHELM I. später den Turm finanzierte. Auf dem Kirchhof liegen u. a. die Gräber von KARL FRIEDRICH ZELTER (1832), LEOPOLD VON RANKE (1886) und des Schiffbauers KOEPJOHANN (sehenswertes Rokoko-Grabmal).

Abb. 43: Sophienkirche ➤

3 | Evangelische Brüdergemeine

Das Kirchengrundstück durch ein schönes schmiedeeisernes Portal verlassend, gehen wir nach links die **Große Hamburger Straße** entlang. Im Haus Nr. 28 hat die **Evangelische Brüdergemeine** (Herrnhuter), eine pietistische Gemeindekirche mit weltweiter Verbreitung, einen schlichten Betsaal. Auf dem nächsten Grundstück liegt – etwas zurückgesetzt – die ehemalige Jüdische Knabenschule, gegründet von MOSES MENDELSSOHN (1726 – 1789). Nach wie vor befindet sich dort eine Schule der Jüdischen Gemeinde. Es folgt ein Grundstück, auf dem bis in den Zweiten Weltkrieg hinein ein Jüdisches Altersheim stand. Jetzt ist dort eine Gedenkstätte, die an die Judenverfolgung in der Nazizeit erinnert. Ein anschließendes parkartiges Gelände erinnert durch eine Gedenkplatte in der Umfassungsmauer und durch ein Grabmal für M. MENDELSSOHN an den ehemaligen Jüdischen Friedhof (1672 – 1943). Wir biegen wieder rechts in die **Oranienburger Straße** ein und nach wenigen Schritten links in die **Kleine Präsidentenstraße.** Nach rechts blicken wir über die Spree zur Museumsinsel und passieren ein Denkmal für den Dichter und Naturforscher ADALBERT VON CHAMISSO (1781 – 1838; u.a. Verfasser von „Peter Schlemihl" und „Frauenliebe und Frauenleben") von JULIUS MOSER (1888). Nachdem wir die S-Bahn unterquert haben, sehen wir in einiger Entfernung den Berliner Dom. Am **Spreeufer** steht ein Denkmal für den Pädagogen ADOLPH DIESTERWEG (1790 – 1866). Auf der **Friedrichsbrücke** (nach FRIEDRICH WILHELM I., dessen Reiterstandbild auf der anderen Spreeseite vor der Nationalgalerie steht) überqueren wir die Spree und nähern uns dem Dom, dessen der Nationalgalerie zugewandte Fassade deutlich den Ansatz der erst 1975 / 76 abgerissenen Denkmalskirche – sie enthielt fast ausschließlich Grabdenkmäler und Prunksärge von Hohenzollern – erkennen lässt.

In einem kleinen Grünzug finden wir von FRITZ KRÄMER ein Denkmal mit dem Titel: „O Deutschland, bleiche Mutter..." (BERTOLT BRECHT), das Bezug nimmt auf das ehemalige KZ Mauthausen. Der Haupteingang des Doms liegt mit Säulenvorhalle und großem Treppen zum Lustgarten hin.

4 | Berliner Dom

Der **Berliner Dom** ist das zweite Kirchengebäude an diesem Ort. Im Auftrag FRIEDRICHS DES GROßEN baute hier der Amsterdamer JOHANN BOUMANN D.Ä. den ersten Dom (Einweihung 1750), der nach einem gründlichen Umbau durch Schinkel (1817–22) schließlich abgerissen wurde (1892/93), um einem Neubau des Architekten Julius Carl Raschdorff Platz zu machen (Bauzeit 1894–1905). Im Zweiten Weltkrieg wurde der Dom durch Bomben so schwer beschädigt, dass die Gottesdienste nur noch in der so genannten Gruftkirche (1200 Sitzplätze) stattfinden konnten. Bis 1993 dauerte es mit Überlegungen, Planung und Wiederaufbau, dann wurde die große Predigtkirche wieder in Gebrauch genommen. Der Dom wurde innen und außen fast in seinem ursprünglichen Zustand wiederhergestellt. Nur die Unterfahrt (für die Fahrzeuge des kaiserlichen Hofes) und die Denkmalskirche (s.o.) wurden abgerissen. Auffällig ist innen und außen die reiche, biblisch und reformatorisch bestimmte **protestantische Ikonographie** mit einer großen Zahl von Bibelsprüchen, Bildern und figürlichen Plastiken. Erstaunlich ist auch – im Vergleich mit anderen bedeutenden Kirchen des In- und Auslandes – das Fehlen von kriegerischer Symbolik, wie Fahnen oder Waffen. Im Innenraum (Kuppelhöhe 74 m; Durchmesser 33 m) ist vor allem auf den **Altar** mit Apostelwand und zwei Kandelabern hinzuweisen. Er wurde, leicht variiert, aus dem alten Dom (Schinkelumbau) übernommen. Gleiches gilt für den **Taufstein** (Christian Daniel Rauch) hinter dem Altar.

Abb. 44: Berliner Dom mit Fernsehturm

Dem Altar gegenüber liegt die „Kaiserempore", die man gut über das sehenswerte Kaiserliche Treppenhaus erreicht. Die romantisch tönende **Orgel** mit 113 Registern, über 7 200 Pfeifen, Schwellwerk und vier Manualen wurde gebaut von der Firma Sauer in Frankfurt/Oder.

Unter der Orgelempore stehen die Grabmäler bzw. Prunksärge des Kurfürsten JOHANN CICERO (aus der Werkstatt PETER VISCHERS; Nürnberg um 1530), des Kaisers FRIEDRICH III., der im so genannten Dreikaiserjahr (1888) nur 99 Tage regierte (Marmorsarkophag von Begas), sowie von FRIEDRICH WILHELM, dem Großen Kurfürsten und seiner Gemahlin DOROTHEA (Prunksärge von J.A. NERING). Diese Särge in der Predigtkirche sind leer. Gegenüber, vor dem Eingang zur Tauf- und Traukirche stehen die SCHLÜTERSCHEN Prunksarkophage des ersten preußischen Königs FRIEDRICH I. und seiner Frau SOPHIE CHARLOTTE. Im Untergeschoss befindet sich die **Hohenzollerngruft**, deren rund 90 Särge inzwischen alle restauriert sind. Das einzige zeitgenössische Kunstwerk (1991) am Dom ist eine zweiflüglige **Domtür** (4 m mal 2 m) aus Bronze an der Südseite (Karl-Liebknecht-Str.). Der Berliner Bildhauer SIEGFRIED KREPP gestaltete dort das biblische Thema des „Verlorenen Sohnes" unter Verwendung von typisierten Vorgängen der jüngsten Zeitgeschichte.

Der äußere **Kuppelumgang** eröffnet einen empfehlenswerten Rundblick über Berlins Mitte. Die Domgemeinde (eine kleine Personalgemeinde von weniger als 1000 Mitgliedern) war die erste unierte Gemeinde Berlins. Mit der Preußischen Union von 1817, die auf Anregung FRIEDRICH WILHELMS III. erfolgte, sollten die Evangelisch Lutherische und die Reformierte Kirche (Calvinisten) vereint werden. Der Dom befindet sich im Besitz der Evangelischen Kirche der Union, der Nachfolgerin der Altpreußischen Kirche.

Vom **Lustgarten** aus bietet sich ein großartiges Panorama: Gegenüber dem Dom liegt – weithin auf der ehemaligen Grundfläche des 1950/51 gesprengten, kriegsbeschädigten Berliner Schlosses – der **Palast der Republik**, in dem u.a. die ehemalige Volkskammer der DDR tagte. Beliebtes Fotoobjekt ist der sich in seinem Goldglanz-Glas spiegelnde Dom. Schon zu DDR-Zeiten wurde erzählt, dass am „Palast" keine Sachsen mitbauen durften. Hätte doch ihre Aussprache des „P" einen „Ballast des Volkes" vermittelt. Rechts schließt das ehemalige Staatsratsgebäude an, der derzeitige **Sitz des Bundeskanzlers**. In die Fassade integriert wurde das so genannte Eosanderportal (Portal IV des Schlosses von EOSANDER V. GOETHE). Es folgt das neuerbaute **Außenministerium**, die **Friedrichswerdersche Kirche**, etwas im Hintergrund die Kuppel der **St.-Hedwigs-Kathedrale** sowie die **Staatsoper**, schließlich das Palais Unter den Linden (**Kronprinzenpalais**), **Zeughaus** und **Altes Museum** (Schinkel). In der Ferne sehen wir hinter der Hedwigskirche den Turm vom **Französichen Dom**, an dem unser Spaziergang enden soll.

Marienkirche

5

Vom Dom aus gehen wir entlang der Karl-Liebknecht-Straße auf die **Marienkirche** zu, deren gotisch-klassizistischer Turm von Carl Gotthard Langhans uns den Weg weist. Um 1270 wurde St. Marien, in Berlin meist Marienkirche genannt, als zweite Pfarrkirche nach St. Nikolai gebaut. Beide Kirchen haben, wie fast alle mittelalterlichen Kirchen, ihren Chorraum und damit den Altar nach Osten ausgerichtet. Diese Orientierung oder „Ostung" führt oft dazu, dass die Kirchen weder parallel noch im rechten Winkel zu den Straßen liegen, sondern gewissermaßen diagonal zum Straßennetz.

Der Charakter einer gotischen Hallenkirche ist bei St. Marien stets erhalten geblieben. Der Turm ist anlässlich von Stadtbränden mehrmals zerstört und stets wieder aufgebaut worden. Der heutige Turm stammt von C. G. Langhans (1789/90) nach dessen Entwurf fast zeitgleich das Brandenburger Tor errichtet wurde. Im Inneren der Kirche lassen sich fünf Jahrhunderte (14.–18. Jh.) Kunstgeschichte gut überblicken.

Berühmt ist vor allem der **Totentanz**, den jeder passiert, der in die Kirche geht. Er stammt aus dem 15. Jahrhundert, war allerdings über 200 Jahre übertüncht und ist 1860 wieder entdeckt worden. Seitdem haben die Bemühungen um seine Erhaltung nie aufgehört. Im Totentanz begegnet uns eine lange Reihe von Menschen jeglichen Standes der damaligen Gesellschaft, die alle ihrem eigenen Tod entgegen gehen. Es ist ein gemaltes „memento mori" (Erinnere dich deines Todes; lat.), das zur Besinnung rufen soll. Totentänze (danses macabres) gibt es im abendländischen Kulturkreis in vielfältiger Gestaltung.

Die **Kanzel** von Andreas Schlüter (1703) wirkt in ihrer barocken Fülle zunächst wenig protestantisch. Sind wir doch gewohnt, diese Art der Gestaltung als Begleitung der Gegenreformation zu sehen. Aber Schlüter hat es geschafft, eine streng biblisch bezogene Ikonographie zu entwickeln, die die Aussagen der Bibel nicht überwuchert, sondern unterstreicht. Das Thema stammt aus dem 13. Kapitel des 2. Korintherbriefes und heißt: Glaube, Hoffnung, Liebe.

Eine überzeugende Erklärung der mittleren Tafel zum Thema Hoffnung wurde leider noch nicht gefunden. (Der ganze Bibelvers lautet: Nun aber bleiben Glaube, Hoffnung, Liebe, diese drei; aber die Liebe ist die größte unter ihnen.) Die Kanzel besteht in ihrem Kern aus Eichenholz, das mit Marmortafeln (Alabaster) verkleidet wurde. Ursprünglich stand die Kanzel mehr zum Eingang hin, fast in der Raummitte, und zwar quer zu den in Richtung der Längsachse stehenden Bänken. Erst 1950 wurde sie mehr an den Altarraum herangerückt und um 90 Grad gedreht, sodass der Prediger nun die Mehrheit der Gottesdienstbesucher im Blick hat.

 Aus der Fülle der Gemälde sei noch hingewiesen auf eine schematisch-lehrhafte Darstellung des christlichen Glaubens. Es wurde möglicherweise von Michael Ribestein gemalt und hat in der betonten, senkrechten Mittelachse Gott, den Schöpfer, Gottes Sohn Jesus Christus am Kreuz und den Heiligen Geist als Taube übereinander dargestellt. Von diesem trinitarischen Entwurf her lassen sich mit einiger Fantasie alle Aussagen des Apostolischen Glaubensbekenntnisses einer der vielen weiteren Bildaussagen zuordnen.

Abb. 45: Marienkirche aus der Richtung Rotes Rathaus/
Marx-Engels-Forum

Das **Taufbecken** von 1437 zeigt in seiner klaren Gliederung als Zeugen des Glaubens um das Becken herum die 12 Apostel sowie Maria und Christus. Die Drachen am Fuß verkörpern wohl die mit der Taufe überwundenen bösen Mächte, die nur noch zu sklavischer Trage-Arbeit taugen.

Beim Verlassen der Kirche sehen wir rechts neben dem Eingang eine Art Grabkreuz aus Kalkstein. Es wird gern als **Sühnekreuz** bezeichnet und der Ermordung des Propstes von Bernau durch Einwohner aus Berlin und Cölln zugeordnet. Der politische Hintergrund ist verzwickt. Jedenfalls gab es einen römischen Kirchenbann gegen die Stadt, der neben einer Geldzahlung und der Widmung eines Altars, auch die Errichtung eines vermutlich hölzernen Sühnekreuzes von 3,60 m Höhe zu seiner Aufhebung nötig machte.

Wir gehen jetzt nach links, am **Neptunbrunnen** (REINHOLD BEGAS, 1891) vorbei, passieren das **Rote Rathaus** und gehen in Richtung auf den markanten grünen Doppelturm der Nikolaikirche. Das Nikolaiviertel betreten wir durch die Straße **Am Nußbaum**. Hier war fast alles zerstört und wurde zu DDR-Zeiten neu erbaut. Wenige Originalhäuser nur sind erhalten, u. a. das Lessinghaus (Nr. 10), in dem G.E. LESSING drei Jahre lebte. Das Gasthaus „Zum Nußbaum" ist ein Nachbau der ältesten Gaststätte Berlins, die sich bis zur Zerstörung im Kriege auf der Fischerinsel befand. Bevor wir in die Nikolaikirche eintreten, passieren wir eine übergroße bronzene Nachbildung des alten Berliner Stadtsiegels sowie einen Bärenbrunnen mit Handwerkszeichen. In die Nikolaikirche treten wir durch das Hauptportal unter dem Doppelturm ein.

Nikolaikirche

Um 1230 erstand mit **St. Nikolai** die erste Pfarrkirche Berlins (ungefähr gleichzeitig mit St. Petri in Cölln) in Gestalt einer dreischiffigen Basilika mit Pfeilern und einem massiven Westwerk, dessen Unterbau mit seinen granitenen Quadern bis heute erhalten blieb. Nach Ausgrabungen in den 1950er Jahren lässt sich nicht gänzlich ausschließen, dass an der gleichen Stelle schon vorher eine Kirche stand. Vom Ende des 13. Jahrhunderts gibt es schon Nachrichten über einen Neubau aus Backsteinen und schließlich wurde nach den Stadtbränden von 1376 und 1380 ein weiterer Nachfolgebau nötig. Dieser Bau blieb in seinen wesentlichen Teilen für ein halbes Jahrtausend erhalten. Allerdings existierte die Kirche in dieser Zeit nur mit einem der ursprünglich vorgesehenen zwei Türme. Einer grundlegenden Renovierung in den Jahren 1877–1880 verdankt die Kirche endlich ihre zweite Turmspitze. Natürlich gab es über die Jahrhunderte hinweg Umbauten, Anbauten, Rekonstruktionen etc., die in der Baugeschichte auch dokumentiert sind. Nachdem in der Folge des Zweiten Weltkrieges durch Bomben, Artilleriebeschuss, Straßenkämpfe und nachfolgendem Ruinenverfall die Zukunft der alten Kirche nicht mehr sicher schien, kam es – entgegen vielen Erwartungen – in den Jahren 1980–1987 doch noch zu einem Wiederaufbau, der an die Umgestaltung des 19. Jahrhunderts anschloss (s. Exk. 3, Abb. 40).

Der in West-Ost-Richtung angelegte Grundriss lässt deutlich seine Gegenläufigkeit zum Straßennetz erkennen. Der Heilige (St./sanctus = heilig) NIKOLAUS VON MYRA (NIKOLAI beruht auf dem lat. Genitiv) war u. a. der Schutzpatron der Kaufleute und Seefahrer. Sein Einfluss sollte sich segensreich auf Handel und Verkehr in Berlin auswirken. Im nordöstlichen Deutschland finden sich viele Nikolaikirchen und darüberhinaus in vielen Gegenden der Brauch, den Kindern am Namenstag des Heiligen (6. Dez.) – vorgeblich von ihm selbst – Naschereien in die geputzten Schuhe zu stecken.

St. Nikolai war *die* Bürgerkirche Berlins. Dann und wann gab es dort auch Versammlungen, die keinen Bezug zu Gottesdiensten hatten. So fand zum Beispiel die Amtseinführung und Vereidigung der Stadtverordneten (nach den Steinschen Reformen) dort statt. Viele Bürgermeister und andere angesehene Persönlichkeiten ließen sich in der Kirche mit Ihren Familien beisetzen. Diesem sehr alten Brauch verdanken wir manches Beispiel hoher Grabmalskunst.

Berühmte Geistliche waren an St. Nikolai tätig; herausragend der Liederdichter PAUL GERHARDT, der Wegbereiter des Pietismus PHILIPP JAKOB SPENER und auch der Kirchenmusiker JOHANN CRÜGER, der viele Gedichte GERHARDTS zu oft gesungenen Liedern machte. Der letzte Propst von St. Nikolai wurde 1945 HEINRICH GRÜBER, dessen unermüdlicher und tapferer Einsatz für Juden, die in der Zeit des Nationalsozialismus verfolgt wurden, unvergessen bleiben sollte. Schon im Jahre 1938 wurde in St. Nikolai ein „letzter Gottesdienst" gehalten, da die Kirche zu einem „Musikdom" werden sollte. 1960 ging sie – als Ruine – in Volkseigentum über. 1969 hat sie der Berliner Magistrat „…in Anspruch genommen" um als Denkmal erhalten zu werden. Nach ihrem Wiederaufbau dient die Kirche inzwischen als Museum für die Geschichte der Stadt und wird dann und wann auch für festliche Veranstaltungen (auch durch die evangelische Kirche) genutzt.

St.-Hedwigs-Kathedrale

7

Durch die **Propststraße** gehen wir nun auf die Spree zu, passieren die Bronzegruppe des Heiligen GEORG VON AUGUST KIß (1855), die früher auf dem ersten Schlosshof stand, gehen die Spree entlang (am anderen Ufer die Rückfront des ehem. Marstalls), überqueren sie mit der **Rathausbrücke**, und – dem Straßenverlauf folgend – der **Schleusenbrücke** (mit hübschen metallenen Medaillons im Brückengeländer) über den westlichen Spreearm, um nach ca. 300 m vor der **Friedrichswerderschen Kirche** (SCHINKEL 1824 – 30) zu stehen. Sie ist jetzt im Eigentum des Senats von Berlin und enthält ein **Schinkelmuseum**. Nachdem wir die **Oberwallstraße** passiert haben (Eckhaus Oberwall/ Französische Str.) sehen wir eine Tafel, die an eine Barrikade der Revolution von 1848 erinnert. In die nächste Querstraße – **Hinter der Katholischen Kirche** – biegen wir ein und gehen zur Vorderfront der **St.-Hedwigs-Kathedrale**.

Die Vorgeschichte des Baues möchten wir den Lesern nicht vorenthalten. In der Zeit nach der Reformation – 1539 trat der Kurfürst JOACHIM II. über zum Luthertum – gab es in Berlin lange Zeit keine römisch-katholische Kirche („katholisch" a.d Griech. = „allgemein"). Viele Kirchen beanspruchen für sich ebenfalls katholisch zu sein; z. B. auch die evangelische Kirche. Wie andererseits die römisch-katholische Kirche von sich behaupten kann, dass sie evangelisch, d.h. entsprechend dem Evangelium, sei. Deshalb gibt es den präzisierenden Zusatz „römisch". Der allgemeine Sprachgebrauch vernachlässigt diese Feinheit und benennt evangelische oder katholische Kirche. Dem schließen wir uns nachfolgend an.

Die öffentliche Feier des katholischen Gottesdienstes war schlicht verboten. Bald aber gab es Entwicklungen, die dieses Verbot zunächst aufweichten und später völlig unmöglich machten. So wurden nach dem Dreißigjährigen Krieg in Berlin Gesandschaften aus katholischen Ländern eingerichtet.

1710 lebten nur 700 Katholiken unter den rund 10 000 Berlinern. Aber es wurden Soldaten außerhalb Preußens angeworben, denen im Werbebrief zugestanden war, ihrem religiösen Bekenntnis entsprechend betreut zu werden. Deshalb entwickelte sich neben der evangelischen eine katholische Militärseelsorge. Schließlich gab es ab 1722 wenigstens eine katholische Kapelle, ein ehemaliges Magazingebäude in der Nähe der **Leipziger Straße**. In einem Brief an den Papst heißt es hierzu: „Dieses alte Magazingebäude gleicht mehr einem Heuboden als einem Tempel."

Nach den Schlesischen Kriegen stieg die Zahl der Katholiken in Berlin bald auf 10 000 an. Schlesien mit seiner rein katholischen Bevölkerung war nun preußische Provinz. Das erforderte politische Rücksichtnahme. Eine katholische Kirche für Berlin musste her, und der Schutzpatronin Schlesiens, der Heiligen HEDWIG, war sie zu widmen. Im königlichen Patent heißt es, dass die „Römisch-Catholischen zu ihrem.... Gottesdienst eine Kirche so groß als sie ...haben wollen ...bauen dürfen". Nicht nur der erstklassig gelegene Baugrund, sondern auch die Grundidee zum Entwurf lieferte der König. Das Pantheon in Rom (gebaut 27 v. Chr.; und allen Göttern gewidmet) war sein Vorbild. Seine alte Idee, ein solches nachzubauen und jeden Winkel einer anderen Religion zur Verfügung zu stellen, ist ihm schon vorher ausgeredet worden. Aber wenigstens der Baukörper musste in Berlin erscheinen. Dazu war jetzt die Gelegenheit günstig. Der königliche Baudirektor JOHANN BOUMANN D. Ä., der in diesen Jahren (1747–50) auch den ersten Dom im Lustgarten zu bauen hatte, wurde mit der Bauausführung beauftragt. Als Architekt hat JEAN LEGEAY den Entwurf des Königs komplettiert. Die katholische Kirche, der es oblag das Baugeld heranzuschaffen, hatte natürlich genausowenig Einfluss auf ihren Bau, wie die evangelische auf ihren Dombau. Der Bau der Kirche zog sich hin. Der Baugrund, eine

Abb. 46: St.-Hedwigs-Kathedrale

alte Festungsbastion mit Pfahlgründung, machte große Schwierigkeiten. Das Geld ging zur Neige. Zwar hatte der Papst alle katholischen Bischöfe zu Spenden aufgefordert. Aber es reichte nicht. Der Bau ruhte über einige Jahre. Das veranlasste die Jüdische Gemeinde zu einem Kaufangebot für die unvollendete Kirche, um sie dann als Synagoge zu nutzen. Endlich wurde 1773 der erste Gottesdienst in der **St.-Hedwigs-Kathedrale** gehalten. Bei einer Grundsteinlegung im Jahre 1747 war das eine lange Bauzeit. Gänzlich fertig wurde die Kirche erst 1887. Bis 1860 blieb sie die einzige katholische Kirche in Berlin.

Der gelungene, imposante Bau von klassischer Schönheit wurde nach dem Preußischen Konkordat von 1929 schließlich Bischofssitz für das neue Bistum Berlin. Die Kirche wurde damit zur Kathedrale und musste umgebaut werden. Die Cathedra, der Predigtstuhl des Bischofs, sowie das Gestühl für das Domkapitel – ein dem Bischof zugeordnetes Gremium – waren einzubauen, was Anlass zu grundlegender Renovierung und Umbau gab. Im Jahre 1943 fiel die Kathedrale einem Bombenangriff zum Opfer. Der Wiederaufbau begann 1952 und wurde 1963 abgeschlossen.

Das **Äußere** von St. Hedwig ist nach wie vor bestimmt von dem alten Baukörper mit seiner eindrucksvollen Kuppel. Sie misst 33 m im Durchmesser und hat ein Oberlicht. Auf der Kuppel steht ein Kreuz. Die klassischen Elemente des römischen Pantheon sind im Wesentlichen erhalten geblieben. Die Inschrift unter dem dreieckigen Giebel der Vorderfront lautet: „FEDERICI REGIS CLEMENTIAE MONUMENTUM Sancta HEDWIGI Sacrum A. M. QUIRINUS Sanctae Romanae Ecclesiae Cardinalis SUO AERE PERFECIT" (Das der Güte König Friedrichs zu verdankende Bauwerk, der Heiligen Hedwig geweiht, hat der Kardinal der heiligen römischen Kirche A. M. Quirinus auf seine Kosten vollendet).

Die **Innengestaltung** überrascht. Es gibt einen oberen Kirchraum und eine Unterkirche, die zugleich gegeneinander offen, als auch aneinander gebunden sind. Die Unterkirche ist aus der alten Krypta entwickelt, in der beim Vorgängerbau noch mehr als 300 Grablegen vorhanden waren. Der trennende Geschossboden wird durch eine ca. 8 m breite Rundöffnung durchlässig und eröffnet reizvolle Durchblicke sowohl von oben als auch von unten. Verbunden werden die beiden Ebenen durch eine durchgehende „Altarsäule", die oben mit der Mensa (Tisch) des Hochaltars und unten mit einem Sakramentsaltar abschließt. In der Oberkiche zieht eine „Madonna auf der Mondsichel" aus dem 16. Jahrhundert den Blick auf sich und vor allem die Orgel aus der Werkstatt von Johannes Klais aus Bonn, die durch eine kühn auskragende Stahlkonstruktion gehalten wird.

Kranzartig umschließen in der **Unterkirche** acht Kapellen den Innenraum. Drei davon sind mit Altären versehen, vor denen kleinere Gruppen Andacht halten können. Eine davon ist die Marienkapelle, in der ein Abguss der Pieta von Michelangelo aus dem Petersdom in Rom ihren Platz gefunden hat. In der St. Hedwigskapelle steht eine barocke Statue der Heiligen. Ferner finden wir die Sakristeikapelle, in der sich Gegenstände für den Gottesdienst (Ausstellungsgegenstände aus dem Archiv) befinden. Zwei weitere Kapellen sind dem Andenken der verstorbenen Berliner Bischöfe gewidmet, die hinter der Wand beigesetzt sind. Eine Kapelle ist dem Missions-Bischof OTTO VON BAMBERG gewidmet. Er ist neben dem Heiligen PETRUS der zweite Patron des Bistums Berlin. An den Dompropst LICHTENBERG erinnert

ebenfalls eine Kapelle. Er hatte aus seinem Glauben heraus tapfer dem Nationalsozialismus und seinen Schergen widerstanden und ist an den Folgen von entbehrungsreicher Einkerkerung auf dem Wege der Überführung ins KZ Dachau verstorben. Eine Wandtafel in dieser Kapelle zeigt die Namen von Berliner Katholiken, die durch die Verfolgung von Seiten der Nationalsozialisten ums Leben kamen.

8 Französischer Dom

Aus dem Portal von St. Hedwig tretend, wenden wir uns nach links durch die **Hedwigskirchgasse** wieder zur **Französischen Straße**, die wir an der Markgrafenstraße nach links verlassen. Nach wenigen Metern stehen wir vor dem **Französischen Dom**, der allein von der Bauform her Dom genannt wird, dessen Baukörper jedoch die Französisch-reformierte **Friedrichstadtkirche** mit einschließt (vgl. Exk. 2).

Die Kirche liegt, beinahe etwas versteckt, an der Rückfront des Französischen Domes. Erbaut wurde sie 1701–05. Sie diente den vor Krieg und Verfolgung aus Frankreich geflüchteten Hugenotten, die zunächst als Lutheraner in Frankreich lebten, dann aber unter calvinistisch-reformierten Enfluss gerieten. FRIEDRICH WILHELM, der Große Kurfürst förderte durch das Edikt von Potsdam (1685) die Aufnahme der Hugenotten in Brandenburg-Preußen. Damals kamen 8 000 Hugenotten nach Berlin, das damals 18 000 Einwohner hatte. Das brachte erhebliche Auseinandersetzungen – vor allem wirtschaftlicher Art – mit sich. Am Ende hatte aber das Land davon viel Gewinn. Die Kirche ist als einfacher Saalbau nach dem Vorbild der zerstörten Hugenottenkirche in Charenton gebaut. Im Kriege wurde sie zerstört (1943) und schließlich nach dem Wiederaufbau im Jahre 1983 wieder in Gebrauch genommen. Friedrich II. ließ nach einem Entwurf von Gontard eine mächtige Turmanlage vor die Kirche setzen (1780–85), die inzwischen u. a. ein **Hugenottenmuseum** und Diensträume der Französisch-reformierten Kirche enthält. Den Turm kann man besteigen. Von der oberen Plattform hat man einen schönen Blick über die Innenstadt.

Im zweiten Domgebäude auf dem **Gendarmenmarkt**, dem **Deutschen Dom**, befindet sich keine Kirche mehr (früher auch „Neue Kirche"). Die Ausstellung „Fragen an die Deutsche Geschichte" ist dort zu besichtigen. Zum Abschluss sollten wir vor das **Schauspielhaus** treten, um die ganze Schönheit des Platzes aufzunehmen. Alexander von Humboldt soll ihn einmal den schönsten Platz der Welt genannt haben.

Hier endet unser Spaziergang. Durch die Französische Straße kommen sie zur Friedrichstraße mit dem U-Bahnhof **Französische Straße**.

5 Wasserstadt Berlin

Gerret J. Haß, Dirk Lehmann

➔ Route A – Rundgang durch Spandau

U-Bahnhof Altstadt Spandau – Hoher Steinweg – Kolk – Behnitz – Lindenufer – Fischerstraße – Zitadelle

➔ Route B – Auf der Spree durch Berlin

Schlossbrücke Charlottenburg – Haus der Kulturen – Reichstag – Friedrichstraße – Museumsinsel – Nikolaiviertel

➔ Route C – Kurztour Westhafen

2h **Dauer:** A und B jeweils ca. 2 Stunden
1h C ca. 1 Stunde

► Überblick

Für eine Stadt tief im Binnenland scheint der Begriff „**Wasserstadt**" zunächst nicht treffend. Betrachtet man Berlins Verhältnis zum Wasser in Zahlen, sieht es jedoch ganz anders aus. Insgesamt durchziehen Berlin 190 km schiffbare Wasserwege. Dazu zählen neben Spree, Dahme und Havel unter anderem der Landwehrkanal und der Teltowkanal. 5170 ha Wasserfläche befinden sich innerhalb des Berliner Stadtgebietes, dieses entspricht 8 % der Stadtfläche. Die flächenmäßig **größten Gewässer** sind: der Große Müggelsee (766,7 ha), der Tegeler See (408,0 ha), Seddinsee (376,0 ha), Langer See (283,7 ha) und Großer Wannsee (260,0 ha). Diese fünf Seen machen allein 40 % der Wasserfläche Berlins aus.

Berlin ist nicht nur eine Wasserstadt, sondern auch **Wasserkreuz**. Über Elbe-Havel-Kanal, Oder-Havel-Kanal und Oder-Spree-Kanal, um nur einige Beispiele zu nennen, ist Berlin mit vielen See- und Binnenhäfen verbunden. Durch die Eröffnung des Rhein-Main-Donau-Kanals im Jahre 1992 können auf dem Wasserweg theoretisch fünfzehn europäische Länder angeschifft werden.

In den letzten Jahren findet der Begriff Wasserstadt, wenn auch mit anderer Bedeutung, zunehmend Anwendung in der Terminologie cleverer Werbefachleute der Immobilienbranche. Nicht die Stadt als Ganzes ist hier gemeint, sondern attraktive **Wohnanlagen** in unmittelbarer Nähe zu den Gewässern der Hauptstadt. So entstanden seit der Wende zahlreiche Wohnparks, am Wasser im Grünen, die sich großer Beliebtheit bei den neuen Eigentümern oder Mietern erfreuen, sofern sie über das nötige Kleingeld verfügen, in diese bevorzugten Wohnlagen zu ziehen. Das Wohnen auf der Stralauer Halbinsel, die unzähligen Neubauten entlang der Rummelsburger Bucht, in Schmöckwitz oder in der Wasserstadt Spandau sind hier als nur drei prominente Beispiele zu nennen.

Der Berliner hat ein ganz besonderes Verhältnis zum Wasser. Ein Aufenthalt an einem Wochenende im Sommer an Müggelsee oder Wannsee macht dies besonders deutlich. Im Sommer ist die Wasserfläche mit Sportbooten aller Art gepflastert, dazu kommen noch die Dampfer mit denen man Ausflüge von einigen Stunden oder ganztägige Fahrten unternehmen kann. Mit viel Glück kann man an solchen Tagen fast trockenen Fußes über den Wannsee kommen, so dicht ist das Gedränge.

Der Berliner tummelt sich aber nicht nur auf dem Wasser, sondern auch am oder im Wasser. 1907 wurde am **Wannsee** die erste öffentliche Badestelle eröffnet und mit dem Neubau des Strandbads Wannsee im Jahre 1929 durch Richard Ermisch und Martin Wagner bekam Berlin das größte Binnenseebad Europas, das spielend 50 000 Badewütige und Sonnenhungrige an einem Tag verkraftet.

Das Wasser ist aber nicht nur ein Freizeitfaktor für Berlin und die Berliner, sondern die Entwicklung der Stadt ist in starkem Maße vom Wasser abhängig gewesen und ist es teilweise immer noch. Die ersten Keimzellen des heutigen Berlins lagen am Wasser. **Berlin–Cölln** als Doppelstadt an einer Furt an der Spree, hier entstand ein Knotenpunkt des Handels. Waren konnten von Landfahrzeugen auf Schiffe und umgekehrt verladen werden. Daneben gab es noch zwei weitere, etwas ältere Ansiedlungen, **Spandau** und **Köpenick**, die als slawische Burgen an strategisch wichtigen Punkten errichtet worden waren, Spandau am Zusammenfluss von Spree und Havel, Köpenick am Zusammenfluss von Spree und Dahme.

Neben Handel und Freizeit existiert in Berlin noch ein weiterer, wenn auch nicht mehr so gewichtiger Wirtschaftsfaktor, der mit dem Wasser verbunden ist: Fährt man die **Straße des 17. Juni** vom Ernst-Reuter-Platz in Richtung Großer Stern / Brandenburger Tor, fällt einem auf der rechten Seite, nachdem man die Gebäude der **Technischen Universität Berlin** passiert hat, ein merkwürdiges Bauwerk auf. Dies ist ein Teil der Versuchs- anstalt für Wasser- und Schiffbau: der weltgrößte **Umlauf- und Gravitationstank**. An diesem Ort ließ schon Kaiser WILHELM seine Flotte Modell fahren, heute werden an diesem Ort die hydrodynamischen Bedingungen für Schiffe, Propeller, Hoch- geschwindigkeitsfahrzeuge, Tragflügel und Roboter getestet und erforscht.

Doch zurück zur **Hafenstadt** Berlin. Seine Blütezeit erlebte Berlin als Hafenstadt Ende der 1920er Jahre, als Berlin größter Binnenhafen Deutschlands war. Damals wurden rund 11 Mio. Tonnen Fracht in den Häfen umgeschlagen. Dies entspricht der Zahl, die nun zu Beginn des neuen Jahrtausends wieder aktuell ist. Allein auf die Berliner Hafen- und Lagerhausbetriebe (BEHALA) entfallen davon 8 Mio. Tonnen.

In Berlin und seiner Peripherie werden jährlich insgesamt 16 Mio. Tonnen Güter an den Zugangsstellen zum Wasser umge- schlagen. Das bedeutet, dass Berlin nach Duisburg der zweit- wichtigste **Binnenhafenstandort** Deutschlands ist. Prognosen für das Jahr 2010 besagen, dass die Umschlagleistung in Berlin auf 23 Mio. Tonnen ansteigen wird. Dazu müssen allerdings die Kanäle und Häfen den neuen Anforderungen gerecht werden. Hierzu gehört eine Verbreiterung und Vertiefung der Wasser- straßen, um auch Motorgüterschiffe mit 110 m Länge und 2 000 t Tragfähigkeit sowie 185 m lange Schubverbände mit 3 500 t Trag- fähigkeit aufnehmen zu können. Das Verkehrsprojekt Deutsche Einheit Nr. 17 sieht den Ausbau der Wasserstraße zwischen Hannover und Berlin vor, um diesen neuen Anforderungen gerecht zu werden. Aber auch flankierende bzw. ergänzende Maßnahmen zum Bundesverkehrswegeplan 1992 sehen vor, dass Berlin durch den Ausbau der Oder-Havel-Wasserstraße und der Hohensaaten-Friedrichsthaler-Wasserstraße, einen leistungs- fähigen Anschluss an den polnischen Seehafen Stettin an der Odermündung erhält. Diese Ausbauten sind sicherlich längst überfällig, da zwischen Elbe und Oder die Entwicklung des Verkehrswegebaus für die Schifffahrt durch Krieg und deutsche Teilung, auf Vorkriegsniveau stehen geblieben ist. Gerade der Krieg und die Nachkriegszeit bedeuteten für die Berliner Häfen einen gewaltigen Rückgang der Umschlagleistungen.

Das **Berliner Hafensystem** lässt sich in drei große Bereiche unterteilen: Die öffentlichen Häfen der BEHALA (Westhafen, Osthafen, Spontaner Südhafen, Hafen Neukölln, weiterhin die Verladestellen Nonnendammallee, Viktoriaspeicher, Ziegra-

straße und Friedrich-Krause-Ufer), und der Teltowkanal-AG
sowie der Lagerhaus- und Hafenbetriebsgesellschaft mbH Berlin
Tempelhof (Häfen Lichterfelde, Steglitz, Mariendorf, Tempelhof,
Britz, Johannisthal, Rudow, Altglienicke und Adlershof) und
etwa 90 Werkshäfen, Umschlagstellen und temporäre Zugangsstellen. Eine besondere Bedeutung hat der Wasserweg für die
Baustellen Potsdamer Platz, Spreebogen (Regierungsviertel/
Lehrter Zentralbahnhof). An einem Arbeitstag können etwa
4 000 t Aushub über den Wasserweg entsorgt werden. Zu diesem
Zweck hat man spezielle Umschlagzentren am Landwehrkanal
und am Humboldthafen eingerichtet, die nach Ende der Bautätigkeiten wieder abgebaut werden.

Die vorgestellten Exkursionen bieten zwei unterschiedliche
Zugänge zum Berliner Wasser: Die erste Exkursion stellt die am
Wasser gelegene **Altstadt Spandaus** vor und führt durch ein
historisch zusammenhängendes Gebiet. Die zweite Exkursion
führt die Spree hinauf durch die Innenstadt Berlins bis zum
Nikolaiviertel, der Wiege der Stadt. Der Abstecher zum **Westhafen** verschafft einen kursorischen Einblick in die wirtschaftliche Bedeutung der Wasserwege für die Hauptstadt.

Abb. 47: Schiffsverkehr auf dem Teltowkanal in Tempelhof

5A A – Rundgang an der Spandauer Waterkant

Spandau ist nicht nur einfach ein Bezirk wie Mitte, Neukölln, Reinickendorf oder Pankow. Spandau hat bis heute etwas Eigenes bewahrt. Es mag daran liegen, dass die Einwohner sich hier in erster Linie als Spandauer fühlen und dann erst als Berliner, oder weil die Stadt nur über Brücken mit Berlin verbunden ist. Für die Spandauer liegt ihr Stadtteil immer noch bei Berlin und wenn ein Spandauer sagt er geht in die Stadt, meint er die Spandauer Altstadt, während er nach Berlin fährt, wenn er die Friedrichstraße oder den Kurfürstendamm meint. Auf jeden Fall ist **Spandau**, darauf sind die Einwohner ein wenig stolz, älter als Berlin. 1197 wird die Stadt an der Havel das erste Mal urkundlich erwähnt und fünf Jahre vor Berlin-Cölln, nämlich 1232, bekam Spandau das Stadtrecht. Um 750 befand sich hier, am Zusammenfluss von Spree und Havel, eine slawische Burg, vor der eine Siedlung entstanden war. Trotz mehrfacher Zerstörung hat man diese Anlagen nicht aufgegeben, da sie unter anderem an einem äußerst verkehrsgünstigen Havelübergang lag. Hier kreuzten die großen Handelswege zwischen Elbe und Oder, aber von hier aus konnten auch, was sicherlich nicht weniger wichtig war, die

Abb. 48: Exkursionsroute 5a Spandau

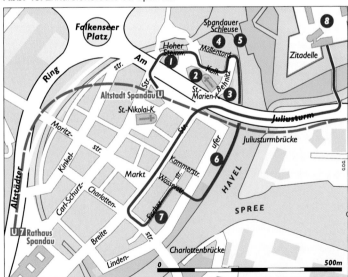

übrigen slawischen Stammesgebiete gut erreicht werden. So entwickelte sich die ursprünglich bäuerliche Siedlung sehr schnell zu einer Kaufmannsniederlassung von überregionaler Bedeutung. Die Lage am Wasser war also bereits in der Anfangszeit Spandaus wichtig und ist es bis heute geblieben, denn der **Südhafen Spandau** ist der zweitgrößte Hafen Berlins.

Der Ausgangspunkt für diese Exkursion ist der U-Bahnhof **Altstadt Spandau**. Von hier aus überqueren wir die Straße **Am Juliusturm** und verlassen damit das hektische Großstadtgetümmel. Man betritt nun über den **Hohen Steinweg** den **Kolk** oder Behnitz. Der **Behnitz** ist nicht nur der verträumteste Winkel, sondern auch eines der ältesten Siedlungsgebiete der Spandauer Altstadt. Archäologische Funde dieses Gebietes reichen bis in die Steinzeit zurück. Der Behnitz, der von der Spandauer Altstadt aus gesehen jenseits eines Havelaltarms liegt, wurde 1240 von Spandau eingemeindet und besteht nur aus vier Straßen.

Stadtmauer

Am **Hohen Steinweg** ist ein 50 m langer Rest der alten **Stadtmauer** in seiner ursprünglichen Höhe erhalten. Spandau begann seine Häuser ab 1319 mit dieser Feld- und Backsteinmauer zu schützen, in die Mauer waren Rundtürme zur Verteidigung integriert. Ein zweites Relikt dieser Mauer ist am **Viktoriaufer** in der Nähe des Rathauses zu sehen. An vier Stellen wurde der Zugang zur Stadt durch Tore geregelt. Zwei der vier Tore befanden sich an der Ostseite, also Berlin zugewandt; das Berliner Tor, welches sich vor der Juliusturmbrücke befand, das zweite, das Stresow- oder Charlottenburger Tor, stand an der Charlottenstraße, vor der Charlottenbrücke. Die Stadtmauer samt Türmen wurde 1880/81 niedergelegt.

St.-Marien-Kirche

Wenn wir der Straße, dem **Kolk**, mit seinen malerischen kleinen Häusern folgen, kommen wir zur **St.-Marien-Kirche**, einer dreischiffigen Backsteinbasilika, die im Jahre 1848 eingeweiht wurde. Sie ist das erste katholische Gotteshaus, das nach der Reformation in der Mark Brandenburg gebaut wurde. Später diente das Gotteshaus als Garnisonskirche für die katholischen Soldaten. Der Brunnenschacht, der sich vor der Nordwand der Kirche befindet, stammt bereits aus dem 14. Jahrhundert.

A3 Behnitz

Im 18. und 19. Jahrhundert wurden die Häuser an der Straße **Behnitz**, die im rechten Winkel zum Kolk verläuft, errichtet.

Besonders beachtenswert sind hier das Haus **Behnitz 4**, ein Fachwerkhaus aus dem 18. Jh., und das neben ihm stehende „HEINEMANNsche Haus", in dem der Komponist WILHELM HEINE-MANN gelebt und gewirkt hat. Es ist zwischen 1770 und 1795 im Stile des Spätbarock erbaut worden.

A4 Möllentordamm

Gegenüber sieht man in den **Möllentordamm**. Nördlich des Möllentordamms lag einst das Dorf Damm. Hier wurden während des Zitadellenneubaus (1560) sechs Fischerfamilien angesiedelt, die vorher im alten Fischerkiez, der sich neben der Burg befand, lebten. Die alten Fischerhäuser stehen leider nicht mehr, da das Dorf Damm im Jahre 1813 während der Beschießung der Stadt Spandau durch die Preußen zerstört wurde. Die jetzt hier stehenden Gebäude sind im letzten Jahrhundert erbaut worden.

Eine Besonderheit ist, dass auch heute noch zu jedem Grundstück das Fischereirecht gehört. Noch vor einigen Jahren flickten hier Fischer auf den zur Havel weisenden Höfen ihre Netze.

A5 Spandauer Schleuse

An der Kreuzung **Möllentordamm/Behnitz** hat man eine gute Sicht auf die **Spandauer Schleuse**, die im Jahre 1910 erbaut wurde. Diese Schleuse verbindet die Oberhavel mit der Unterhavel.

Es lässt sich schon für das Jahr 1723 an dieser Stelle eine Schleuse nachweisen. Zurzeit (2001) ist von der Schleuse allerdings nicht sehr viel zu sehen, da Bautätigkeiten für eine Schleusenkammer stattfinden, damit die größeren Europaschiffe einen Zugang zu den Berliner Häfen haben. Diese Baumaßnahme ist eine von vielen, die Berlin in Zukunft für die Binnenschifffahrt rüsten soll.

Lindenufer

Wir gehen nun zum Ufer hinab und folgen dem **Uferweg** nach Süden. Die Brücke, die die Havel überspannt, ist die **Juliusturmbrücke**. Hier befand sich das eine östliche Stadttor, das Berliner Tor. Anstelle der massiven Juliusturmbrücke aus den Jahren 1937 bis 1940 muss man sich eine Zugbrücke vorstellen, die seinerzeit vor dem Tor gelegen hat und die Verbindung in Richtung Berlin herstellte. Nach Unterquerung der Brücke befinden wir uns am **Lindenufer**. Dort ist ein wenig „Binnenschifferromantik" zu schnuppern, da sich hier der Liegeplatz für diejenigen Binnenschiffe befindet, die entweder auf das Löschen ihrer Fracht oder das Beladen im Südhafen, der sich auf der anderen Uferseite befindet, warten. Am Lindenufer sind noch Betriebe angesiedelt, die mit der Schifffahrt verbunden sind. So ist unter anderem eine Seilerei zu finden.

Die Brücke, die wir vor uns im Süden erblicken, ist die **Charlottenbrücke**. Dies ist die zweite Brücke, die Spandau mit Berlin verbindet und an der sich früher das zweite nach Osten gerichtete Stadttor befand, das Stresow- oder Charlottenburger Tor. An diesem Tor stand auch der größte Rundturm der Stadtmauer. Auch er wurde trotz einiger Proteste des Kultusministeriums und vieler Heimatfreunde niedergelegt. Die Begründung dieser Maßnahme könnte aus der heutigen Zeit stammen, denn das angebliche Argument lautete, die Straße begradigen zu müssen.

Fischerstraße

Der nächste Haltepunkt befindet sich in der Fischerstraße. Um dorthin zu gelangen, folgt man dem Verlauf der **Wasserstraße** und biegt an der ersten Ecke in die **Fischerstraße** nach links ein.

Die Gebäude der **Fischerstraße 27 und 28** sind besonders interessant. Es sind zwei Fachwerkhäuser, deren Aufteilung auf ihre einstige Funktion als **Ackerbürgerhäuser** hinweist. Ackerbürger waren Bauern, die in der Stadt lebten und auch Rechte eines Bürgers innehatten, aber trotzdem in der Landwirtschaft tätig waren und deren Felder und Fennen vor den Stadttoren lagen. Die Einfahrt zum Hof, in dem sich die Stallungen befanden, wird von den Wohnräumen eingerahmt. Diese Häuser und die im Hof befindlichen alten Stallungen werden heute als Kunstwerkstätten und Galerien bzw. Verkaufsräume für Boutiquen genutzt.

A8 Zitadelle Spandau

Die Zitadelle Spandau bildet den Endpunkt der ersten Exkursion. Um zur Zitadelle zu gelangen, müssen wir zur **Juliusturmstraße** zurück und die **Juliusturmbrücke** überqueren. Auf der linken Seite folgt dann bald die Straße zur Zitadelle. Die **Zitadelle** in ihrer jetzigen Form wurde 1560 begonnen, nachdem an dieser Stelle zuvor bereits die Slawen eine hölzerne Burgbefestigung und die Askanier im 13. Jh. eine feste Burganlage erbaut hatten. Die Burg wurde höchstwahrscheinlich vom italienischen Baumeister FRANCESCO CHIARAMELLA DE GANDINO entworfen, beendet wurden die Arbeiten von ROCHUS GUERRINI GRAF VON LYNAR, der auch die Festungsanlagen in Kassel und Dresden schuf. Die Zitadelle steht exakt am Zusammenfluss von Havel und Spree und beherrschte den Havelübergang. Sie ist ein herausragendes Bauwerk italienischer Festungsbaukunst der Renaissance. Es gibt wohl kein weiteres europäisches Bauwerk dieser Größenordnung, das so gut erhalten ist. Ein Besuch lohnt sich auf jeden Fall, da in der Zitadelle nicht nur ihre eigene Geschichte dargelegt wird, sondern auch die Geschichte Spandaus dargestellt ist.

Abb. 49: Zitadelle Spandau

Überblick der Spandauer Geschichte

1197	Erste urkundliche Erwähnung der Burg „Spandow"
1232	Verleihung der Stadtrechte
1539	Beginn der Reformation in der Mark Brandenburg durch eine Abendmahlsfeier mit KURFÜRST JOACHIM II. in der Nikolaikirche
1722	Auf Veranlassung von König FRIEDRICH WILHELM I. wird die erste Gewehrfabrik angelegt: Spandow wird Waffenschmiede Preußens
1806	Einzug NAPOLEONS und Besetzung durch französische Truppen
1808	Spandow hat 4 334 Einwohner, davon 402 mit Stimmrecht
1813	Abzug der Franzosen aus der Zitadelle
1875	Spandow hat 23 800 Einwohner
1878	„Spandow" heißt ab jetzt Spandau
1897	Durch die Randwanderung der Siemenswerke entwickeln sich die Ortsteile Siemensstadt und Haselhorst zu einem der größten zusammenhängenden Industriegebiete Berins
1906/11	Bau des Spandauer Südhafens, erster Hafen im Berliner Raum mit Gleisanschluss
1920	Spandau wird Bezirk Groß-Berlins
1944/45	Durch schwere Luftangriffe werden die Altstadt und das Industriegebiet schwer beschädigt
1945	Spandau kommt unter britische Besatzung
1967	Spandau hat 200 000 Einwohner
1978	Beginn der Altstadtsanierung
1984	Eröffnung der U-Bahn-Linie 7 bis Rathaus Spandau
1999	Spandau hat etwa 225 000 Einwohner
2000	Durch neue Wohngebiete wie z.B. die „Wasserstadt" steigt die Einwohnerzahl weiter an

B – Auf der Spree vom Schloss Charlottenburg zur Wiege der Stadt

Von der Spree lassen sich die verschiedensten Facetten Berlins erkennen. Von Industrieanlagen über die Weite des Tiergartens bis zur Friedrichstraße und den Ursprüngen der Stadt, ins Nikolaiviertel, führt diese **Schiffsexkursion**, die von mehreren Unternehmen angeboten wird.

Die **Spree** hat eine Gesamtlänge von über 400 km, 45 km davon in Berliner Stadtgebiet. Sie mündet in Spandau in die Havel. Auf den letzten knapp 180 km beträgt ihr Gefälle nur noch 14 m, sodass Hochwasserereignisse wie in anderen Regionen Deutschlands hier nicht auftreten. Zusätzlich stellt auch der Müggelsee einen natürlichen Puffer dar.

 ## Schloss Charlottenburg

Das **Schloss Charlottenburg**, ab 1699 gebaut und von der Kurfürstin, später Königin Sophie Charlotte zu einem wichtigen Kulturzentrum weiterentwickelt, wuchs in mehreren Phasen zur heutigen Schlossanlage. In Anlehnung an das Berliner Stadtschloss in Grundriss und Aufbau wurde das Schloss exakt eine preußische Meile vom Zentrum entfernt errichtet. Der Meilenstein ist heute vor dem Ägyptischen Museum zu finden.

Als Gegenpol zum Stadtschloss wurde von hier aus der Westen und Norden des heutigen Berliner Stadtgebietes erschlossen. Hier treffen sich die Achsen der Zufahrtswege der Residenzen Spandau, Oranienburg und Niederschönhausen mit denen vom Stadtschloss (heutige Otto-Suhr-Allee und Schlossstraße). Hinter dem Schloss erstreckt sich der **Schlosspark** bis an die Spree, wo unsere Exkursion an der **Schlossbrücke** beginnt.

 ## Kraftwerk Charlottenburg

Zunächst führt die Fahrt an den am nördlichen Spreeufer gelegenen Industrieanlagen des **Kraftwerks Charlottenburg** vorbei, welches in mehreren Ausbauphasen, den jeweiligen Anforderungen einer rasant wachsenden Stadt folgend, erweitert wurde. Ab 1900 entstand die erste Kraftwerkshalle, der Ende der 1920er Jahre fertiggestellte Turm ist 125 m hoch, sodass die Emissionen nicht über Charlottenburg niedergehen. Am Spreekreuz hinter

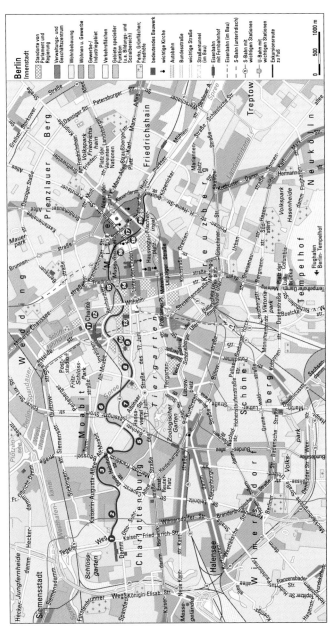

Abb. 50: Exkursion 5b Spreetour

der **Röntgenbrücke** beginnt die Fahrt durch die vielen Schleifen des Flusses. Zunächst passiert man den Ortsteil **Moabit** im Bezirk Mitte-Wedding-Tiergarten. Der Name stammt wahrscheinlich von den Hugenotten, die vor den Toren Berlins siedelten und sich in der Namensgebung auf das Alte Testament bezogen, in dem vom ebenfalls vertriebenen Volk „Moab" berichtet wird (Jesaja 16,4)

B3 Produktionstechnisches Zentrum (PTZ)

Am Gelände der Stadtreinigung, früher Verladeplatz des Berliner Großstadtmülls, geht es vorbei an verspiegelten Bürofassaden und modernen Wohnblöcken. Auch die **Technische Universität**, deren Campus entlang der Straße des 17. Juni und der Moabiter Insel zwischen Landwehrkanal und Spree angesiedelt ist, unterhält hier Gebäude.

Auffälligster Forschungstempel ist der weiße Bau des **Produktionstechnischen Zentrums** (PTZ), in dem Fraunhofer-Institut und TU zusammen der Weisheit auf der Spur sind. Laboratorien, Forschungsanlagen, Hörsäle, Verwaltung, alles ist hier unter einem Dach miteinander verwoben. Der 1981–86 von GERT FESEL und PETER BAYERER errichtete, futuristisch anmutende Komplex gilt als Meilenstein der modernen Industriearchitektur.

B4 Gotzkowsky-Brücke

Weitere Wohnblocks namhafter Architekten stehen vor der **Gotzkowsky-Brücke**. Sie alle haben einen architektonischen Bezug zur Spree, der teilweise sehr deutlich in der Schiffsform der Gebäude zu erkennen ist. Linkerhand steht direkt hinter der Brücke die **Erlöserkirche** am Wikingerufer.

B5 Königliche Porzellanmanufaktur (KPM)

Wo die Spree wieder in eine Linkskurve übergeht, steht ein weiteres Gebäude der TU (Werkstoffforschung) und die Backsteinbauten der **Königliche Porzellanmanufaktur** (KPM).

Rechts hinter der **Hansabrücke** beginnt nun das **Hansaviertel** mit seinen Punkthochhäusern aus den 1950er Jahren. An einer Brandmauer kann man den ehemaligen Stadtgrundriss dieses vor dem Zweiten Weltkrieg dicht bebauten Viertels nachvollziehen. 48 internationale Architekten beteiligten sich mit dem Neubau dieses völlig zerstörten Areals (u.a. AALTO, EIERMANN, GROPIUS, TAUT). Es ist eine lockere Bebauung entstanden, sowohl eingeschossige Eigentumshäuser als auch bis zu 17-geschossige Punkthochhäuser wechseln sich hier ab.

Die Dichte der Bebauung erreichte nach Fertigstellung nur noch 30% des Vorkriegswertes. Entstanden ist das Viertel im Rahmen der „Interbau 1957". Es stellt einen Höhepunkt des innerstädtischen Neuaufbaus West-Berlins dar.

Focus Teleport

Gegenüber sind die großen Gewerbegebäude des **Focus Teleport** zu sehen, welches zum größten Teil Computerfirmen beherbergt. Dahinter schließt sich das u-förmige Haus des Moabiter **Spreebogens** an. In der rechten Hälfte befindet sich das **Bundesinnenministerium**, das komplett in diesen Neubau zieht.

Abb. 51: Focus Teleport mit Innenministerium (rechts) und Moabiter Brücke

B7 Hochhäuser der Interbau 1957 (Hansaviertel)

Hinter der Stadtbahnbrücke, über die mittlerweile der gesamte Berlinverkehr geführt wird, sind auch die Hochhäuser der **Interbau 1957** zu erkennen, eine Bauausstellung ausgeführt als Kontrapunkt zur Stalinallee (Karl-Marx-Allee) im Ostteil. Hier sollte ein „demokratisches Viertel" mit großer Transparenz, viel Licht, Luft und Grün entstehen.

Nachdem wir das Hansaviertel endgültig passiert haben, kommt nun auch die Anlage des **Schlosses Bellevue** zum Vorschein, dem Sitz des Bundespräsidenten. Hinter der **Lutherbrücke** beginnt der **Tiergarten**. Kurz ist die **Siegessäule** von 1871 am Großen Stern zu erkennen (s. Exk. 11).

B8 Wohngebäude für Bundesbedienstete

Am Nordufer entlang schlängeln sich **Wohngebäude** für Bundesbedienstete als Teil des neuen **Regierungsviertels**, welches sich bis zum Bahnhof Friedrichstraße fortsetzt.

B9 „Schwangere Auster"

Rechterhand sieht man das geschwungene Dach der „**schwangeren Auster**". Als Kongresshalle im Rahmen der „Interbau" von HUGH A. STUBBINS erbaut, ist sie heute „**Haus der Kulturen der Welt**", das mit zahlreichen Kulturveranstaltungen den Charakter Berlins als multikulturelle Stadt widerspiegelt.

Dahinter erkennt man den dunklen **Turm des Carillons**, dessen Glockenspiel von einem großen Konzern am Neckar finanziert wurde. Big Benz ist daher auch der inoffizielle Name des Turmes.

B10 Bundeskanzleramt

Links zu sehen ist das neue **Bundeskanzleramt**, das westliche Teilstück des von den Berliner Architekten AXEL SCHULTES und CHARLOTTE FRANK entworfene „Band des Bundes", dem Kernstück des neuen **Regierungsviertels**.

Unter einer der schönsten Brücken der Stadt (1888–91 von OTTO STAHN und JAMES HOEBRECHT erbaut), der **Moltkebrücke**, hindurch, gelangt man zu einem der vielen Häfen Berlins.

Humboldthafen

Das Gelände um den **Humboldthafen** ist heute Baulogistik-
zentrum und Baustelle für den neuen Berliner Zentralbahnhof
(**Lehrter Stadtbahnhof**), der als Drehkreuz erstmals in der
mehr als 160-jährigen Berliner Bahngeschichte die Verbindun-
gen in alle Himmelsrichtungen an einem Punkt konzentriert
(vgl. Kap. 6). Tunnel für Fernbahn, Bundesstraße und U-Bahn
sind bereits gebaut. Zwar wird der Lehrter Stadtbahnhof aus
Platzgründen nicht zum Hauptbahnhof avancieren, doch als
zentraler Umsteigebahnhof übernimmt er in Zukunft wichtige
Funktionen.

Gegenüber vom Humboldthafen befindet sich der Ort, an
dem ALBERT SPEER die „Große Halle des Volkes" errichten wollte
und wo im Vorfeld des Baus ein ganzes Viertel geräumt wurde
(vgl. Exk. 11). Nach der Zerstörung im Zweiten Weltkrieg steht
vom alten Alsenviertel nur noch ein einziges Haus: die **Schweizer Botschaft**.

Charité

Am linken Ufer schließen sich die Bauten des berühmtesten
Berliner Krankenhauses, der **Charité**, an. FERDINAND SAUERBRUCH,
RUDOLF VIRCHOW und ROBERT KOCH wirkten hier und verhalfen
der Charité zu ihrem weltweit einzigartigen Ruf. Hier blicken
wir in den alten Bezirk Mitte, zwischen Stadtbahntrasse und
Spreeufer befand sich bis 1989 der **Mauerstreifen**.

Reichstagsgebäude

Unter der **Kronprinzenbrücke** hindurch, passiert man wieder
das Band des Bundes und am südlichen Ufer kommt das **Reichstagsgebäude** in Sicht, das seit 1999 den Bundestag beherbergt.
Direkt hinter der ehemaligen Zollmauer wurde der Bau 1884–94
von PAUL WALLERT errichtet, außerhalb des direkten Machtbe-
reiches der alten Residenz. 1995 erlebte der Reichstag sein wohl
größtes Massenspektakel: die Aufsehen erregende Verhüllung
durch den Aktionskünstler CHRISTO.

1933 beim Reichstagsbrand zerstört, wurde eine neue Kuppel
erst in den letzten Jahren erbaut. Der britische Architekt Sir
NORMAN FOSTER konzipierte die Kuppel als öffentliches Terrain,
von dem aus das Treiben des Bundestages verfolgt werden kann.

Lichtdurchflutet und an ökologischen Gesichtspunkten orientiert, ist das Reichstagsgebäude heute eines der meistfotografierten Symbole im neuen Berlin. Direkt hinter dem Reichstag befand sich die **Mauer**, an derselben Stelle wie Jahrhunderte vorher die Zollmauer. Das einzige noch erhaltene Tor dieser früheren Mauer ist das **Brandenburger Tor** (vgl. Kap. 4 und Exk. 1). Das **Hauptstadtstudio der ARD** steht an zentralem Ort, der alte Plattenbau am gegenüberliegenden Ufer markiert den Zollpunkt, an dem bis 1989 durchfahrende Schiffe kontrolliert wurden.

|B14| Bahnhof Friedrichstraße

Die Fahrt geht entlang des **Bundespresseamtes** zum **Bahnhof Friedrichstraße**, der zu Mauerzeiten Grenzübergang zwischen Ost- und Westteil der Stadt war. Heute rekonstruiert, halten am Bahnhof die Züge der Nord-Süd-Bahn und der Stadtbahn, und auch für den Regionalverkehr nach Brandenburg ist dieser Bahnhof von Bedeutung.

|B15| Berliner Ensemble

Hinter der **Stadtbahnbrücke** finden sich die Gebäude des **Berliner Ensembles**, dessen berühmte Namen, GERHART HAUPTMANN, MAX REINHARD, BERTOLT BRECHT und HELENE WEIGEL Theatergeschichte schrieben. Hier mündet auch die **Panke** in die Spree.

Direkt vor der **Weidendammbrücke** ist am Südufer der **Tränenpalast** zu erwähnen, Passierstelle für die Rückkehrer aus dem Ostteil der Stadt und heute als Veranstaltungsort genutzt. Am Nordufer hinter der Brücke erblickt man Wohnkomplexe aus der „Sonderplatte" der 1980er Jahre, die der Hauptstadt der DDR an zentraler Stelle ein repräsentatives Aussehen geben sollten.

|B16| Museumsinsel

Am Zusammenfluss von **Kupfergraben** und Spree kommt man an der **Museumsinsel** vorbei, die mit dem **Bodemuseum**, dem **Pergamonmuseum**, der **Alten Nationalgalerie**, dem **Alten Museum** und dem noch im Wiederaufbau befindlichen **Neuen Museum** zum von der UNESCO festgelegten Weltkulturerbe zählt. Dieser Ort ist einen ausführlichen Besuch wert.

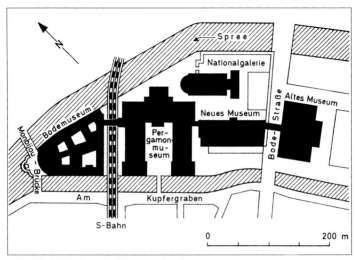

Abb. 52: Weltkulturerbe Museumsinsel

Alt-Berlin

B17

Hinter der **Friedrichsbrücke** passiert man den 1905 erbauten **Berliner Dom** (vgl. Exk. 4).

Man durchquert nun das Gebiet der ursprünglichen Stadt Berlin, die sich zwischen dem **Marx-Engels-Forum** am links gelegenen Spreeufer und dem Alexanderplatz befand. Die **Marien-kirche**, und die **Nikolaikirche** sind neben den Resten der alten Stadtmauer die einzig erhalten gebliebenen Bauten der mittelalterlichen Stadt. Heute beherrscht der **Fernsehturm** die Stadtmitte, die nach ihrer weitgehenden Zerstörung im Zweiten Weltkrieg zwischen 1962 und 1972 völlig neu gestaltet wurde.

Palast der Republik

B18

Auf der rechten Spreeseite wurde von 1973 bis 1976 der **Palast der Republik** errichtet, der die Stelle markiert, an der Kurfürst FRIEDRICH II. VON HOHENZOLLERN 1442–1451 eine **Schlossanlage** errichten ließ. In den folgenden Jahrhunderten erweitert und ausgebaut, etablierte sich in diesem Bereich der Stadt das Macht- und Repräsentationszentrum der preußischen Hauptstadt (vgl. Kap. 4, Exk. 1).

B19 | Zwischen Mühlendammbrücke und Jannowitzbrücke

Vor der **Mühlendammbrücke**, auf der sich im Mittelalter das gemeinsame Rathaus der Doppelstadt Berlin-Cölln befand, sieht man auf der linken Seite das in den 1980er Jahren zum großen Teil neu errichtete **Nikolaiviertel**, den Gründungsort Berlins, während die Schwesterstadt Cölln auf der rechten Seite lag, dort wo sich heute die Hochhäuser der Fischerinsel erheben. Vertiefende Informationen über die Stadtgeschichte erhält man nach dem Ende der Fahrt an der **Jannowitzbrücke** im nahe gelegenen **Märkischen Museum** (vgl. auch Exk. 1).

5C | C – Rundgang durch den Westhafen

Der **Westhafen** ist sehr bequem mit der U-Bahn Linie 9 zu erreichen. Die Haltestelle heißt genauso wie der Hafen, den es zu besuchen gilt. Um auf das Westhafengelände zu gelangen, benutzt man den Ausgang **Westhafenstraße** und geht nach links. Linkerhand befindet sich die **Schifferkirche**. Der hier arbeitende Pfarrer ist der fünfte seit 1877 in der Schiffermission. Die Kirche ist ein umgebautes Hafengebäude und erst auf den zweiten Blick als Kirche zu identifizieren. Weiter geht es durch das **Tor 1** auf das Hafengelände. (Als Fußgänger sollte man auf den zeitweise sehr starken Lkw-Verkehr achten.) Der Westhafen ist mit seinen drei Hafenbecken der größte Hafen der **Berliner Hafen- und Lagerhausbetriebe (BEHALA)** und wurde im September 1923 eröffnet (Baubeginn 1914). Seit November 1920 wurden allerdings schon einzelne fertiggestellte Hafenbereiche genutzt. Der Westhafen hatte im Jahr 1997 mit ca. 1 700 000 t einen Anteil von 44,5 % am Gesamtumschlag der BEHALA. Wenn man bedenkt, dass die BEHALA ca. 80 % des Umschlags in Berlin durchführt, so werden nur über den Westhafen ungefähr 35 % des gesamten Berliner Hafenumschlags getätigt. Um den ersten Exkursionspunkt zu erreichen, geht man geradeaus Richtung Hafenbecken II und wendet sich, nachdem das **Wirtschaftsgebäude** passiert wurde, nach links.

C1 | Verwaltungsgebäude

Nun erhebt sich vor uns das **Verwaltungsgebäude** mit seinem 52 m hohen Turm. Es wurde von RICHARD WOLFFENSTEIN entworfen, der durch Großbauten in Berlin bekannt ist. Der repräsentative Charakter dieses Gebäudes wird zusätzlich durch die

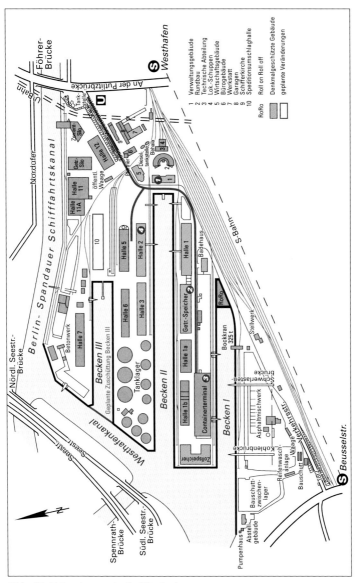

Abb. 53: Exkursionsroute 5c Westhafen

Skulpturen und Reliefs mit maritimen Motiven und Allegorien von den Bildhauern TOCHTERMANN und GOBES unterstützt. Als Beispiel sollen hier nur die überlebensgroßen **Skulpturen** von Hafenarbeitern genannt werden, die den Haupteingang flankieren. Im **Treppenhaus** des Verwaltungsgebäudes wurde 1926 der Stadtbaurat FRIEDRICH KRAUSE beigesetzt, dem der Entwurf und die Oberleitung der Bauausführungen des Westhafens oblagen und der somit als der Erbauer des Westhafens gilt. In den Jahren 1907 – 1913 hatte er schon den Entwurf für den Osthafen erstellt und anschließend die Oberleitung der Bauausführungen für diesen übernommen. Der Westhafen wurde während seines Bestehens immer wieder erweitert und umgebaut. So wurde in den Jahren 1924 – 1927 das dritte Hafenbecken und die Kaianlagen am Berlin-Spandauer Schifffahrtskanal gebaut.

C2 Getreidespeicher

Im Hafen sind aber nicht nur hafentypische Einrichtungen anzutreffen, wie man am **Getreidespeicher** sehen kann. Dieser wird erreicht, indem man zunächst an den Gleisanlagen entlang und dann auf die Kaianlage zwischen Becken I und II geht. In dem Getreidespeicher ist die **Zeitungsabteilung der Staatsbibliothek** untergebracht. Für alle Interessenten: Im Lesesaal sind in der aktuellen Auslage ca. 80 in- und ausländische Zeitungen und Journale verfügbar. Außerdem können an mehreren Arbeitsplätzen Zeitungen und Zeitungsindices in CD-ROM-Ausgaben benutzt werden, aber auch alle magazinierten Bestände sind einsehbar, jedoch nur nach vorheriger Bestellung per Leihschein.

C3 Containerstellplatz

Auf der dem Getreidespeicher gegenüberliegenden Seite an Becken I entsteht ein **Containerstellplatz** und eine **RoRo- (Roll-on-Roll-off) Anlage**. Diese Baumaßnahmen stehen im Zusammenhang mit der Modernisierung der Berliner Häfen zur Anpassung an die Parameter des Projektes 17 des Verkehrsprojekts Deutsche Einheit, also die Erreichbarkeit der Berliner Häfen mit Motorgüterschiffen von 110 m Länge und 2 000 t Tragfähigkeit sowie 185 m langen Schubverbänden mit 3 500 t Tragfähigkeit. Hiermit soll auch für die Zukunft die Attraktivität des Wasserweges für Berlin sichergestellt werden, denn dieser ist immer noch der kostengünstigste. Alle historischen Gebäude des West-hafens wurden im September 1995 unter **Denkmalschutz** gestellt. Dazu gehören neben dem Verwaltungsgebäude, dem Getreide-speicher, dem Zollspeicher zwischen Becken I und Becken II, dem Wirtschaftsgebäude direkt an der Toreinfahrt zum Hafengebiet auch die Hallen 1–3 sowie ein paar kleinere Gebäude.

Halle 2 Ford Motor Company C4

Eine interessante Periode begann im April 1926 für **Halle 2**, da hier seinerzeit die **Ford Motor Company** die Autoproduktion auf-nahm. Im Westhafen arbeiteten für die Ford Werke bis zu 234 Mitarbeiter. Im Jahr 1927 hatten sie schon eine Wochenarbeitszeit von 40 Stunden. 1929 wurde allerdings mit der Tagesproduktion von 64 Autos die Leistungsgrenze für dieses Areal erreicht und Ford verlegte 1931 seine Automobilproduktion nach Köln, wo sie heute noch ansässig ist. Immerhin wurden hier im Westhafen 37 000 Automobile in Halle 2 montiert. Damit endet nun der kurze Rundgang, doch sollte man sich trotzdem noch ein wenig Zeit nehmen, über das Hafengelände zu schlendern, um ein wenig mehr von der maritimen Betriebsamkeit zu erleben.

Abb. 54: Westhafen

6   Großwohnsiedlungen im Norden und Osten

Gerret J. Haß

→ Route A – Märkisches Viertel

U-Bahnhof Wittenau – Wilhelmsruher Damm – Eichhorster Weg –
Finsterwalder Straße – Calauer Straße – Senftenberger Ring –
Wesendorfer Straße – Treuenbrietzener Straße – Quickborner
Straße – Dannenwalder Weg – Wentowsteig

→ Route B – Marzahn

S-Bahnhof Springpfuhl – Helene-Weigel-Platz – Murtzaner Ring –
Amanlisweg – Pekrunstraße – Kienbergstraße – Alt-Marzahn –
Marzahner Promenade

1,5h   **Dauer:** jeweils ca. 1,5 Stunden

Zur Geschichte der Großwohnsiedlungen in Berlin

Die Entwicklung von Großwohnsiedlungen begann in den
1920er Jahren u.a. mit der Hufeisensiedlung in Britz (s. Exk. 7).
Während der Weimarer Republik wurden in der städtischen
Peripherie Siedlungen errichtet, die dem ungeordneten Städte-
wachstum des 19. Jh. und der Entwicklung Berlins zur größten
Mietskasernenstadt der Welt, mit dem damit verbundenen
Wohnelend, entgegenwirken sollten.

Die Ziele der Siedlungs- und Städteplaner waren durch die
Begriffe Licht, Luft und Sonne, aber auch durch humanistische
Vorstellungen wie die **Gartenstadtidee** von HOWARD (1893)
geprägt. Der Höhepunkt des Großwohnsiedlungsbaus ist jedoch
auf das Ende der 1970er Jahre zu datieren. Durch den Zweiten
Weltkrieg waren in Berlin ca. 32 % aller Wohnungen zerstört.
Diese Lücken galt es zunächst zu füllen und bald auch neue
Flächen zu erschließen.

Die Großwohnsiedlungen wurden ohne politische und admi-
nistrative Institutionen an den Stadtrand gebaut. Dabei griff
man meist auf Freiflächen zurück. Im Westen Berlins wurden
die **Gropiusstadt** und die Siedlung **Falkenhagener Feld** auf

Ackerflächen erbaut, das **Märkische Viertel** allerdings auf einem Laubenkoloniegelände. Die Großwohnsiedlungen waren nicht nur eine Folge des fortschreitenden Bevölkerungswachstums in West-Berlin, sondern sollten auch die Zwangsabwanderer aus innerstädtischen Sanierungsgebieten aufnehmen.

In Ost-Berlin begann der Bau von Großwohnsiedlungen ungefähr zehn Jahre später als in West-Berlin. Es entstanden komplexe Großwohnsiedlungen wie **Marzahn**, **Hohenschönhausen** und **Hellersdorf**, um den Zustrom von Menschen aus dem gesamten Gebiet der DDR und den ländlichen Randbezirken Berlins aufzufangen. Die Hauptstadtfunktion trug zusätzlich zur massiven Zuwanderung aus dem übrigen Gebiet der DDR bei. In ihren Dimensionen übertreffen diese Großwohnsiedlungen diejenigen West-Berlins bei weitem. Während z. B. das Märkische Viertel rund 16 000 Wohneinheiten aufweist, kann Marzahn mit der stolzen Zahl von etwa 62 000 aufwarten. Die Bauausführungen fanden im so genannten „komplexen Wohnungsbau" mit genormten, vorgefertigten Elementen statt. Wegen ihrer Größe wurden die neuen Plattensiedlungen im Ostteil Berlins meist als eigene Stadtbezirke geplant und erbaut.

Obwohl die Großwohnsiedlungen vom Zeitpunkt der Planung und von der Konzeption Unterschiede aufweisen, kann man im Vergleich beider Stadthälften einige bemerkenswerte **Gemeinsamkeiten** feststellen. Als Baugrund wurden vorwiegend landwirtschaftliche Nutzflächen und Rieselfelder in Stadtrandlage genutzt. Ein weiteres Merkmal der Siedlungskomplexe ist ihr Charakter als reine Wohn- und Schlafstädte, auch wenn zum Beispiel beim Märkischen Viertel Industrieansiedlungen in unmittelbarer Nähe geplant waren, liegt dort, wie in allen Großwohnsiedlungen die Arbeitsplatzdichte weit unter dem Durchschnitt. Ebenso verhält es sich bei dem Ausstattungsgrad mit Versorgungseinrichtungen. In allen Großwohnsiedlungen Berlins liegt dieser unter dem normalen Durchschnitt. Der kurzfristige Grundbedarf, der Dinge des täglichen Lebens umfasst (Lebensmittel, Tabakwaren, Arzneimittel, Blumen usw.), kann zwar ausreichend gedeckt werden, der mittelfristige oder auch periodische Bedarf (Textilien, Hausrat, Bücher, Schreibwaren, Sportartikel usw.) meist nur mangelhaft und der langfristige Bedarf (Möbel, Automobile, Foto-Optik, hochwertiger Schmuck, Antiquitäten usw.) nur vereinzelt.

Allerdings wird seit der Fertigstellung der Wohnsiedlungen versucht, diese Defizite auszugleichen. Besonders nach der Wiedervereinigung ist man im Ostteil der Stadt bemüht, diese Lücken zu schließen.

► Überblick Märkisches Viertel

Das Gebiet des **Märkischen Viertels** gehörte bis zum Beginn der
1960er Jahre zu den größten zusammenhängenden Lauben-
bzw. Wohnlaubengebieten Berlins. Hier standen ca. 3 000 mehr
oder weniger massive, zum großen Teil nicht genehmigte Lau-
ben auf einer Fläche von 385 ha. Viele von ihnen waren während
und nach dem Zweiten Weltkrieg entstanden. Nach dem Krieg
setzte ein verstärkter Bevölkerungszuzug aus den zerbombten
Innenstadtbereichen ein, so dass die Wohnbevölkerung hier auf
ca. 12000 Personen anstieg. Da nur ein Teil des Siedlungsgebietes an die Trinkwasserversorgung und die Kanalisation an-
geschlossen war, traten Tuberkulose und Ruhr überdurchschnittlich häufig auf. Eine Neuordnung und vollständige
Erschließung dieses Geländes war vonnöten. Die Bemühungen
des Bezirkes **Reinickendorf** zur behutsamen Neuordnung des
Geländes scheiterten bis 1962 immer wieder an fehlenden Mitteln. Da in Berlin noch immer ein Wohnraummangel herrschte,
wurde ein Architektenteam vom Senat beauftragt, die Bebauung
zu planen. Im Gegensatz zu den Vorstellungen des Bezirkes
Reinickendorf, der von 6 598 Wohnungen ausging, sah der neue
Entwurf schon 12 534 Wohneinheiten neben den noch ungefähr

Abb. 55: Exkursionsroute 6a Märkisches Viertel

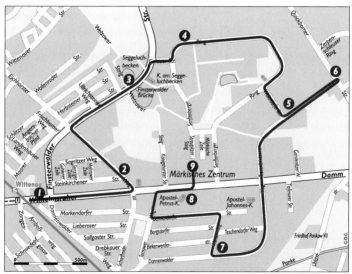

800 verbleibenden Einfamilienhäusern vor. Am Ende stieg die Zahl der Wohnungen auf etwa 17000, die zwischen 1963 und 1974 errichtet wurden.

Diese Dimensionierung hatte jedoch eine unzureichende **Infrastruktur** zur Folge: Zu klein war das Geschäftszentrum, ein U-Bahnhof fehlte und die Ausstattung mit Arbeitsplätzen war weit unter dem Bedarf, woraus ein sehr hoher Pendleranteil resultierte. Es mussten in der Folgezeit teilweise Wohnungen zusammengelegt werden, da zu wenig Großwohnungen für kinderreiche Familien eingeplant waren. Im Laufe der Jahre konnten die Infrastrukturmängel im Wesentlichen beseitigt werden, bis heute fehlt aber immer noch der direkte U-Bahn-Anschluss.

Die **Bevölkerungsstruktur** im Märkischen Viertel unterlag seit dem Einzug der ersten Mieter einem kontinuierlichen Wandel. Waren es zu Beginn besonders einkommensschwache Mieter, die entweder aus den Sanierungsgebieten der Innenstadt umgesiedelt wurden oder ehemalige Bewohner der Laubensiedlungen, so zogen im Zuge der Wohnumfeldverbesserung auch einige besser Verdienende in die Trabantenstadt. Aufgrund der Tatsache, dass das Märkische Viertel als Siedlung des sozialen Wohnungsbaus errichtet wurde, beschränkte sich der Zuzug der etwas wohlhabenderen Schichten jedoch überwiegend auf kinderreiche Familien. Dennoch kann für die späten 1970er und die 1980er Jahre von einer ansatzweisen sozialen Durchmischung gesprochen werden, die erst seit der Wende massiv gestört wird. Vergleichsweise hohe Mieten und verlockend attraktive Angebote vieler Wohnparks im neu hinzugewonnenen Umland führen zu einer verstärkten Abwanderung vieler Familien mit Kindern. Eine Umwandlung vieler Wohnungen in Eigentumswohnungen soll dem sozialen Entflechtungsprozess entgegenwirken.

Rundgang Märkisches Viertel

6A

Wilhelmsruher Damm

A1

Die am nächsten gelegene U- oder S-Bahn Station ist **Wittenau**. Von dort beginnt auch die Exkursion durch das Märkische Viertel. Nach Verlassen des Bahnhofs steht man auf dem **Wilhelmsruher Damm**, der das Märkische Viertel in West-Ost-Richtung durchzieht und die Magistrale des Viertels bildet. Von ihm werden die Wohnquartiere verkehrsmäßig erschlossen.

Abb. 56: Leben im Märkischen Viertel

Der Straße nach Osten folgend, begleiten uns auf der Nord-seite der Verkehrsachse Einfamilienhäuser. Dies ist eines von vier Wohngebieten mit der ursprünglichen Wohnbebau-ung, die von den neuen Wohnblöcken zangenartig umschlos-sen werden.

Eichhorster Weg

Im **Eichhorster Weg**, dem wir nach Nordwesten folgen, wird der Gegensatz zwischen Alt und Neu gut ersichtlich. Während in dem Wohngebiet linkerhand der Straße nicht nur Wohnhäuser, sondern auch kleine Geschäfte oder Dienstleistungsbetriebe vor-handen sind, stehen auf der rechten Seite reine Wohnbauten, in denen diese Einrichtungen fehlen. Weiterhin ist auffällig, wie eintönig die neuen Häuser auf den Betrachter wirken. Offen-sichtlich unterstützt die Farbgebung weiß/grau diesen Ein-druck. Die Hauseingänge sind uniform gestaltet und wirken wie dunkle Schluchten.

Finsterwalder Brücke

Vom Eichhorster Weg biegen wir nach rechts in die **Finster-walder Straße** ein, der wir zunächst bis zur **Finsterwalder Brücke** folgen. Diese Brücke überquert einen Teil des Drainage-grabensystems, welches das Märkische Viertel durchzieht und zusammen mit Sportanlagen die zentrale Erholungsanlage bildet.

Versorgungszentrum

Weiter geht es durch die **Calauer Straße** zum **Senftenberger Ring**, in den wir nach links einbiegen. Hier gelangen wir zu einem kleinen **Versorgungszentrum**. Dies ist eines von fünf kleinen Versorgungszentren die neben dem großen, dem Märki-schen Zentrum, das der Endpunkt des Rundgangs sein wird, be-stehen. Vorrangig sind hier Dinge des täglichen Bedarfs zu be-kommen, daneben finden sich aber auch Friseure, Gaststätten und kleine Freizeiteinrichtungen.

   An den Häusern fällt, im Gegensatz zum Eichhorster Weg, die farbliche Gestaltung der Eingänge und Balkone der umge-benden Wohnblöcke auf. Dies gehört zu den Wohnumfeldver-

199

besserungen, die Anfang der 1980er Jahre begannen. Im Zuge dieser Maßnahmen wurden Veränderungen an und in den Häusern sowie im Stadtraum vorgenommen. Einige Beispiele für die Veränderungen an den Häusern sind u.a. die erwähnte Farbgestaltung an den Häusern, teilweises Schließen der Balkone und Loggien zu Wintergärten, Erweiterung der Hauseingänge und ein kindgerechter Hausumbau.

A5 Treuenbrietzener Straße

Auf der Südseite des **Senftenberger Ringes** befindet sich ein **Schul- und Freizeitkomplex** mit Jugendfreizeitheim, Seniorenzentrum sowie Schulen, Sporthallen und -plätzen. Dieser Komplex belegt fast den gesamten inneren Bereich des Senftenberger Rings. Wir folgen dem Ring weiter und biegen dann links in die **Wesendorfer Straße** ein, durch diese gehen wir bis zur **Treuenbrietzener Straße**. Hier ist eine weitere Schule des Märkischen Viertels angesiedelt, in diesem Fall mit angegliederter Kindertagesstätte. Ursprünglich gab es in dem Neubaugebiet zu wenig Einrichtungen dieser Art, so dass nachgebessert werden musste. Nach Bezug der ersten Wohnblöcke betrug der Kinder- und Jugendlichenanteil 40%. Heute sind die Schulen und Kindertagesstätten teilweise überdimensioniert, da sich die Altersstruktur der Bevölkerung deutlich verändert hat. Bei einem Rundgang durch das Märkische Viertel fallen die relativ großen, begrünten Parkplätze im Wohngebiet auf. Leider hat man es bei der Begrünung oft an gartendesignerischer Kreativität mangeln lassen, da die Hecken fast ausschließlich aus Hainbuchen bestehen und der Baumbestand nur aus Platanen. Eine Parallelität zwischen der Eintönigkeit der Bebauung und der Vegetation drängt sich dem Betrachter nahezu auf. Wie angenehm wirkt dagegen die **Kleingartenkolonie** auf der Südseite der Straße.

A6 Quickborner Straße

Unser Weg führt uns weiter nach Nordosten bis zum Ende der Straße. An der **Quickborner Straße** befindet sich das einzige **Industriegebiet** des Märkischen Viertels. Hier sind einige Industriebetriebe angesiedelt aber auch Dienstleister und Freizeiteinrichtungen. Das Gebiet beschränkt sich ausschließlich auf das Areal östlich der Quickborner Straße und wird lediglich vom **Zerpenschleuser Ring** durchzogen.

Wentowsteig

Wir gehen nun die Treuenbrietzener Straße zurück, überqueren den **Wilhelmsruher Damm** und folgen dem **Dannenwalder Weg** bis wir von diesem rechts in den **Wentowsteig** einbiegen. Im Wentowsteig wird der Unterschied zwischen der neuen Bebauung und dem alten Siedlungsgebiet nicht nur optisch, sondern auch akustisch erlebbar. Während uns bisher ein gewisser Geräuschpegel durch Fahrzeugverkehr begleitet hat, werden hier plötzlich Naturgeräusche hörbar. Da in diesem alten **Wohngebiet** jedes Haus seinen Garten und Vorgarten mit vielfältiger Vegetation besitzt, sind hier noch viele Vogelarten anzutreffen und zu hören, die in der Geräuschkulisse des Neubaugebietes meist untergehen. Ebenso wirkt die Artenvielfalt der Pflanzen, die in den neuen Wohngebieten kaum vorhanden ist, sehr angenehm. Ein großer Kontrast zu dieser Idylle ist der **Wohnblock** der sich im Norden wie eine große Wand erhebt.

Da wir auf die andere Seite dieses Wohnblocks gelangen müssen, folgen wir dem kleinen Fußweg, der auf diesen zuführt und wenden uns dann nach links, um an der Rückseite dieser Wohnanlage um diese herumzugehen.

Abb. 57: Märkisches Viertel mit Blick auf das Seggeluch-Becken

A8 Wohnblöcke südlich des Wilhelmsruher Damms

Die Hauseingänge des **Wohnblocks** südlich des **Wilhelmsruher Damms** zeigen sehr gut, welche positiven Ergebnisse die Wohnumfeldverbesserungen hervorgebracht haben. Hier wurde nicht nur eine Eingangsform gefunden, die sehr schwungvoll ist, sondern auch lichtdurchflutet und dadurch freundlich wirkt. Ebenfalls positiv kommt hinzu, dass die Hausnummern dieser Häuser in unterschiedlichen Farben gehalten sind. Dies ist bei der Gleichförmigkeit der Eingänge für kleinere Kinder ein sehr hilfreiches Mittel für die Identifizierung.

A9 Märkisches Zentrum

Nachdem wir den **Wilhelmsruher Damm** überquert haben, stehen wir vor dem **Märkischen Zentrum**, das das zentrale und größte **Versorgungszentrum** des Stadtteils ist. Hier bekommt man alles für den täglichen und mittelfristigen Bedarf. Daneben sind Restaurants, Freizeiteinrichtungen, Banken usw. vorhanden.

In der Mitte des Zentrums ist ein **Marktplatz** angelegt worden, an dem eine katholische **Kirche**, das **Fontane-Haus** mit Bürgerbüro und Teilen des Bezirksamts, die **Thomas-Mann-Oberschule** und ein **Schwimmbad** liegen. Auf diesem Marktplatz findet zweimal in der Woche ein Wochenmarkt statt, zu dem etwa 40 Händler ihre Stände aufbauen und vor allem Frisches aus den Gärten des Umlandes anbieten. Große Aufregung entstand 1998/99 als der Betreiber des Einkaufszentrums den Plan vorlegte, auf dem Marktplatz ein Riesenkino zu bauen. Ein Sturm der Entrüstung brach unter den Anwohnern aus, unterstützt von der größten Wohnungsbaugesellschaft des Märkischen Viertels, der letzendlich die potentiellen Betreiber zum Umdenken bewogen hat.

► Überblick Marzahn

Das 1300 erstmals urkundlich erwähnte **Angerdorf** „Morezane" war im Jahre 1979 der erste, der von der Ost-Berliner Stadtverordnetenversammlung nach der Spaltung eingerichteten drei neuen Stadtbezirke. In den Jahren 1976–88 entstand hier die erste Großwohnsiedlung im Ostteil der Stadt. Mit seinen $31{,}5\,km^2$ ist Marzahn nicht nur der größte neu gegründete

Stadtbezirk vor Hellersdorf (28,1 km²) und Hohenschönhausen (26 km²), sondern mit ca. 165 000 Einwohnern auch die größte Neubausiedlung Deutschlands. Von dem Neubaugebiet wird der alte Kern, das Straßenangerdorf **Alt-Marzahn**, umschlossen. Verkehrstechnisch ist der Bezirk, der ca. 12 km von der Mitte Berlins entfernt ist, recht gut zu erreichen, da eine direkte S–Bahn-Linie vom Zentrum nach Marzahn führt. Vom Alexanderplatz benötigt die S-Bahn eine Fahrtzeit von nur 24 Minuten bis zum S-Bahnhof **Marzahn**.

Die **Bevölkerungsstruktur** Marzahns war in sozialer Hinsicht bis zur Wende weitgehend homogen, da die Schaffung gleicher Lebensbedingungen für alle seinerzeit fester ideologischer Bestandteil der Wohnungspolitik war und auch praktisch realisiert werden konnte. Sowohl Intellektuelle, als auch Arbeiter fanden in den entstehenden Plattenbausiedlungen ein neues Zuhause,

Abb. 58: Exkursionsroute 6b Marzahn

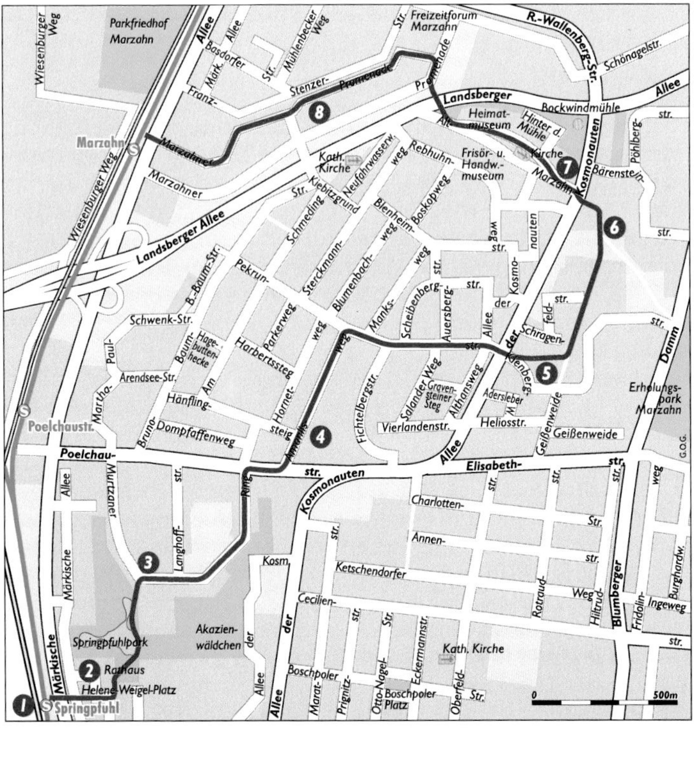

Abb. 59: Marzahn alt und neu

auch wenn sich in der DDR schnell die höhnische Bezeichnung „Arbeiterschließfächer" etablierte. Siedlungen wie Marzahn stellten eine attraktive Wohnalternative zu den immer stärker verfallenden Innenstadtbereichen dar, auf deren Sanierung zugunsten des forcierten, standardisierten Wohnungsbaus weitgehend verzichtet wurde. Auch in finanzieller Hinsicht bedeutete ein Umzug in eine Neubauwohnung kaum Einschnitte, da die Mietpreise staatlich gesteuert auf äußerst niedrigem Niveau gehalten wurden.

Frei nach dem Motto „Theorie ist Marx, Praxis ist murx" zeigten sich alsbald gravierende Mängel im komplexen Wohnungsbau der DDR. Abgesehen von Schulen und Kindergärten genügten die soziale Ausstattung und die bauliche Qualität der industriell gefertigten Gebäude nicht immer den Ansprüchen und Bedürfnissen der Bewohner, obgleich die theoretische Ausgangskonzeption als planerisch insgesamt stimmig betrachtet werden muss. Insbesondere die Verwendung qualitativ minderwertiger Baumaterialien führte schnell zu Nachbesserungs- und Sanierungsbedarf, der jedoch nur unzureichend befriedigt werden konnte. Besonders deutlich traten die Mängel nach der Wende zu Tage, als den Bewohnern nunmehr Vergleichsmöglichkeiten geboten waren. Mieterhöhungen, das marode

Wohnumfeld und die lockenden Angebote aus dem Umland, führten in den ersten Jahren nach dem Fall der Mauer zu einer einsetzenden sozialen **Segregation**, die erst langsam durch **Wohnumfeldverbesserungen** gebremst werden konnte. Als markantes und besonders kritisches soziales Indiz ist die Zahl der in Marzahn wohnenden Arbeits-losen, die über dem Durchschnitt der Stadt liegt, zu werten. Viele der in den Großwohnsiedlungen lebenden Menschen sind von den wirtschaftlichen Umstrukturierungsmaßnahmen ihrer ehemaligen Betriebe betroffen. Leider spiegeln sich die sozialen Missstände nicht nur in den Wahlergebnissen extremer Parteien wieder, sondern auch in den mit Graffities besprühten Hauswänden. Auch das Verhalten einer kleinen Minderheit der Bewohner dieses Stadtteils gegenüber anders Denkenden und anders Aussehenden mahnt dringend dazu, die Bemühungen um eine Verbesserung der Situation weiter zu forcieren. Dennoch: über 80 % der Marzahner leben gerne in ihrem Bezirk! Der überproportional hohe Anteil junger Menschen und die positive Einstellung der Bewohner bilden ein gutes Fundament für die erfolgreiche Wiederinwertsetzung eines arg strapazierten Teiles unserer Stadt.

Beim Rundgang durch diesen sozial angeschlagenen Stadtteil sollte der Besucher sein Augenmerk daher vor allem auf die Versuche richten, die vom Bezirk und den neuen privaten Eigentümern der Wohnanlagen unternommen werden, diesen Prozessen entgegenzuwirken, denn immerhin sind bereits 6 000 Wohnungen saniert worden.

Rundgang Marzahn

S-Bahnhof Springpfuhl

Vom S-Bahnhof **Springpfuhl** hat man eine gute Sicht auf den südlichsten Teil des westlich der Ahrensfelder Bahntrasse gelegenen **Industrie- und Gewerbegebiets**. Bei einer Gesamtfläche von ca. 550 ha gliedert es sich in drei Teilgebiete. Seit 1991 verzeichnet Marzahn einen kontinuierlichen Anstieg des Gewerbebestandes. Insgesamt waren Ende 1998 annähernd 8 500 Unternehmen in Marzahn ansässig, davon 149 Industrie- und 1 100 Handwerksunternehmen. Vom Wohngebiet ist das Gewerbegebiet durch eine Verkehrsschneise getrennt. Hier verlaufen nicht nur die S-Bahn-Linien, sondern auch die Regionalbahn, Straßenbahnen und mehrspurige Straßen. Daneben liegen hier ebenfalls die oberirdisch verlegten Fernwärmeleitungen.

B2 Helene-Weigel-Platz

Der **Helene-Weigel-Platz**, den wir erreichen, wenn wir den S-Bahnhof verlassen, bildet eines von insgesamt vier **Hauptversorgungszentren**. Daneben existieren noch diverse kleinere lokale Zentren in den einzelnen Wohngebieten, die die Aufgabe besitzen, die Bevölkerung mit den Waren des täglichen Bedarfs zu versorgen, während in den Bezirkszentren auch Waren des mittel- und langfristigen Bedarfs angeboten werden. Auf dem Helene-Weigel-Platz herrscht zudem an jedem Wochentag reges Markttreiben. Hier befinden sich nicht nur Versorgungs- und Dienstleistungseinrichtungen, sondern auch das **Rathaus**, also das Verwaltungszentrum Marzahns. Markant sind sicherlich die 21- und 24-geschossigen **Doppelwohnhochhäuser** die das Rathaus einrahmen. Besonders sollte man auf das Hochhaus achten, das zur Linken des Rathauses steht. An seiner Fassade ist die zurzeit größte Solaranlage Europas montiert, die im Mai 1999 in Betrieb genommen wurde. Sie erstreckt sich über 20 Stockwerke des Hauses und besitzt eine Fläche von rund 427 m². Neben der Hausbeleuchtung können mit dieser Anlage, die eine Jahresleistung von 25 000 kWh aufweist, auch die Lüftung, Pumpen und die Notbeleuchtung des Gebäudes betrieben werden. Mit dieser Fotovoltaikanlage präsentierte sich die Wohnungsbaugesellschaft Marzahn (WBG) auf der EXPO 2000, um ein Beispiel für die nachhaltige Weiterentwicklung von Großsiedlungen zu liefern.

Da es im Bezirk auf den Gebieten Handel, Dienstleistungen, Gastronomie, Hotelgewerbe und Erholung Defizite gab, wurde in den letzten Jahren, insbesondere nach der Wende, viel unternommen, um diese zu beheben. Ein Beispiel ist die **Springpfuhl-Passage**, die an das Hochhaus rechts vom Rathaus gebaut wurde und eine Gewerbefläche von etwa 1650 m² besitzt. Zwischen Passage und Rathaus gehen wir hindurch, um einen kurzen Blick auf einige weitere Einrichtungen des Zentrums zu werfen. Der zentrale Parkplatz ist von diversen Einrichtungen umrahmt. Linkerhand steht die frühere Poliklinik, die sich heute **Gesundheitseinrichtung** nennt, in der eine Apotheke, Ärzte aller Fachrichtungen und Niederlassungen von Krankenkassen untergebracht sind. Dahinter befindet sich ein **Schwimmbad** und an der Ostseite des Platzes ein **Kino**. Wir kehren zum Helene-Weigel-Platz zurück und gehen vor dem Rathaus und dem Hochhaus mit der Solaranlage vorbei, über die Holzbrücke in den **Springpfuhlpark**, den wir durchqueren.

Abb. 60: Hochhaus mit Solaranlage am Helene-Weigel-Platz

B3 | Murtzaner Ring

In den Jahren 1998/99 wurde ein Großteil der Häuser im **Murtzaner Ring**, in den wir nach rechts einbiegen, saniert. Es wird ersichtlich, welche Anstrengungen die Wohnungsbaugesellschaften gemeinsam mit der Bezirksverwaltung unternehmen, um Marzahn lebenswerter zu gestalten.

Zwischen den sanierten Häusern sind noch Blöcke im Urzustand zu sehen, so dass das ursprüngliche Aussehen des Gebietes vorstellbar ist. Der Zweck dieser Häuseranlagen ist hier sehr klar ersichtlich. Es gibt weder Geschäfte noch Restaurants oder Kneipen. Der Begriff **Wohn- und Schlafstadt** wird hier nur allzu offensichtlich.

B4 | Amanlisweg

Aber nicht nur große Wohnblöcke sind in Marzahn anzutreffen. Im **Amanlisweg** stehen auf der Westseite Einzelhäuser, während die Ostseite mit Hochhäusern bebaut ist. Auch hier wurden die Blöcke auf ansprechende Art und Weise renoviert.

Die Ecke **Amanlisweg/Pekrunstraße** ist mit einem Schulbau besetzt. Auf der Sporthalle ist das für die Hallenbauten der DDR-Zeit so markante wellenförmige Dach zu sehen. Diese Dachform wurde für alle Hallenbauten, egal ob Einkaufsmarkt oder Sporthalle, benutzt.

Nachdem wir die Pekrunstraße rechts heruntergegangen sind und die **Allee der Kosmonauten** überquert haben, gelangen wir in eines der noch nicht sanierten Gebiete.

B5 | Kienbergstraße

In der **Kienbergstraße** wird die Tristheit der Bebauung sehr deutlich. Dieser Zustand wird sich sicherlich in absehbarer Zeit ändern, da im gesamten Gebiet von Marzahn Sanierungen und **Wohnumfeldverbesserungen**, wie im **Murtzaner Ring** gesehen, durchgeführt werden. Im ganzen Bezirk stehen Stellwände mit dem Slogan „Marzahn wird schöner", die die Initiative begleiten.

In der Kienbergstraße halten wir uns links und durchqueren eine **Grünanlage**, die von diversen Schulbauten gesäumt wird. An diesem Ort ist von der Kindertagesstätte bis zum Gymnasium alles vorhanden.

„Am Anger"

Durch einen torartigen Eingang betreten wir das kleine Versorgungszentrum „**Am Anger**", das wir zur Allee der Kosmonauten hin durchqueren wollen. Neben den großen Bezirkszentren gibt es mehrere dieser kleinen **Wohngebietszentren**. Auch diese Zentren sind in der Zeit nach der Wiedervereinigung erweitert worden. Der Unterschied zwischen der ursprünglichen sehr nüchternen, genormten Bebauung und der neueren etwas verspielteren, individuelleren Architektur ist hier sehr gut zu erkennen. Für Handel und Dienstleistung stehen hier insgesamt 3 400 m² zur Verfügung.

Alt-Marzahn

Nach Überquerung der **Allee der Kosmonauten** stehen wir in dem denkmalgeschützten Dorfkern von **Alt-Marzahn**, der einen starken Kontrast zu den Betonhochhäusern bildet (Abb. 59). Das Dorf findet seine erste Erwähnung 1300 in einer Urkunde, in der dem Nonnenkloster Friedland der Besitz von drei Hufen im Dorf Morczane bestätigt wird. Im Jahr 1375 bestand das Dorf aus 52 Hufen, die fast ausschließlich in dem Besitz des Ritters VON WULKOW waren. Nach diversen Besitzerwechseln wurde das Gut mit 16 Hufen dem Amt Köpenick als Vorwerk unterstellt. Neben dem Gut existierten bis zum Dreißigjährigen Krieg acht Hüfner und fünf Kossäten, von denen nach dem Krieg nur noch die fünf Kossäten übrigblieben.

Die Gebäude des **Dorfkerns** wurden ab 1985 kostenaufwendig saniert oder durch Neubauten ergänzt. 1991 wurde die Sanierung abgeschlossen. Neben der Wohnfunktion, die das Dorf beibehalten hat, es leben hier rund 150 Personen, sind Einrichtungen von Handwerk, Handel, Dienstleistungen, Gastronomie und Kultur etabliert worden. So befindet sich im Haus Alt-Marzahn 31 ein **Frisör- und Handwerksmuseum**. In dem aus dem Jahre 1912 stammenden Schulhaus auf dem Dorfanger (Alt-Marzahn 51) gibt es ein **Heimatmuseum**, in dem man einen Einblick in Marzahns mittelalterliche Geschichte und das Landleben im 19. Jh. bekommt. Bis in die 1970er Jahre konnte dieses Angerdorf mit seiner neogotischen Backsteinkirche, die in den Jahren 1870/71 nach Plänen des Architekten FRIEDRICH AUGUST STÜLER erbaut wurde, seinen ländlichen Charakter aufgrund der Lage abseits von Verkehrs- und Siedlungsachsen bewahren. Dies endete abrupt mit dem Bau der Großwohnsiedlung.

Wenn man einen kleinen Blick aus dem Dorf heraus wagt und in die Straße **Hinter der Mühle** geht, befindet man sich am Fuße eines kleinen Hügels auf dem eine **Bockwindmühle** steht, die zum Wahrzeichen Marzahns geworden ist. In der Mühle arbeitet heute wieder ein Müller, der vom Bezirksamt bezahlt wird und 25 verschiedene Schrot-, Grieß- und Mehlsorten auf traditionelle Weise herstellt.

B8 | Marzahner Promenade

Nachdem wir durch das Dorf spaziert sind, überqueren wir die **Landsberger Allee** und gelangen zur **Marzahner Promenade**. Es ist geplant hier das attraktive **Hauptzentrum** des Bezirkes zu etablieren. Dazu soll die Ausstattung mit einem Multiplex-Kino, Diskothek, Spielothek, Bowling-Center und diversen gastronomischen Angeboten neben den Einkaufsmöglichkeiten besonders für den kurzen und mittelfristigen Bedarf sorgen. Das **Freizeitforum** mit Schwimmbad, Sauna, Restaurants usw. bildet einen platzartigen Abschluss am östlichen Ende der Promenade.

Nach Westen schließt sich die eigentliche Promenade als eine langgestreckte Wohnzeile mit über 30 Geschäften in den Erdgeschossen an, die am S-Bahnhof **Marzahn** in einem Ensemble von Freizeit-, Dienstleistungs- und Versorgungseinrichtungen sowie markanten Wohnblocks endet. Es sind für den Bereich zwischen der Promenade und der Landsberger Allee weitere Einrichtungen vorgesehen bzw. im Bau. Hier sollen u.a. ein Einkaufszentrum mit Passage, Büro- und Geschäftshäusern sowie Parkhäuser entstehen, sodass in absehbarer Zeit die Marzahner Promenade zu den großen Einkaufszentren Berlins aufschließen soll.

Kreuz und quer durch Britz

Andreas Stier

Exkursionsroute

←

U-Bahnhof Parchimer Allee – Fritz-Reuter-Allee – Hüsung – Onkel–Bräsig–Straße – Fulhamer Allee – Gutspark – Backbergstraße – Fulhamer Allee – Britzer Damm – Alt-Britz – Grüngürtel (verlängerte Parchimer Allee) – U-Bahnhof Britz Süd

Dauer: ca. 2 Stunden

2h

Abb. 61: Exkursionsroute 7 Britz

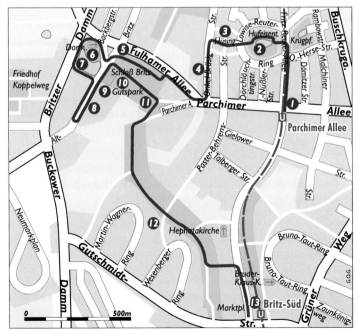

► Überblick

Die Exkursion beginnt am U-Bahnhof **Parchimer Allee** und führt uns direkt in die **Hufeisensiedlung**. die über die Grenzen Berlins hinweg bekannte Siedlung ist die erste der herausragenden **Großwohnsiedlungen** des Weimarer Bauhauses aus der zweiten Hälfte der 1920er Jahre, die mit der Zehlendorfer Waldsiedlung „Onkel Toms Hütte", der Großsiedlung Siemensstadt und der Weißen Stadt in Reinickendorf, in Berlin errichtet wurde. Die Siedlung nimmt diese Bedeutung insbesondere aufgrund ihres sozialpolitischen Stellenwertes im Bereich des Wohnungsbaus und ihrer architektonischen Gestaltung ein.

Nach dem Ersten Weltkrieg verschärfte sich das allgemeine Wohnungselend in Berlin durch die Flüchtlingsströme zusehends. Die Stadt wurde, im Vergleich zu amerikanischen und europäischen Metropolen, zur „größten Mietskasernenstadt der Welt". Die Bauordnung für **Mietskasernen** wurde durch feuerpolizeiliche Gesichtspunkte bestimmt. Die Innenhöfe mussten groß genug sein, um der Feuerwehrspritze den nötigen Drehradius zu verschaffen, soziale oder hygienische Gesichtspunkte spielten keine Rolle. Die Wohnungen waren überbelegt und dienten als Wohn- und Heimarbeitstätte für Frauen und Kinder gleichermaßen. Die Ausstattung der Wohnungen mit fließendem Wasser oder Toiletten war mangelhaft, Keller- und Dachwohnungen waren wohnhygienisch noch stärker benachteiligt.

Doch erst nach der wirtschaftlichen Stabilisierung durch die Währungsreform 1923 sowie durch gesetzliche Vorgaben konnte der **soziale Wohnungsbau** wirksam werden. Der Staat, bedeutende gesellschaftliche Organisationen wie Gewerkschaften und Beamtenverbände oder Wohnungsbaugenossenschaften traten als Gesellschafter auf.

Das Ziel der gewerkschaftlichen und genossenschaftlichen Baugesellschaften war nicht nur die Errichtung von Wohnraum für die minderbemittelten gesellschaftlichen Gruppen, sondern auch die gemeinsame Finanzierung der Vorhaben. Dabei ergab sich die Forderung nach Rationalisierung des Bauprozesses als Voraussetzung für die Kostensenkung von selbst. Für die Erprobung besonders rationeller Verfahren des Materialeinsatzes, der Serienfertigung und der Arbeitsorganisation fand sich eine Gemeinschaft der **Architekten** Gropius, May, Taut und des Stadtbaurates Wagner zusammen. Die architektonische Umsetzung dieser Vorgaben in Form von typisierten Wohnungsgrundrissen, Türen und Fensterelementen macht bis heute die Besonderheit der Hufeisensiedlung augenfällig. Insgesamt wurden in der Zeit von 1925 bis 1933 auf einer Gesamtfläche von etwa 329 000 m² 2 317 Wohnungen, davon 679 Einfamilienhäuser, errichtet.

Rundgang

Parchimer Allee

Die Exkursionsroute, die uns zuerst durch die zentralen Bereiche der Siedlung führt, beginnt am nördlichen Ausgang des U-Bahnhofes **Parchimer Allee**. Vor dem Überqueren der Straßenflucht lohnt ein erster Blick auf die Fassaden der Häuserfronten auf der östlichen Seite. Es ist die architektonische Formensprache, die diese beiden Häuserblöcke voneinander unterscheidet.

Die Randbebauung der Hufeisensiedlung in der **Fritz-Reuter-Allee** fällt durch dreigeschossige Gebäude auf, deren Fassade nur durch die Treppenhäuser gegliedert ist. Im Vergleich zu den unterschiedlichen, mit verspielten Formen gestalteten Ein-

Abb. 62: Hufeisensiedlung Britz

gängen der Häuser gegenüber, fallen die streng gleichförmigen Hauseingänge auf. Auch steht das bauhaustypische Flachdach dem Giebeldach trutzig gegenüber. Die Farbe, ein in der Hufeisensiedlung nicht zufälliges Gestaltungsmittel, drängt den Eindruck einer „Roten Front" auf. Dieses Symbol ist vor dem Hintergrund der zwanziger Jahre durchaus politisch zu deuten: Die „proletarische Hufeisensiedlung" auf der einen, grenzt sich von der „bourgeoisen Beamtensiedlung" auf der anderen Straßenseite ab.

2 | Öffnung des Hufeisens

Der **Fritz-Reuter-Allee** in nördlicher Richtung folgend, wird nach wenigen Metern die **Öffnung des Hufeisens** erreicht.

Hier lohnt ein erneutes Innehalten und Betrachten des architektonischen Gesamtwerkes. Von der Freitreppe aus fällt der Blick auf ein weites Halbrund in dessen Zentrum ein kleiner Teich liegt. Wie alte Messtischblätter zeigen, war dieser **Hufeisenteich** bereits natürlich, d.h. eiszeitlich, angelegt. Das Gebäude des Hufeisens lässt keinen Blick nach außen zu, die Ausgänge sind auf den ersten Blick nicht wahrzunehmen. Im Gegensatz zum Dunkelrot der Fritz-Reuter-Allee wirken hier die Farben hellgrau, dunkelblau mit ziegelroten Einfassungen für die Loggien. Die Mieter blicken in das Innere wie in einen Brennpunkt, trotzdem sind die Dimensionen des Hufeisens groß genug, um die Privatsphäre zu wahren. Das Anliegen der Architekten, den Bewohnern den Zugang zu Licht, Luft und räumlicher Weite zu gewähren, wird hier im Vergleich zu den Innenhöfen der Mietskasernen deutlich. Dazu tragen auch die **Mietergärten** bei, die am Rande des Gebäudes angelegt sind. Symbolisch befindet man sich, nachdem die äußere Front durchschritten ist, in einem geschützten Innenraum, gleichsam geborgen in der Mitte der Gemeinschaft.

Links und rechts der Freitreppe befinden sich einige der wenigen **Versorgungseinrichtungen** des täglichen Bedarfs in der Hufeisensiedlung. Hier sind Backwaren, Fleisch und Lebensmittel sowie Zeitungen und Blumen erhältlich. Anzumerken ist, dass sich eine ähnliche Form auch spiegelbildlich auf der gegenüberliegenden Seite der Fritz-Reuter-Allee wiederfindet. Allerdings fehlt die Formensprache, hier sind die (Eigentums-)Reihenhäuser mit den Rückseiten dem zentralen Krugpfuhl zugewandt und zeigen vielmehr die Individualität ihrer Bewohner.

Hüsung 3

Die Route führt im Bogen um den Hufeisenteich herum zum mittleren der drei Ausgänge, der der Feitreppe gegenüberliegt. Ein Durchgang gibt den Weg in den **Hüsung** frei. Wir befinden uns an der Spitze eines **rautenförmigen Platzes**, auf dessen begrünter Mitte ein Baum und eine darum angebrachte Bank zum Verweilen einladen. Die Anordnung der Straße um den Platz, die traufständigen Giebeldächer der zweigeschossigen, in erdigem Rot gehaltenen Häuser lassen an einen Dorfanger den- ken. Trotz der gleichförmigen Fassaden, der einheitlich gestalteten Hauseingänge mitsamt Eingangstüren und standardisierten Fensterrahmen entsteht eine gemütliche Atmosphäre. Erneut befinden wir uns in einem **Innenraum**, hier in einer kleinen und überschaubaren Idylle, vollkommen anders als die Größe des Hufeisens.

Onkel-Bräsig-Straße 4

Beim Verlassen des Hüsungs in westlicher Richtung bewegt man sich auf die **Fritz-Karsen-Schule**, eine Gesamtschule vom Kindergarten bis zur Oberschule, zu. Dieses Gebäude wurde nicht als Teil der Hufeisensiedlung erstellt, obwohl frühe Planungsunterlagen hier ebenfalls einen Schulbau vorsahen. In der **Onkel-Bräsig-Straße** sieht man zu beiden Seiten Einfamilien-Reihenhäuser. Gegliedert werden sie durch abwechselnd zurückspringende oder hervortretende Häuserwände. Außerdem fällt die Farbgebung auf, in den wiederkehrenden Tönen rostrot, gelb, weiß und für die endständigen Häuser blau. Tatsächlich waren die Farbschemata der Wände, der Türen und an anderen Stellen auch der Fensterrahmen, ein bewusstes Gestaltungselement. Es scheint, als sollte die Monotonie der Formen durch die Variation der Farben aufgehoben werden. Im Laufe der Jahre wurde durch Neuanstrich und private Umbauten der Bewohner das ursprüngliche System zerstört und es war nicht einfach, die Farbgestaltung in den 1980er Jahren zu rekonstruieren.

Die **Gartenstadtidee** wird durch die Mietergärten verwirklicht, die fester Bestandteil aller Gebäudeteile der Hufeisensiedlung sind. Es sind besonders die Kirschbäume, wie sie beispielhaft in der Onkel-Bräsig-Straße stehen, die im Frühjahr der **Britzer Baumblüte** ihren Namen gegeben haben. Das Fest wird in Anspielung an das Blütenfest in Werder jedes Frühjahr in Form eines Rummels in der Wendeschleife der **Parchimer Allee** gefeiert.

Die bisher durchschrittenen Bauabschnitte sind in den Jahren 1925 bis 1927 fertiggestellt worden. Wieder an der **Parchimer Allee** angekommen, sieht man im Blick zurück zum U-Bahnhof auf der südlichen Straßenseite dreigeschossige Wohnblöcke, die erst in den Jahren 1929/30 fertiggestellt wurden und somit zu einer späteren Bauphase zählen. Diese Blöcke versperren die Sicht auf die dahinter liegenden Reihenhäuser mit Gärten in Zeilenbauweise.

Die Exkursionsroute durch das eigentliche **Dorf Britz** schließt sich an den Spaziergang durch die Hufeisensiedlung an. Von der **Onkel-Bräsig-Straße** kommend, verfolgen wir nun rechter Hand die **Fulhamer Allee** und begeben uns in den **Britzer Gutspark**. Zentral liegt eine große, von Bäumen umstandene Wiese, die von Familien gerne zum Picknick, von den Kindern eher als Fußballplatz genutzt wird.

5 Britzer Rosarium

Die Route führt uns zunächst weiter in das **Britzer Rosarium**. Es ist eine Freiluftanlage, in der 12 000 Rosen verschiedener Arten kultiviert werden. Damit wird an die zahlreichen Gartenbaubetriebe und Zierpflanzenzuchten erinnert, die Britz noch vor der Jahrhundertwende den Beinamen „Rosen-Britz" eintrugen. Einer der bekannten Gartenbaubetriebe war seit 1864 die Baumschule SPÄTH, die sich zwischen Britz, Johannisthal und Buckow erstreckte und der größte Arbeitgeber in Britz war.

6 Dorfkirche und Gemeindehaus

Vom Ausgang des Rosariums sehen wir bereits die **Dorfkirche**. Sie wurde aus Feldsteinen Mitte bis Ende des 13. Jahrhunderts erbaut und spiegelt die Geschichte des Britzer Gutes und dreier seiner Besitzer in besonderer Art wieder. Der Name „Evaldus Fridericus Herzberg" zusammen mit einem Ornament aus Schädel und Gebeinen prangt über dem Eingang zur **Krypta**, die HERTZBERG 1766 für sich und seine Familie erbauen ließ. Die Gruft ist nur zu besonderen Anlässen, z.B. am „Tag des offenen Denkmals", zugänglich. JOHANN CARL JOUANNE fand zusammen mit den Seinen Ruhe an der nördlichen Kirchenmauer. Die Inschrift auf dem Grabstein weist ihn als Rittergutsbesitzer aus. Die Frau des Kirchenpatrons VON ILGEN hat den barocken Kanzelaltar im Chorraum der Kirche gestiftet. In der Kirche wurde ein kleines **Museum** eingerichtet. In gläsernen Vitrinen zeigt es historische Altarausstattungen, Taufschalen, Abendmahlskelche und Kirchenbücher. Auch die Grabplatten der HERTZBERGS sind zu sehen.

Wir gehen die **Backbergstraße** auf die Fulhamer Allee zu und wenden uns nach links. Nach wenigen Schritten stehen wir vor dem **Gemeindehaus** der Dorfkirchengemeinde Britz, in dem ein mittelalterlicher **Brunnen** zu besichtigen ist. Im Keller des Hauses ist der Fund, der bei den Ausschachtungsarbeiten an genau dieser Stelle gemacht wurde, konserviert worden. Der Brunnen, heute trocken, ist etwa fünf Meter tief und von rohen Feldsteinen umkränzt. Im benachbarten Pfarrgarten wurden Scherben aus dem 10., 13. und 16. Jahrhundert gefunden, die zum Teil zu Fragmenten von Krügen und Töpfen zusammengesetzt werden konnten. Diese sind in zwei Vitrinen neben dem Brunnen ausgestellt.

Britzer Kirchteich

Die Route schwenkt nun abermals nach links auf den stark befahrenen **Britzer Damm** bis wir von erhöhter Warte aus den wohl schönsten Anblick des Schlosses über den Teich hinweg wahrnehmen können. Der **Britzer Kirchteich** lässt sich nicht mehr direkt am Ufer umwandern, seitdem der Rundweg durch üppige Vegetation ersetzt wurde. Der empfindliche Ufersaum liegt nunmehr geschützt vor Verschmutzung und Zerstörung. Das ökologische Gleichgewicht der Dorfteiche und Pfuhle, wie auch der in Buckow oder Rudow, ist nicht leicht zu erhalten. Immer wieder muss der Faulschlamm ausgebaggert und der Wasserspiegel aufgefüllt werden.

Über den Weg entlang des nördlichen oder südlichen Seeufers gelangen wir zurück auf die Dorfstraße **Alt-Britz**. Wählen wir den nördlichen Weg, passieren wir die Ummauerung des Kirchengrundstückes, die so genannte **Sühnemauer**, deren Namen auf eine alte Begebenheit zurückgeht. Der damalige Besitzer des Rittergutes, KARL JOUANNE, befand sich in dem Glauben, dass ihm die Kirchenmauer gehörte, da Sie aus Steinen errichtet wurde, die man auf Feldern seines Gutes gesammelt hatte. Der weitgehende Verfall der Kirchenmauer verleitete ihn zu Überlegungen, die Steine zu entfernen, um damit Wege im Bereich des Gutshofes zu pflastern. Quasi in einer Nacht- und Nebelaktion folgten seinen Gedanken auch Taten und als der damalige Pfarrer RINGELTAUBE nach einigen Tagen Abwesenheit ins Dorf zurückkehrte, waren große Teile der Mauer verschwunden. Zu guter Letzt übergab RINGELTAUBE die Sache dem Gericht, das der Kirche Recht gab und JOUANNE verpflichtete, eine neue Mauer zu errichten, die seither den Namen Sühnemauer trägt. Im Gegensatz zur alten Feldsteinmauer bestand die neue aus gebrannten Mauersteinen.

8 Alt-Britz Nr. 96

Die Route führt uns weiter etwa 100 m die **Dorfstraße** nach Südwesten. Das **Haus Nr. 96** ist eine kurze Betrachtung wert. Es wurde 1870 errichtet und besitzt noch heute seine spätklassizistische Putzfassade. Im hinteren Teil des Grundstückes ist der ehemalige Stall noch erhalten. Das gegenüberstehende **Haus Nr. 93** hat seine Stuckornamente jedoch eingebüßt. Noch bis zu Beginn der 1970er Jahre stand auch auf dem **Grundstück 84–86** ein alter landwirtschaftlicher Betrieb, die Schweinemast der Familie RADATZ, der allerdings nunmehr modernen Wohnhäusern weichen musste.

9 Gutshof

Wir kehren an dieser Stelle um und passieren den Eingang zum **Gutshof**. In direkter Nachbarschaft zum Schloss liegen die **Wirtschaftsgebäude**, die insgesamt einer Ausbauphase unter den Gutsbesitzern JOUANNE und WREDE aus dem 19. Jahrhundert entstammen. Charakteristisch sind der hohe Schornstein der Schnapsbrennerei und der Uhrenturm vis-a-vis. Auf dem Hof befindet sich ein Gehege, in dem Enten, Gänse und Hühner gehalten werden. Neben dem Turm steht die einzige noch erhaltene **Feldsteinscheune** Berlins, deren Alter nicht genau bekannt ist.

10 Schloss Britz

Der nächste Punkt der Route ist das **Schloss Britz**. Streng genommen ist die korrekte Bezeichnung „**Herrenhaus des Rittergutes Britz**", es wird aber vom Bezirk Neukölln offiziell gerne als Schloss bezeichnet, um der repräsentativen Stätte für kulturelle Veranstaltungen den Hauch des Exklusiven zu geben. Nicht viele Berliner Bezirke besitzen überhaupt ein Schloss.

Abb. 63: Britzer Gutshof

Abb. 64: Herrenhaus des Rittergutes Britz

☞ Im folgenden kurzen **Abriss der Geschichte** des Gutes Britz sollen nur solche Eigentümer genannt werden, die einen prägenden Einfluss hatten. Zeiträume des kurzfristigen Besitzerwechsels werden stillschweigend übergangen.

Die älteste schriftliche Aufzeichnung, in der Britz erwähnt wird, ist das Landbuch der Mark Brandenburg von 1375, welches der Deutsche König und Kaiser des Heiligen Römischen Reiches, KARL IV., aufstellen ließ. Ein Siedlungskern dürfte aber mindestens schon 200 Jahre vorher bestanden haben, archäologische Funde (wie jene im Gemeindehaus) sprechen für eine **Besiedlung** mindestens im 10. Jahrhundert nach Christi.

Der **Name Britz** ist mit dem Namen der Familie BRITZKE verbunden, die von der Gründerzeit des Dorfes bis 1699, also fast 500 Jahre lang, ansässig blieben. Das von den BRITZKES erbaute Haus an der Stelle des heutigen Schlosses ist wohl um 1706 niedergebrannt und wurde durch einen Neubau ersetzt, der heute noch den Kern des Hauses darstellt.

☞ 1719 erwarb der Geheime Rat und Staatsminister HEINRICH RÜDIGER VON ILGEN den Besitz. Die Büste des preußischen Außenpolitikers ist im Gutspark aufgestellt, in Sichtweite seiner historischen amerikanischen **Robinie**. Er war der Erste, der einen solchen Baum in Norddeutschland pflanzte. Dieser Robinie wird nachgesagt, dass sie der Ursprung der sich daraufhin über Norddeutschland ausbreitenden Akazienart sei.

Durch Heirat einer Enkelin VON ILGEN wurde EWALD FRIEDRICH Graf VON HERTZBERG von 1753 bis 1795 der Gutsherr. HERTZBERG, promovierter Jurist, Ehrenmitglied der Académie Royale des Sciences et Belles-Lettres, Staats- und Kabinettsminister, später Kurator der Preußischen Akademie und Mitglied der Königlichen Akademie der Künste leitete das Gut nach streng wissenschaftlichen und ökonomischen Leitsätzen. Unter seiner Leitung prosperierte Britz. Wie es in einer zeitgenössischen Darstellung heißt, wird es zu einem schmucken Dorf und durch kluge Nutzung zu einem der wichtigsten landwirtschaftlichen Betriebe in Brandenburg. Er förderte angesichts der Nähe zum Absatzmarkt Berlin die Milchwirtschaft, verbesserte die Stallfütterung der Kühe und führte die Vierfelderwirtschaft ein. In einer Flurbereinigung, der Separation seiner Äcker von denen der Bauern und der Kirche, lag die Grundlage zur verbesserten Nutzung seiner Äcker. Der Landseidenbau erlebte einen Aufschwung. HERTZBERG war dafür bekannt, seidene Kleider zu tragen, und die Zimmer seines Schlosses waren mit selbst gewonnener Seide bespannt. Die **Innenausstattung** des Schlosses wird durch die Malereien und Bilder C. B. RODES seinerzeit eindrucksvoll gestaltet.

1824 wurde das Gut von den Erben HERTZBERGS an den bürgerlichen JOHANN CARL JOUANNE verkauft, dessen Witwe es bis 1862 führte. Er baute das Schloss um, legte die Schlossvorfahrt an, erweiterte das Gut um eine Brennerei und neue Scheunen und vergrößerte den **Gutsgarten** bis zur heutigen Fulhamer Allee ohne jedoch den barocken Garten vollständig in einen Landschaftspark zu verwandeln.

1865 erwarb der Spirituosen-Fabrikant und Bankier WILHELM AUGUST JULIUS WREDE das Gut. C. BUSSE nahm 1880 den **Umbau** des Gutshauses zu einem kleinen Schloss vor. Das Mittelportal und der Balkon werden angelegt, das Dach erhielt die Mansarden und der Treppenhausturm wurde aufgesetzt. Damit erhielt das Schloss seine heutige Form.

Im Inneren wurden Stuckarbeiten, Wand- und Deckenmalereien sowie Holzvertäfelungen und Parkettböden angebracht. Dieser Zustand ist Vorbild für die heutige Präsentation des Schlosses. 1924 verkauften WREDES das Gut an die Stadt Berlin.

Das Areal des Gutes wurde ab 1926 zum Teil mit der Hufeisensiedlung, zum anderen Teil nach 1956 mit der Siedlung Britz-Süd bebaut. Das Gut selbst wurde bis 1956 als Stadtgut bewirtschaftet und von 1945 bis 1985 als Kinderheim genutzt. 1988 konnte die feierliche Wiedereröffnung von Schloss Britz begangen werden. Der Restaurierung wurde zur Aufgabe gemacht, das Gebäude sowie den Park möglichst genau und originalgetreu im Zustand von 1880 wiederherzustellen. Reste von Parkettfußböden, Tapeten oder Anstrichen wurden analysiert und neu erstellt, fehlende Einrichtungsgegenstände im Kunsthandel erworben.

Heute ist das Schloss eine attraktive und repräsentative Stätte kultureller und künstlerischer **Veranstaltungen und Ausstellungen**. Betritt man den linken Flügel, gelangt man in das in dunklem Holz gehaltene Herrenzimmer mit kunstvoll geprägten Tapeten, einen Speisesaal, den Fest- oder Musiksaal und das Damenzimmer mit buntbemalten Stuckornamenten. Der gegenüberliegende Flügel wird zu **Ausstellungszwecken** genutzt und zeigt keine Rekonstruktion des ehemaligen Zustandes.

11 Gutspark

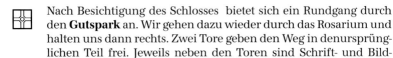

Nach Besichtigung des Schlosses bietet sich ein Rundgang durch den **Gutspark** an. Wir gehen dazu wieder durch das Rosarium und halten uns dann rechts. Zwei Tore geben den Weg in denursprünglichen Teil frei. Jeweils neben den Toren sind Schrift- und Bildtafeln angebracht, die dem Besucher eine gute Orientierung geben.

Die historische Einheit von Schloss und Park wird durch die **Sichtachse** ausgedrückt. Diese Baumallee führt geradewegs auf die Terrasse des Schlosses zu, endet zuvor aber an einem Brunnenbecken. Am entfernten Ende der Achse, wo heute nur noch ein runder Platz zu erkennen ist, stand noch 1905 ein Pavillon. Über den Rundweg gelangt man vor das Schloss mit dem Standbild VON ILGENS zu dessen südlicher Seite. Eine Nachpflanzung der ersten Robinie befindet sich auf der gegenüberliegenden Seite, ist aber schwer zu lokalisieren, da Hinweise fehlen. Seit 1930 ist der Park allgemein zugänglich und hat dann nach dem Krieg, bevor er endgültig rekonstruiert wurde, noch einmal deutliche Veränderungen erfahren.

12 Siedlung Britz-Süd

Nachdem wir den Schlosspark verlassen haben, führt unsere Route nach Südwesten weiter durch die verlängerte **Parchimer Allee**, die in einen Grünzug übergeht. Rechter Hand liegt die **Bezirksgärtnerei**, die zum Gutshof gehört und ein letztes Überbleibsel aus der Zeit SPÄTHS ist. Der breite Parkweg schwenkt nach Südosten und führt schließlich durch die Wohnanlagen der **Siedlung Britz-Süd** auf den gleichnamigen U-Bahnhof zu. 1956 wurde von der GEHAG mit dem Bau der meist dreistöckigen Häuser begonnen. Zu der Zeit handelte es sich um das größte Bauprojekt West–Berlins mit fast 3 300 Wohnungen für 12 000 Menschen. Das Siedlungsgebiet liegt auf ehemaligem Britzer Gutsland und schließt sich südlich an die späten Bauphasen der Hufeisensiedlung an. Das Straßennetz der Siedlung zeichnet sich durch **Ringstraßen** aus, die von einzelnen Tangenten abgehen. Diese sind nach den ausführenden Architekten der Hufeisensiedlung benannt: MARTIN WAGNER und BRUNO TAUT. Auch diese Siedlung schließt an die **Gartenstadtidee** an und widmet drei Viertel der Fläche Grünanlagen und Mietergärten. Beiderseits des Weges stehen die Häuser der Wohnsiedlung. Auf der Route zum U-Bahnhof passieren wir die kürzlich renovierten Blöcke entlang der **Fritz-Reuter-Allee**.

Einkaufszentrum

Auch das **Einkaufszentrum** wurde weitgehend dem ursprünglichen Zustand entsprechend wiederhergestellt, das gilt besonders für die Überdachungen der Fußgängersteige entlang der
Schaufenster. Neben den Geschäften des kurz- und mittelfristigen Bedarfs bietet das Einkaufszentrum auch dreimal in
der Woche einen Markt. Dienstleistungseinrichtungen, Post und
Banken sowie ein Jugendfreizeitheim sind hier ebenso vertreten.

Der Endpunkt der Route markiert gleichzeitig die Grenzlage
zur **Gropiusstadt**. Eine Großsiedlung der 1960er und 1970er
Jahre, die, ganz ähnlich der Hufeisensiedlung, von den Ideen des
Bauhauses oder doch zumindest von einem seiner Exponenten,
WALTER GROPIUS, beeinflusst wurde. In Verlängerung der Exkursionsroute kann man von hier aus die neueste Entwicklung, den
Neubau des Einkaufszentrums an der Johannisthaler Chaussee,
die **Gropius-Passagen**, entweder mit der U-Bahn oder zu Fuß
erreichen (U-Bhf. **Johannisthaler Chaussee**).

8 | Altes und neues Marienfelde

Gregor C. Falk

→ Exkursionsroute

S-Bahnhof Buckower Chaussee – Industriegebiet Motzener Straße – Königsgraben – Adolf–Kiepert–Steg – Freizeitpark – Diedersdorfer Weg – Alt-Marienfelde

3h **Dauer:** ca. 3 Stunden

Abb. 65: Exkursionsroute 8 Marienfelde

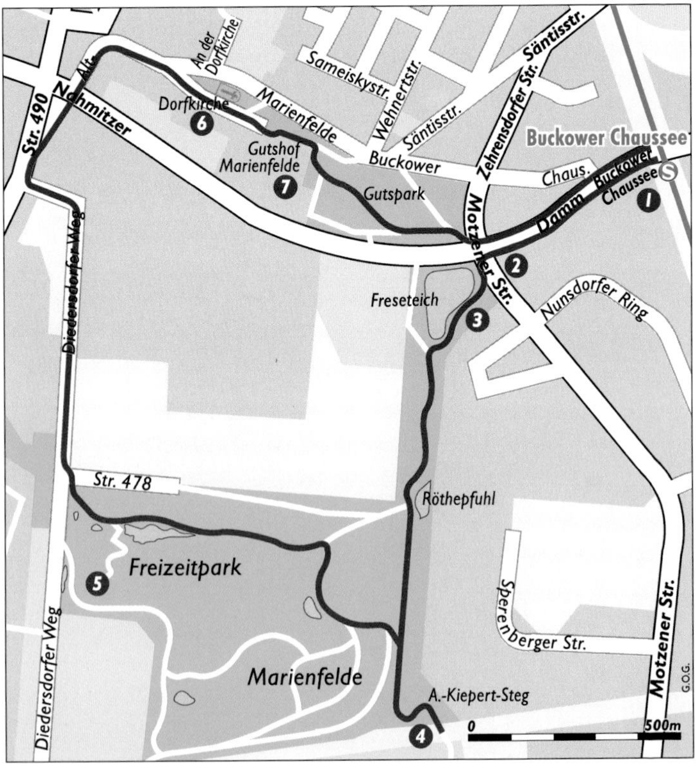

Überblick ◄

Marienfelde als Ortsteil des Bezirkes **Tempelhof – Schöneberg** bietet sich aus geographischer Sicht besonders für eine Exkursion an, da im Radius weniger Kilometer, wichtige und berlintypische Stadtelemente erwandert werden können. Einerseits passiert man ein für das ehemalige West-Berlin charakteristisches **Industriegebiet** am Stadtrand, andererseits gewinnt man darüber hinaus einen Einblick in die **historische Entwicklung** des Stadtgebietes, das in seiner heutigen Form in erster Linie aus der Eingemeindung Jahrhunderte alter Dorfkerne entstanden ist. Am Beispiel des historischen, wunderbar erhaltenen, Dorfkernes von **Alt-Marienfelde** wird dem Besucher der Stadt plastisch und zum Greifen nahe die geschichtliche Entwicklung einer dieser alten Siedlungen vorgeführt.

Das von den Templern gegründete Dorf Marienfelde fand als **Marghenvelde** im Jahre 1344 seine erste urkundliche Erwähnung. Seinerzeit fiel das Dorf in den Besitz eines Cöllner Bürgers. Zuvor gelangte Marghenvelde nach der Auflösung des Templerordens in den Besitz der Johanniter. Es ist davon auszugehen, dass Marienfelde im Zuge der ersten Hauptphase der Deutschen Ostkolonisation noch vor 1260 entstand.

Ausgangs- und Endpunkt dieser Exkursion ist der S-Bahnhof **Buckower Chaussee**, der inmitten des Marienfelder **Industriegebietes** liegt. Gegenwärtig dient der Bahnhof noch als Haltepunkt einer Bahntrasse, die überwiegend durch die Berliner S–Bahn befahren wird. Nur zweimal täglich verlassen „Müllzüge" der Berliner Stadreinigung die Stadt in Richtung Süden. Künftig wird jedoch auch der Regional- und Fernverkehr diese Strecke nutzen, was auf nicht unerheblichen Protest der lokalen Bevölkerung stößt, obgleich der Streckenausbau bereits seit über fünfzig Jahren Bestandteil der Regionalplanung ist.

Das Exkursionsgebiet erstreckt sich westlich der Bahntrasse. Der Weg führt zunächst am nördlichen Rand des Industriegebietes entlang und biegt dann nach Süden in den **Freizeitpark Marienfelde** ein. Vom höchsten Punkt, dem Gipfel des ehemaligen, inzwischen weitgehend renaturierten **Müllberges**, öffnet sich ein wunderbarer Blick in alle Himmelsrichtungen, sowohl über das Stadgebiet, als auch über das südliche Berliner Umland.

Den Höhepunkt der Fußexkursion bildet schließlich der Besuch des alten, nahezu vollständig erhaltenen **Dorfangers** von Marienfelde, der aufgrund der Verkehrsberuhigungsmaßnahmen zu einem andächtigen Streifzug durch vergangene Jahrhunderte einlädt.

Abb. 66: Marienfelde – Dorfanger mit Kirche

Bevor man die ländliche Idylle verlässt, führt der Weg am **Rittergut** vorbei, durch den ehemaligen **Gutspark** mit seiner Vielzahl sehenswerter heimischer Laubbäume. Nach rund drei Stunden erreicht man, dem belebten **Nahmitzer Damm** und der **Buckower Chaussee** folgend, wieder den S-Bahnhof Buckower Chaussee – den Ausgangspunkt der Exkursion.

Rundgang

1 **Nahmitzer Damm**

Vom Bahnhof aus gelangt man nach wenigen Schritten an die viel befahrene, wichtige Ost-West-Achse im Süden Berlins, den **Nahmitzer Damm**. Der Weg führt zunächst nach Westen, vorbei am neu ausgebauten Einkaufszentrum Südmeile.

Zunehmend wird der Versuch unternommen, durch innerhalb Berlins angesiedelte Einkaufsmöglichkeiten, die Abwanderung vieler Berliner in große Einkaufszentren in der Umgebung der Stadt zu stoppen. Insbesondere kleinere Einzelhandelsgeschäfte sind dem Druck dieser Großeinkaufsentren nicht mehr gewachsen und müssen nach drastischen Umsatzverlusten schließen. Dieses Sterben der kleineren Geschäfte wirkt sich fatal auf die **Geschäftsinfrastruktur** vieler Berliner Subzentren aus und hat einen nicht unerheblichen Leerstand an Gewerberäumen zur Folge.

Das **Industrie- und Gewerbegebiet** erstreckt sich entlang der von Norden nach Süden verlaufenden Bahnstrecke, die dieses gleichsam an das Netz der Bundesbahn anbindet. Neben Großhandelsunternehmen und mittelgroßen Dienstleistungs- betrieben sind hier vor allem Betriebe des produzierenden Gewerbes angesiedelt. Dazu zählen unter anderem holzverarbeitende Firmen, die Elektronikbranche, die Baustoffherstellung, aber auch die pharmazeutische Industrie sowie die Lebensmittelfertigung.

Durch günstige Flächenangebote und weitreichende Fördermaßnahmen wurde in den vergangenen Jahren erfolgreich versucht, einer Abwanderung zahlreicher Firmen in das Umland entgegenzuwirken. Aufgrund der vergleichsweise günstigen Raum- und Flächenangebote im Einzugsbereich der ehemaligen Marienfelder Feldflur hat sich in einigen Bereichen eine Mischnutzung entwickelt. Neben den klassischen Fertigungsbranchen haben sich nunmehr auch diverse **Freizeiteinrichtungen**, wie Squash- und Fitnesszentren etabliert.

Trotz aller Maßnahmen kann jedoch auch im Industrie- und Gewerbegebiet Marienfelde vielerorts Leerstand beobachtet werden.

Nahmitzer Damm/Motzener Straße

[2]

Nach wenigen Minuten erreichen wir die Straßenkreuzung **Nahmitzer Damm**/**Motzener Straße**. Lange vor dem Ausbau der großen Asphaltstraßen prägten staubige Feldwege diesen Ort, auf denen Waren mit Fuhrwerken oder Handwagen in die umliegenden Dörfer transportiert wurden. Von hier aus gelangte man in westlicher Richtung zu den Ortschaften Lankwitz und Lichterfelde, in südlicher Richtung nach Lichtenrade und Diedersdorf. Folgt man dem Weg nach Norden, so erreicht man damals wie heute Mariendorf und Tempelhof. In östlicher Richtung liegen Buckow, Britz und Rudow.

Mit der Schaffung der politischen Einheit **Groß-Berlins** setzte eine zunehmende Besiedlung entlang dieser Straßen ein und inzwischen ist der gesamte Raum nahezu vollständig bebaut. Von der Straßenkreuzung aus lassen sich mehrere unterschiedlich genutzte Bereiche des heutigen Marienfelde erkennen. In nord-

westlicher Richtung verdecken die großen Bäume des ehema-
ligen **Gutsparkes** den frühstbesiedelten Teil des Dorfes, den
Anger mit all seinen historischen Gebäuden und Einrichtungen.
Östlich und südlich der Kreuzung liegt das nach dem Krieg
verstärkt ausgebaute **Industriegebiet**, im Westen und Süd-
westen erstreckt sich der **Freizeitpark Marienfelde**. Nach dem
Überqueren der Kreuzung biegt man links in die **Motzener
Straße** ein.

3 Freseteich und Königsgraben

Die Route führt am östlichen **Ufer des Freseteiches** entlang
und biegt, nach dem Passieren des Teiches, rechts in den **Freizeitpark** ab. Nach einigen hundert Metern wird eine Holzbrücke erreicht, die über einen künstlich angelegten Graben
führt. Diese Entwässerung ist Teil des alten Königsgrabens-
systems.

Nördlich der Brücke liegt der **Freseteich**, südöstlich ein recht
auffälliges modernes Bürogebäude. Beim Freseteich handelt es
sich um einen der zahlreichen Pfuhle auf der saalezeitlichen
Grundmoränenplatte des Teltow, der im Zuge der Industrie-
ansiedlung künstlich befestigt wurde.

Während der Maximalausdehnung der **weichseleiszeitlichen
Gletscher**, die rund fünfzig Kilometer südlich von hier zum
Stillstand kamen, wurde die saalezeitliche Grundmoräne
morphologisch umgestaltet. Neben Endmoränenzügen, die der
Hochfläche aufgelagert sind, gehören Toteisseen, so genannte
Sölle oder Pfuhle zu den markanten Formen, die noch heute die
landschaftsgestaltenden Kräfte des Eises bezeugen.

Beim Niedertauen des Eises im Zuge der nachhaltigen Klimaverbesserung am Ende des Pleistozäns konnten sich besonders
in Senken noch Eisreste, so genanntes **Toteis**, über längere Zeit
halten. Verstärkt wurde die quasi Konservierung dieser Eislinsen im Periglazialbereich dadurch, dass sie zunehmend mit
Flugsand, Kies und Staub überdeckt wurden. Nachdem schließlich auch die Toteisreste abgetaut waren, blieben kleinere Seen
zurück, die genetisch den Ursprung der bis in die Gegenwart
hinein erhaltenen Pfuhle bilden.

Die künstliche Befestigung des Gewässers erfolgte zum Auf-
fangen des Regenwassers, zur Bereitstellung von Brauchwasser
für die Industriebetriebe, insbesondere für die Spanplattenher-
stellung und nicht zuletzt auch, um bei Großbränden eine zusätzliche Löschwasserreserve bereitzuhalten.

Der Graben, über den die kleine Holzbrücke führt, ist Teil eines mehrere Kilometer langen Grabensystems, das die Marienfelder Flur durchzieht. Die Anlage dieser **Entwässerungsgräben** begann in der Mitte des 18. Jahrhunderts, nachdem die Marienfelder Bauern in den Jahrzehnten und Jahrhunderten zuvor immer wieder schwere Ernteausfälle hinnehmen mussten. Verursacht wurden diese Verluste durch auftretende Staunässe nach der winterlichen Frostperiode, wenn Niederschläge auf den oft noch tiefgründig gefrorenen Boden fielen. Zum Teil standen bei entsprechenden Witterungsverhältnissen weite Feldflächen unter Wasser, was ein Ausbringen der neuen Saat, bzw. ein Gedeihen der Wintersaat, verhinderte.

Als der preußische König FRIEDRICH DER GROßE von den Problemen der Marienfelder Bauern erfuhr, besuchte dieser das Dorf und sagte umfangreiche Hilfe zu, da er höchstselbst Interesse an Wasser- und Ackerbau hatte. Bald konnte mit dem Bau des **Königsgrabens** begonnen werden, an dessen Fertigstellung im Jahre 1777 große Hoffnungen geknüpft waren. Diese erfüllten sich jedoch zunächst nicht und auch in den darauffolgenden Jahren schmälerte, wenn auch nicht mehr in so großem Umfang, Staunässe die Ernteerträge der Landwirte. Weitere Verbesserungen des Entwässerungssystems, Erweiterungen des Grabennetzes und eine Vertiefung des Hauptgrabens schufen jedoch schließlich Abhilfe.

Nach der **Brücke** biegt man nach links ein und folgt in südlicher Richtung dem Verlauf des Grabens. Rund 150 m hinter der Brücke passiert man eine westlich des Weges gelegene Niederung, die von mittelstarken Baumstämmen umsäumt wird. Hier zeigt sich ein Versuch, die natürliche Vegetation der Marienfelder Flur zu erhalten. Besonders Biologen dürften sich durch die Vielfalt der Gräser angezogen fühlen. Blickt man nach Osten, fällt eine von Norden nach Süden verlaufende Baumreihe ins Auge, deren Bäume deutlich älter sind als die hinter ihr liegenden Industrieanlagen. Weiter südlich stößt man auf einen weiteren Pfuhl, den **Röthepful**, der mit Seerosen bewachsen ist.

In Höhe des Teiches liegen rechts des Weges zwei **Findlinge**, die hier künstlich als Wegbegrenzung platziert wurden. Einer der beiden erratischen Blöcke zeigt auffällige Windschliffspuren, die ihre Entstehung der kontinuierlichen Wirkung des Windes und den vom Wind transportierten Sanden verdanken. Derart überformte Steine, so genannte Windkanter, sind im Berliner Raum weit verbreitet. Bei ungestörter Lagerung im Gelände lassen die Schliffspuren Rückschlüsse auf die Paläowindverhältnisse zu.

[4] Adolf-Kiepert-Steg

Die Route führt nun weiter nach Süden bis zur nächsten Brücke, dem **Adolf-Kiepert-Steg**. Von diesem etwas höher gelegenen Standort, hat man einen guten Überblick über den südlichen Teil des **Industriegebietes**. Der Steg überspannt die Anlage mehrerer Gleise, die von der Hauptbahntrasse in das Industriegebiet führen und ursprünglich den An- und Abtransport von Waren sicherstellen sollten. Bei genauerer Betrachtung der Schienen fällt jedoch auf, dass diese bereits seit längerer Zeit nicht befahren wurden, da der überwiegende Teil des Güterverkehrs ausschließlich über die Straße abgewickelt wird. Mit der Öffnung des Berliner Umlandes, und somit der Erweiterung der Transportwege auf der Straße, hat die Bahn weiter an Bedeutung verloren (vgl. Kap. 6). Erst die Wiederaufnahme des Bahnfernverkehrs wird möglicherweise zu einer Reaktivierung der Bahnanlagen führen.

In südlicher Richtung fällt der Blick auf ein Papierwerk und einen weiteren holzverarbeitenden Betrieb, in nordöstlicher Richtung sind Betriebe der Elektroindustrie, der Glasverarbeitung und der Schokoladenherstellung angesiedelt. Südwestlich des Steges befand sich das **Klärwerk Marienfelde**, das einen Großteil des Abwassers im Süden Berlins aufbereitete. Die Anlage wurde zwischen 1974 und 1978 errichtet und diente zunächst der Entlastung der Rieselfelder im südlichen Umland, auf die bis dahin die ungeklärten Abwässer der Großstadt verbracht wurden. Aufgrund der Nähe zum Klärwerk zeichnete sich der Standort noch vor wenigen Jahren durch ganz besondere Geruchsspezifika aus. Zeigt der Windmesser, der sich wenige Meter südwestlich der Brücke befindet Westwind an, so nahm der Beobachter zwangsläufig einen gewissen aufdringlichen Geruch war. Wehte der Wind aus nordöstlichen Richtungen, dies ist leider wesentlich seltener der Fall, wurde die Nase vom feinherben Schokoladenduft der zuvor erwähnten Schokoladenfabrik umschmeichelt. Im Zuge der Fertigstellung des neuen **Großklärwerkes in Waßmannsdorf** wurde nunmehr das Klärwerk Marienfelde stillgelegt.

Wir drehen um und gehen zurück nach Norden. Nach 150 m verlässt man den alten Weg und beginnt zunächst in nordwestlicher, bald in westlicher Richtung den Aufstieg zum höchsten Punkt der Exkursion, der Anhöhe des **ehemaligen Müllberges** (76,5 m NN). Der **künstliche See** wird nördlich passiert, wobei die Hinweisschilder „Baden verboten" aufgrund der zuweilen hohen Schadstoffbelastung auf jeden Fall ernst zu nehmen sind.

Aussichtspunkt im Freizeitpark

Weiter oben gelangt man nun zu einem der besten **Aussichts-punkte** im Süden Berlins. Von hier eröffnet sich bei klarem Wetter ein exzellenter Rundblick in alle Himmelsrichtungen, nach Norden auf das Stadtgebiet, nach Süden kann der Blick über das weitgehend unbebaute Berliner Umland schweifen. Am südlichen Horizont erstreckt sich von Osten nach Westen ein bewaldeter Höhenzug, der seine Entstehung dem Vorstoß weich-selzeitlicher Gletscher verdankt. Diese zwischengeschaltete Endmoräne unterbricht das sonst überwiegend ruhige, flach-wellige Relief des **Teltow**, der Grundmoränenplatte südlich des durch Berlin verlaufenden Berlin-Warschauer-Urstromtales. Bei guter Sicht reicht der Blick bis zum **Fernsehturm** im Nordosten und zum **Sendeturm** auf dem Schäferberg in Wannsee. Westlich des Naherholungsgebietes liegt die **Großwohnsiedlung Marien-felde-Süd** (Tirschenreuther Ring/Waldsassener Straße). Neben zahlreichen anderen Siedlungen dieser Art (vgl. Exk. 6) entstand diese **Satellitenstadt** Anfang der 1970er Jahre. Sie diente der Ent-lastung innerstädtischer Wohngebiete und sollte möglichst vielen Menschen bei möglichst geringem Flächenverbrauch Wohnraum bieten. Besonders attraktiv waren diese Wohnge-biete noch vor wenigen Jahrzehnten wegen ihrer Lage am ver-gleichsweise grünen und ruhigen Stadtrand.

Seit der Öffnung der Mauer zieht es jedoch insbesondere bes-ser verdienende jüngere Familien in einen der Wohnparks im Umland der Stadt. Daraus könnte langfristig eine schwierige soziale Situation in dieser und anderen **Stadtrandsiedlungen** entstehen.

In nordnordwestlicher Richtung steigt man entlang der **Rodelbahn** den Berg hinab und gelangt zu einem etwas breite-ren Fußweg, dessen Verlauf man nach Westen bis zum **Dieders-dorfer Weg** folgt. Am Fuße des Berges weist eine heute nicht mehr genutzte Entgasungsfackel auf die einstige Nutzung des Geländes hin. Noch vor wenigen Jahren wurden hier und an einigen anderen Stellen entstehende Faulgase verbrannt. Kurz vor Erreichen der Straße passiert man einen links des Weges gelegenen großen Haufen erratischer Blöcke, dem insbesondere geologisch interessierte Besucher ihre Aufmerksamkeit schen-ken sollten. Diese anthropogen geschaffene Ansammlung hun-derter **Findlinge** (jeder Stein wiegt um die 500 kg) bietet eine vielfältige Auswahl der im Berliner Raum vorkommenden nordischen Geschiebe. Neben zahlreichen Graniten lagern hier unter anderem auch Gneise unterschiedlicher Herkunft.

Nun setzt man den Weg in nördlicher Richtung fort, um schließlich auf die belebte Kreuzung der **Bundesstraße 101** mit dem **Nahmitzer Damm** zu treffen. Auf dem Weg dorthin liegt zur Linken eine Erhebung, der so genannte **Schlehenberg**. Während des Kalten Krieges wurde hier von den amerikanischen Schutzmächten eine Radarstation betrieben. Viel früher befand sich nicht fern die alte Windmühle von Marienfelde. Bereits im Jahr 1375 fand sie im Landbuch Kaiser KARLS IV. Erwähnung, wurde jedoch 1921 abgerissen. Östlich des Diedersdorfer Weges weiden Schafe auf dem Gelände des Bundesinstitutes für gesundheitlichen Verbraucherschutz und Veterinärmedizin (BgVV).

Das Verkehrsaufkommen an dieser großen Kreuzung hat im Laufe der vergangenen zehn Jahre erheblich zugenommen, da neben die wichtigste Ost-West-Verbindung am südlichen Stadtrand die Nord-Süd-Verbindung der B 101 getreten ist, die das Berliner Straßennetz direkt an den Berliner Autobahnring anbindet. Nur noch die Straßenschilder lassen die ursprüngliche Stille dieses Ortes erahnen, den Pferdefuhrwerke, Ochsenkarren und Fußgänger noch um die Jahrhundertwende auf ihrem Weg in die nahegelegenen Nachbardörfer gemächlich passierten. Diese, vielleicht etwas romantisch verklärte, Idylle sollte man sich auf seinem Gang zur **alten Dorfaue** ins Gedächtnis rufen. Vorbei am gelb-blauen Hinweisschild „Alte Dorfaue – Bitte nicht durchfahren" lässt man diesen lauten Ort dann auch zügig hinter sich, um nach wenigen hundert Metern östlich nach „Alt-Marienfelde" zu gelangen. Die alte, von Gaslaternen gesäumte, kopfsteingepflasterte **Dorfstraße** führt nun direkt hinein in eine kaum mehr real erscheinende Welt, abseits der pulsierenden, aufstrebenden Metropole.

Versetzen wir uns gedanklich zunächst mehrere tausend Jahre an das Ende der **Weichseleiszeit** zurück. Damals begann die eigentliche Geschichte Marienfeldes, da seinerzeit die naturräumlichen Gegebenheiten angelegt wurden, die den Ort als ländliche Siedlungsstätte überhaupt erst attraktiv machen sollten. Zur Grundausstattung des Raumes zählten in erster Linie die lehmig sandigen Böden der Grundmoräne, die in beschränktem Maße Ackerbau zuließen und die noch heute im Zentrum des Angers liegenden **Pfuhle**. Diese lieferten das notwendige Frischwasser, ermöglichten ein Tränken des Viehs und konnten ebenso als Löschteiche genutzt werden. Wie an vielen anderen Orten in der Mark Brandenburg siedelten sich hier alsbald Bauern an und es entstand schließlich ein **Angerdorf**, als typische Siedlungsform der Deutschen Ostkolonisation.

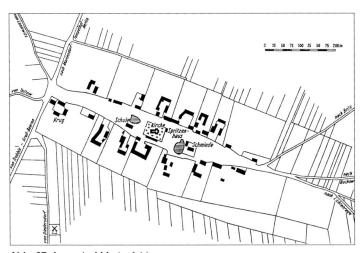

Abb. 67: Angerdorf Marienfelde

Marienfelde wurde, ebenso wie Mariendorf und Tempelhof, von den Rittern des Templerordens gegründet. Nach der Übernahme durch die Johanniter und weiteren Besitzerwechseln wurde das Dorf im Jahre 1435 von der Doppelstadt Berlin/Cölln gekauft. Besonders erwähnenswert für die **Geschichte des Ortes** ist das Jahr 1611, als hier die Pest wütete und die Zahl der Bewohner stark dezimierte. Weitere Seuchen und der Dreißigjährige Krieg führten in den Jahren 1631 und 1632 zum Tode von 33 Dorfbewohnern, was immerhin den Verlust eines Drittels der Gesamtbevölkerung bedeutete.

Dorfkirche

Das älteste noch erhaltene Gebäude ist die **Kirche** aus dem Jahre 1220. Einige Quellen datieren das Gebäude sogar auf das Jahr 1192. Damit wäre dies der älteste noch erhaltene Sakralbau auf heutigem Berliner Stadtgebiet. Errichtet wurde die Kirche aus den zur Verfügung stehenden lokalen Baumaterialien Lehm und Findlingen. Die Granite wurden mit einfachen Mitteln bearbeitet, so dass letztendlich eine relativ glatte Außenmauer entstand. Zunächst als Wehrkirche mit schmalen länglichen Fenstern und vergleichsweise dicken Mauern konzipiert, erfolgten im Laufe der Jahrhunderte mehrere Umbauten, die unter anderem eine Vergrößerung der Fenster mit sich brachten. Auf dem Dach des Turmes, dem höchsten Punkt der Ansiedlung, befindet sich die Nachbildung einer Wetterfahne aus dem Jahre 1595. Das Original kann als Exponat im Heimatmuseum besichtigt werden. Es empfiehlt sich ein kurzer Rundgang über den kleinen **Friedhof** der Kirche, auf dem z.B. der Ökonom ADOLF KIEPERT, ein Bruder des bekannten Geographen, begraben liegt. Er trug als Besitzer des so genannten Rittergutes entscheidend zum wirtschaftlichen Aufschwung des Dorfes bei.

Unweit der Kirche stehen noch einige alte, für die Mark Brandenburg charakteristische **Bauernhäuser** des 19. Jahrhunderts. Die Jahreszahlen an einigen Gebäuden weisen beispielsweise die Jahre 1844 und 1893 als Datum der Fertigstellung aus. Je nach Reichtum der Bauern, der nicht zuletzt das Resultat der jeweiligen Größe der Flurstücke war, sind die Fassaden stuckgeschmückt oder eher schlicht gehalten. Auch die Größe der Wohngebäude orientierte sich primär am Reichtum und spiegelt nicht immer die Anzahl der dort lebenden Familien wieder. Das märkische „Normbauernhaus" wird durch seinen rechteckigen Grundriss von rund 10 mal 15 m, ein aufgesetztes Walm- oder Satteldach und eine kleine Treppe im Bereich der Vorderfront gekennzeichnet. Rechts und links dieses Treppchens schließen sich jeweils zwei Doppelflügelfenster an. Nur selten wurden die Gebäude durch die vordere Eingangstür betreten, da alle für den Hof wichtigen Nebengelasse, zum Beispiel Ställe, Scheunen und sonstige Wirtschaftsgebäude hinter dem Wohnhaus um einen rechteckigen Platz gruppiert waren. Dort spielte sich das eigentliche Wirtschaftsleben der Gehöfte ab, so dass der hintere oder seitliche Eingang wesentlich bedeutsamer war. Die Baulücken, die infolge von Auflassungen und des Zweiten Weltkrieges entstanden, wurden durch neuere Gebäude ergänzt, die sich architektonisch alles in allem harmonisch in das Gesamtbild einfügen. Schon in der Phase des Wiederaufbaus hat man versucht, die historisch gewachsene Physiognomie zu bewahren. Diese Bemühungen setzen sich bis in die Gegenwart fort, so dass von einem langfristigen Erhalt des ursprünglichen Angerbildes auszugehen ist.

Südlich an der Kirche vorbei führt der Weg zum zweiten noch erhaltenen **Pfuhl**, an dessen Nordostufer sich noch heute das Gebäude der **ehemaligen Schmiede** befindet. Hier wurden mehrere Jahrhunderte lang die notwendigen Werkzeuge für die Landwirtschaft und so wichtige Dinge wie Hufeisen sowie Beschläge gefertigt. Ebenso wie die Schmiede, zählten die heute nicht mehr erhaltenen Gebäude des Spritzenhauses und der

Schule zu den zentralen Einrichtungen des Dorfes. Brände führten immer wieder zu verheerenden Zerstörungen einiger Gebäude, da diese früher aussschließlich reetgedeckte Dächer hatten und benachbarte Häuser bei starkem Wind infolge des Funkenfluges leicht mitentfacht werden konnten.

Rittergut Marienfelde

7

Nach wenigen Metern gelangt man zum Haupteingang des so genannten **Rittergutes Marienfelde,** das seine beachtliche Größe nicht zuletzt den einfallsreichen Innovationen KIEPERTS verdankt. Links des Eingangsportals erinnert eine Gedenktafel an den Gutsbesitzer und Amtsvorsteher von Marienfelde. Zusammen mit MAX EYTH wurde von ihm in Berlin die Deutsche Landwirtschaftsgesellschaft gegründet. Darüber hinaus konnte er die anfänglichen Erfolge des Gutes noch intensivieren. Von 1811 bis 1821 erwarb der damalige Finanzrat GOETSCHKE sechs Gehöfte mit den dazugehörigen Flurstücken, fasste diese zusammen und errichtete schließlich das Gut. Dies war möglich, da zu Beginn des vorigen Jahrhunderts viele Bauern ihre immer unrentableren Höfe verließen und zu vergleichsweise günstigen

Abb. 68: Rittergut Marienfelde

Preisen zum Kauf anboten. 1844 kaufte ADOLF KIEPERT das Gut für 75 000 Taler und machte daraus einen **landwirtschaftlichen Musterbetrieb**, der nicht zuletzt aufgrund der Diversifizierung schnell florierte. KIEPERT erkannte, dass die Spezialisierung auf nur wenige landwirtschaftliche Produkte große wirtschaftliche Anfälligkeit bedeutete. So ergänzte er den Getreide- durch Kartoffelanbau und etablierte gleichzeitig eine eigene Spiritusbrennerei. Darüber hinaus führte er die Schafzucht in größerem Stil in Marienfelde ein und betrieb Milchviehwirtschaft. Das Gut befindet sich gegenwärtig im Besitz der Stadt Berlin und wird vom **Institut für Veterinärmedizin** genutzt.

Durch den Gutspark geht es in östlicher Richtung weiter zur Kreuzung **Nahmitzer Damm / Motzener Straße**, dem Anfangspunkt des Rundgangs. Beachtenswert sind die zahlreichen im Park verstreuten **Findlinge** und die Reste des bereits angesprochenen **Grabensystemes**. Auch die enorme Vielfalt einheimischer Laubbäume lädt zum Verweilen im **Park** ein, bevor der Rückweg angetreten wird. Dazu zählen unter anderem Linden, Buchen, Haselnuss, Birken, Kastanien, Eichen, verschiedene Ahornarten, sowie Eschen. Von der belebten Kreuzung geht es

zu Fuß oder mit dem Bus 172 zurück zum S-Bahnhof **Buckower Chaussee**.

Der Wedding – Ein schlafender Riese erwacht
Michael Kling

Exkursionsroute ←

U-Bahnhof Pankstraße – Badstraße – Bahnhof Gesundbrunnen –
Volkspark Humboldthain – Gustav-Meyer-Allee – Brunnenstraße –
Voltastraße – Hussitenstraße – Bernauer Straße – Ackerstraße –
Gartenplatz – Liesenstraße – Chausseestraße – Müllerstraße

Dauer: ca. 2-3 Stunden   2-3h

Abb. 69: Exkursionsroute 9 Wedding

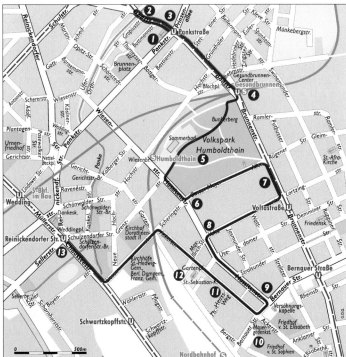

☐1 Rundgang

St.-Pauls-Kirche

Wir beginnen unseren industrie- und kulturhistorischen Spaziergang durch den Arbeiterbezirk **Wedding** am modern gestalteten U-Bahnhof **Pankstraße** und reiben uns ob des sensationellen Anblicks auf der anderen Straßenseite die Augen. Mit Erstaunen registriert man den majestätisch in sich ruhenden Bau der **St.-Pauls-Kirche**, der in seiner gleichsam dezenten und anmutigen Ästhetik mit Dreiecksgiebel, Säulen- und Pilasterumrahmung und dem etwas abseits stehenden, 1889/90 nachträglich erbauten Turm, jeden interessierten Betrachter in seinen Bann zieht. Es mutet schon überraschend an, gerade an diesem Ort einer der stilreinsten klassizistischen Schöpfungen des wohl bedeutendsten Architekten der Berliner Stadtgeschichte zu begegnen. Wie auch die auf dem nahe gelegenen Leopoldplatz vorzufindende alte **Nazarethkirche** stammt die St.-Pauls-Kirche (erbaut 1832–35) von KARL FRIEDRICH SCHINKEL, dem neben PETER JOSEF LENNÉ (Gartenarchitekt und Stadtplaner) wohl genialsten Künstler und Präger des Berliner Stadtbildes im 19. Jahrhundert!

Direkt vor der Kirche stehend, nutzen wir die Chance und schlendern die **Badstraße** nur für einen kurzen Abstecher in die „falsche" Richtung nach rechts in Richtung **Buttmannstraße**, wo wir auf eine typisch Alt-Berliner Sonderheit treffen. Die hier befindliche alte, gusseiserne **Pumpe** Nr. 252 fungiert als Fingerzeig in das 19. Jahrhundert, als der ehemals ländliche Wedding fast explosionsartig vom Bevölkerungswachstum und Mietwohnungsbau erfasst wurde und die Infrastruktur sowie hygienische Verhältnisse nicht Schritt halten konnten. Noch vor wenigen Jahrzehnten fand man derartige Straßenwasserpumpen überall in der Stadt. Nur wenige Meter weiter, vorbei an türkischen Obstläden und Bäckereien, nehmen wir auf dem Weg zur Panke sehr ansprechende Wohngebäude mit reizvollem Figurenschmuck und Stuckverzierungen der Jahrhundertwende wahr (z. B. Nr. 35, 37–39, 46). Auch das fünfgeschossige **Wohnhaus Nr. 42** dürfte sich in früheren Zeiten dieser äußeren Schönheit der Fassade erfreut haben. Doch mit den vielen Sünden der Moderne und der funktionalen Stadtplanung, schlug man in den 1960er Jahren nichtsahnend nicht nur den Stuck, sondern auch die Identität der Bewohner von den Häusern ab und übertünchte diese Wände mit grauem Putz, sodass das Antlitz der Stadt, verdeckt mit hässlichem Heftpflaster, bald nicht mehr erkennbar war. Der Verleger WOLF JOBST SIEDLER prangerte als erster diesen Zustand der „gemordeten Stadt" an. Zum Glück wurde er erhört, wenn auch spät – ob wohl noch rechtzeitig, ist ungewiss. Alte Innenstadtbereiche wie Kreuzberg oder auch der Wedding zeigen große Anstrengungen auf, dieses identitätsstiftende urtypische Berliner Stadtbild wieder aufleben zu lassen. Das große Manko dieses Prozesses liegt leider darin, dass zwischenzeitlich ein Austausch der Bewohner aufgrund gesellschaftlicher und ökonomischer Umwälzungen erfolgte. Weite Teile der „immigrierenden" Bevölkerung, z. B. aus der Türkei, haben sowohl keinen emotionalen wie historischen Bezug zur alten Mietskasernenstadt als auch nicht zum neu erbauten **Sanierungsgebiet**. So wurde das soziale Gleichgewicht in vielen Kiezen der Stadt elementar gestört. Vielleicht liegt in dieser Problematik sogar die größte gesellschaftliche Fehlentwicklung Berlins in der neuen Zeitgeschichte verborgen.

Badstraße [2]

Mit wenigen Schritten erreichen wir die **Panke**, die als Berlins drittkleinster Fluss in einem schönen, langgezogenen Grünzug an dieser Stelle die Geburt dieses Ortsteils markiert – leider wenig romantisch, weil in einem Kanalbett einbetoniert. Allein die Orts- und Straßennamen wie Gesundbrunnen, Bad- und Brunnenstraße deuten bereits auf den historischen Ursprung hin.

Vor fast 250 Jahren wurde auf dem heutigen Grundstück **Badstraße 39** eine eisenhaltige Wasserader entdeckt, die durch den, unter König Friedrich II. dienenden, Hofapotheker Dr. Friedrich Wilhelm Behm bis 1760 zu einer Trink- und Heilstätte namens „Friedrichs-Gesundbrunnen" ausgebaut wurde. Die Ortsbezeichnung **Gesundbrunnen** wandelten die Berliner rasch in ihrem frechen Dialekt zur „Plumpe" um. Wie beispielsweise auch der südliche Vorort Tempelhof entwickelte sich diese vor der Stadtgrenze an einer Ausfallstraße gelegene Siedlung zu einem Ausflugsziel und kurz darauf zu einer Amüsierzeile Berlins. Auf 67 Grundstücken der Badstraße gab es im 19. Jahrhundert zeitweise mehr als 40 Vergnügungsstätten, Lokale, Theater und Rummelplätze. Als die Quelle bei Ausschachtungsarbeiten mehrfach angezapft wurde, versiegte sie 1882 endgültig. Der bereits 1861 eingemeindete Ort entwickelte sich aufgrund der sich ansiedelnden Industrie immer mehr zum Wirtschafts- und Wohnstandort. Noch heute erinnern die Inschrift des Quellenhauses „In fonte salus" („In der Quelle ist das Heil") und ein Relief im Giebel der Nr. 39 an den Ursprungsort dieses Stadtviertels.

Der auf dem gegenüberliegenden Ufer der Panke stehende rote **Klinkerbau** verweist uns nunmehr direkt auf die industrie-geschichtliche Bedeutung dieses Quartiers. Die erste Inschrift auf der Brandmauer des 1892 errichteten wunderschönen Gebäudes nennt die 1833 gegründete Firma „S.J. Arnheim Geldschrank-fabrik Tresorbau", die hier kurz vor der Jahrhundertwende eine Fabrik erbaute. Sie war weltweit so berühmt, dass man früher statt Tresor den Begriff „Arnheim" synonym gebrauchte. Unter den Nazis wurde die jüdische Familie enteignet und die letzte Be-sitzerin, DOROTHEA ARNHEIM, ins KZ Theresienstadt deportiert und umgebracht. Nach der Zwangsversteigerung bezog die „Frisch-eisen & Co. Kabelfabrik" das Grundstück und beschäftigte während des Zweiten Weltkrieges in großem Umfang Zwangs-arbeiter und Kriegsgefangene. Im hinteren Grundstücksbereich finden sich heute noch alte „Shedhallen" der „Arnheimschen Fab-rik", in der heute Bildhauerwerkstätten untergebracht sind.

Nicht nur für Liebhaber des öffentlichen Nahverkehrs sei an dieser Stelle auf die gegenüberliegenden **BVG-Buswerkstätten** hingewiesen, die hier als Nachfolger des 1873 von der Berliner Pferdeeisenbahn-Gesellschaft errichteten ersten Depots und Bahnhofs entstanden. Die **Pferdeeisenbahn** lief in Schienen und war der Vorläufer der elektrischen Straßenbahn. In der Uferstraße sind anhand der Pflasterung der Straße heute noch die alten Gleise erkennbar. Die letzte Pferdeeisenbahn fuhr 1902. Die sie ab-lösende Straßenbahn wurde im Westteil Berlins 1964 eingestellt.

Doch nun schnell weiter, denn dieser kurze Abstecher sollte nur ein erhellendes Blitzlicht auf die historische Genese des Weddings werfen. Wir gelangen zu der Erkenntnis, dass eigent-lich jedes Haus, jede Straße, auch jeder alte Baum, zumindest die Bewohner jeder Ecke dieser Stadt geschichtlicher Bestandteil sind und Zeugnis über das Werden und Sein dieser urbanen Agglomeration namens Berlin sind. Auch wenn dies sehr philo-sophisch und theoretisch klingt, kann sie den Spaziergänger im weiterführenden Sinne eines FRANZ HESSEL, dem Flaneur des Berlins der 1920er Jahre, doch weiterbringen, indem sie anleitet, den humanen Kontakt in der oftmals so unpersönlichen, kalten Großstadtatmosphäre zu suchen.

3 Pankstraße

Zielstrebig kehren wir um und schreiten wachen Auges die Bad-straße retour. Erneut erreichen wir mit dem U-Bahnhof **Pank-straße** die Kreuzung **Prinzenallee/Ecke Badstraße** und stehen vor dem aktuellsten Neubau dieses Straßenzuges, einem „Straßenmöbel". Schräg gegenüber der Schinkel-Kirche errichtete einer der bedeutendsten zeitgenössischen Berliner Architekten, JOSEF PAUL KLEIHUES, im Juni 1999 den ersten von 100 Straßenkiosken im Auftrag der Firma Wall, die der Stadt als Spende überlassen werden sollen. (Zum Wall-Unternehmen folgen später weitere Informationen.)

Linkerhand fällt das prächtige **Haus Nr. 20** auf. Es wurde vom Bankverein Gesundbrunnen erbaut, der 1860 von hier ansässigen Handwerkern als private Genossenschaft begründet wurde. Im Jahre 1949 übernahm die aus den ehemaligen Genossenschaftsbanken entstandene „**Berliner Volksbank**" das Gebäude, wobei der Bankverein Gesundbrunnen das bedeutendste Mitglied dieses Zusammenschlusses war.

Als eine der letzten Bastionen des vormals weltweit agierenden Konzerns findet sich unter dem **Standort Nr. 16/17** eine der ältesten **Woolworth-Filialen** von ganz Deutschland. Alles, was man hier kaufen konnte, kostete in der Anfangszeit nur 99 Pfennige. Daher stammt der alte Name „Einheitskaufhaus".

Im **Haus Nr. 66** begegnen wir nach Durchquerung der Toreinfahrt einer Form des absolut typischen Berliner **Hinterhofes**, der durch eine gewerbliche Nutzung, sowohl im Handwerk als auch in der Klein- und Mittelindustrie geprägt wurde. Im Seitenflügel arbeitet heute noch eine große Glaserei, im Hinterhaus deutet der verblasste Schriftzug eines 1898 entstandenen fotografischen Ateliers auf eine starke gewerbliche Nutzung hin. Im 19. Jahrhundert gab es eine signifikante Ballung von Fotografen in der Badstraße, da die Ausflügler sich sonntags gerne beim Wochenendvergnügen ablichten ließen. Das erste Fotoatelier in der Badstraße entstand bereits 1862.

Die urtümliche „Berliner Mischung" vereinigte hierbei auf kleinstem Raum die Funktionen Wohnen und Arbeiten, häufig wohnte der Gewerbetreibende oder Arbeiter sogar im gleichen Haus.

Bezeichnenderweise spiegelte die normale Berliner **Mietskaserne** die WILHELMINISCHE Ära auch in einer sozialen Hierarchie horizontal und vertikal wieder, indem der Unternehmer zumeist im Vorderhaus, je reicher, desto niedriger, und der Arbeiter im Seitenflügel oder Quergebäude wohnte. So war THEODOR FONTANE z.B. frustriert, dass er es mit seiner 1872 im so genannten Johanniter-Haus in der Potsdamer Straße 134c in Schöneberg (heutiges Grundstück der Neuen Staatsbibliothek) bezogenen letzten Wohnung in seinem Leben nicht unter den dritten Stock gebracht hatte!

Während wir uns nun in Richtung U- und S-Bahnhof **Gesund-brunnen** weiterbewegen, werfen wir nochmals einen Blick zurück und registrieren das offensichtliche und ungewöhnliche Gefälle dieses Straßenzugs.

Vergleichbar mit dem starken Anstieg des Mehringdamms ab der Yorckstraße im südlich gelegenen Kreuzberg „erklimmen" wir aus dem Urstromtal der Spree kommend einen Ausläufer vom Grundmoränenzug des **Barnim** (im Süden ist es der Teltow). Die Schmelzwässer der letzten Eiszeit vor rund 10000 Jahren, die letztendlich ein „Tal" für die vorzeitliche Spree schufen, formten das Relief dieses Raumes (vgl. Kap. 1).

4 | Bahnhof Gesundbrunnen

Der Verkehrsknotenpunkt **Bahnhof Gesundbrunnen** wurde 1877 als Station der Ringbahn eröffnet und 1930 durch den, vom bedeutenden Bahnhofsarchitekten ALFRED GRENANDER (z.B. Umsteigebahnhof Hermannplatz!), unterirdisch angelegten U-Bahnhof mit denkmalgeschützter Halle ergänzt. Vermutlich weist dieser U-Bahnhof aufgrund seiner „Gipfellage" auf der Grundmoräne die längste Rolltreppe Berlins auf! Durch die Berliner Architekten OESTRICH/HENTSCHEL wird seit 1996 dieser Bahnhofskomplex zu einem der wichtigsten Stadt-, Regional- und Fernbahnhöfe Berlins ausgebaut.

Von der **Badstraßenbrücke** eröffnet sich ein illustrer Blick auf die Großbaustelle des Berliner Nordkreuzes und der wunderschönen Stahlbrückenkonstruktion der 1902–05 von FRIEDRICH KRASSE und BRUNO MÖHRING errichteten **Swinemünder Brücke**. Im Volksmund heißt sie nur „Millionenbrücke", weil sie die erste Brücke Berlins war, die über eine Million Goldmark kostete. 1954 wurde die im Zweiten Weltkrieg stark beschädigte Brücke ohne ihre einstigen hohen Pylone wieder hergerichtet.

Das Wiedererwachen des Weddings, vorerst das Aufleben vitaler ökonomischer Strukturen in diesem totgeglaubten Bezirk, findet im **Gesundbrunnen-Center** sein erstes Aufflackern. Gleich einer monumentalen Titanic flankiert das langgestreckte, multifunktionale „Einkaufsschiff" den neuentstehenden Großbahnhof. Die Hamburger Architekten HERING und STANEK zeichneten 1995–97 für die geschwungene Fassade und den verglasten Turm verantwortlich, der an die Kapitänsbrücke eines Riesenkreuzers erinnert. In der Tat ein kühnes Bauwerk für den fast abgeschriebenen Bezirk.

Volkspark Humboldthain

Am Ende der Brücke wenden wir uns der gegenüberliegenden Seite zu und erblicken den **Volkspark Humboldthain** mit seiner bis 1952 entstandenen, rund 85 m hohen Trümmeraufschüttung der 1941 erbauten Flaktürme, die seitlich noch deutlich zu erkennen sind. Der Gartenbaudirektor und Lenné-Schüler GUSTAV MEYER legte den 23 ha großen Park anlässlich des 100. Geburtstages ALEXANDER VON HUMBOLDTS 1869–75 auf dem Areal eines alten Schlachthofes an. Die Aussichtsplattform der **Humboldthöhe** offeriert neben einem grandiosen Weitblick über das Stadtpanorama (mit Erklärungstafeln) die **Mahnmalskulptur** „Wiedervereinigung" von ARNOLD SCHULZ (1967).

Innovations- und Gründerzentrum (BIG) und Technologie- und Innovationspark Berlin (TIB) – AEG

Wir durchschreiten den Volkspark diagonal über die Spiel- und Liegewiese, um zur **Hussitenstraße** zu gelangen. Hier, an der Ecke zur **Gustav-Meyer-Allee 25** stoßen wir auf das Wirtschaftsprojekt, das dem absterbenden Bezirk den notwendigen Adrenalinstoß verabreichte und zu neuem Leben erweckte.

Auf Initiative der Technischen Universität und der Senatsverwaltung für Wirtschaft eröffnete am 30. November 1983 das Berliner **Innovations- und Gründerzentrum** (BIG) in der **Ackerstraße** mit 14 Unternehmen und 27 Mitarbeitern. Grundidee dieser neuen Wirtschaftspolitik war die Förderung junger Hightech-Gründer innerhalb eines strukturierten Zentrums, um mit Hilfe qualifizierter Berater und einer passgenauen Infrastruktur ein planvolles Wachstum dieser jungen und oftmals kapitalarmen Unternehmer zu gewährleisten. Angestrebt wurde eine Gemeinschaftsnutzung der gegebenen Ressourcen, um Synergieeffekte zu erzielen und Investitionsmittel zu sparen. Ehemalige Wissenschaftler der TU begründeten das Zentrum und forschten und entwickelten im Einklang mit den nachfolgenden Instituten der Universität.

Die Idee war so erfolgreich, dass bereits 1985 der **Technologie- und Innovationspark Berlin** (TIB) als Erweiterung des BIG entstand. Nunmehr stand das großflächige Reservoir des ehemaligen **AEG-Standortes Wedding** zwischen **Gustav-Meyer-Allee** und **Voltastraße** zur Verfügung. Die großen Gebäudekomplexe und Werkshallen wurden jetzt geschossweise oder in kleineren

Parzellen vergeben, wodurch inzwischen auf dem Riesenareal mit rund 100 000 qm ein bunter Teppich vielfältigster Forschung und angewandter Entwicklungsarbeit entstanden ist.

1998 waren 75 Firmen in BIG (31) und TIB (44) tätig, die einen Umsatz von rund 275 Mio. DM mit etwa 1650 Mitarbeitern erzielten. Im Juni 1999 beherbergte der Innovationspark bereits 86 Firmen, deren Zielsetzung im Gründungsmotto des BIG zum Ausdruck kommt: „...um dem Strukturwandel in Wirtschaft und Technik mit neuen Ideen und Unternehmen Dynamik zu verleihen."
Ihre **Hauptbetätigungsfelder** sind:
- Automatisierungstechnik
- Biotechnologie
- Elektronik
- Informatik
- Ingenieurdienstleistungen
- Mess- und Analysetechnik
- Multimedia; Software-Hardware-Entwicklungen
- Sensorik
- Umwelttechnik und -analytik

Das wissenschaftliche Umfeld dieses Innovationsstandortes wird federführend durch 14 Forschungseinrichtungen der

Technischen Universität (TU) Berlin (z.B. Institut für Fahrzeugtechnik, Institut für Lebensmittelchemie, Institut für Biotechnologie) und der Fraunhofer Gesellschaft mit rund 500 Wissenschaftlern repräsentiert.

Seit 1986 sind BIG und TIB Betriebsstätten der Innovationszentrum Berlin Management GmbH (IZBM), die als Tochterunternehmen der Wirtschaftsförderung Berlin GmbH für die Konzeptentwicklung und den Betrieb von innovativen Gewerbeparks in Berlin zuständig ist. Auch das Innovations- und Gründerzentrum Berlin-Adlershof (IGZ, seit 1991) sowie das 1997 eröffnete Ost-West-Kooperationszentrum (OWZ) auf dem Wissenschafts- und Wirtschaftsstandort **Berlin**-Adlershof (WISTA) (vgl. Kap. 5) werden von der IZBM betrieben. Die Grundidee des BIG ist in Berlin nunmehr in Form von 14 Gründerzentren umgesetzt worden. Etwa 400 Unternehmen mit 2 500 Mitarbeitern sind in diesem Bereich tätig. Deutschlandweit beträgt die Anzahl der **Gründerzentren** mittlerweile 268 mit rund 8 000 Firmen und ca. 55 000 Mitarbeitern.

Der imponierende ökonomische Erfolg von BIG und TIB ging parallel einher mit dem Niedergang der traditionellen Industrie im Wedding, die in der zweiten Hälfte des 19. Jahrhunderts mit

weltbekannten Firmen wie Schering, Osram, Schwartzkopff und insbesondere der **Allgemeinen Elektricitäts-Gesellschaft** (AEG) den ländlichen Bezirk zum großstädtischen Arbeits- und Wohnstandort umformten. Das 1887 von dem Berliner Fabrikanten EMIL RATHENAU aus Vorläuferbetrieben in „AEG" umbenannte Werk konzentrierte seit 1893 seinen **Hauptsitz** auf dem Komplex zwischen Gustav-Meyer-Allee, Hussiten-, Volta- und Brunnenstraße und verkörperte einen der wichtigsten Industriestandorte Berlins. Auf dem ehemaligen Gelände des Strousbergschen Viehhofes errichteten die AEG-„Hausarchitekten" KRAAZ, SCHNEBEL, LAUTER, SCHWECHTEN und dem 1907 zum künstlerischen Beirat und „Chefdesigner" der AEG berufenen PETER BEHRENS eine Vielzahl von mächtigen Werk- und Montagehallen, zumeist als mit den charakteristischen blauvioletten Klinkern verkleidete Stahlbetonkonstruktionen, die teilweise bis heute Zeugen einer bedeutenden baugeschichtlichen **Industriekultur** darstellen:

1. Alte Fabrik für Bahnmaterial, Voltastraße 10 – 15,
   Architekten: JOHANNES KRAAZ 1904 / PETER BEHRENS 1908
2. AEG-Hochspannungsfabrik, Hussitenstraße 25 – 33,
   Architekt: PETER BEHRENS 1910
3. Kleinmotorenfabrik, Voltastraße 8 – 9,
   Architekt: PETER BEHRENS 1910 – 13
4. Neue Fabrik für Bahnmaterial, Voltastraße 25 – 28,
   Architekt: PETER BEHRENS 1911 – 12
5. Montagehalle für Großmaschinenbau, Hussitenstraße 25 – 33,
   Architekt: PETER BEHRENS 1911 – 12 / ERNST ZIESEL 1928

Als junger Mitarbeiter von BEHRENS war MIES VAN DER ROHE an den architektonischen Entwürfen beteiligt und leitete beispielsweise mit der Großmaschinenhalle an der Hussitenstraße, die funktional und ästhetisch an die weltberühmte Turbinenhalle an der Moabiter Huttenstraße 12 – 16 erinnert, wesentlich die Phase der „Neuen Sachlichkeit" ein.

Mit der 1967 vollzogenen Vereinigung zur Firmengruppe **AEG-Telefunken** folgte der Elektrokonzern mit weltweit 165 000 Beschäftigten, davon allein 6 000 im Wedding, dem Weg von Siemens in die internationale Großindustrie. Trotzdem war mit dem Niedergang des sekundären Sektors und der fehlenden Strukturanpassung der Weg in den 1982 angemeldeten Vergleich vorgezeichnet. Mit der Übernahme der Aktienmehrheit 1985 / 86 durch die Daimler-Benz-AG wurden auch die alten Stammwerke im Wedding aufgegeben, teilweise abgerissen und für eine neue Nutzung durch das BIG freigegeben. Die oben links am **Haupteingang Gustav-Meyer-Allee** befindliche Uhr ohne Zeiger ist somit nur als Sinnbild der abgelaufenen Zeit für die traditionsreiche, aber veraltete Industrie zu verstehen und nicht als Allegorie auf die Zukunft des Wedding.

7 Neubebauung Brunnenstraße

Wir schreiten nunmehr die **Gustav-Meyer-Allee** in Richtung Brunnenstraße, nicht ohne die links vom TIB-Eingang befindliche **Gedenktafel** zur Erinnerung an die im Zweiten Weltkrieg bei der AEG beschäftigten polnischen Zwangsarbeiter zu beachten. Rechterhand weisen moderne Gebäude bereits auf den sich anschließenden **Media Port** (z. B. mit der Deutschen Welle) und die neue Nutzung durch die **Bankgesellschaft Berlin** hin.

Dass der ehemals „rote" Proletarierbezirk in vieler Hinsicht im Aufwind befindlich ist, belegt die Neubebauung an der nordöstlichen Blockkante.

An der Ecke zur **Brunnenstraße** markiert ein 13-geschossiges **Turmhaus** als Solitär weit sichtbar diesen Neubaublock von JOSEF PAUL KLEIHUES (dem ehemaligen Leiter der IBA-Neu) und „bildet für die horizontal gestreckte Randbebauung entlang der Brunnenstraße ein vertikales Gegengewicht. Er begrenzt eine kleine Piazza um das alte **AEG-Werktor**, das 1896 von FRANZ SCHWECHTEN errichtet wurde. Hier befindet sich das haushohe Eingangsfoyer eines Bankgebäudes. Stilistisch schließen die Gebäude mit ihren Klinkerfassaden an die Tradition der Industriearchitektur an und stehen im Kontrast zur Wohnbebauung der 1970er Jahre" auf der gegenüberliegenden Straßenseite (Berliner Festspiele/Architektenkammer Berlin 1999, S. 270).

Das gesamte Ensemble mit seinen verschiedenen Struktur- und Stilelementen stellt trotz der auf den ersten Blick provozierenden, ja fast architekturmanieristischen Verbindung der Wohn- und Geschäftshäuser mit dem anmutigen Werktor, das übrigens nur von höheren Beamten und Angestellten betreten werden durfte, innere Bezüge her und verkörpert insgesamt ein gelungenes Ambiente.

Auf der gegenüberliegenden Seite der **Brunnenstraße** sind die westlichen Ausläufer des 1963 vom Berliner Senat initiierten Stadterneuerungsprogramms erkennbar. Mit dem Areal **Wedding/Brunnenstraße** wurde seinerzeit das größte zusammenhängende **Sanierungsgebiet** Deutschlands ausgewiesen (etwa 17 000 Wohnungen mit 39 000 Einwohnern). Die damals gewählte Methode der Kahlschlagsanierung hatte eine teilweise Veränderung des historisch gewachsenen Straßenrasters, eine totale Entkernung der Innenblöcke sowie die Vertreibung und/oder Entfremdung der angestammten Wohnbevölkerung zur negativen Folge. Gewachsene Kiezstrukturen waren mit Hilfe der Abrissbirne für immer zerstört. Dieser sicher unbedachte Prozess der Stadtzerstörung zehrte neben den gravierenden ökonomischen Verfallserscheinungen noch zusätzlich an der verbliebenen Überlebenskraft des immer mehr „ausblutenden" Bezirks.

Voltastraße und Hussitenstraße   8

Einen besseren, weil identitätsstiftenden Weg der Stadtreparatur zeigen die Beispiele der wunderschön restaurierten Mietskasernenfassaden in der nach rechts abzweigenden **Voltastraße 31 und 33** auf. Die fünfgeschossigen **Mietshäuser** wurden 1896 erbaut und weisen mit ihren filigran herausgearbeiteten Stuckfiguren und dem Amphorenschmuck auf einen behutsamen Umgang mit der Stadtgeschichte hin.

Zwischen der östlichen Kleinmotorenfabrik und der westlichen AEG-Fabrikhalle von PETER BEHRENS begegnen wir in einer schmalen Neubaulücke dem Eingang zum **Media Port**. Erneut zeichnet J.P. KLEIHUES für das 1994–96 erstellte Gebäude verantwortlich, das u.a. von der Deutschen Welle, RS 2 und Kiss FM genutzt wird. Unschwer lässt der 45 m hohe Turm mit seinen aufmontierten Sende- und Antennenanlagen seine Mediennutzer erraten.

Am Ende der **Voltastraße** biegen wir links in die **Hussitenstraße** ein und überqueren hierbei unbewusst ein technisches Meisterstück. Bereits am Ende des 19. Jahrhunderts entstand zwischen den Fabrikationsanlagen an der Voltastraße und dem ältesten AEG-Werk überhaupt, der zwischen Acker- und Hussitenstraße liegenden Armaturenfabrik, mit einer unterirdischen elektrischen Bahn die erste **Untergrundbahn** Berlins! Auf der gegenüberliegenden Straßenseite eröffnet sich uns ein Blick auf die Rückfront dieses „Geburtshauses" der AEG (Baubeginn 1888). Die repräsentative Vorderseite werden wir noch intensiver in Augenschein nehmen. Auch in der **Hussitenstraße** treffen wir auf sanierte **Neubauten** der 1970er Jahre. So schleust uns der **Durchgang Nr. 17** in einen großen entkernten Innenhof mit Spielplätzen und dichter Begrünung, umringt von sechsgeschossigen Wohnhäusern. Durchaus nachvollziehbar sind hier die ehrenhaften Motive der damaligen Stadtplaner, die mit ihrer Intention sowohl Urbanität als auch Intimsphäre verbinden wollten. An der Einmündung des Wilhelm-Zermin-Weges, benannt nach dem langjährigen Vorstandsmitglied des Vaterländischen Bauvereins (1882–1973), fällt uns, umrahmt von Bäumen und Büschen, erneut eine gusseiserne, etwa 2,50 m hohe, mit Frosch-, Fisch- und Blütenknospen verzierte und noch funktionsfähige **Straßenpumpe** (Nr. 93) ins Blickfeld.

9 „Versöhnungs-Privatstraße"

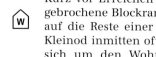

Kurz vor Erreichen der **Bernauer Straße** ermöglicht die auf-
gebrochene Blockrandbebauung des **Hauses Nr. 4 – 5** den Blick
auf die Reste einer größeren Wohnanlage, einem wirklichen
Kleinod inmitten oftmaliger verdichteter Tristesse. Es handelt
sich um den Wohnkomplex an der „**Versöhnungs-Privat-
straße**", der sich den Namen der benachbarten, 1892 erbauten
„**Versöhnungskirche**" (seit 1961 direkt im östlichen Grenz-
streifen gelegen, 1985 gesprengt) zum Programm machte. Der
„Vaterländische Bauverein zu Berlin" errichtete 1903/04 dieses
Wohnprojekt als Gegenmodell zu den Mietshäusern der Woh-
nungsspekulation insbesondere der letzten Dekade vor der Jahrhundertwende.

Die von E. Schwartzkopff geschaffene Anlage umfasste 206
Wohnungen und gruppierte sich um sechs Höfe, die miteinander durch breite Durchfahrten, die „Versöhnungs-Privat-
straße", verbunden waren. Die **sechs Höfe** zeigten in chronolo-
gischer Abfolge sechs historische Stilformen, angefangen mit
dem „Romanischen Hof", dem „Altmärkischen Hof", dem
„Nürnberger Hof", dem „Renaissance-Hof", dem „Barock-Hof"
und dem „Modernen Hof" – damit sollte der Aufstieg Berlins
vom Fischerdorf zur Kaiserstadt nachvollzogen werden. Die
Anlage, die später noch durch einen siebenten Hof, dem „Lui-
senhof" mit Wohnungen für Ledige ergänzt wurde, enthielt
neben den Wohnungen verschiedene **Sozialeinrichtungen**: fünf
Läden, einen Kinderhort mit Turnsaal, eine Bibliothek mit
Lesesaal sowie ein eigenes Hospiz und eine Badeanstalt. Alle
Wohnungen hatten Innentoilette und eigenen Balkon, acht Wohnungen im Vorderhaus ein Bad.

Die Kündigungsfrist betrug von Seiten der Genossenschaft
fünfzehn Jahre, der Mieter hatte eine Kündigungsfrist von sechs
Monaten. Bewusst wurden die sozialen Kontakte gepflegt mit
gemeinsamen Sommerfesten, Unterhaltungsabenden, Balkon-
Wettbewerben, gemeinsamem Bezug von Lebensmitteln, z.B.
von Fischen und Brennstoff. Von der ganzen Anlage erhalten
sind noch zwei Höfe mit Teilen der Bebauung (Kling 1981a,
S. 153 – 154).

Abb. 70: „Altmärkischer Hof", Relikt der Versöhnungsprivatstraße ➤

10 Gedenkstätte Berliner Mauer

Wir laufen die **Privatstraße** zurück, orientieren uns nach links und stoßen auf die durch spektakuläre Fluchtversuche berühmte **Bernauer Straße**, an deren Ostseite die Absperrungsanlagen der **Berliner Mauer** die Stadt über Jahrzehnte teilten. Inmitten des noch als Stadtbrache erkennbaren Grenzstreifens ist am ehemaligen Standort der Versöhnungskirche eine „**Kapelle der Versöhnung**" als Ergänzung der nur einen Steinwurf entfernten **Gedenkstätte Berliner Mauer** errichtet worden. Der Sakralbau vereint zwei ovale Baukörper, das Innere bildet ein isoliert stehender Gebäudekern aus Stampflehm, der durch eine transparente Holzlamellenfassade eingefasst wird und von außen sichtbar ist. Abgerundet wird das Gedenkensemble durch das Dokumentationszentrum zur Geschichte der Berliner Mauer im Haus der Versöhnungsgemeinde an der **Bernauer Straße 111** von dessen Dach ein ein Gesamtüberblick über die Anlagen ermöglicht werden soll.

Die eigentliche **Mauergedenkstätte** liegt auf der anderen Seite der **Ackerstraße** im Bezirk Mitte und ist das in der Öffent-

Abb. 71: Gedenkstätte „Berliner Mauer" – Blick durch Sehschlitze in der Sichtschutzmauer

lichkeit stark umstrittene Resultat einer jahrelangen Auseinandersetzung um eine angemessene Form dieses Ortes des Gedenkens. Obschon 1993 als prämierter Entwurf vorgestellt, wurde sie erst 1997–98 erbaut und offiziell eingeweiht. Neben den Überbleibseln der **Mauer** an der **Niederkirchnerstraße** vor dem Abgeordnetenhaus und der **East-Side-Gallery** an der **Mühlenstraße** bildet sie unverständlicherweise eine der seltenen Relikte der originalgetreuen Berliner Mauer, die in übereilter Hast fast vollständig abgerissen wurde.

Schon aus der Entfernung wird der Blick von den etwa 7 m hohen **Begrenzungswänden** aus Stahl eingefangen, die im rechten Winkel die **Originalmauer** einfassen. Fast entsteht der Eindruck, sie sollten die wahren Mauern wegschließen, die ein Volk spalteten und Millionen Menschen einsperrten. Nur ein enger Durchlass schleust den Besucher in den langgestreckten, völlig leeren Innenhof, der an seiner Rückfront einen Blick auf den **Sophien-Friedhof** erlaubt, ansonsten jedoch vom tristen, grauen Mauerwerk der ehemaligen Binnen- oder Ostmauer und der an ihrer Innenseite mit spiegelndem Metall verkleideten „Übermauer" umgeben ist. Nur einige über eine Mauer lugende Lichtpeitschenmaste erwecken die Neugier des irritierten Betrachters und lassen ihn nähertreten.

Die aus 21 Segmenten von drei übereinanderliegenden, rechteckigen Betonplatten bestehende **Sichtschutzmauer** ermöglicht nur durch schmale Sichtschlitze eine reduzierte visuelle Konfrontierung mit Frontmauer, Grenzwegen und Todesstreifen. Mit dem hier auserwählten Stilmittel der künstlerischen Verfremdung scheint abschließend sowohl die angestrebte Veranschaulichung des Systems der DDR-Grenzbefestigung mit Vorder- und Hinterlandmauer sowie Todesstreifen transparent gelungen, als auch die Zielsetzung erreicht, die am Eingang zum Gedenken ermahnt: „Gedenkstätte Berliner Mauer in Erinnerung an die Teilung der Stadt vom 13. August 1961 bis zum 9. November 1989 und zum Gedenken an die Opfer kommunistischer Gewaltherrschaft errichtet durch die Bundesrepublik Deutschland und das Land Berlin. Entwurf: KOHLHOFF/KOHLHOFF".

Wer jetzt erste Ermüdungserscheinungen zeigt, hat die Chance, mit einem Spaziergang entlang der Reste der Mauer an der **Bernauer Straße** direkt auf die S-Bahnstation **Nordbahnhof** zu stoßen. Wer jedoch noch neugierig auf weitere Facetten des Weddings ist, wirft noch rasch einen Blick auf das 1865–70 erbaute **Lazarus-Kranken- und Diakonissenhaus** und betritt mit der **Ackerstraße** in nordwestlicher Richtung erneut den Wedding.

11 Meyers Hof

Unser nächstes Ziel galt über fast 100 Jahre als berühmt-berüchtigste Adresse Berlins und liegt nur wenige Häuser entfernt, **Ackerstraße 132/133**. Die Rede ist von **Meyers Hof**, der sicherlich größten **Mietskaserne** der Welt, von der jedoch keinerlei Spuren mehr zu finden sind. Inmitten der Hochindustrialisierungsphase der Gründerjahre entstand 1874 dieser gewaltige Komplex von sieben Gebäuden mit sechs schmalen Hinterhöfen in unmittelbarer Nähe zum Zentrum der expandierenden Eisen- und Maschinenindustrie in der **Chausseestraße**. Allein in diesem Wohngebäude lebten und arbeiteten 1883 rund 1400 Einwohner. Meyers Hof wurde sicher zu Recht aufgrund seiner dichten Bebauung, hygienischen Mängel und der sozialen Missstände (Kriminalität, Alkoholismus etc.) kritisiert, doch deuten manche Indizien der sozialgeschichtlichen Forschung auf eine überraschend gut funktionierende Hausgemeinschaft mit Volksküche, ausgelassenenen Hinterhoffesten und einem solidarischen Gemeinwesen der Bewohner hin, die eine allseits verbreitete und leichtfertige Verteufelung der Mietskaserne zumindest ansatzweise in Frage stellen sollte. Am 17.10.1972 wurde Meyers Hof gesprengt.

Abb. 72: Ackerstraße 132-133 – Meyers Hof

Gartenplatz/BIG

Zur Linken passieren wir mit der **Ernst-Reuter-Siedlung** eine
der ersten Nachkriegssiedlungen (1953 – 55) Berlins. Am Gartenplatz prallt der berlininteressierte „Flaneur" gleich auf vier
geballte Objekte der Stadthistorie. Das erste ist eingezäunt,
stank einmal und stellt eine Rarität im Berliner Stadtbild dar. Es
handelt sich um das grüne Café „Achteck" oder etwas profaner
ausgedrückt, dem Berliner **Straßenpissoir** aus der Zeit, als die
Wohnungen kaum Toiletten aufwiesen. Noch vor einem Jahrzehnt über die ganze Stadt verteilt, gibt es heute nur noch ganz
wenige Relikte dieser alten Straßenmöbelkultur, wie auch die
Wasserpumpen oder Gaslaternen. Auslöser dieses „Pissoirster-
bens" war das leere Stadtsäckel, sodass der Senat mit Freude auf
das Angebot der Firma Wall einging, alle von der Stadt betriebenen öffentlichen Bedürfnisanstalten kostenlos abzureißen,
neu zu erstellen und zu betreiben, im Gegenzug jedoch entsprechende öffentliche Werbeflächen als Entgelt einforderte.
Somit erklärt sich auch die generöse Spende des **Kiosks an der
Badstraße**.

Schräg gegenüber bewundern wir die von Franz Schwechten
geschaffene atemberaubende Fassade der fünfgeschossigen
Apparatefabrik, der Urzelle der AEG und knapp hundert Jahre
später auch des BIG. Das Gründerzentrum war im Gebäude nur
noch mit sechs Firmen bis Ende 1999 vertreten, und wird
seitdem ausnahmslos von der **TU Berlin** genutzt. Die enge
Kooperation mit den Firmen des BIG und TIB im nahegelegenen
Gewerbepark wird natürlich auch von den hier angesiedelten
Instituten fortgeführt. Vertreten sind z.B. das Laboratorium für
Verfahrenstechnik und Innovationstechnik, das Institut für
Mess- und Regeltechnik und das Labor für Mikroelektronik. Im
Hof 3 ist u.a. auch der Fachbereich 6, Bionik und Evolutions-
technik zu finden, der die ökonomische Intention der Innova-
tionsparks symbolisch in seinem Emblem „Schmetterling mit
Schraubenschlüssel" widerspiegelt.

Dem roten Backsteinbau gegenüber steht die mit einem Turm
von über 80m hochaufragende **St.Sebastiankirche**, die Max
Hasak 1893 als erste katholische Kirche des Berliner Nordens entwarf. Sie ist eine der wenigen freistehenden katholischen
Kirchen, die im protestantischen Berlin nicht von Wohnhäusern
direkt in die Blockrandbebauung eingefasst wurde. Der graue
Sandsteinbau erhebt sich genau an der Stelle, die mit dem
ehemaligen Galgenplatz der Stadt das vierte historische Objekt
diese Ortes verkörpert. Bis 1837 fanden an dieser Stelle die

Hinrichtungen der Stadt unter ziemlich brutalen Zuständen statt. Oft glichen diese Veranstaltungen großen Volksfesten mit bis zu 50 000 Zuschauern. Der Wedding geriet durch den Galgenplatz logischerweise schon im 19. Jahrhundert nicht in den besten Ruf.

Unser Weg führt weiter die **Ackerstraße** entlang, die heutzutage als Sackgasse an der **Scheringstraße** endet. Wir wenden uns nach links und erblicken ein grandioses Werk der Brückentechnik, in dem der Berliner Maler GUSTAV WUNDERWALD 1927 in einem für den Stadtbezirk Wedding bezeichnenden Gemälde „Brücke über die Gartenstraße" so etwas wie die Seele dieses Bezirks festhielt.

Hinter der Brücke verblüfft in der **Liesenstraße** plötzlich ein kurzes Reststück der **Berliner Mauer**, das aus unerfindlichen Gründen hier bis heute überlebte. Dahinter befindet sich u. a. der **Friedhof der Französischen Domgemeinschaft**, der letzten Ruhestätte THEODOR FONTANES. Gegenüber auf dem 1834 angelegten **Dorotheenstädtischen Friedhof II** liegen die Gräber prominenter Bewohner des Hauptstadtboulevards Unter den Linden, so z. B. die Zirkusdirektoren ERNST RENZ (gestorben 1892), PAUL BUSCH (gestorben 1927) oder des Besitzers der stadtbekannten Konditorei ALFRED KRANZLER (gestorben 1911).

An der Kreuzung zur **Chausseestraße** erinnert nichts mehr an den ehemaligen Kontrollpunkt mit Grenzpolizisten, Stacheldraht und Lachverbot. Lediglich auf der **Grünfläche** an der **Liesenstraße** gibt das **Mahnmal für die Wiedervereinigung**, eine monumentale Sandsteinplastik der Bildhauerin HILDE LEEST aus dem Jahre 1962, einen Fingerzeig auf diesen Ort der Spaltung.

Schering AG

Wir biegen rechts in die **Chausseestraße** ein, überqueren erneut die **Panke**, an deren Ufer zur Linken das **Erika-Heß-Eisstadion** liegt, benannt nach der langjährigen Bezirksbürgermeisterin. Die mächtige Silhouette des Gebäudes der **Schering AG** markiert nicht nur den Endpunkt unserer Stadtwanderung, sondern auch den wirtschaftlichen und politischen Überlebenswillen des Weddings wie auch West-Berlins zur Zeit des Kalten Krieges. Von allen Großbetrieben Berlins verharrte einzig der

◀ **Abb. 73:** AEG-Apparatefabrik

Chemiegigant mit seiner Zentrale, Verwaltung und Forschung in der krisengeschüttelten Stadt, demonstrierte Standhaftigkeit und verhalf dem Wedding zum Überleben.

Bereits 1858 erwarb der Besitzer der „Grünen Apotheke" in der **Chausseestraße 19**, ERNST SCHERING, das Gelände an der **Müller- und Fennstraße**, auf dem sich auch heute noch ein Teil der Produktionsanlagen befindet. Hinter der Toreinfahrt **Fennstraße 11/12** sind mit Resten des „Alten Hauptlaboratoriums" (1871/72) die ältesten erhaltenen Gebäudeteile der Schering AG erkennbar. Das stadtbildprägende Gebäude für Verwaltung, Forschung und Schulung an der **Müllerstraße 178** entstand 1970 – 74 nach Entwürfen von MANFRED KIEMLE, HERMANN KREIDT und Partner. Dominiert wird der kompakte Block durch ein 16–geschossiges **Hochhaus** mit Aluminium-Vorhang-Fassade. Für diesen Baukomplex erhielt Schering im Rahmen des Bundeswettbewerbes „Industrie im Städtebau" 1978 eine Goldplakette.

Als Resümee dieser Stadtexkursion durch Neu und Alt, Klassik und Moderne, Traditionelles und Innovatives lässt sich wohl unumstritten feststellen, dass der ehemals „rote" und fast schon „tote" Bezirk Wedding aus seinem Tiefschlaf erwacht ist. Er entwickelt neue Ideen, sucht Chancen für die Zukunft und ist bereit zur Veränderung, ohne die Vergangenheit abstreifen zu wollen. Die gewählten Beispiele aus Wirtschaft und Architektur belegen: Der Wedding lebt!

Köpenick – Die Siedlungsperle zwischen Dahme und Spree

Gregor C. Falk

Exkursionsroute

S-Bahnhof Spindlersfeld – Oberspreestraße – Färberstraße –- Ahornallee – Mentzelstraße – Lange Brücke – Schlossinsel –- Frauentog – Kietz – Luisenstraße – Dorotheenstraße – Salvador-Allende-Viertel – Wendenschlossstraße – Stichkanal – Amts-straße – Landjägerstraße – Alter Markt – Katzengraben – Frei-heit – Alt Köpenick

Dauer: ca. 3 Stunden
3h

Überblick ◀

Eng umschlungen von den Flüssen **Dahme** und **Spree** liegt der alte Kern der Ansiedlung **Copnik** (erste Erwähnung 1209) auf einer Talsandinsel inmitten des Berlin-Warschauer Urstromtals. Neben zahlreiche steinzeitliche Siedlungsfunde treten auch Funde, die auf eine Besiedlung während der Bronze- und Eisen-zeit hinweisen. Auch germanische und slawische Funde auf der heutigen Schlossinsel dokumentieren deren frühe Besiedlung bereits vor der letzten Jahrtausendwende. Aufgrund der strate-gisch günstigen Konfluenzlage zwischen Dahme und Spree war die frühslawische Siedlungsstätte zunächst als Burg konzipiert worden, wuchs aber nach und nach zu einer, für damalige Dimensionen städtischen Anlage heran. Zunächst beschränkte sich die **Besiedlung** auf den Bereich der heutigen Schlossinsel. Erst im 18. und 19. Jahrhundert setzte Bautätigkeit außerhalb der Insel, im Bereich der „Köpenicker Altstadt", ein. Maßgebliche Impulse lieferte die beginnende Industrialisierung und der Anschluss Köpenicks an das regionale Eisenbahnnetz. Schließ-lich erfolgte im Jahre 1920 die Eingemeindung Köpenicks als Stadtbezirk **Groß-Berlins**. Fortan gehörten auch die bis dato eigenständigen Gemeinden Müggelheim, Grünau und Fried-richshagen sowie Hirschgarten, Wendenschloss, Karolinenhof, Wilhelmshagen, Rahnsdorf und Schmöckwitz als Ortsteile Köpe-nicks zu Berlin. Im Zuge der Eingemeindung entstand aufgrund des hohen Grünflächenanteils vieler Ortsteile der grünste Stadtbezirk Berlins. Dies hat sich bis heute nicht verändert, sodass der, seit Januar 2001 mit dem Nachbarbezirk **Treptow** zusammengelegte, Altbezirk Köpenick mit einem Anteil von 60,6 % Wald-, Landwirtschafts- und Erholungsfläche und 16,6 % Wasserfläche der grünste und wasserreichste Bezirk der Hauptstadt war. Diesem Umstand verdankt Köpenick nicht nur seine vergleichsweise **geringe Bevölkerungsdichte** von nur 881,33 Ew./km², – die durchschnittliche Bevölkerungsdichte Berlins betrug zur Jahrtausendwende knapp 4 000 Ew./km² – sondern auch sein extrem **hohes Erholungspotential**. An den Wochenenden strömen seit Jahrzehnten, je nach Wetterlage, tausende Berliner in den Südosten der Stadt, um an den Ufern des tiefgrünen **Müggelsees,** der zahlreichen Flussläufe, auf den gut ausgebauten Wander- und Spazierwegen in den ausgedehnten Wäldern oder in einem der zahlreichen Cafés und Biergärten dem Trubel der immer kräftiger pulsierenden Metropole zu entfliehen. Dies führt jedoch mitunter zu chaotischen Verkehrsverhältnissen in der **Altstadt** und auf den Ausfallstraßen, die man zu diesen Zeiten tunlichst meiden sollte. Eine empfehlenswerte, aber nicht unbedingt preisgünstige Alternative bietet die Anreise per Pedes, S-Bahn oder Fahrrad. Auch eine Erkundung des Bezirkes auf dem Wasserwege mit dem Dampfer oder einem geliehenen Kanu ist bei schönem Wetter möglich und lohnend. Wegen der günstigen Grundwasserverhältnisse wird im Bezirk Köpenick ein erheblicher Teil des Berliner Trinkwassers gewonnen. Viele Schilder mit der Aufschrift **Trinkwasserschutzgebiet** weisen darauf hin. Neben die Bereiche zur Gewinnung von Trinkwasser treten zahlreiche ausgewiesene **Naturschutzgebiete**, die dazu beitragen sollen, die ausgedehnten Grünflächen zu erhalten.

Zweifellos bildet das Wasser eine der tragenden Säulen der Entwicklung Köpenicks. Bis zum Mittelalter waren die Flüsse und Seen, neben ihrer Schutzfunktion vor feindlichen Übergriffen, ein wesentlicher Garant der Nahrungsmittelversorgung durch die **Fischerei**. Später gewannen sie darüber hinaus auch als Handelswege an Bedeutung. Eine neue Nutzungsdimension erfuhren die Gewässer durch HENRIETTE LUSTIG, der Begründerin der **Lohnwäscherei**. Lange Zeit galt Köpenick als die Waschküche Berlins, eine Entwicklung, die durch WILHELM SPINDLER weiter forciert wurde, als er 1872 im nach ihm benannten Ortsteil **Spindlersfeld**, am Westufer der Dahme, eine Anstalt zur

Abb. 74: Exkursionsroute 10 Köpenick ➤

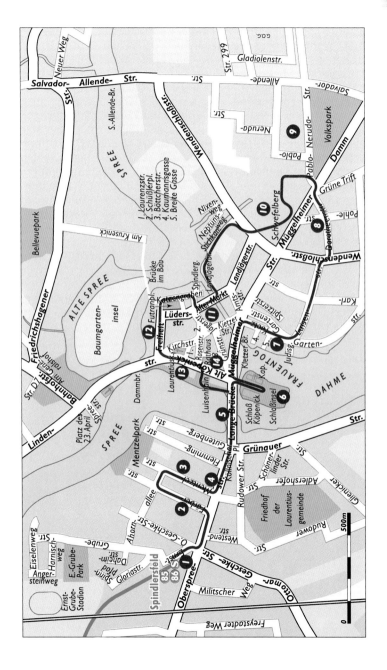

chemischen Reinigung, Wäscherei und Färberei errichtete. Entlang beider Spreeufer siedelten sich im letzten Drittel des 19. und in der ersten Hälfte des 20. Jahrhunderts zahlreiche weitere Betriebe der **chemischen Industrie** an, die Köpenick rasch zu einem kontrastreichen Bezirk werden ließen. Neben die bereits vorhandenen Grüntöne gesellten sich mehr und mehr auch schmuddeliges Grau und Braun aus rauchenden Schloten und aus Abwassereinleitungen in Dahme und Spree. Der 1898 gegründete und seit 1938 zu Köpenick gehörende Ortsteil **Oberschöneweide** entwickelte sich rasch zu einem bedeutenden Zentrum der **Elektroindustrie**. Insbesondere die ausgedehnten Produktionsstätten der AEG lieferten die nötigen Wachstumsimpulse. Mit Gründung der DDR gingen die meisten Betriebe in Volkseigentum über und der Bezirk Köpenick behielt seine wichtige Funktion als Produktionsstandort der Elektroindustrie bei. Nach der Wende erwiesen sich jedoch zahlreiche Betriebe als nicht konkurrenzfähig und fielen mitsamt ihren Arbeitern kurzerhand der Abwicklung zum Opfer. Zwischenzeitlich ist auch Köpenick voll vom „Strukturwandel" erfasst worden und versucht mit der Ansiedlung zahlreicher mittelständischer Dienstleister und Firmen der **Kommunikationsbranche** ein neues wirtschaftliches Profil zu entwickeln.

Abb. 75: Blick auf Köpenicker Rathaus von der Langen Brücke

Die beschriebene Exkursion versucht einen Einblick in die wirtschaftsstrukturelle und siedlungsgenetische Vielfalt Köpenicks zu geben und führt dem Besucher die Entwicklung des Bezirkes an einigen markanten Lokalitäten vor. Die vorgeschlagene Route beginnt am S–Bahnhof **Spindlersfeld**, um nach einer kurzen Erkundung des gleichnamigen Ortsteils die **Schlossinsel** zu erreichen. Von dort, dem stadthistorisch ältesten Teil Köpenicks, geht es dann weiter durch die einstige **Fischersiedlung Kietz** in das „sozialistisch moderne" Köpenick, dem **Salvador-Allende-Viertel**. Schließlich endet der Rundgang in der **Köpenicker Altstadt**.

Rundgang

Bahnhof Spindlersfeld

Der **Bahnhof Spindlersfeld** wurde 1892 in erster Linie für die Arbeiterinnen und Arbeiter der Wäschereien und Färbereien eingerichtet, da diese in der Anfangsphase zunächst in Berlin wohnten und täglich zur Arbeit nach Spindlersfeld pendelten. Erst nach und nach entstanden zahlreiche Wohnungen und soziale Einrichtungen in der Nähe der Betriebe. Dem Verlauf der **Oberspreestraße** nach Osten folgend begeben wir uns nun auf den täglichen Arbeitsweg von seinerzeit rund 1 000 Beschäftigten. Südlich der Straße liegt die **Köllnische Vorstadt**, deren Bebauung mit drei- bis fünfgeschossigen Mietshäusern etwas früher (ab 1850) als in Spindlersfeld einsetzte. Abgesehen von den Siedlungsspuren der Neuzeit konnten bei Bauarbeiten gegen Ende des 19. Jahrhunderts Siedlungsspuren aus vorchristlichen Jahrhunderten ergraben werden.

Färberstraße

Nach wenigen hundert Metern biegt man links in die **Färberstraße** ein und verlässt somit die viel befahrene Ost-West-Achse, die den Hauptverkehrsstrom in den Bereich der Köpenicker **Altstadt** hineinführt. Zunächst säumen Gebäude aus den 1950er und 1960er Jahren die Straße, die im Zuge eines umfangreichen Sanierungsprogrammes nach der Wende renoviert und modernisiert wurden. Im weiteren Verlauf der Straße nimmt das Alter der Gebäude zu und man trifft auf bauliche Zeugen der ersten Besiedlung des Ortsteils Spindlersfeld. Zur Linken passiert man die **Hausnummern 17 und 19**, ein Doppelhaus aus dem Jahre 1887, das im Zuge der Werksiedlung Spindler als Quartier für die Arbeiter erbaut wurde. Die meisten älteren Häuser der Straße sind ebenfalls inzwischen modernisiert worden und stehen zur Vermietung an. Symptomatisch erscheint der Leerstand zahlreicher Gebäude, die zwar attraktiven Wohnraum in ruhiger Lage bieten, der allerdings zu entsprechend hohen Mieten angeboten wird.

3 Mentzelstraße

Über die **Ahornallee** erreicht man an der nächsten Kreuzung die **Mentzelstraße**, in die wir rechts einbiegen. Besonders markante und bedeutsame Baudenkmäler sind die Arbeiterwohnhäuser der Werksiedlung aus den Jahren 1873/74. Die Siedlung Spindler wurde als erste **Arbeiterwohnsiedlung** im Großraum Berlin für damalige Verhältnisse großzügig und mit vielen Freiflächen geplant und in unmittelbarer Nähe der Anstalt zur chemischen Reinigung und Wäscherei angelegt, die sich seinerzeit zwischen Oberspreestraße, Dahme und Spreeufer befand. Hinter den weitgehend original erhaltenen rot-gelben Klinkerfassaden der dreigeschossigen Gebäude verbergen sich pro Etage je zwei Wohnungen.

Abb. 76: Werksiedlung Spindler

Alexander-von-Humboldt-Oberschule

Dem weiteren Verlauf der **Mentzelstraße** folgend treffen wir an der Kreuzung zur **Oberspreestraße** auf ein weiteres augenfälliges Gebäude, die **Alexander-von-Humboldt-Oberschule**. Das vier- bzw. fünfgeschossige Gebäude wurde 1928/29 von MAX TAUT, dem Bruder von BRUNO TAUT, erbaut und gilt als eines seiner architektonischen Hauptwerke. Besonders die großzügig angelegten Fensterflächen stehen in einem seltsam anmutenden Kontrast zur dennoch düster-wuchtig wirkenden Mauerfassade.

Einen nicht weniger deutlichen Kontrast bilden die Gebäude, denen man auf der gegenüberliegenden Seite der **Oberspreestraße** auf dem Weg in östlicher Richtung begegnet. Zum Teil ist hier alte Bausubstanz erhalten geblieben, die mit Gebäuden aus den achtziger Jahren des 20. Jahrhunderts abwechselt.

Lange Brücke

Über die belebte Kreuzung **Oberspree-/Ecke Grünauer Straße** wird die **Lange Brücke** erreicht, von wo aus sich ein wundervoller Blick auf die pittoreske Köpenicker Altstadt mit dem Kirch- und Rathausturm sowie die idyllisch anmutende, von altem Baumbestand umsäumte Schlossinsel öffnet. Entlang des Westufers der Dahme lagen die ehemaligen Betriebe WILHELM SPINDLERS. Direkt im Norden, dort wo die Dahme in die Spree mündet, liegt die **Dammvorstadt**. In südlicher Richtung prägen Industriebrachen und kleinere Bootsschuppen zahlreicher Wassersportvereine das Bild.

Schlossinsel

Unmittelbar hinter der Brücke biegt die Exkursionsroute nach Süden ab. Über den künstlich ausgehobenen **Schlossgraben** gelangt man auf die **Schlossinsel**. Hier liegt die eigentliche Keimzelle Köpenicks, deren Besiedlung bis weit in die Jungsteinzeit zurückzuverfolgen ist.

Im 12. Jahrhundert residierte auf der slawischen Burg der Fürst JAXA VON COPTNIK, der der Namenspatron des Bezirkes ist. Wenige Jahrzehnte später, im Jahre 1245, ging die Anlage in den Besitz der Askanier über. Im 16. Jahrhundert ließ Kurfürst JOACHIM II. die alte Burganlage abreißen, um dann auf der Insel ein **Jagdschloss** zu errichten. Von hier ritten fortan Jagdgesellschaften in die zum Teil noch unerschlossenen ausgedehnten dunklen Urwälder östlich und südlich der Insel aus, bis die Gebäude im Dreißigjährigen Krieg derart beschädigt wurden, dass sie schließlich einem Neubau im barocken Stil weichen mussten.

Das Schloss in seiner heutigen Form wurde 1677–81 unter Kurprinz FRIEDRICH, dem späteren ersten Preußenkönig, vom Holländer RUTGER VON LANGERFELD und JOHANN ARNOLD NEHRING erbaut. Unter NEHRINGS Leitung entstanden unter anderem das Portal, durch das die Schlossanlage betreten wird und die östlich gelegene Kapelle. Später „residierten" in den Gebäuden Zeitgenossen unterschiedlichster Couleur: die Witwen der preußischen Könige, Kartographen, im Gefängnis eingekerkerte Demagogen, Soldaten, Junglehrer und schließlich Studenten. Seit 1963 beherbergt das Schloss ein **Kunstgewerbemuseum** mit handwerklichen Exponaten vergangener Jahrhunderte.

Vom **Innenhof** des Schlosses gelangt man unter zeitweise heftigstem Möwengeschrei in den südlich angrenzenden **Park**, dessen Anlage auf den Grafen VON SCHMETTAU zurückgeht. Er ließ den barocken Garten, nachdem er das Schloss zu Beginn des 19. Jahrhunderts erworben hatte, nach seinen Vorstellungen in eine Parkanlage umwandeln.

Auf dem Weg zur Südspitze der Insel passiert man zwei **Denkmäler**, unter anderem einen übermannsgroßen **Findling**, der uns die eiszeitliche Genese des Raumes prachtvoll und nachdrücklich ins Gedächtnis ruft. Die Steine rufen zum Gedenken an den Begründer des ersten preußischen Lehrerseminars und die im Ersten Weltkrieg gefallenen Lehrer auf.

Am **Südufer** angelangt, schweift der Blick von Westen nach Osten über die **Köllnische Vorstadt** mit den alten Industrieanlagen und kleinen Bootshäusern, über die im Sommer mit hunderten von Seglern, Motorbooten und Dampfern befahrene Dahme und den Frauentog bis hinein in den Ortsteil Kietz mit seinen traditionsreichen Fischerhütten und Wäschereigebäuden.

Einem Reiseführer folgend wirken die Kietzer Gebäude „krautig" aber keinesfalls bürgerlich. Dies mag sich auf die Anordnung der Häuser beziehen, gilt aber keinesfalls für einige der heutigen Bewohner, denn immer mehr gutsituierte Berliner zieht es zum Wohnen an die Ufer der **Dahme**, nachdem die „krautigen" Hütten in exklusive, **ufernahe Wohnungen** umgewandelt wurden.

Straßendorf Kietz

Wir verlassen die Idylle der Schlossinsel, um zwischen **Müggelheimer Straße** und dem Nordufer des **Frauentoges** zum **Straßendorf Kietz** zu gelangen. Nach dem Einbiegen in die Straße „Kietz" ist der Verkehrslärm schnell verhallt und man wird erneut von malerischer Ruhe und Gedanken an vergangene, schwere, aber sicher ruhigere Zeiten eingefangen.

In Kietz, das als „**vicus Kytz**" bereits 1375 im Landbuch KARLS IV. Erwähnung fand und ab dem 13. Jahrhundert besiedelt war, lebte das niedere Volk – die Bediensteten des Köpenicker Schlosses und einige Fischer. Nachdem das Schloss in deutschen Besitz übergegangen war, wurde die slawische Bevölkerung von der Schlossinsel verdrängt und begann alsbald östlich des Frauentogs mit der Errichtung der Ansiedlung, deren Gesamtensemble bis heute weitgehend erhalten geblieben ist und unter Denkmalschutz steht.

Vor der Eingemeindung im Jahre 1898 bestand Kietz, die größte **Fischersiedlung** Brandenburgs, überwiegend aus eingeschossigen Häusern entlang der Straße, die lediglich von schmalen, gassenähnlichen Zugängen zum Wasser unterbrochen waren (Breite Gasse, Judisgasse, Kaumannsgasse und Wassergasse).

Gegen Ende des 19. Jahrhunderts waren einige der Häuser derart verfallen, dass die entstehenden Baulücken durch mehrgeschossige Wohnhäuser ersetzt wurden. In der neueren Bausubstanz kommt die zunehmende Verstädterung und der gesteigerte Bedarf an Wohnraum zum Ausdruck. Damals setzte auch eine verstärkte Siedlungstätigkeit östlich und südöstlich der Straße Kietz ein und die Kietzer Vorstadt entstand.

Die Karte zeigt das Alter der einzelnen Häuser und verdeutlicht die **Siedlungsentwicklung** des Ortsteils, wobei einige der Daten an den Fassaden von den Einträgen in der Denkmalsliste abweichen, meist sind die Daten an den Gebäuden älter. Dies mag damit zusammenhängen, dass die Gebäude später durch Renovierungen oder Ähnliches maßgeblich verändert wurden und nur diese Daten in der Liste dokumentiert sind. Bereits zu DDR-Zeiten setzten denkmalpflegerische Bemühungen zum Erhalt der noch vorhandenen alten Bausubstanz ein, so dass sich dem Besucher gegenwärtig ein reizvolles und gepflegtes Gesamtbild bietet, dessen historische Bedeutung nicht nur durch die renovierten Fassaden, sondern auch durch kunstvolle alte Straßenlaternen und steinerne Wegbegrenzungen unterstrichen wird.

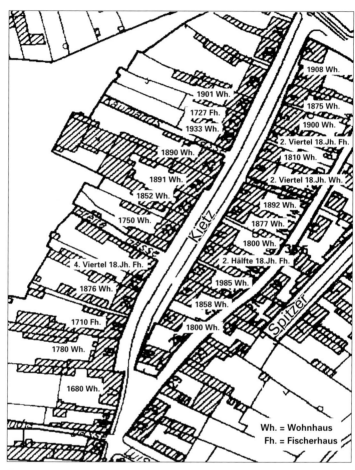

Abb. 77: Gebäudealter Kietz

Noch bis vor wenigen Jahren prägte Kietz eine **Mischnutzung** aus Kleingewerbe und Wohnen, doch mit fortschreitender Verteuerung der Gewerbemieten zeichnet sich allmählich eine Abwanderung der Kleinbetriebe ab. Im Gegenzug werden viele der ufernahen Wohnhäuser saniert und zu Luxuswohnungen umfunktioniert. Besonders lohnend ist der Blick in den Hinterhof des **Hauses Nr. 23**, da hier noch Reste der ursprünglichen Nutzung nachvollzogen werden können. So findet man beispielsweise noch die Wirtschaftsgebäude einer alten Wäscherei mit ihren Trockenböden. Teile der Anlage wurden lange Zeit von einer kleinen Tischlerei genutzt. Beim Blick in diesen Hinterhof und die Gedanken an die scheinbar perfekte Wohnlage direkt am Wasser, scheint es nur eine Frage der Zeit zu sein, bis auch dieser Komplex in reinen Wohnraum umgewidmet wird.

Nach einigen hundert Metern geht die Straße **Kietz** in die **Gartenstraße** über und eine offenkundige Veränderung der Gebäudestruktur setzt ein. An der Ecke zur **Luisenstraße** passiert man unrenovierte und teilweise bereits verfallene Häuser. Dem schließen sich auf der Ostseite der Gartenstraße eine Reihe renovierter Wohnhäuser an, wohingegen die Westseite von älteren Bauwerken und einigen halb verfallenen, leerstehenden Wäschereien geprägt wird. Noch etwas weiter südlich befindet sich eine **alte Bootswerft**, deren heutige gastronomische Nutzung zu einer kurzen Pause einlädt. Der Name des Restaurations- und Hotelbetriebes „Flussbad" geht auf eine kleine Badeanlage zurück, die sich unmittelbar nördlich an die Werft anschließt und bereits zur Gründerzeit viele Berliner zum Planschen im kühlen Nass der Dahme einlud. Wir gehen die **Gartenstraße** zurück bis zur **Luisenstraße** und biegen in diese nach Osten ein, um durch Teile der **Kietzer Vorstadt** schlendernd das

Abb. 78: Kietz

Salvador-Allende-Viertel zu erreichen. Die Luisenstraße wird im Norden von Wohnhäusern aus der ersten Hälfte des 20. Jahrhunderts, im Süden von moderneren, sozialistischen Plattenbauten flankiert. Die viel befahrene **Wendenschlossstraße** kreuzend führt die Exkursionsroute in die **Dorotheenstraße**, deren Mietshäuser der Jahrhundertwende zwischenzeitlich größtenteils saniert und modernisiert wurden, doch leider prägt auch in der Dorotheenstraße der Leerstand unzähliger Wohnungen das Bild. Gleichsam deprimierend wirken auch die alsbald zur Linken auftauchenden brachliegenden Industrieflächen.

8 Gedenkstein an die Köpenicker Blutwoche

An der Straßenkreuzung mit der **Pohlestraße** trifft man auf einen Gedenkstein, der an die so genannte **Köpenicker Blutwoche** erinnert, den wohl düstersten Abschnitt in der Geschichte des wirtschaftlich florierenden Bezirkes. Nachdem ADOLF HITLER am 30. Januar 1933 zum Reichskanzler geworden war, gewann die NSDAP weiterhin an Macht, die zunächst durch die SA und später durch die SS auch gewaltsam gefestigt wurde. Besonders in Köpenick mit seinem hohen Arbeiteranteil hatten sich jedoch auch starke Gruppen der SPD, der KPD sowie der Gewerkschaften etabliert, die sich dem Machtstreben HITLERS zunächst widersetzten. Am 21. Juni 1933 begannen nun Einheiten der SA und SS damit, gewaltsam gegen diese oppositionellen Kräfte vorzugehen, indem sie an die 500 Mitglieder und Funktionäre in ihren Wohnungen überfielen und diese verschleppten. Im Erdgeschoss des Gebäudes hinter dem Gedenkstein befand sich eine typische Berliner Eckkneipe, die jedoch bald zum Versammlungsort der lokalen SA-Mitglieder wurde. In diese **Eckkneipe**, das SA-Lokal Demuth, und in das Gefängnis des **Köpenicker Amtsgerichts** wurden ab dem 21. Juni die Gefangenen gebracht, brutal misshandelt und einige von ihnen letztendlich ermordet. Manche der fast hundert Opfer waren nahezu bis zur Unkenntlichkeit verstümmelt. Offener Widerstand gegen den nationalsozialistischen Wahn wurde nun auch in Köpenick mit den Tränen der vielen trauernden Angehörigen erstickt und wandelte sich schließlich in angsterfüllte Resignation. Ein weiteres Mahnmal, das an die Köpenicker Blutwoche erinnert, steht auf dem **Platz des 23. April** in der südlichen **Dammvorstadt**. Dem weiteren Verlauf der **Dorotheenstraße** folgend wird schließlich, nachdem man zuvor die ebenfalls stark befahrene Magistrale, den **Müggelheimer Damm**, überquert hat, das **Salvador-Allende-Viertel** erreicht.

Salvador-Allende-Viertel

Den nächsten Haltepunkt bildet der Eingang zum **Volkspark** an der Ecke zur **Pablo-Neruda-Straße**. Zunächst war das Neubauviertel, das zwischen 1971 und 1973 in sozialistischer Plattenbauweise errichtet wurde, mit seinen über 2600 Wohneinheiten für rund 8 000 Bewohner konzipiert, doch reichte das Angebot an Wohnraum bald nicht mehr aus und zwischen 1979 und 1982 entstand mit über 3 000 Wohneinheiten eine noch größere Trabantenstadt, das **Salvador-Allende-Viertel II**. Zwischen **Wendenschlossstraße** und **Müggelsee** gelegen, verknüpfen beide Wohngebiete gleich mehrere städtebauliche Anforderungen.

Zum einen waren die Produktionsstätten im Südosten Berlins durch die gute Verkehrsanbindung (Straßenbahn und Busse) leicht zu erreichen, zum anderen war die räumliche Nähe zu den ausgedehnten Naherholungsgebieten der Stadt gewährleistet. Auch die typische Integration zahlreicher kultureller und sozialer Einrichtungen in das Wohngebiet trugen zur hohen Attraktivität des Neubauquartiers bei. Neben dem Versuch den ursprünglichen Baumbestand zu erhalten, zielte auch die planerische Berücksichtigung großer Freiflächen zwischen den Gebäudekomplexen auf die Steigerung des Wohnwertes ab. Lange Zeit galt das Salvador-Allende-Viertel mit seinen integrierten Schulen, Postämtern, Sportstätten, Einkaufsmöglichkeiten und den weit gefächerten kulturellen Angeboten als eines der **Vorzeigeobjekte** sozialistischer Wohn- und Siedlungsarchitektur.

Wie in anderen **Großwohnsiedlungen** im Ostteil der Stadt offenbarten sich jedoch auch hier bald verschiedenste bauliche Mängel, die nicht zuletzt in der planwirtschaftlichen Herstellung der Baumaterialien begründet lagen, was schließlich dazu führte, dass der anfängliche Ansturm Wohnungssuchender nach und nach abebbte. Nach der Wende nahm die Attraktivität des Viertels trotz umfangreicher Modernisierungsmaßnahmen weiter ab und Abwanderungsprozesse, insbesondere der wohlhabenderen Bevölkerungsschichten, setzten ein. Dies führt nun in Kombination mit der hohen Arbeitslosenquote – wie erwähnt sind viele Betriebe entlang der Spree nach der Wende geschlossen oder deutlich verkleinert worden – zu nicht unerheblichen sozialen Spannungen. Wertet man herumliegenden Müll als Indikator zunehmender sozialer Verwahrlosung, so treten diese Prozesse auch äußerlich deutlich zu Tage (z.B. rund um den Schwefelberg). Dennoch ist der Bezirk **Treptow-Köpenick** nach wie vor bemüht den andauernden Fortzug einzudämmen, um so eine weitere Verschärfung der Situation zu verhindern. Das dem Standort gegenüberliegende, komplett modernisierte **Einkaufszentrum** ist nur ein Indiz dieser Bemühungen. Auch die gartenbauliche Instandsetzung des **Volksparks Köpenick**, dessen Anlage bereits auf das Jahr 1926 zurückgeht, soll dazu beitragen, die Attraktivität des **Salvador-Allende-Viertels** zu steigern. Dem denkmalgeschützten Park schließen sich in südöstlicher Richtung die Gebäude des **Krankenhauses Köpenick** an.

Mit dem Bus erreicht man von hier in südöstlicher Richtung in wenigen Minuten die landschaftlich wohl reizvollsten Teile des Stadtbezirkes, den waldumsäumten **Müggelsee** mit seinen einladenden Badestränden, die rund 100 Meter hohen **Müggelberge**, deren Gipfel noch vom **Müggelturm** überragt werden und das Landschaftsschutzgebiet rund um den zunehmend verlandenden **Teufelssee** mit seiner charakteristischen Moorvegetation. Insbesondere der weit ins Land reichende Blick vom Müggelturm verschafft einen hervorragenden Überblick über den grünsten Bezirk der Stadt mit seinen verträumten **Villenkolonien** und **Kolonistendörfern**, die allesamt zu einem gesonderten Besuch einladen.

10 Schwefelberg und Stichkanal

Die Exkursionsroute führt durch die Passage des **Salvador-Allende-Centers** zum nördlich gelegenen Schwimmbad und von dort weiter in westlicher Richtung auf den **Schwefelberg**, der derzeit gartenbaulich neu gestaltet wird. Man sollte beim Besteigen des Hügels allerdings gewisse Vorsicht walten lassen, da einige der Wege in baulich schlechtem Zustand sind. Dennoch lohnt der Aufstieg auf die Anhöhe, da man vom Gipfel einen hervorragenden Ausblick auf das **Salvador-Allende-Viertel** genießen kann. Wer schlechte Wege und zwielichtige Gestalten scheut, sollte die Exkursion über die **Müggelheimer Straße** und die **Wendenschlossstraße** bis kurz vor die **Wendenschlossbrücke** fortsetzen. Am Südufer des **Stichkanals** geht es durch die parkähnliche Anlage nordwestlich in Richtung Altstadt Köpenick weiter. Das gegenüberliegende Ufer des Stichkanals wird durch eine Reihe gepflegter Kleingärten geprägt.

Dort wo der Stichkanal in die **Spree** mündet, biegt der Weg links in Richtung **Amtsstraße** ab. Zuvor sollte man jedoch den Blick auf das gegenüberliegende Spreeufer, auf den so genannten **Krusenick** richten. Nachdem noch vor wenigen Jahren ausgedehnte Industriebetriebe das Areal besiedelten, entstanden auch hier zahlreiche neue Wohnhäuser in reizvoller Nähe zum

Abb. 79: Stichkanal mit Kleingärten

Wasser. Treu der Devise folgend, den geplagten Bewohnern der Bundeshauptstadt ein entspanntes Wohnen am Wasser und im Grünen (hier sogar mit malerischem Blick auf die Köpenicker Altstadt) zu ermöglichen, nimmt die Besiedlung entlang der Flussufer ihren Lauf. Viele der Bauprojekte wurden mit staatlichen Fördermitteln bedacht, sodass einige der Wohnungen im Rahmen des sozialen Wohnungsbaus sogar zu erschwinglichen Preisen vermietet werden. Leerstand im „Binnenland" wird dabei billigend in Kauf genommen!

Altstadt

Über die **Amtsstraße** wird die **Landjägerstraße** erreicht, in die man rechts einbiegt. Bald kommt eine kleine Brücke, die den **Kietzgraben** quert, in Sicht. Dieser Graben zeichnet den Verlauf eines wohl schon im Mittelalter verfüllten Dahmearmes nach und verbindet den **Frauentog** mit der **Spree**. Wir betreten von Südosten kommend den wohl ruhigsten und idyllischsten Teil der auf einer Insel gelegenen Altstadt, deren geschichtsträchtiges Ambiente leider an vielen Stellen vom dröhnenden Lärm des Durchgangsverkehrs zerstört wird. Die heutige Köpenicker **Altstadt** ist siedlungshistorisch der zweitälteste Teil der Ansiedlung, da die Besiedlung der langgestreckten **Talsandinsel** nördlich des Schlosses erst unter den Askaniern nach 1240 einsetzte. Zunächst mit den Rechten eines Flecken ausgestattet avancierte Köpenick nur zögerlich zu einer märkischen Kleinstadt. Gegen Ende des 14. Jahrhunderts lebten in der heutigen Altstadt 24 Hausbesitzer, deren zentrale Einnahmequelle neben der Fischerei der Holzverkauf bildete, da die Stadt über Waldbesitz auf Barnim und Teltow verfügte. Erst im 15. Jahrhundert erhielt Köpenick Marktrechte. Der Dreißigjährige Krieg hatte für Köpenick wie auch für viele andere Städte der Mark katastrophale Auswirkungen. Geplündert, gebrandschatzt und weitgehend zerstört stand Köpenick am Ende des Krieges vor dem wirtschaftlichen Ruin und es galt, die noch verbleibenden Kräfte für einen Neubeginn zu mobilisieren. Erschwert wurde der Wiederaufbau durch die Tatsache, dass von den 91 Bürgern, die vor dem Krieg in Köpenick lebten, nur noch 14 in der Altstadt verblieben waren und auch Neubürger nur langsam ihren Platz in Köpenick fanden. Dies führte dazu, dass selbst intakte Gebäude dem baulichen Niedergang zum Opfer fielen. Bis in das 19. Jahrhundert vermittelte die heutige Altstadt den Eindruck einer eher ärmlichen Kleinstadt und erst die Industrialisierung führte schließlich zu deutlich ansteigenden Bevölkerungszahlen. Die Anbindung Köpenicks an das Berliner Stadtgebiet durch regelmäßig verkehrende Linienschiffe und die Eisenbahn sowie ausgesprochen günstige Bodenpreise taten ihr Übriges. Aufgrund der Tatsache, dass der Ortsgrundriss in seiner historischen Struktur weitgehend erhalten geblieben ist und auch zahlreiche barocke und gründerzeitliche Gebäude den Krieg unbeschadet überstanden haben, wurde Köpenick bereits lange vor der Wende zum Denkmalschutzgebiet erklärt.

Unmittelbar hinter dem **Kietzgraben**, liegt zur Linken ein ansprechend restauriertes, zu einem ehemaligen Gut gehörendes Fachwerkhaus, in dem heute das **Heimatmuseum** Köpenick untergebracht ist. Im Museum selbst sind wechselnde Ausstellungen zur Heimatgeschichte zu besichtigen. Ferner werden im Foyer verschiedene Informationsbroschüren und Bücher über den Bezirk bereitgehalten. Vorbei an alten Straßenlaternen und der denkmalgeschützten **Schule** aus dem Jahre 1876 (Alter Markt 2), führt der Weg nach rechts zum Haus **Alter Markt 4**, einem Gebäude aus dem Jahre 1683. Im 19. Jahrhundert lebte hier HENRIETTE LUSTIG (1808–1888) oder auch „Mutter LUSTIG", die als Begründerin der Lohnwäscherei in die Geschichte des Bezirks eingegangen ist.

Freiheit

Der **Katzengraben**, in den man links einbiegt, wie auch die später nach links abknickende **Freiheit**, stellen Siedlungserweiterungen des späten 17. und frühen 18. Jahrhunderts dar. Damals wurden beide Bereiche durch Aufschüttungen künstlich befestigt, um Wohn- und Gewerberaum für zugezogene französische Glaubensflüchtlinge zu schaffen. Die Haupterwerbsquelle der Hugenotten bildete die Tuchmacherei, wobei die Produktion verschiedenster Textilien zunächst auf kleine Werkstätten beschränkt blieb. Ab 1750 etablierten sich dann aber größere Textilmanufakturen, deren Überreste in den baulich stark überformten Häusern Freiheit 12, und 12a/b erhalten geblieben sind.

Beim Gang durch den **Katzengraben** springen die zum Teil hervorragend erhaltene alte Bausubstanz und die vielen alten Straßenlaternen ins Auge. Auf dem Weg zur Freiheit wird der **Futranplatz** überquert, der zunächst als Friedhof, dann als Marktplatz und schließlich als Grünanlage diente. Ein besonderes Privileg der Hugenotten war deren Befreiung von unterschiedlichsten Abgaben, was sich im Namen der Straße **Freiheit** widerspiegelt.

Dem Verlauf der **Freiheit** Richtung Westen folgend passiert man zunächst das Grundstück, auf dem noch bis 1945 die Überreste der am 9. November 1938 zerstörten jüdischen Synagoge standen. Heute erinnert eine kleine Gedenktafel am **Haus Nr. 7** an die **Synagoge** und die jüdische Gemeinde Köpenicks. Auf der anderen Straßenseite befindet sich das **Gemeindehaus** der evangelisch-reformierten Schlosskirchengemeinde.

Im **Haus Nr. 15**, das 1907 als Turnhalle errichtet wurde, befindet sich gegenwärtig das Köpenicker **Stadttheater**. In unmittelbarer Nachbarschaft steht das **ehemalige Amtsgericht** (Freiheit 16), das während der Köpenicker Blutwoche traurige Berühmtheit erlangte. Ebenso wie im SA-Lokal Demuth wurden auch hier im Jahre 1933 verschleppte Oppositionelle eingesperrt, gefoltert und hingerichtet. Besonders das Gefängnis im Hinterhof ruft noch heute zum mahnenden Gedächtnis an die Greueltaten der Nationalsozialisten auf.

Bevor man links in die Straße Alt-Köpenick einbiegt, passiert man das Stammhaus der **Köpenicker Bank** (Freiheit 1), das noch heute durch seine reichverzierte Barockfassade einen imposanten Eindruck hinterlässt.

13 Alt-Köpenick

Die Achse **Alt-Köpenick**, die frühere Schlossstraße, führt direkt
auf das Schlossportal zu und bildet die älteste Straße des Orts-
teiles, deren Besiedlung sich vom **Schloss** ausgehend in nördlicher Richtung vollzog. Linkerhand liegt die Kirche **St. Lauren-
tius**, die im Stile SCHINKELS zwischen 1838 und 1841 als Haupt-
pfarrkirche erbaut wurde. Der viergeschossige Turm ist neben
dem des Rathauses schon aus der Ferne gut sichtbar und kennzeichnet die Silhouette der Altstadt. Obwohl das Gesamtensemble
der Altstadt unter Denkmalschutz steht, erwecken einige Abschnitte der Straße einen traurig schmuddeligen Eindruck. Durch
den ununterbrochenen Kraftfahrzeugverkehr tief schwarz ver-
färbt, starren dem Besucher die Schaufensterscheiben der leer stehenden Geschäfte wie tiefe Augenhöhlen entgegen – Lärm und
Ruß prägen den Charakter der einstigen Schlossstraße. Im krassen
Kontrast dazu stehen die genutzten Gebäude der Straße, deren
Besitzer es verstanden haben die Fassaden mit teilweise ausgesprochen liebevollen Details zu schmücken, um so einen kleinen
Beitrag zur Wiederbelebung Alt-Köpenicker Traditionen zu
leisten. Das **Altstadtcafé**, Alt-Köpenick 16, und die 1683 gegründete
Stadtapotheke seien hier stellvertretend genannt. Zu den ältesten
noch erhaltenen Gebäuden der Straße zählen unter anderem die
Hausnummern 6 (1650–1700), 8 (1700–1750), 12 (1685) und 14
(1726), die ebenfalls allesamt unter Denkmalschutz stehen.

14 Rathaus

Im weiteren Verlauf der Achse zum Schloss, liegt auf der linken
Straßenseite (Nr. 21) das wohl markanteste Gebäude der Altstadt,
das **Rathaus**. Im Stile der norddeutsch-märkischen Backsteingotik
wurde das Gebäude zwischen 1901 und 1904 erbaut und zwischen
1926 und 1939 durch verschiedene Anbauten erweitert. Schon
wegen der ständigen Ausstellung zu Ehren des **Hauptmanns von
Köpenick**, die sich im Tresorraum des Erdgeschosses befindet,
lohnt es, das Gebäude auch von innen zu besichtigen. Betritt man
das Rathaus durch den Haupteingang, wird man von einem imposanten Eingangsportal begrüßt, bevor sich zur Linken die Ausstel-
lungsräume anschließen. Das Rathaus bildet den letzten Haltepunkt der Exkursion. Von hier aus führt der Weg entweder durch
den Luisenhain zur Langen Brücke und von dort durch die Oberspreestraße zurück zum S-Bahnhof **Spindlersfeld** oder durch Teile
der Dammvorstadt nach Norden zum S-Bahnhof **Köpenick**.

Germania – Hitlers Wahn von der Welthauptstadt
Michael Kling

Exkursionsroute ←

U-Bahnhof Hausvogteiplatz – Werderscher Markt – U-Bahnhof Mohrenstraße – Voßstraße – Wilhelmstraße – Niederkirchnerstraße – Kochstraße – Friedrichstraße – U-Bahnhof Platz der Luftbrücke – Kolonnenbrücke – Hauptstraße – Potsdamer Straße – Heinrich-von-Kleist-Park – Reichpietschufer – Stauffenbergstraße – Tiergartenstraße – Hofjägerallee – Großer Stern – Straße des 17. Juni – Bahnhof Zoologischer Garten – Fehrbelliner Platz – Westfälische Straße – Halenseestraße – Masurenallee – Theodor-Heuss-Platz – Heerstraße – S-Bahnhof Olympiastadion – Olympischer Platz – „Reichssportfeld" – Jesse-Owens-Allee – Am Glockenturm

Dauer: ganztägig

„Was einst Babel für die babylonische Kultur und Rom für die Antike nämlich der Sammelpunkt der sterbenden Kultur, von wo aus die ‚Errungenschaft der Zivilisation' in alle Welt getragen wurden (und mit ihnen ein Fünkchen der alten Kulturwerte), wo sich aber auch der Untergang jeder Kultur vollzog, das ist heute Berlin, die Zentrale Deutschlands, ja schon fast Europas, für unsere Kultur:

Halb barbarisch, seelenlos, international – Weltstadt in größtem Format. Mit ihren Menschenmassen, Kunstmassen, Geistesmassen, mit ihrem Gift ein letztes Aufleuchten vor dem Erlöschen! Ein einziger Punkt, der alles Leben anzieht und verzehrt, wie einst Rom." (KORHERR 1930, S. 371, zitiert in: KLAUS STROHMEYER 1987, S. 44)

Einführung ◄

Die Machtübernahme der Nationalsozialisten in Berlin

In schier unglaublicher Manier und Weitsicht griff dieses Zitat aus dem März des Jahres 1930(!) der schicksalhaften Rolle Berlins in der Weltgeschichte des 20. Jahrhunderts weit voraus und lässt den ansonsten unbekannten Schreiber, einen Herrn Dr. RICHARD KORHERR, als gloriosen Propheten der Neuen Zeitgeschichte er-

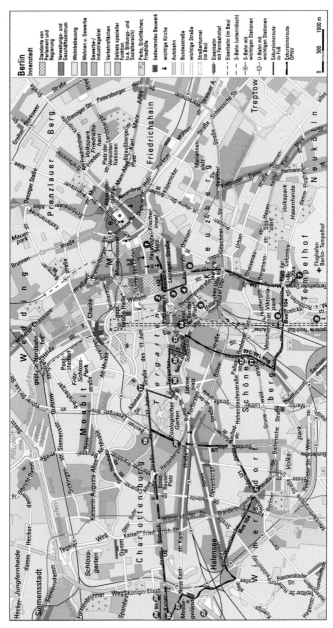

Abb. 80: Exkursionsroute 11 Germania

scheinen. Noch lange vor der Machtergreifung der Nationalsozialisten wahrsagte dieser scheinbar bis in das letzte Nackenhärchen sensibilisierte Autor den kommenden Absturz Berlins in die Katastrophe voraus, die durch die Kriegshetze, den Menschenhass und den Größenwahn HITLERS und seiner Schergen mit ihrer jedes menschliche Maß sprengenden Gigantonomie der Welthauptstadtplanung ihren Kulminationspunkt fand.

Die Nazis übernahmen mit der Inthronisierung HITLERS als **Reichskanzler** 1933 auch die Herrschaft über das ungeliebte, aber begehrte „rote" Berlin. Im großen Stil gebaut wurde jedoch anfangs nur in München, der „Hauptstadt der Bewegung", sowie in Nürnberg, der „Stadt der Reichsparteitage". In Berlin hielt sich die Bautätigkeit vorerst in Grenzen und äußerte sich primär in Kleinsiedlungen an der Peripherie der Stadt, z.B. der „Kleinsiedlung Spekte" in Spandau von HANS HERTLEIN (1933).

Nichtsdestotrotz hatte ADOLF HITLER schon vor seiner Machtübernahme detaillierte Visionen über eine **Neugestaltung** Berlins entwickelt. Bereits im September 1933 konfrontierte er die skeptischen Vertreter der Stadtverwaltung und der Reichsbahn mit seinen Ausbauplänen. Er bezeichnete Berlin als „.... eine systemlose Zusammenfassung ... oder Aneinanderreihung von Geschäfts- und Wohnhäusern": Die einzigen monumentalen Anlagen seien „die Linden, das Schloss und ihre unmittelbare Umgebung". Er sehe es als seine Aufgabe, „das, was für die Stadt Berlin in der Vergangenheit vernachlässigt worden (sei), nachzuholen. Berlin als Reichshauptstadt eines 65 Millionen-Volkes muss städtebaulich und kulturell auf solche Höhe gebracht werden, daß es mit allen Hauptstädten der Welt konkurrieren kann" (LARSSON 1978, S. 22).

Es gilt inzwischen in der Wissenschaft als gesichert, dass HITLER schon frühzeitig die Neugestaltung der Reichshauptstadt Berlin als Krönung seines Eroberungskrieges plante, ja sogar selbst architektonische Zeichnungen des an der **Nord-Süd-Achse** gelegenen **Triumphbogens** oder der monumentalen Kuppelhalle nahe des **Reichstages** anfertigte. In seinem fast schon grotesk anmutenden Größenwahn entwarf der „Führer" mit seinem Hauptarchitekten SPEER ein künstliches Zerrbild einer neuen Welthauptstadt namens **Germania**, die in ihren Grundzügen bereits 1950 das genetisch gewachsene Stadtbild Berlins vollkommen verändert und weite Teile der gewachsenen Stadt zerstört bzw. deformiert hätte. Das von der Nazi-Elite hochgezüchtete Überlegenheitsgefühl der germanisch-arischen Rasse über alle anderen Völker der Erde sollte ihren städtebaulichen Ausdruck in einem noch nie dagewesenen Prunk einer monumentalen

Stadtwelt widerspiegeln, der jedes Individuum auf die Lächer-
lichkeit seiner ameisenhaften Körpergröße zurückschrauben
sollte. Diese nationalsozialistische Architekturideologie fand neben der realisierten **Neuen Reichskanzlei** in der **Voßstraße** mit
der (zum Glück) nie gebauten **Großen Halle** ihren Gipfelpunkt.

Die Installierung des Generalbauinspektors (GBI)

Nachdem bereits Anfang 1934 der „erste Baumeister des Führers", PAUL LUDWIG TROOST, verstarb und HITLER plötzlich ohne
einen architektonischen **Projektleiter** für seinen fulminanten
Stadtumbau der Reichshauptstadt dastand, witterte der ehrgeizige ALBERT SPEER, Chefarchitekt des Nürnberger Zeppelinfelds,
seine Chance. Nach anfänglichem Zögern entschied sich HITLER
1936 für den jungen Mann, der nun unter absoluter Geheim-
haltung in seinem Büro in der Charlottenburger Lindenallee
die grundlegenden Pläne des zukünftigen Nachkriegs-Berlins
entwarf.

SPEER wurde 1905 in Mannheim als Sohn eines Architekten
geboren, studierte in Karlsruhe, München und an der Technischen Hochschule in Berlin, wo er Schüler solch prominenter
Lehrer wie HANS POELZIG und HEINRICH TESSENOW war. Als selb-
ständiger Architekt erhielt er nur kleine Aufträge, bis die Nazis
ihm die Chance seines Lebens boten und er von nun an im Auftrag seiner Bauherren einen „kargen, panzerglatten Monumen-
talismus,... hart und rigide im Habitus, reduziert im Detail,
disziplinierend in der Wirkung" (SCHÄCHE 1987) entwickelte.

Aufgrund der zunehmenden Diskussionen mit der mehr als
zurückhaltenden Berliner Stadtverwaltung, der schwierigen
Beschaffung der immensen Baumaterialien und der mangeln-
den Verfügbarkeit großer Massen an Arbeitskräften beförderte
HITLER am vierten Jahrestag seiner Machtergreifung (30.3.1937)
SPEER per Erlass zum **„Generalbauinspektor für die Reichshauptstadt Berlin" (GBI)**. Mit Hilfe dieses Dekrets wurde der
GBI mit allen Kompetenzen eines Ministers ausgestattet und
war direkt dem „Führer und Reichskanzler" unterstellt. Alle
privaten Bauvorhaben in Berlin, die das Planungsgebiet des
GBI tangierten, mussten zurückgestellt werden, um die Bereitstellung von Arbeitskräften und Baustoffen für die staatliche
Neugestaltung der Stadt nicht zu gefährden. 1940 gipfelte diese
eminente Machtzunahme SPEERS sogar in der Amtsenthebung
des Oberbürgermeisters LIPPERT, der nicht widerspruchslos
jeder Anordnung folgen wollte. Die herausragende Stellung

SPEERS als Ziehkind HITLERS wird durch die Tatsache unterstrichen, dass er die renommierte **Akademie der Künste** aus ihrem Traditionssitz am **Brandenburger Tor** verdrängte, um selbst im Haus **Pariser Platz 4** seinen feudalen Wohn- und Arbeitssitz zu nehmen.

Die Grundzüge der Neugestaltung Berlins

Die Umgestaltungspläne SPEERS basierten auf einer repräsentativen **Ost-West-Magistrale** im Verlauf der heutigen **Straße des 17. Juni / Bismarckstraße / Heerstraße** (mit der 1938 vom Reichstag zum Großen Stern umgesetzten Siegessäule; eines geplanten Mussolini-Platzes auf dem heutigen Theodor-Heuss-Platz etc.) und einer **Nord-Süd-Achse**, die ihren Schnittpunkt nahe des **Brandenburger Tores** finden sollten.

ADOLF HITLER, der sich selbst als großer Architekt und Bauherr verstand, legte allergrößten Wert auf die Neugestaltung der Reichshauptstadt, wobei sein Hauptaugenmerk dem ca. 7 km langen Mittelstück seiner als gigantischen Prachtallee konzipierten Nord-Süd-Achse galt.

Zahlreiche Einzelmodifikationen und Gesamtplanvariationen seit 1937 mündeten 1942 in einen endgültigen **Generalplan**. Nahe der **Heidestraße** im Ortsteil **Moabit** war der als Durchgangsstation projektierte **Nordbahnhof** einem 1200 m langen und 400 m breiten **Wasserbassin** vorgelagert, an deren Ufern u.a. das Oberkommando der Kriegsmarine (Architekt: PAUL BONATZ / KURT DÜBBERS) und ein neues Rathaus (Architekt: GERMANN BESTELMEYER) vorgesehen waren.

Südlich des Beckens, in unmittelbarer Nähe des zu einem Winzling verkümmerten Reichstags, erhob sich in dieser Planung mit der **Großen Halle** das Lieblingsprojekt des „Führers" als größtes Monument der Weltgeschichte. Der quadratische Unterbau mit einer Seitenlänge von 315 m, einer Höhe von 290 m und einem runden Innenraum von etwa 250 m Durchmesser sollte bis zu 180 000 Menschen Platz bieten. Die an diesem Ort verbauten 21 Mio. m^3 Rauminhalt hätten im Vergleich zu allen bislang dagewesenen Bauwerken aller Länder und Kulturen der Welt jeden Maßstab gesprengt. **Reichstag** und Brandenburger Tor wären zu Kinderspielzeugen verkommen!

Der HITLERsche Wahnsinn bezüglich dieser Stadtplanung ging soweit, dass die an dieser Stelle fließende Spree in zwei seenartig erweiterten Kanälen unter dem erweiterten Königsplatz und der

Halle unterirdisch für die Binnenschifffahrt durchgeführt werden sollte. Noch 1939 änderte Hitler die eigentlich geplante Kuppelspitze, wo ein Adler auf einem Hakenkreuz thronte. „Hier soll nicht mehr der Adler über dem Hakenkreuz stehen, hier wird er die Weltkugel beherrschen! Die Bekrönung dieses größten Gebäudes der Welt muß der Adler über der Weltkugel sein" (REICHHARDT 1985, S. 62).

In ihrer südlichen Fortsetzung sah die **Nord-Süd-Achse** eine Vielzahl von militärischen, parteilichen, staatlichen und kulturellen Gebäuden von 150–200 m langen Baublöcken vor, die von diversen geometrischen Platzformen nur bedingt aufgelockert werden konnten. Des „Führers" Entwurf eines mächtigen **Triumphbogens** kurz vor dem rund 7,5 km vom Nordbahnhof entfernten, antipodisch die Innenstadt begrenzenden **Südbahnhofs,** sollte gleichzeitig die Funktion eines Stadttores für die am **Zentralflughafen Tempelhof** einreisenden Besucher darstellen.

Die Fortsetzung dieser repräsentativen Ausfallstraße führte nach der Planung des GBI in die weitauslaufende so genannte **Südstadt** mit bis zu 400 000 geplanten Einwohnern, die von mehreren innerstädtischen Ringstraßen und von der Autobahnverbindung des Berliner Rings verkehrsmäßig erschlossen wer-

Abb. 81: Nord-Süd-Achse mit Triumphbogen und Großer Halle

den sollte. Bereits 1938 begann Speer mit zahlreichen Hausabrissen und Straßendurchbrüchen, wobei den Nationalsozialisten die Wegradierung von ca. 56 000 Wohnungen und intakter Wohnviertel nur als kühler Atemhauch der Geschichte erschien.

Einigen wenigen Spuren dieser vom **Größenwahn** gekennzeichneten Stadtplanung werden wir, neben mehreren repräsentativen Einzelbeispielen der nationalsozialistischen Architektur des Dritten Reiches, bei unserer Exkursion begegnen.

Überblick ◄

Es ist unendlich schwierig, diesen historisch-stadtgeographischen Themenkomplex des Nationalsozialismus in Berlin auf einer Exkursion sinnlich erfassbar zu gestalten. Zu vieles ist zerstört, vom Erdboden verschwunden oder bis zur Unkenntlichkeit verstümmelt. Unzählige Gebäude, Monumente und Platzanlagen sind nie gebaut oder vollendet worden, nach dem Krieg abgeräumt oder für die Ewigkeit zugeschüttet worden. Ja, bei genauerer Betrachtung – und diese Erkenntnis überrascht ein wenig – existieren neben den bekannten Großbauten heute sogar noch zu viele Baurelikte und Spuren des Nationalsozialismus, um ein wahrhaftiges Abbild dieser 12-jährigen Zerstörungsepoche innerhalb einer Stadtwanderung adäquat darstellen und konkretisieren zu können. Wir werden uns nur annähern können und viel Phantasie benötigen, möglichst gepaart mit Sachkenntnis, das tatsächliche Geschehen zu verstehen.

Natürlich wird dieser Rundgang die Nazi-Gigantonomie an den hervorstechenden Beispielen **Zentralflughafen Tempelhof**, **Olympia-Stadion** mit Reichssportfeld und dem Verwaltungskomplex am **Fehrbelliner Platz** zu belegen versuchen. Punktuelle Blitzlichter auf bedeutende Bauten (wie dem **Luftfahrtministerium** oder den **Botschaften**) und Stadtarrangements (wie z.B. der Verbreiterung der Ost-West-Achse mit Versetzung des **Charlottenburger Tores**) unterfüttern dieses Anliegen. Zur Unterstreichung der oben getroffenen Aussage, werden wir Hauptobjekte tatsächlich begutachten und en passant Nazi-Nebenschauplätze tangieren.

Gelingen kann dieser Versuch aber nur, indem wir mit offenen Augen bewusst die Stadt wahrnehmen und ebenso die immer noch existierenden Einschusslöcher des Häuserkriegs an den Mietskasernen registrieren, wie auch die atemberaubende Weite des Maifeldes.

➜ # Rundgang zu Fuß, mit PKW oder ÖPNV

[1] ## Ehemaliges Reichsbankgebäude

Unser Stadtausflug beginnt chronologisch korrekt mit dem ersten Großbau der Nationalsozialisten in der Stadt. Nutzen Sie **[U]** bitte die architektonisch höchst reizvolle U-Bahnlinie 2 und steigen im Bezirk Mitte am **Hausvogteiplatz** aus, dessen Name sich von dem 1750 von FRIEDRICH DEM GROßEN errichteten Untersuchungsgefängnis ableitet. Bis zum Zweiten Weltkrieg war dieser durch seine Unregelmäßigkeit (für die eine Bastion der Stadtmauer des Großen Kurfürsten verantwortlich war, die sich bis 1736 hier befand) berühmte zentrale Platz Berlins Zentrum des Bekleidungsgewerbes. Die heute vorhandenen Grünflächen gehen auf seine Zerstörung zurück.

Interessant für uns ist jedoch der östlich auf dem **Friedrichswerder**, zwischen **Kurstraße** und **Spree**, gelegene Erweiterungsbau der **Reichsbank** in der **Jägerstraße**. Bereits im Februar 1933 wurde von den Nazis der erste große Architekturwettbewerb ausgeschrieben, an dem sich 30 der bekanntesten deutschen Architekten beteiligten. Der illustre Reigen umfasste u.a. solch potente Baumeister wie WALTER GROPIUS, HANS POELZIG und MIES VAN DER ROHE, dessen Entwurf auch in die engere Auswahl kam. HITLER entschied sich jedoch für den älteren Entwurf des Reichsbankbaudirektors HEINRICH WOLFF mit traditionalistischer Fassade. Noch im gleichen Jahr begann der großflächige Abriss mehrerer Straßenzüge mit wertvoller Bausubstanz aus dem 18. und 19. Jahrhundert, wie etwa der berühmten „Münze" von AUGUST STÜLER. In den Jahren 1934–1940 wurde der vier- bis fünfgeschossige Stahlskelettbau auf dem unregelmäßig gebogenen Grundriss als Vierflügelanlage mit vier Innenhöfen errichtet. Die viergeschossige **Hauptfassade** am **Werderschen Markt** ist wie die übrige Anlage mit hellem Sandstein verkleidet und wird durch eine Pfeilerreihe im Erdgeschoss und zurückversetzte Fenster hervorgehoben.

Der Erweiterungsbau überstand den Krieg relativ schadlos und wurde nach Entfernung des großformatigen NS-Relief- und Bildschmucks in den Jahren von 1949 bis 1958 vom **Finanzministerium der DDR** genutzt. In den vier Dekaden bis 1989 war hier mit dem **Zentralkomitee (ZK) der SED** das eigentliche politische Zentrum der Macht verortet. Der renommierte Berliner Architekt HANS KOHLHOFF renovierte seit 1997 das Gebäude und ging dabei primär auf die historische Ausstattung und Gestaltung der 1930er Jahre mit der Lichtführung und Holz- und

Raumausstattung der traditionsreichen Deutschen Werkstätten Dresden–Hellerau zurück. Der Kölner Künstler GERHARD MERZ entwickelte für den neuen Hausherrn, das **Bundesministerium für Auswärtige Angelegenheiten**, eine neue Eingangshalle. Der berühmte, gewaltige Tresor der alten Reichsbank, der die DM-Milliarden für die Währungsunion 1990 lagerte, befindet sich immer noch im Keller.

Nachdem das Auswärtige Amt 1994 diesen Standort erhielt, war aufgrund der knappen Räumlichkeiten klar, dass ein Erweiterungsbau erforderlich sein würde. Die Berliner Architekten THOMAS MÜLLER und IVAN REIMANN schufen seit dem Wettbewerb 1996 einen kompakten, sechsgeschossigen Baukörper, der sich an den ehemaligen Straßenfluchten orientiert und zum Reichsbankaltbau einen weiteren Ehrenhof aufbaut.

Die Neue Reichskanzlei

Mit der U2 legen wir zwei Stationen gen Westen bis **Mohren-straße** zurück, und dürfen die 1906–1908 von dem bedeutenden U-Bahnhofarchitekten ALFRED GRENANDER (er begründete die äußerst reizvolle und farbenfrohe Kachelarchitektur im sachlichen Jugendstil vieler Berliner Bahnhöfe) errichtete Station Mohrenstraße begutachten. Sie gehört zu der ältesten, ab 1902 erbauten U-Bahnlinie Berlins. Bis August 1949 hieß dieser Bahnhof „Kaiserhof", benannt nach dem gleichnamigen Luxushotel am **Wilhelmplatz** und lag verkehrsgünstig im Herzen des alten Regierungsviertels. Die wechselvolle Geschichte der Stadt spiegelt sich in der jüngeren Namensgebung der Station, die von 1949 bis April 1986 „Thälmannplatz", dann „Otto-Grotewohl-Straße" hieß und seit Ende 1991 ihren heutigen Namen trägt. Von größerem Interesse für uns ist aber die Tatsache, dass nach Kriegsende die heute noch vorhandenen Tunnelwände der Station mit weinrotem Marmor aus der oberhalb gelegenen **Neuen Reichskanzlei** verkleidet wurden. Ein Großteil der immensen, noch verwertbaren Baumaterialien fand bei der Errichtung des **Sowjetischen Ehrenmals** in **Treptow** eine sinnvolle Wiederverwendung (auch ein lohnenswertes Ausflugsziel).

Der traditionsreiche Charakter des **Wilhelmplatzes** mit seinem Charme der Kaiserzeit erfuhr mit der Einrichtung der Neuen Reichskanzlei von ALBERT SPEER eine empfindliche Störung. HITLER, der vor seiner Machtergreifung im Hotel Kaiserhof in Lauerstellung residierte, beklagte als Reichskanzler häufiger, dass ihm als „einem der Größten der Geschichte keine bauliche

Abb. 82: Gartenansicht Neue Reichskanzlei mit Hitlers Arbeitszimmer; Bronzestatuen von NS-Bildhauer Josef Thorak

Abb. 83: Reichsluftfahrtministerium/Bundesministerium für Finanzen

Kulisse von imperialem Anspruch" zur Verfügung stehe. 1936 beauftragte er Speer mit dem Neubau einer Reichskanzlei und ließ ihm für die Nordseite der **Voßstraße** freie Hand. Planungen und Abriss der gesamten Bebauung nahmen etwa zwei Jahre in Anspruch.

In der gesamten Berlin-Literatur wird die Bauzeit dieses gigantischen Neubaus mit 9–10 Monaten angegeben, wodurch der Mythos des Generalbauinspektors Speer als Organisationstalent begründet und die zupackende Tatkraft der nationalsozialistischen Bewegung auf dem Wirtschaftssektor belegt erscheint. In der Tat unternahm Speer alle Anstrengungen, um mit der Hilfe von fast 5000 Arbeitskräften im Zweischichtsystem das Unmögliche zu schaffen. Ebenso ist historisch belegt, dass Hitler die **Neue Reichskanzlei** bereits am 9. Januar 1939 in Gegenwart von 8000 Arbeitern nach einer Bauzeit von weniger als einem Jahr einweihte. Doch 1981 wies die Berliner Architekturhistorikerin Angela Schönberger aufgrund einer sorgfältigen Analyse der Bauakten nach, dass die Bauzeit bis zur Fertigstellung vier Jahre betrug. Die unwahren Behauptungen der Nazipropaganda werden bis heute unkritisch von fast allen Autoren übernommen.

Die überlange **Front** der Reichskanzlei gab Speer die Chance, die Großmachtsgelüste seines Führers architektonisch umzusetzen, da die Besucher auf dem Weg zu Hitlers Arbeitszimmer mehrere voluminöse Säle mit bis zu unglaublichen 22 m Raumhöhe und 146 m Länge (!) durchschreiten mussten. Hitler soll bei seinen Baubesichtigungen eine große Freude bei der Vorstellung geäußert haben, wie Staatsgäste und Diplomaten diese lange Spiegelgalerie andächtig durchschreiten, weil sie so „schon etwas abbekommen (würden) von der Macht und Größe des Deutschen Reiches" (Reichhardt 1992, S. 141).

Hier, im gewaltigen unterirdischen Bunkersystem seiner Kanzlei, suchte der Führer des Tausendjährigen Reiches nach nur zwölf Jahren Regentschaft den Freitod. Die kriegszerstörten Ruinen in der **Voßstraße 4–6** wurden nach 1945 abgeräumt.

Das ehemalige Reichsluftfahrtministerium 3

Nur einen Steinwurf entfernt, an der exponierten Kreuzung **Leipziger Straße 5–7** und **Wilhelmstraße** ruht in all seiner Wucht das wohl markanteste Überbleibsel des einstigen Regierungsviertels. Das 1935–1936 als erster nationalsozialistischer Großbau vollendete **Reichsluftfahrtministerium** verkörpert bis heute mit fast 2 500 Räumen das größte Bürohaus Europas. In überraschend kurzer Bauzeit errichtete der Architekt und Universitätsprofessor ERNST SAGEBIEL diesen Riesenbau um drei Innenhöfe und vier Höfe, wobei das **ehemalige Preußische Herrenhaus** an der **Leipziger Straße** (heute: **Sitz des Deutschen Bundesrates**) und der **ehemalige Preußische Landtag** (heute: **Abgeordnetenhaus von Berlin**) an der damaligen Prinz-Albrecht-Straße (heute: **Niederkirchnerstraße**) in den Komplex einbezogen wurden. Nach dem Baubeginn Anfang 1935 waren infolge des Schichtsystems im Oktober des Jahres unglaubliche 1000 Räume bezugsfertig.

Das in seinen Hauptteilen als fünf- bis siebengeschossiger Stahl- bzw. Stahlbetonskelettbau hochgezogene Haus ist mit Bimsbeton-Hohlblocksteinen ausgefacht und mit silbergrauen Muschelkalksteinplatten verblendet. Der leicht unscheinbar wirkende **Haupteingang** liegt an der zurückweichenden Ecke **Leipziger Straße/Wilhelmstraße** (Abb. 83). In der Flügelmitte der 280 m langen Front an der Wilhelmstraße liegt der „Ehrenhof" mit anschließenden Repräsentationsräumen und Vorfahrtsmöglichkeiten. Vor der Gartenfront in der Leipziger Straße erinnert die große **Bronzefigur** „Der Denker" von RICHARD SCHEIBE (1938) an das ästhetisch-athletische Körperideal der faschistischen Ära.

Der die Umgebung dominierende wuchtige Bau strahlt bis heute durch seine erdrückende Größe und die lediglich von den Rechtecken der Fenster gegliederte, schmucklose Fassade eine gewisse Kälte aus. Die Architekturkritik feierte zur Fertigstellung das Gebäude aber als „Monument aus großer Zeit" und einen „majestätischen Bau, der eine Haltung zeigt, die in ihren Grundzügen preußische Repräsentation wahrt ... (und) in seiner inneren Einrichtung erfüllt von modernem Atem (ist)."

Aufgrund seiner äußerst stabilen und modernen Konstruktion überstand das Ministerium alle Luftangriffe und erlebte am 7. Oktober 1949 im Festsaal die **Gründung der Deutschen Demokratischen Republik**. Ein Jahr später gestaltete MAX LINGNER im Eingangsbereich ein **Wandbild** auf Meißener Kacheln über die Gründung des ersten sozialistischen Staates auf deutschem Boden.

Von 1949 bis 1990 fungierte der Sagebiel-Bau als „**Haus der Ministerien**". Bis zum Jahr 1994 diente es als „**Treuhand-Zentrale**" zur Verwaltung und Privatisierung der ehemaligen „Volkseigenen Betriebe" (VEB). Seit Januar 1992 trägt das Haus den Namen des von Terroristen ermordeten Treuhandchefs: **Detlef-Rohwedder-Haus.**

Im Zuge des Hauptstadtumzuges beschloss im Juni 1994 das **Bundesministerium der Finanzen** seinen Einzug in diesen Verwaltungsbau. Von 1997–2000 renovierte die HPP International Planungsgesellschaft mbH das denkmalgeschützte Gebäude für die künftigen Aufgaben.

„Reichssicherheitshauptamt" und Gedenkstätte „Topographie des Terrors"

Wir biegen von der Wilhelmstraße rechts in die **Niederkirchnerstraße** ein und bewundern eines der wenigen Relikte der **Berliner Mauer**. Ihr Verlauf ist später zum Teil mit einem roten Asphaltstrich, einem Kupferstreifen oder einer doppelten Kopfsteinpflasterreihe markiert, da immer weniger Berliner und erst recht nicht auswärtige Besucher ihren Standort kennen. Zu spät erkannte man in der Stadt den historischen Fehler, die Mauer konzeptionslos und überhastet abgerissen zu haben.

An der **Stresemannstraße** verlassen wir das ehemalige Ost-Berlin, bewundern en passant den von MARTIN GROPIUS und HEINO SCHMIEDEN 1877–1881 als ehemaliges **Kunstgewerbemuseum** fertiggestellten **Gropius-Bau**, einen der schönsten Ausstellungsbauten Berlins.

Auf dem Areal hinter dem musealen Quadrat konfrontieren den Besucher unvermittelt Keller- und Fundamentreste des **Gestapo-Gefängnisses** mit der hässlichen Fratze der deutschen Vergangenheit. Nicht nur Triumphbögen und Riesenhallen für das Volk bestimmten das Leben sondern auch Verhaftungen, Folterungen und Ermordungen in den Kerkern des 1939 aus Geheimer Staatspolizei und Sicherheitsdienst der SS zusammengeschlossenen **Reichssicherheitshauptamt (RSHA)** auf dem ehemaligen **Prinz-Albrecht-Gelände**. Erst durch eine Bürgerbewegung entstand 1987 im Rahmen der 750-Jahrfeier Berlins eine provisorische Ausstellung, die diesen historischen Ort des Grauens dokumentiert.

Nach einem 1993 vom Schweizer Architekten PETER ZUMTHOR gewonnenen Wettbewerb erhält die Stiftung „**Topographie des Terrors**" ein spektakuläres, neues **Ausstellungs- und Forschungszentrum**. Der langgestreckte Bau aus filigranen Weißbeton-Stahlwerken mit verglasten Zwischenräumen sorgt jedoch seit Jahren nicht nur wegen seiner außergewöhnlichen Architektur für Schlagzeilen. Die anfänglich geschätzten 36 Mio. DM Baukosten explodierten aufgrund der teuren Baustoffe und der diffizilen Technik bis auf 90 Mio. DM. Da der

Bund nur 18 Mio. DM beisteuern will, erfolgte zur Jahrtausendwende eine Finanzsperre und ein faktischer Baustopp. Obgleich die Baukosten mit 2 400 DM pro m³ für Museumsbauten im Schnitt liegen, versucht Bausenator STRIEDER im Jahre 2001 in Verhandlungen mit ZUMTHOR die Kosten zu reduzieren und den Prestigebau fortzusetzen.

5 Hochbunker

Leider entgegengesetzt zu unserer östlich über das RSHA führenden Exkursionsroute befindet sich nahe der Reste des früheren **Anhalter Bahnhofs** in der **Schöneberger Straße** ein **Hochbunker** aus dem Jahre 1943, ein weiteres Wahrzeichen der aggressiven Ideologie des Naziregimes.

6 Landesarbeitsamt

An der **Wilhelmstraße** verlassen wir das Dokumentationsgelände und schreiten die **Kochstraße** entlang bis zur **Friedrichstraße**. Zur Linken befand sich bis zur Maueröffnung der berühmte „**Checkpoint Charlie**" mit dem heute noch existierenden **Mauermuseum**.

Wir wenden uns jedoch gen Süden in die **Friedrichstraße** und registrieren schon aus der Ferne das linkerhand liegende und unschwer erkennbare, 1938–1940 von HANS FRITZSCHE als „**Gauarbeitsamt**" entworfene Gebäude, in dem heute das **Landesarbeitsamt** sitzt, mit Hilfe des in luftiger Höhe schwingenden NS-Adlers. Auch für diesen Neubau wurden rigoros eine Reihe von intakten Wohnbauten, u.a. auch das **alte Berliner Theater** in der **Charlottenstraße**, das zuletzt bis 1935 dem Jüdischen Kulturbund als Aufführungsstätte diente, abgerissen.

7 Zentralflughafen Tempelhof

Mit der U-Bahn Richtung **Alt-Mariendorf** fahren wir drei Stationen bis zum „**Platz der Luftbrücke**".

Wir steigen entgegengesetzt zur Fahrtrichtung, also in Richtung des nördlichen Ausgangs **Mehringdamm** aus und erkennen, dass wir hier direkt am südlichen Rand des Berliner Urstromtales, jedoch noch auf der Grundmoränenplatte des **Teltow** stehen.

Drehen wir uns jedoch vom Mehringdamm in Richtung Süden, so eröffnet sich der Blick auf eine weite **Platzanlage** mit zahlreichen imposanten Bauten, die ansatzweise die von den Nationalsozialisten gewünschte Stadtphysiognomie erkennen lässt. Repräsentative fünfgeschossige Wohn- und Geschäftshäuser von Bruno Möhring, Michael Loewe und Hermann Speck in konvex geschwungenen Formen im Kreuzungsbereich der **Duden-** und **Manfred-von-Richthofenstraße** aus den Jahren 1912/13 akzentuieren bereits vor dem Ersten Weltkrieg diesen wichtigen Standort als „Tor-Situation" und bereiten den bedeutenden Siedlungswohnungsbau von Fritz Bräuning der Weimarer Republik in **Neu-Tempelhof** vor.

Aus dem gesamten Ambiente sticht inmitten des Platzes das von den Berlinern als „Hungerharke" bezeichnete „**Luftbrückendenkmal**" heraus. Das 1951 eingeweihte Denkmal von Eduard Ludwig erinnert an die Opfer der Luftbrücke 1948/49 anlässlich der Blockade der Westsektoren durch die Sowjetunion. Die 20 m hohe Skulptur aus Stahlbeton mit drei gebogenen, in den Himmel ragenden Rippen symbolisiert die drei Luftkorridore, über die die Stadt von den Alliierten versorgt wurde. Die im Travertin-Sockel eingelassene Bronzetafel ehrt namentlich 78 Opfer der Luftbrücke.

Von der Grünfläche inmitten des „**Platzes der Luftbrücke**" eröffnet sich der Blick auf den Haupteingang des ehemaligen **Zentralflughafens Tempelhof**, einem Baukomplex der Superlative. Der in den Jahren 1936–1941 ebenfalls von Ernst Sagebiel entworfene Flughafen ist bis heute mit seinen 5 000 Räumen das größte Gebäude des europäischen Kontinents und galt lange Zeit als der modernste und größte innerstädtische Luftfahrtstandort der Welt. Er geht auf einen vergleichsweise kleinen Vorläufer aus dem Jahre 1923 und auf eine lange Flieger- und Luftfahrttradition des **Tempelhofer Feldes** zurück. Namen berühmter Flugpioniere wie die Gebrüder Wright oder des Weltkriegfliegers Udet sind mit der Tradition dieses Ortes verbunden, der im Kaiserreich als Manöver- und Exerzierplatz fungierte. Auch Hitler funktionierte das Areal mehrfach für politische Zwecke um. Auf einer propagandistisch groß aufgezogenen Maikundgebung 1933 versammelten Hitler und Goebbels rund 1,5 Mio. Berliner auf dem Tempelhofer Feld, um das „Ende des Klassenkampfes" zu erklären.

Sagebiel konzipierte den **Monumentalbau** um eine 1 230 m lange, einen Viertelkreis bildende Hallenanlage, die in der Mitte einen überdachten Flugsteig von 400 m Länge, 12 m Höhe und 49 m Tiefe aufweist. Die Überdachungen sind als Stahltrag-

Abb. 84: Flughafen Tempelhof und Platz der Luftbrücke

binderkonstruktionen ausgebildet, die nur auf einer Stütze stehen und von Gegengewichtverankerungen gehalten werden. Auf diesem Hallendach war eine **Tribünenanlage** für 65 000 Menschen gedacht, um regelmäßige Reichsflugtage für das Volk veranstalten zu können. Am Rande des ovalen Flugfeldes sah der Plan einen abgetreppten Grünstreifen vor, der Platz für eine Million weiterer Zuschauer bieten sollte. Beidseitig zum Mittelteil begrenzen große konkave Flugzeug- und Werkstatthallen die Flugsteige, in denen bis zu 120 Großflugzeuge der damaligen Zeit Platz fanden. Der geschwungene, lange Komplex wird durch Treppenhaustürme in 70 m Abstand gegliedert.

SAGEBIELS damalige funktionale Prämisse, einen Flughafen der kurzen Wege zu schaffen, wirkte revolutionär. Der Berlin-Reisende kam jederzeit trockenen Fußes in Berlin an und gelangte direkt vom Flugsteig in die als senkrechte Symmetrie gestaltete, 100 m lange **Abfertigungshalle**. Eine Treppe führte in die 30 m hohe **Empfangshalle**, die als langgestreckter, schmaler Querriegel die Hauptfront des Zentralflughafens verkörperte. Großes Aufsehen erregte im Februar 2001 der Generalmusikdirektor der Deutschen Staatsoper und Stardirigent, DANIEL BARENBOIM, mit seinem Vorschlag, in der Abfertigungshalle klassische Konzerte durchzuführen.

Über dem Haupteingang thronte ein ca. 5 m großer, nationalsozialistischer Reichsadler mit der Weltkugel in seinen Krallen.
Anfang der 1960er Jahre wurde er von den amerikanischen Be-
satzern abgebaut und erst 25 Jahre später als Freundschaftsgeste
zurückgegeben. Seitdem ruht der abgesägte Kopf des Bronze-
adlers auf einem Waschbetonsockel im Zugangsbereich des Vor-
hofes zum Flughafen als durchaus gelungene Denkmalsvaria-
tion eines politisch belasteten Objekts. Bis in die heutige Zeit
bemerkenswert und bislang wissenschaftlich nicht hinreichend
aufgeklärt ist die von Mythen umgebene Untertunnelung weiter
Bereiche des Flughafenareals.

Auch hier in Tempelhof dominierte die Formensprache der
nationalsozialistischen Staatsarchitektur. Die riesenhafte Anlage
der Stahlbetonskelettbauten wurde mit braungelben Natursteinplatten verkleidet. Eine betont symmetrische Anordnung der einzelnen Gebäudekörper mit einer strengen Reihung der Fens-
terachsen, das Stilmittel langgezogener Arkadenreihen sowie die
einheitliche Farbgebung tragen zu einer gewissen kühlen Sachlichkeit und Monumentalisierung des Baus bei. Nach dem Krieg
wurde der **einstige Weltflughafen** für die zivile Luftfahrt wie
auch als **Militärflughafen** der Amerikaner genutzt. Mit der Eröffnung des Flughafens Tegel 1975 wurde er für den öffentlichen
Flugverkehr gesperrt. Nach dem Fall der Mauer reaktivierte man
im Dezember 1990 die Anlage für Regional- und Mittelstrecken-
flüge und etablierte ihn als beliebten „**Ergänzungsflughafen**" zu
Tegel und Schönefeld.

Im Vergleich zum Rekordjahr 1971, als Tempelhof etwa 5,6 Mio.
Fluggäste registrierte, weist der innerstädtische Geschäfts- und
Regionalflughafen für das Jahr 2000 nurmehr 757 000 Passagiere
auf, etwa 10 % weniger als im Vorjahr. Mit der höchst umstrittenen
Entscheidung, Schönefeld zum Großflughafen auszubauen, er-
folgte der Beschluss, Tempelhof 2002 zu schließen. Zu Beginn des
Jahres 2001 votierte der Regierende Bürgermeister EBERHARD
DIEPGEN jedoch erneut für einen weiteren Flugbetrieb bis 2007.
Zum Abschluss noch einige kurze **Insidertipps**:
- am nördlich gelegenen **Columbiadamm** erinnern zwei alte
  Flugveteranen („**Rosinenbomber**" im Berliner Jargon) der
  amerikanischen Luftwaffe an die Luftbrücke.
- Für absolute Flugzeugliebhaber: die beste Sicht auf die star-
  tenden und landenden Maschinen hat man von der östlich gelegenen **Oderstraße** in **Neukölln**, wo die Flugzeuge knapp
  über den Scheitel der Zuschauer streichen.
- Ein spektakulärer Blick auf die ankommenden Flugzeuge
  eröffnet sich in der nahegelegenen **Jonasstraße**.

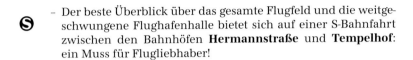

– Der beste Überblick über das gesamte Flugfeld und die weitge-
schwungene Flughafenhalle bietet sich auf einer S-Bahnfahrt
zwischen den Bahnhöfen **Hermannstraße** und **Tempelhof**:
ein Muss für Flugliebhaber!

8 Großbelastungskörper

Bevor uns der Bus 104 zwei Stationen in westliche Richtung bis
zur **Kolonnenbrücke** transportiert, lassen wir das von MAX TAUT
1925 erbaute „Verbandshaus der Deutschen Buchdrucker" in der
Dudenstraße 10, ein spätes Beispiel für einen Industriehof,
nicht außer Acht. Bei entsprechendem Interesse kann auch noch
das nahe gelegene, 1912 erbaute Wohnhaus **Schulenburgring 2**
in Augenschein genommen werden, in dem der Kampfkomman-
dant von Berlin, Generalleutnant HELMUTH WEIDLING, am 2. Mai
1945 gegen 6 Uhr früh im Hochparterre rechts den Kapitula-
tionsbefehl der deutschen Wehrmacht unterzeichnete.

An der **Kolonnenbrücke / Ecke Loewenhardtdamm** und **Ge-
neral-Pape-Straße** erhebt sich ein auf den ersten Blick unschein-
bares Bauwerk, das kaum ein Tourist beachten würde. Halb versteckt in einer heruntergekommenen Grünanlage, notdürftig mit
Drahtzaun und Stacheldraht abgesichert, steht einsam und unvermittelt ein solitärer, riesiger Betonklotz in der Landschaft herum.
Nachdem HITLER sich allen Vorschlägen zur Änderung der gigantischen Proportionen des geplanten Triumphbogens im Zuge
der Nord-Süd-Achse unzugänglich gezeigt hatte, wurde im April
1941 die Firma Dyckerhoff & Widmann zur Herstellung eines
Großbelastungskörpers im Bereich des „Bauwerks T" beauftragt. Mit dieser 400 000 Reichsmark teuren Aktion sollte die
Tragfähigkeit der hier vorherrschenden Mergelschichten für die
großen Neugestaltungsbauten untersucht werden. Der gigantische Druckkörper aus wenig ansehnlichem Beton mit rund 10
m Höhe und noch größerem Durchmesser überlebte bis heute,
da in seiner unmittelbaren Nähe neue Wohnblocks entstanden
sind und somit eine Sprengung nicht möglich ist, bzw. eine per
Hand betriebene Abtragung zu teuer sein dürfte.

9 Der projektierte Südbahnhof

Der nahe gelegene **Südbahnhof** (Entwurf: A. SPEER) galt für
HITLER und seinen Generalbauinspektor als vordringliches Gebäude, das bereits 1945 fertiggestellt sein sollte. „Die Reisenden

sollten beim Herabschreiten der großen Freitreppe sofort von der ungeheuren, die Macht des Reiches verkörpernden Wucht der Architektur überwältigt, ja „buchstäblich erschlagen" werden" (REICHHARDT 1985, S. 60). Diese emotionale Ergriffenheit sollte durch den **Vorplatz** mit seiner 800 m Länge und mehr als 300 m Breite, den auf Weisung HITLERS im Weltkrieg erbeuteten Panzer und Geschütze säumen sollten, sowie den abschließenden **Triumphbogen** noch verstärkt werden.

Der Triumphbogen an der Nord-Süd-Achse

Als ein Beispiel der nichtgebauten Nazi-Architektur sei auf den von HITLER schon 1925 skizzierten **Triumphbogen** hingewiesen, der hier mit 170 m Breite und 117 m Höhe im Kreuzungsbereich der etwas westlich projektierten **Nord-Süd-Achse** mit der **Dudenstraße** schier in den Himmel wachsen sollte. Durch die 80 m hohe Toröffnung hätte jeder Besucher der Stadt über eine 5 km lange und bis zu 156 m breite „Via Triumphalis" den Blick auf die riesige Volkshalle am „Großen Platz" freigehabt und wäre ehrfürchtig vor den Glanztaten des Führers in die Knie gegangen (s. Abb. 81, S. 280).

Nicht weit entfernt findet sich auf dem **Schöneberger Südgelände** mit der Wohnanlage am **Grazer Damm** das einzige nennenswerte **NS-Wohnsiedlungsprojekt** in Berlin. Von 1938–1940 errichteten CARL CRAMER, ERNST DANNEBERG, RICHARD PARDON und HUGO VIRCHOW über 2 000 Volkswohnungen in Form einer zumeist fünfgeschossigen Blockrandbebauung.

NS-Bauten an der Potsdamer Straße

Mit dem Bus 104 erreichen wir die Schöneberger **Hauptstraße** und steigen in den 148er Richtung Norden um, der uns vom „Schönen Berg" der Teltower Grundmoränenplatte erneut ins Berliner Urstromtal befördert. Am U-Bahnhof **Kleistpark** passieren wir auf der gegenüberliegenden Seite (**Potsdamer Straße 188**) die Hauptverwaltung der **Berliner Verkehrsbetriebe (BVG)**, die 1939 für die Oberste Bauleitung der Reichsautobahn entstand.

Direkt anschließend nehmen wir erstaunt den gewaltigen Kontrast des NS-Gebäudes zu den zwei spätbarocken **Königskolonnaden** von CARL VON GONTARD wahr, die 1777–1780 als Zierde der **Königsbrücke** am **Alexanderplatz** errichtet wurden. Die sichtbaren Flicken an den Säulen bezeugen zahlreiche Einschüsse, deren älteste sogar aus den Revolutionskämpfen des Jahres 1848 stammen. 1910 mussten die Kolonnaden einem Warenhaus weichen und wurden an das Entree des Kleistparks verlagert. MÖNNICH, THOEMER und VOHL erbauten hier von 1909 bis 1913 das **Preußische Kammergericht**, in dem 1944 der gefürchtete ROLAND FREISLER mit seinem **Volksgerichtshof** die Widerstandskämpfer des 20. Juli nieder brüllte. 1945 wurde es zum **Sitz des Alliierten Kontrollrats** benannt und erlebte 1972 die historische Unterzeichnung des Viermächte-Abkommens.

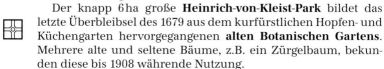

Der knapp 6 ha große **Heinrich-von-Kleist-Park** bildet das letzte Überbleibsel des 1679 aus dem kurfürstlichen Hopfen- und Küchengarten hervorgegangenen **alten Botanischen Gartens**. Mehrere alte und seltene Bäume, z.B. ein Zürgelbaum, bekunden diese bis 1908 währende Nutzung.

Dem bis auf zwölf Geschosse heraufwachsenden **Kathreiner-Haus** (Nr. 186) von BRUNO PAUL (1929/30), als einer der ersten Stahlskelettbauten Berlins ein bedeutsames Architekturdenkmal der Weimarer Republik, folgt das von J. SCHULTE-FROHLINDE erbaute Zentralbüro der deutschen Arbeitsfront (Nr. 184) aus dem Jahre 1940, das spätere **BVG-Haus**.

12 Sportpalast

Als ein Höhepunkt der Berliner Bautristesse der 1970er Jahre ging der „Sozialpalast" an der Ecke **Potsdamer/Pallasstraße** in die Geschichte ein. Er markiert den historischen Standort des legendären „Sportpalasts".

Bereits 1910 in der Rekordzeit von knapp einem Jahr von dem Messel-Schüler HERMANN DERNBURG für 3 Mio. Mark errichtet, schrieb der **Sportpalast** als „größte Kunsteisbahn der Welt" mit einem Fassungsvermögen von 10 000 Zuschauern sowie als Box-, Eishockey- und ab 1911 als Sechstagerennen-Arena Schlagzeilen.

Auch als **Konzerthaus** für Klassik, Rock und Pop fand der „berühmte Heuboden" den Zuspruch der Fans. Für uns jedoch spielt die politische Dimension dieses Gebäudes die entscheidende Rolle.

Erstmals 1928 nutzte JOSEF GOEBBELS, Gauleiter der NSDAP von Berlin und Brandenburg, HITLER kurze Zeit später, das Podium für Propagandaveranstaltungen. Unvergessen bleibt die rhetorisch bis zur Massenhysterie ausgeklügelte Inszenierung und Manipulation auserlesener Parteimitglieder und Kriegsveteranen durch Reichspropagandaminister GOEBBELS 1943:

„Wollt ihr den Totalen Krieg?!! Wollt ihr ihn, wenn nötig, totaler und radikaler, als wir ihn uns heute vorstellen können?" Die Massen schrien frenetisch mit erhobenem rechten Arm: „JA!"

Nach dem Krieg wurde der Sportpalast reanimiert, bis 1973 das Ende kam. JÜRGEN SAWADE erstellte den Folgebau mit 514 Wohnungen für bis zu 2000 Mieter aus mindestens 14 Nationen.

Im Gegensatz zum Sportpalast überlebte der gegenüberliegende **Pallas-Bunker** Weltkrieg und Abrissbirne und wurde für 7000 Personen atombombensicher ausgebaut.

Südliches Tiergartenviertel – Kulturforum 〔13〕

Mit der Buslinie 148 erreichen wir über die **Potsdamer Straße** am **Landwehrkanal** erneut die projektierte **Nord-Süd-Achse**. Noch vor der Überquerung der **Potsdamer Brücke** beachten wir rechts das 1934–1936 von den bekannten Architekten PAUL MEBES und PAUL EMMERICH Am Karlsbad 4–5 erbaute Verwaltungsgebäude der **Feuersozietät** Berlin. Der mit Muschelkalkplatten verkleidete fünfgeschossige Stahlskelettbau wurde um einen großen, geschlossenen Schmuckhof angeordnet und wirkt trotz seiner Schlichtheit angemessen repräsentativ.

Das jenseits des Kanals liegende **Kulturforum** und die angrenzenden Straßen des **Tiergartenviertels** verdanken ihr heutiges Aussehen keineswegs den Zerstörungen des Zweiten Weltkriegs, wie auf den ersten Blick zu vermuten wäre. Die totale Vernichtung der gesamten Altbebauung um die 1844–1846 von AUGUST STÜLER als dreischiffiger Ziegelbau entworfene **St. Matthäi-Kirche** war eine direkte Folge der Neugestaltungspläne des GBI. Neben der **Neuen Nationalgalerie** entstanden hier insbesondere die **Philharmonie** (1960–63) sowie die **Staatsbibliothek** (1967–1978), beides Meisterwerke von HANS SCHAROUN.

Runder Platz 〔14〕

Bereits 1938 begann SPEER mit umfangreichen Abrissarbeiten um den **Königsplatz** und südlich des **Kemperplatzes**, die skrupellos homogen gewachsene Viertelsstrukturen und wertvolle Bausubstanz unwiederbringlich zerstörten. Noch im gleichen Jahr legte HITLER den Grundstein für das „**Haus des Fremdenverkehrs**" am geplanten „**Runden Platz**". Der von HUGO RÖTTCHER und

Abb. 85: Runder Platz mit „Haus des Fremdenverkehrs"/Potsdamer Brücke

 Theodor Dierksmeier entworfene Bau überlebte als Ruine bis 1963 und wurde erst für die **Neue Nationalgalerie** (1965-68) abgeräumt, dem einzigen Bauwerk von Ludwig Mies van der Rohe in Deutschland nach seiner Emigration 1938.

15 Gedenkstätte Deutscher Widerstand – Botschaften

Neben dem phantastisch anmutenden **Shell-Haus** mit seiner bis auf zehn Geschosse ansteigenden, wellenförmigen Fassade im Stil der Neuen Sachlichkeit (Emil Fahrenkamp 1931), breitet sich vom **Reichpietschufer 74 – 76** bis zur Stauffenbergstraße 11 - 14 das heutige **Bundesministerium für Verteidigung** mit der **Gedenkstätte Deutscher Widerstand** aus. Seit 1993 residiert es im ehemaligen Reichsmarineamt, das 1911 - 1914 nach Plänen von Heinrich Reinhardt und Georg Süßenguth als einer der letzten klassischen Bauten des Kaiserreiches erstellt wurde. Mit der Wiedereinführung der allgemeinen Wehrpflicht 1935 und der verstärkten Aufrüstung wurden die Oberkommandos von Wehrmacht, Heer und Marine hier gebündelt. 1938 erfolgte an der **ehemaligen Bendlerstraße** (seit 1955 **Stauffenbergstraße**) durch das Architekturbüro Krupp & Druckemüller eine notwendige Erweiterung. Im Hof des „Bendlerblocks" wurden nach dem missglückten Attentat auf HITLER am Abend des 20. Juli 1944 die Widerstandskämpfer um GRAF VON STAUFFENBERG standrechtlich erschossen. 1953 entstand das Mahnmal von RICHARD SCHEIBE, das in den 1980er Jahren um die zentrale Gedenkstätte und Ausstellung zum Deutschen Widerstand in den ehemaligen Diensträumen erweitert wurde.

Im vornehmen **Tiergartenviertel** hatten sich bereits lange vor dem Dritten Reich einige **Botschaften** etabliert. Mit den SPEERschen Umbauplanungen und insbesondere dem Abriss des **Alsenviertels** am Reichstag mussten viele Botschaften verlagert werden, die nunmehr im „Diplomatenviertel" am südlichen Tiergartenrand angesiedelt werden sollten. Im Jahr 1938 konzentrierten sich hier 37 Botschaften und 28 Konsulate, von denen jedoch viele kriegszerstört wurden oder nur als Teilruinen „überlebten".

Der diplomatische Bauboom als Folge der Wiedervereinigung und des Hauptstadtumzugs deutet sich schon am nördlichen Ende der **Stauffenbergstraße** mit dem **Botschaftsgebäude Österreichs** von HANS HOLLEIN an. In der **Tiergartenstraße** und Nachbarstraßen schließen sich zahlreiche Landesvertretungen Deutscher Bundesländer und ausländischer Nationen an.

Von besonderem Interesse für uns sind die **Botschaften** der mit Hitler-Deutschland verbündeten **Achsenmächte Italien** und **Japan**. Die 1939–1942 von FRIEDRICH HETZELT (SPEER ließ nur deutsche Architekten zu) erstellte, rot verputzte Dreiflügelanlage mit mächtigem säulengeschmücktem Vorbau erweckt Assoziationen an einen mediterranen Palazzo. Vergleichbar der ebenfalls schwer beschädigten **Japanischen Botschaft** nebenan, begann mit Kriegsende für beide Gebäude eine jahrzehntelange „Ruhephase als Stadtbrache". Nur ein Teilflügel konnte als Konsulat genutzt werden. Bis zum Jahr 2000 leitete der römische Architekt VITTORIO DE FEO die Sanierung des Gebäudes.

Ein ganz ähnliches Schicksal erlitt die 1938–1942 von LUDWIG MOSHAMER entworfene **Japanische Gesandschaft**. Der zweigeschossige, wuchtige Baukomplex mit der goldenen Sonne in der Dachbekrönung verkörperte einen neuen Typus diplomatischer Vertretungen, indem er die Dienst-, Geschäfts- und Repräsenta-tionsräume der Botschaft in einen inneren Zusammenhang mit den Wohnräumen des Missionsleiters stellte und in einem Gebäude vereinigte. CAESAR PINNAU gestaltete das kostbare Interieur im Sinne der asiatischen Großmacht. Der **Internationalen Bauausstellung 1987 (IBA)** verdankt das Gebäude seine Wiederbelebung als **Japanisch-Deutsches Zentrum** für kulturelle und wissenschaftliche Zusammenarbeit. Allerdings mussten KISHO KUROKAWA und TAJII YAMAGUCHI die Ruine komplett abreißen und im alten Stil neu aufbauen. Für die Botschaftsnutzung errichtete RYOHEL AMEMIYA ein Kanzleigebäude mit traditionellem japanischen Garten. Seit März 2001 residiert der Botschafter von Japan samt Konsulat wieder mit seinen offiziellen Dienstgeschäften in seinem traditionellen Stammsitz an der **Hiroshimastraße.**

16 Verwaltungs- und Wohngebäude der Krupp AG

Den Schlusspunkt dieser nationalsozialistischen Tiergartenrandbebauung setzt das wiederum von PAUL MEBES und PAUL EMMERICH geschaffene **Verwaltungs- und Wohngebäude** für die **Friedrich Krupp AG** aus den Jahren 1937/38. Der vierflügelige, teilweise mit Muschelkalk verkleidete und im Innern edel ausgestattete Repräsentationsbau veranschaulicht durch die exponierte, hochwertige Innenstadtlage die ökonomisch und politische Bedeutung des Stahlmagnaten. Seit 1947 wird das Areal als katholisches **Canisius-Kolleg** mit späterem Schulneubau genutzt.

In dem von der IBA stark überformten alten Villenviertel westlich der **Stülerstraße** finden sich noch die ehemalige **Jugoslawische Botschaft** (WERNER MARCH 1938–1940, mit Fassadenschmuck des NS-Bildhauers ARNO BREKER), die ehemalige **Dänische Botschaft** (JOHANN EMIL SCHAUDT, 1938–1940) und die jüngst wiederhergestellte Gesandtschaft Spaniens (JOHANN V. WALTER KRÜGER / MUGURUZA OTANO, 1938–1943).

17 Ost-West-Achse

Entweder über die breite Verkehrsschneise der **Hofjägerallee** oder die schon im 18. Jahrhundert angelegte **Fasanerieallee** im Tiergarten erreichen wir den **Großen Stern** mit der **Siegessäule** in der Schnittlinie der großen **Ost-West-Achse**, die vom **Stadtschloss** bis nach **Spandau**, genau genommen sogar bis zum **Olympischen Dorf** bei **Dallgow-Döberitz** führte.

Diese Prachtallee bildete eine der ersten Umbaumaßnahmen SPEERS 1937, indem die vorher schon schnurgerade Straße in der Regel auf 50 m verbreitert und die Anzahl der Kreuzungen verringert wurde. Auch die **Charlottenburger Brücke** mit dem gleichnamigen Tor zog man wegen der Straßenverbreiterung auseinander. Der nur 80 m durchmessende **Große Stern** wurde aus verkehrstechnischen und ästhetischen Erwägungen auf 200 m vergrößert. In einer spektakulären Aktion wurde die seit 1873 auf dem **Königsplatz** vor dem späteren Reichstagsgebäude als Nationaldenkmal an die Einigungskriege gegen Dänemark, Österreich und Frankreich (1864–1871) erinnernde **Siegessäule** abgetragen und, um eine Trommel (7 m) erhöht, bis 1939 inmitten der Platzanlage wieder aufgebaut.

Die Aussicht von der insgesamt 68 m hohen „Goldelse" (265 Stufen), erlaubt einen atemberaubenden Überblick auf die kilometerlange „via triumphalis", die während der Olympiade 1936 und zu anderen wichtigen Anlässen von dem „Reichsbühnenbildner" Benno von Arent und Speer mit NS-Symbolen ausgeschmückten Pylonen reich verziert wurde. Der GBI höchstpersönlich entwarf eine doppelarmige, gusseiserne Straßenlaterne mit zylindrischen Leuchtkörpern für den wichtigsten Innenstadtbereich. Im Bereich des S-Bahnhofs **Tiergarten** existieren heute noch Beispiele dieses Speer-Designs, am **Großen Stern** wurden sie durch die berühmten Schinkel-Laternen ausgetauscht.

Haus des Deutschen Gemeindetages

Hinter dem 1937 im NS-Stil umgebauten S-Bahnhof fällt der Blick rechter Hand auf das ehemalige „**Haus des deutschen Gemeindetages**", das 1938–42 von den Architekten Elkart und Schlempp vollendet wurde. 1953 wurde der Sandsteinquaderbau in „**Ernst-Reuter-Haus**" umgewidmet und beherbergte in der Folgezeit den „**Deutschen Städtetag**", das „**Deutsche Institut für Urbanistik**" und die historische Kostbarkeiten aufweisende **Senatsbibliothek**. Weitere geplante Bauten, wie etwa das gegenüber der **Technischen Hochschule** gedachte „Haus der deutschen Ärzte" wurden durch den nicht wie erhofft verlaufenden Weltkrieg verhindert.

Theodor-Heuss-Platz

Einige Kilometer weiter westlich, an der höchsten Stelle dieser **Triumphachse**, sah Speer auf dem heutigen **Theodor-Heuß-Platz** (früher **Reichskanzlerplatz** und 1933 Adolf-Hitler-Platz) ein aus zwei halbkreisförmigen, über 10 m hohen Bögen geformtes Monument mit einem mittig emporragenden, zweigeschossigen Säulenaufbau mit Skulpturen vor. Die Westachse sollte durch die weit voneinander getrennten toskanischen und ionischen Säulenbögen hindurchgelegt werden, womit ähnlich der Siegessäule mit diesem Ambiente ein weit sichtbarer „Point de vue" innerhalb der schnurgeraden Straßenperspektive entstanden wäre.

Nur wenige hundert Meter westlich der in „**Mussoliniplatz**" umgetauften Anlage, sollte am S-Bahnhof **Heerstraße** ein pompöser Ehrenbahnhof entstehen. Es war geplant, die zukünftigen Staatsgäste von diesem „**Mussolini-Bahnhof**" per Autokorso über diese „**Staatsmagistrale**" ins Zentrum der Stadt zu geleiten.

Noch weiter westlich sollte eine gigantische **Hochschulstadt** mit der pompösen **Langemarckhalle** im nördlichen **Grunewald** den innerstädtischen Abschluss dieser fast die gesamte Stadt querenden Achse bilden.

20 Bahnhof Zoologischer Garten

Wer sich nun, vor dem **Ernst-Reuter-Haus** stehend, allmählich den letzten, aber unverzichtbaren Höhepunkt dieser aufwändigen Stadtexkursion herbeisehnt, sollte den Fußweg in Richtung Westen fortsetzen, durch das gleichnamige Tor den Bezirk **Charlottenburg** betreten, linker Hand das Hauptgebäude der **Technischen Universität** (mit seinem wunderschönen alten Lichthof) passieren und am **Ernst-Reuter-Platz** in die U-Bahn-Linie 2 bis zur Station **Olympia-Stadion** fahren.

Der unermüdliche „urban wanderer" jedoch wendet sich zurück und betritt hinter der S-Bahnbrücke den ersten Weg in den **Tiergarten** zu seiner Rechten. Vorbei an der **Tiergartenschleuse** mit der dahinter liegenden, berühmten **Versuchsanstalt für Wasserbau und Schifffahrt**, überqueren wir erneut den 1845–1850 auf Initiative des genialen Gartenbaumeisters und ebenso bekannten Stadtplaners PETER JOSEPH LENNÉ, dem kongenialen Pendant zu KARL FRIEDRICH SCHINKEL, angelegten **Landwehrkanal**.

Für kurze Zeit gewinnt Europas bedeutendster **Zoologischer Garten** engere Aufmerksamkeit, bevor wir im gleichnamigen U-Bahnhof die Linie 9 bis zum Umsteigekreuz **Berliner Straße** besteigen, und mit der Linie 7 zwei Stationen weiter westlich bis zum **Fehrbelliner Platz** transportiert werden. Nicht vergessen sei hier die kaum bekannte Anmerkung, dass der eigentliche **Bahnhof Zoologischer Garten** in seiner Grundstruktur ebenfalls einen Bau der nationalsozialistischen Zeit darstellt. Er wurde 1934–1936 von Fritz Hane als Stahlkon- struktion errichtet und ersetzte einen kleinen, 50 Jahre älteren Bahnhof. In der Nachkriegszeit diente er nach dem Wegfall aller in Frage kommenden Großbahnhöfe (Zerstörung, Spren- gung oder durch den Mauerbau) als „(Not-)Hauptbahnhof" West-Berlins, wobei sich jedermann über diesen „Kleinstadt- bahnhof" mit nur zwei Fernbahnsteigen verwundert die Augen rieb.

Verwaltungszentrum Fehrbelliner Platz

Das U-Bahnkreuz **Fehrbelliner Platz** veranschaulicht den tech- nischen und architektonischen Wandel zwischen der 1913 eröff- neten Linie 2 mit ihren reichen künstlerischen Gestaltungs- formen (achteckige, verkleidete Stützpfeiler, Majolika-Dar- stellungen historischer Personenverkehrsmittel etc.) sowie dem 1971 von Gerhard Rümmler im Zeichen der „Beatle-Mania" in knallig-poppigen Farben und Formen erschaffenen Bahnsteig und oberirdischen Bau, der als auffälliger Farbklecks inmitten der von grauem Sandstein oder Muschelkalk dominierten Platz- anlage kontrastiert.

Das berlinspezifische Phänomen der Existenz zahlreicher wirtschaftlicher, politischer oder kultureller **Subzentren**, früher auch „Nebencities" genannt, lässt sich im Fall des Fehr- belliner Platzes ausschlaggebend auf die Bautätigkeit der Nationalsozialisten zurückführen. Noch während der Weima- rer Republik fast ein reines Wohngebiet im wohlhabenden **Wilmersdorf**, setzte schlagartig mit der Machtergreifung eine Überformung der Platzanlage ein. Die Nazis betrieben eine um- gehende Inbesitznahme des Platzes als Aufmarschgelände und zentraler Stätte für politische Machtdemonstrationen. 1933 ver- einnahmten Partei und nachfolgende Organisationen den öffentlichen Stadtraum von Wilmersdorf und errichteten aller- orten Gedenksteine für die nationalsozialistische Bewegung und ihre „heldenhaften Märtyrer" wie das „Schlageter-Denk- mal" an der Wilhelmsaue oder den „Horst-Wessel-Gedenk- stein" an der Wißmannstraße 7. Der damals noch mit seinen Wohnhäusern, Kleingärten und Bolzplätzen etwas verlassen wirkende Fehrbelliner Platz erhielt am 9. November 1933, dem zehnten Jahrestag von Hitlers „Marsch auf die Feldherren- halle", mit einem SA-Gedenkstein am Südrand des Preußen- parks sein Mahnmal.

Bereits am 25. Juni erlebte die Platzanlage mit dem „Fest der Jugend" zur Sonnenwendfeier ein ideologiebesetztes Spektakel. Einzig die „würdige" Kulisse des großräumigen Platzes musste noch nach dem Gusto eines Goebbels oder seiner nachgeschalteten Regionalführer erschaffen werden.

Der bereits 1920 entstandene Großbau der **Reichsversicherungsanstalt für Angestellte (RfA)** zwischen **Westfälischer** und **Ruhrstraße** gab schon frühzeitig einen ersten Fingerzeig auf die Umwandlung des Wohngebietes in ein Verwaltungszentrum. Mit der bahnbrechenden Entscheidung zur Gründung der Stadtgemeinde **Groß-Berlin** durch Eingemeindung von sieben Städten, 59 Landgemeinden und 27 Gutsbezirken zu einer Metropole mit knapp 900 km² Fläche und fast 4 Mio. Einwohnern entfiel die Notwendigkeit, hochwertige Dienstleistungsfunktionen von staatlichen Behörden oder der Privatwirtschaft unmittelbar in der alten City anbieten zu müssen. Billiges und reichliches Bauland um den Fehrbelliner Platz herum, prädestinierten ihn für die Ansiedlung tertiärer Funktionen. Nach der wirtschaftlich und politisch schwachen Phase der Weimarer Republik klotzten die Nazis durch ihren vielerorts begonnenen Stadtumbau auch an dieser Platzanlage mit riesigen Bauschildern „Hier baut der Führer!"

Der um 1930 errichtete Bau des **Deutschen Versicherungskonzerns** von Emil Fahrenkamp (erinnert sei an das geniale Shell-Haus an der Ecke **Reichpietschufer / Stauffenbergstraße**) zwischen **Hohenzollerndamm, Brienner Straße** und dem Platz fand 1935–1938 in einem zweiten Bauabschnitt bis zur **Mansfelder Straße** durch den gleichen Baumeister seine Vollendung. Hier etablierte die Deutsche Arbeitsfront (DAF) ihr **Schatzamt**. Seit 1954 verkörpert der fünfgeschossige Bau das Domizil des **Rathauses Wilmersdorf**. Nicht verpassen sollte man den schönen **Rundhof** mit seinen drei Mahnsteinen, u.a. für die Opfer der NS-Willkür. Seit 1957 schmücken 27 Mosaikwappen ehemaliger ostdeutscher Länder und Städte diesen würdevollen **Rathausplatz**, die davor an der alten Hohenzollernbrücke angebracht waren.

Die dominierende Prägung der gesamten Platzanlage leitet sich jedoch von gegenüber der **Brandenburgischen Straße** liegenden Dienstgebäuden ab. Zum Jahresende 1934 fand im Rahmen der Neubauwünsche der **Nordstern-Versicherung** und der **Karstadt-AG** ein begrenzter Bebauungswettbewerb für die architektonische Gestaltung des gesamten Platzes statt, den Otto Firle gewann. Innerhalb seiner später nicht vollständig realisierten Gesamtkonzeption erstellte Firle 1935/36 den damaligen Hauptsitz der **Nordstern-Lebensversicherungsbank** (Fehrbelliner Platz 2) als Kernstück einer konkav schwingenden Platzanlage, die sich u-förmig nach Norden öffnet. Der fünfgeschossige Stahlbetonskelettbau steht an seinen Schmalseiten auf Pfeilern, die als übergreifende Gebäudeecken die Gehwege arkadenförmig in die geschlossene Platzrandbebauung einbinden. Über den Durchgängen finden sich heroisierende Steinreliefs von WALDEMAR RAEMISCH. Der plastische Schmuck des NS-„Chefbildhauers" und Förderers des Heroenkults, ARNO BREKER, dessen riesiges Atelier auf dem Grundstück des **Brücke**-**Museums** in **Dahlem** heute noch steht, ist jedoch nicht mehr vorhanden. Seit einigen Jahrzehnten fungierte das Gebäude als **Dienstsitz des Senators für Inneres**, heute des **Senators für Stadtentwicklung und Umweltschutz**.

Als Folge des verlorenen Wettbewerbs verzichtete die DAF demonstrativ auf ihre weiteren Projekte am Fehrbelliner Platz, woraufhin zum Jahresende 1935 die Reichsgetreidestelle auf einem Teilgrundstück zwischen **Bar**- und **Brandenburgischer Straße** durch LUDWIG MOSHAMER (siehe Japanische Botschaft) die Errichtung eines Bürohauses begann (Fertigstellung 1938).

An der **Württembergischen Straße**/**Hohenzollerndamm** erstellte im Auftrag von Karstadt deren Hausarchitekt PHILIPP SCHÄFER (der Baumeister des phänomenalen Karstadthauses am Hermannplatz 1929) mit dem Konzern-Hauptkontor 1935–1936 einen weiteren privatwirtschaftlichen Bau. Nach dem Krieg diente er ebenfalls der **Senatsverwaltung des Inneren**, u.a. auch dem **Statistischen Landesamt**. 1936–1938 folgte durch SCHÄFER ein Erweiterungsbau für die Baufirma Wiemer-Trachte.

In den gleichen Jahren entstand nach Entwürfen von HERBERT RICHTER für den **Versicherungsring der DAF** an der **Brandenburgischen**/**Ecke Westfälische Straße** die sechsgeschossige Hauptverwaltung als Mauerwerksbau. Die für dieses Gebäude maßgebliche staatliche Kontigentierung von Stahl und Beton deutete somit bereits in den Jahren 1936/37 den nahenden Angriffskrieg des Dritten Reiches an.

Parallel zur DAF-Verwaltung wurden an der Nordseite des **Hohenzollerndamms** westlich des **Fehrbelliner Platzes** mehrere Bauten fertiggestellt, so z.B. zwischen **Bielefelder** und **Eisenzahnstraße** die Deutsche Aral (Architekten: CHARLES DU VINAGE/ ERICH KARWEIK), auf der gegenüberliegenden Seite der Eisenzahnstraße die Verwaltung der Charlottenburger Wasser- und Industriewerke AG (heute: Berliner Wasserwerke) sowie bis zur **Seesener Straße** die Margarine-Union Hamburg, beide nach Plänen von CARL BRODFÜHRER. Auf dem Gelände der Lebensmittelverwaltung siedelte sich in den 1970er Jahren ein **Hochhaus der BfA** an.

Noch während der harten Kriegsjahre 1941–1943 errichtete die DAF das letzte Bürogebäude der NS-Zeit auf der Baulücke zwischen **Brienner, Mansfelder** und **Barstraße.** Es komplettierte die von der Firle-Planung vorgegebene halbkreisförmige Schwingung der südlichen Platzanlage, die den wuchtigen Baukörpern viel von ihrer eigentlichen Strenge nimmt und den monumentalen Charakter auflockert.

Nur mit dürren Worten sei auf die weiteren bedeutenden Bauten des Platzes hingewiesen. Sogar der renommierte „Reclams Kunstführer Berlin" billigt dem „architektonisch bedeutungsvollen Bürohochhaus der Brüder JAN und ROLF RAVE (1970–1973), das dem eher langweiligen „geometrischen" Platz einen kräftigen und eindrucksvollen Abschluss vermittelt", gemeint ist selbstredend die **Bundesversicherungsanstalt für Angestellte**, eine herausragende Stellung zu. Ähnliche Dominanz erlangt der bis zu 28-geschossige Hochhaustrakt der **Senatsverwaltung für Bau- und Wohnungswesen (Württembergische Straße 6–10)** von WERRY ROTH und RICHARD VON SCHUBERTH aus den Jahren 1954/55.

Nur einen Steinwurf vom Platz entfernt liegt das 1929/30 von HANS SCHAROUN (dem späteren Baustadtrat von Berlin und Architekten der Philharmonie) am **Hohenzollerndamm 35–36** (Ecke **Mansfelder Straße**) befindliche **Appartementhaus.** Der sechsgeschossige, seiner Zeit vorauseilende Bau brilliert durch seine gelungene dynamische Ecklösung mit halbkreisförmig vorspringenden Balkonen, die beide Straßenfronten harmonisch verbindet.

22 | Mercedes-Turm der AVUS-Raststätte

Am U-Bahnhof **Fehrbelliner Platz** besteigen wir den Bus 104 in Richtung **Brixplatz** (ein Juwel der Gartengestaltung!). Nachdem wir kurz das westliche Ende des **Kurfürstendamms** befahren haben, am **Rathenauplatz** die berühmte Skulptur „**Beton-Cadillacs**" von WOLF VOSTELL (1987) begutachten konnten, biegen wir rechts in die **Halenseestraße** ein. Die seit Jahrzehnten meistbefahrene innerstädtische Straße Deutschlands entstand 1936 als moderne Verkehrsverbindung von Halensee nach Charlottenburg mit Anschluss an die AVUS und dem **Messegelände** auf dem Areal des abgerissenen **Luna-Vergnügungsparks.** Von der Halenseestraße aus fällt links der Blick auf den markanten so genannten „**Mercedes-Turm**" der **AVUS-Raststätte.** Nach der Gründung der „Automobil-Verkehrs- und Übungstraßen Gesellschaft mbH" (AVUS) im Jahre 1909 wurde

1935/36 ein neues Verwaltungsgebäude mit Beobachtungs-
sturm durch Oberbaurat BETTENSTAEDT von der Reichsbauver-
waltung am Scheitelpunkt der Rennstrecke erbaut. In den
1960er und 1970er Jahren erfolgte ein Ausbau zur Raststätte
und Hotelkomplex.

Rechter Hand passieren wir den auch noch über 20 Jahre nach
seiner Fertigstellung futuristisch anmutenden Bau des **Internationalen Congress Centrums (ICC)**. RALF SCHÜLER und URSULINA
SCHÜLER-WITTE entwarfen 1973–1979 dieses mit 320 m Länge, 80 m
Breite, mehr als 80 Sälen und einer Kapazität von über 20 000 Plätzen bedeutendste **Tagungszentrum** Berlins. Neuerdings, d. h. seit
Anfang des Jahres 2001, wird bereits ernsthaft über den Abriss
und Neubau eines Kongresszentrums diskutiert.

Messegelände `23`

Wir biegen links in die **Masurenallee** ein, registrieren nur kurz
auf der rechten Seite den Busbahnhof, um sogleich auf der
anderen Seite dem **Haupteingang** des **Messegeländes** unsere
Aufmerksamkeit zu schenken. Aufgrund forcierter Einflussnah-
me durch Reichspropagandaminister JOSEF GOEBBELS erweiterte
RICHARD ERMISCH in den Jahren 1934–1936 das bereits 1914 in
Ansätzen entstandene Messegelände beträchtlich. Entsprechend dem nationalsozialistischen Geschmackskanon schuf der
Erbauer des für seine Funktionalität gerühmten Strandbades
Wannsee (1929/30 mit MARTIN WAGNER) axial zum gegenüberliegenden **Haus des Rundfunks** von HANS POELZIG (1929–1931)
mit fast 40 m eine überhohe **Ehrenhalle** (Halle 19), die von zwei
rund 100 m langen, symmetrischen Flügelbauten flankiert
wird.

Wie der Ausbau der Halenseestraße, AVUS-Bauten und der Er-
misch-Hallen ist auch die Erstellung der riesigen **Deutschlandhalle** in nur neunmonatiger Bauzeit 1935 durch FRITZ WIEMER
und PAUL TEWES an der rückwärtig dem Messegelände angrenzenden **Jafféstraße** als fieberhafter Infrastrukturausbau zur
Durchführung der Olympischen Spiele zu verstehen.

Doch bevor wir zum wohl bedeutendsten Berliner Baumonu-
ment des Dritten Reiches und zum Höhepunkt dieser Exkursion
gelangen, wechseln wir am **Theodor-Heuss-Platz**, dem ehemaligen **Reichskanzler-/Adolf-Hitler-/Mussolini-Platz** in den Bus
149, nicht ohne einen gen Stadtmitte gerichteten Blick über die
triumphale **Ost-West-Achse** des heutigen **Kaiserdamms** gewor-
fen zu haben.

24 Olympiastadion

Die Busfahrt über die **Heerstraße** führt uns, rechterhand das von den Nazis an die Heerstraße verlegte **Schultheiß-Verwaltungsgebäude** passierend, nur zwei Stationen später zum gleichnamigen S-Bahnhof (geplanter Ausbau zum Mussolini-Ehrenbahnhof!). Wir wechseln in die S–Bahn, um die Anfahrt zu Deutschlands bedeutendster Sportstätte mit dem wichtigsten Massentransportmittel der Olympiade 1936 nachempfinden zu können.

 Direkt an der Station **Olympiastadion** fällt unser Blick, versteckt hinter viel Grün, auf Deutschlands größtes **Wohnhaus**. EDOUARD JEANNERET LE CORBUSIER entwarf 1956–1958 das nach ihm benannte 17-geschossige Gebäude mit 557 Wohnungen. Bei der Präsentation seines Projektes in Berlin antwortete er auf die Frage eines Journalisten, ob er denn auch Wandmalereien oder Bildwerke für sein Gebäude vorsehen würde: „Mein Haus ist Skulptur, mein Haus ist Malerei!" In Fahrtrichtung aussteigend erreichen wir die **frühere Reichssportfeldstraße**, heute **Flatowallee**. Sie führt uns zu Berlins wichtigster Sportwettkampfstätte, dem Spielfeld des Fußballbundesligaklubs Hertha BSC, des DFB-Pokal-Endspiels (seit 1985), der alljährlichen Leichtathletikarena für das bedeutsame ISTAF-Sportfest, „Jugend trainiert für Olympia" und vieles mehr. Beeindruckend ist der Besuch der Arena natürlich, wenn zehntausende von Sport- oder Musikfans die Ränge füllen.

Eine Besichtigung des **Stadions** und des **Sportforums** ist jedoch während des gesamten Jahres von 8 Uhr früh bis zum Einbruch der Dunkelheit (im Sommer bis 20 Uhr) gegen einen geringen Obolus möglich (bitte meiden Sie die zeitliche Nähe zu Großveranstaltungen, da wegen Vor- und Nachbereitung eine temporäre Schließung möglich ist). Die alltägliche Eintrittsmöglichkeit besteht aber nur am östlich gelegenen **Olympischen Tor**, das wir über die **Trakehner Allee** bzw. den **Südtorweg** erreichen. Beachten Sie die Einschränkungen durch die gegenwärtigen Bauarbeiten.

Das **Berliner Olympiastadion**, Deutschlands zweitgrößter und wohl auch, trotz seiner nationalsozialistischen Entstehungsgeschichte, schönster Sportkomplex wurde in den Jahren 1934–1936 nach den Entwürfen von WERNER MARCH (mit Unterstützung durch seinen Bruder WALTER MARCH) als Mittelpunkt einer gigantischen Sportanlage für die **XI. Olympischen Spiele** 1936 auf einem eiszeitlichen Hochplateau erbaut. Seine Gesamtkonzeption für das insgesamt 131 ha große Areal orientierte

MARCH an Vorbilder aus der Antike, indem er das „**Reichssport-feld**" in drei klassische Bereiche „**stadion**" (Olympiastadion mit den Neubauanlagen im Osten), „**forum**" (Maifeld als Austragungsort der Polospiele und Aufmarschplatz für nationalsozialistische Propagandaveranstaltungen im Westen) und „**theatron**" (Waldbühne als Stätte der Turnwettkämpfe im Nordwesten) gliederte.

Nur als fast schon zynische Allegorie auf die Zerstörungskraft des Dritten Reiches kann es gewertet werden, dass WERNER MARCH seinen Neubau auf den Grundmauern des alten Deutschen Stadions errichtete, welches ausgerechnet von seinem Vater OTTO MARCH 1912/13 innerhalb der ebenfalls von ihm gebauten **Pferderennbahn Grunewald** (1906–1909) errichtet wurde. Das im späten 19. und Anfang des 20. Jahrhunderts in unglaublicher Weise expandierende Berlin hatte bereits den Zuschlag für die Olympischen Spiele 1916 erhalten und deshalb das für damalige Verhältnisse größte Stadion der Welt gebaut. Der Erste Weltkrieg verhinderte die Durchführung der Spiele.

Nachdem Berlin 1931 erneut die Olympiade zugesprochen bekam, entschied HITLER noch im Oktober 1933, dass ein viel größeres Stadion gebaut werden müsse. WERNER MARCH hatte schon 1926–1928 das benachbarte **Deutsche Sportforum** geschaffen, war zudem seit 1933 Mitglied der NSDAP, so schien er der richtige Mann für die schwierige und kurzfristige Aufgabe zu sein.

Da MARCH anfangs noch eine moderne, wohl unverkleidete Stahlbetonkonstruktion favorisierte, soll HITLER sogar an die Absage der Spiele gedacht haben. Es gibt Mutmaßungen, dass ALBERT SPEER für die folgende Verkleidung, der in Handarbeit aufgebrachten, Natursteinplatten aus Rüdersdorfer und fränkischem Muschelkalk mitverantwortlich ist. In der unvorstellbaren Rekordzeit von nur 940 Bautagen bewegten im Auftrag von 500 beteiligten Firmen 2 600 Arbeiter mehr als 600 000 m³ Erdboden. Insgesamt 6 000 Güterwagen führten die Baumaterialien heran: u.a. 30 500 m³ Naturstein, 17 200 t Zement sowie 7 300 t Walzstahl. Die Bauarbeiten für den größten nationalsozialistischen Komplex in Berlin verschlangen die für damalige Verhältnisse horrende Summe von 42 Mio. Reichsmark.

Das Berliner Olympiastadion entstand als Mittelpunkt der weitläufigen Anlage mit elliptischem Grundriss für ursprünglich über 110 000 Zuschauer (heute Beschränkung auf 75 000).

Abb. 86: Plan Olympiastadion (s. S. 308f.)

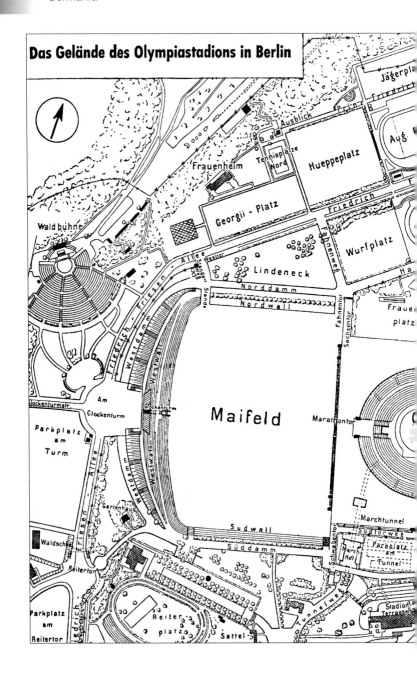

Das Gelände des Olympiastadions in Berlin

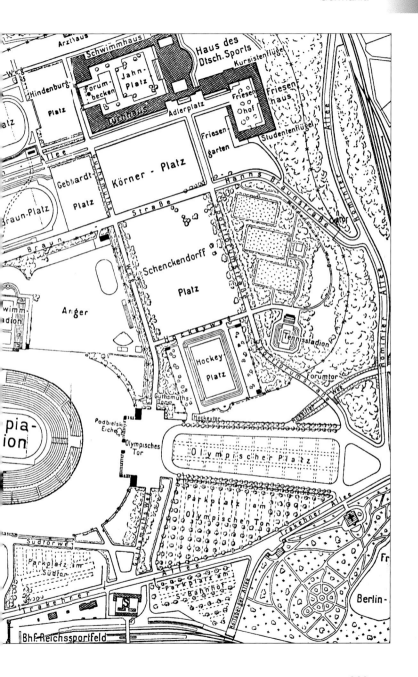

Nach dem Eintritt durch das östliche **Olympische Tor** mit den symbolischen fünf Ringen fällt uns rechts die mächtige **Podbiels-ki-Eiche** auf, die an den ehemaligen Präsidenten des Deutschen Reichsausschusses für die Olympischen Spiele (1909–1916) und Gründervater des Deutschen Stadions, Generalmajor VIKTOR VON PODBIELSKI, erinnert. Von dem noch sensationell zahlreich vorhandenen **nationalsozialistischen Plastik- und Skulpturenfundus** des Gesamtkomplexes begegnen uns bereits am 70 m breiten Vorplatz die ersten Beispiele. Beiderseits vom Olympischen Tor befinden sich jeweils vor der Außenbegrenzungshecke hermenartige Pfeiler von 2,45 m Höhe, die alle deutschen Sieger sämtlicher Olympiaden seit Athen 1896 und reliefartig die verschiedenen Sportarten wiedergeben. Als Abschluss dienen zwei sieben Meter hohe Athletengruppen „**Diskuswerfer**" und „**Stafetten-läufer**" von KARL ALBIKER aus Muschelkalk.

Wir wenden uns auf dem Rundgang zuerst den rechten Siegerpfeilern zu. Der Besucher strebt nun der nächstgelegen Stadionöffnung zum **Unterring** zu und bemerkt verblüfft die von außen eher bescheidene, fast schon gedrungen wirkende Höhe des Bauwerks von 16,5 m in Relation zu 300 m Länge, 200 m Breite und dem gigantischen Umfang von 840 m. Mit dem Eintritt ins Stadion offenbart sich jedoch umgehend die Erklärung für dieses merkwürdige Phänomen. MARCH hatte bei den gewaltigen Erdbewegungen der Zuschüttung des alten und der Errichtung des neuen Stadions das Spielfeld um 19 m unter das Eingangsniveau abgesenkt, wodurch sich für den eintretenden Stadiongast eine atemberaubende Tiefen- und ob der Monumentalität des parabolischen Querschnitts auch Weitenwirkung über das 107 mal 70 m große Spielfeld eröffnet.

Ein **mittlerer Umgang** über der ebenerdig umlaufenden Pfeilerhalle trennt das Stadionareal in einen Ober- und Unterring. Beide Umgänge ermöglichen durch zahlreiche Zutrittsmöglichkeiten eine ideale Raumorganisation und gewährleisten einen raschen Verkehrsfluss der Zuschauer zu den 40 Reihen des unteren sowie 31 Reihen des oberen Ranges. Die bis 1999 vollständig vorhandenen Sitzbänke – durch die Qualifikation von Hertha BSC zur Champions-League wurde vom Europäischen Fußballverband der Einbau von Schalensitzen gefordert (Einbaukosten 10,3 Mio. DM) – ergaben interessanterweise in ihrer Aneinanderreihung mit 42 km die Gesamtlänge des klassischen Marathonlaufes.

Wir schlendern nach rechts und wechseln in den **Oberring**, um diesen grandiosen Blick von ganz oben über diese imposante Anlage zu genießen. Sollte der Zugang zu dem obersten Umgang geöffnet sein, ermöglicht sich Ihnen eine Panoramasicht über

Berlin, die jedoch immer noch von der Übersichtsmöglichkeit vom **Glockenturm** am **Maifeld** weit übertroffen wird. Ins Auge fallen die vier außerhalb des Stadions stehenden, 88 m hohen **Flutlichtmasten** aus dem Jahr 1967, wie auch die leicht und luftig wirkende **Teilüberdachung** für 29 500 Zuschauer aus Acrylglasdächern von FRIEDRICH WILHELM KRAHE (1972 – 1973, Kosten: 12 Mio. DM), die Teil des Modernisierungsprogramms zur Fußballweltmeisterschaft 1974 (Gesamtkosten 27 Mio. DM) war.

In Höhe der Gegentribüne verlassen wir die Sportarena und wenden uns der nördlichen Begrenzungsmauer zu. Da das hier natürlich abfallende Gelände zu einer Plattform aufgeschüttet wurde, konnte das in der Mittelachse zum Stadion gelegene **Schwimmstadion** mit Hilfe einer 300 m langen Stützmauer um 3,50 m abgesenkt werden, sodass die Gesamtwirkung des Olympiastadions nicht beeinträchtigt wird. Das Schwimmstadion unterteilt sich in ein 20 mal 50 m großes Schwimmbecken und ein 20 mal 20 m umfassendes Sprungbassin mit 4,70 m Wassertiefe und einen für die Schwimmweltmeisterschaften 1972 neu errichteten 10 m–Turm. Die Tribünenbauten auf beiden Längsseiten bestehen aus Rüdersdorfer Kalkstein und bieten über 7 000 Zuschauerplätze. Während der Badesaison werden die Schwimm- und Grünflächen öffentlich genutzt.

Unser Rundgang führt nunmehr zum westlichen Abschluss des Olympiastadions. Direkt hinter dem Begrenzungszaun wachen majestätisch die zwei überlebensgroßen „**Rosseführer**" von JOSEPH WACKERLE über das riesige **Maifeld**. Für die Nordecke des Maifeldes schuf WILLY MELLER eine schreitende „**Siegesgöttin**", für die Südecke entwarf SEPP MAGES eine Gruppe zweier Jünglinge („**Sportkameraden**").

Die 25 m breite Öffnung des **Marathontores** verlangt nach einem erneuten Eintritt ins Stadion und offenbart an der Stirnseite der kubischen Treppenhausblöcke diverse Ehrentafeln aus Naturstein zur Würdigung der Sportstättenerbauer und der Olympiasieger von 1936. In der Mitte, über dem **Marathontunnel**, ruht auf einem bronzenen Dreifuß die **Schale** für das **Olympische Feuer**, das erstmalig bei neuzeitlichen Spielen von 3 075 Staffelläufern aus dem antiken Olympia nach Berlin transportiert wurde.

Wir schreiten weiter in südlicher Richtung und entdecken hinter Büschen auf der außenliegenden Grünanlage einen Zugang zum **Marchtunnel**, der in Nord-Süd-Richtung das gesamte Areal des Stadions und des Deutschen Sportforums bis zum Ausgang in der Nähe des **Hindenburgplatzes** durchzieht. Er verweist auf die bei den Nazigroßbauten übliche Praxis, weite Teile der Gebäude unterirdisch mit einem Labyrinth von Wegen und Räumen zu unterkellern. ADOLF HITLER legte großen Wert darauf, die **Fahrstraße** unter dem Stadion bis unmittelbar zum so genannten „Führertreppenhaus" unter den Ehren- und Presselogen nutzen zu können.

Unweit des Tunneleingangs erregt eine 2,60 m hohe Glocke auf dem Rasen unsere Neugier. Eine Umschrift lautet: „Ich rufe die Jugend der Welt / XI. Olympische Spiele Berlin". Weiterhin befinden sich die Abbildungen des Reichsadlers auf den Olympischen Ringen und auf der Rückseite das Brandenburger Tor mit der Quadriga sowie das Datum 1.-16. August / 1936. Es ist die gesprungene, bis 1956 vergrabene, 14 Tonnen schwere **Stahlguss-Olympiaglocke**, die seit 1936 im **Glockenturm** am Maifeld hing. Durch Kriegsbeschädigungen fiel die Glocke herunter und mahnt heute zum Gedenken an alle Sportler, die durch Krieg und Gewalt ums Leben kamen.

Wir passieren nun das **Südtor** am **Coubertin-Platz** und nähern uns den südlich gelegenen, anfangs beschriebenen neun Siegerpfeilern aus Kalkstein. Die abschließende Muschelkalkfigurengruppe „**Diskuswerfer**" von KARL ALBIKER stellt zwei überlebensgroße breitbeinig stehende Athleten mit absichtlich stehengelassenen Bossen zwischen den Beinen dar, um die Urkraft dieser Jünglinge zu unterstreichen.

Die Modernisierung des Stadions:

Zu einem Possenspiel a la Berliner Polit-Couleur entwickelten sich die dringend notwendigen **Renovierungspläne** für das zumindest teilweise marode Berliner Olympiastadion.

Im Zuge der Bewerbung des Deutschen Fußballbundes für die **Weltmeisterschaft 2006** sollte die traditionsreiche Arena für das geplante Endspiel **totalsaniert** werden. In einem ausgeschriebenen Wettbewerb kamen die Augsburger Walter Bau AG, an der auch die niederländische Bank ABN-AMRO beteiligt ist, der Baukonzern Hochtief und Depfa Immobilien in die engere Auswahl. Anfang Dezember 1999 entschied sich der Berliner Senat unter Federführung von Bausenator JÜRGEN KLEEMANN für die Walter Bau AG als „bevorzugten Bieter". Mit einem Sanierungsfestpreis von 520 Mio. DM, die Stadt Berlin wollte sich mit 125 Mio. DM an den Kosten und einem Darlehen von 95 Mio. DM beteiligen, der Bund sagte 100 Mio. DM in drei Raten zu, sollte nach dem Konzept des Konsortiums ein Großteil des Kapitalvolumens privat finanziert werden mit der Zusicherung, während des im Mai 2000 beginnenden Umbaus den Spielbetrieb zu ermöglichen.

Nun folgte ein Trauerspiel ohnesgleichen, indem einerseits die **Walter Bau AG** in Nachverhandlungen immer größere Forderungen stellte, die verantwortlichen Politiker keine Entschlusskraft bewiesen und andererseits die bereits auch in Verfahren um den unseligen Ausbau des viel zu stadtnahen Großflughafens Schönefeld unterlegene **Firma Hochtief** Regressforderungen an das Land Berlin stellte. Das monatelange und heillose Gezerre gefährdete sogar die WM-Entscheidung des Weltfußballverbandes FIFA. Sage und schreibe zwei Tage vor der entscheidenden Abstimmung in Zürich einigte man sich, indem mit Hochtief ein außergerichtlicher Vergleich geschlossen wurde.

Anfang Juli 2000 erfolgte durch Bundeskanzler SCHRÖDER und „Fußballkaiser" BECKENBAUER der erste Spatenstich zum **Umbau** des Stadions, der nunmehr jedoch nicht mehr privatwirtschaftlich getragen wird sondern neben den Bundesmitteln fast ausschließlich aus Landesgeldern und –bürgschaften finanziert wird.

Nach Entwürfen des renommierten Architekturbüros VON GERKAN, MARG und PARTNER wird das Baudenkmal instandgesetzt und bei laufendem Betrieb mit einer Restkapazität von 55 000 Zuschauern modernisiert.

Die **Oberringtribüne** bleibt erhalten und erfährt eine schonende Sanierung der Stahlbetonkonstruktion sowie des aus der NS-Zeit vorhandenen Natursteins mit Muschelkalk und Gauinger Travertin. Der in einem desolaten Bauzustand befindliche **Unterring** wird durch einen schrittweisen Neubau ersetzt, wobei zeitgleich das Spielfeld um 2,65 m abgesenkt wird. Im ersten Bauabschnitt erfolgt auch eine neue **Tribünenüberdachung** mit einer Stahlkonstruktion aus transluzenter Dachmembranespannung. Besonderes Augenmerk wurde auf die Einrichtung von 113 VIP-Logen mit 650 Stellplätzen über Zufahrt durch den „Marchtunnel" gelegt.

Deutsches Sportforum – Reichssportfeld ⬚25

Das **Deutsche Sportforum** bildet den nördlichen Abschluss des „Reichssportfeldes" und geht zurück auf die Gründung der **Hochschule für Leibesübungen** in den 1920er Jahren durch CARL DIEM, den Generalsekretär des Reichsausschusses für Leibesübung. Der behelfsmäßigen Unterbringung in Räumen des Deutschen Stadions seit 1920 folgte zwei Jahre später ein erster Neubau als Grundlage einer noch zu schaffenden Großanlage.

WERNER MARCH übernahm die Gesamtleitung und entwarf 1926–1928 das erste **Studentinnenwohnheim** „Annaheim" (benannt nach der Frau des Berliner Oberbürgermeisters Böß), mehrere Sportfelder und Turnhallen, das Sommerschwimmbecken, einen Tennispavillon, ein Turn- und Schwimmhaus und das heute nicht mehr existierende Freiluftauditorium. Bevorzugte Materialien zur Außenverkleidung der Gebäude stellten wie gewohnt Muschelkalk und / oder holländische Ziegel dar.

Nach der Vergabe der **Olympischen Spiele** an Berlin 1931 erhielt erneut WERNER MARCH den Auftrag zur notwendigen Erweiterung des Deutschen Sportforums. In den Jahren 1934–1936 entstanden mit dem hufeisenförmigen „**Haus des Deutschen Sports**" und dem „**Friesenhaus**" der bauliche Schwerpunkt des Forums. Das als Sportzentrum vorgesehene „Haus des Sports" enthält neben etwa 180 Büroräumen, zwei Hörsälen, eine Ehrenhalle, ein Auditorium und als Mittelpunkt eine Kuppelhalle in unverkleidetem Eisenbeton mit Sitzrängen für 1200 Personen und einer elliptischen Rippenkuppel im Ausmaß von 37 mal 42 m mit einer Höhe von 17 m. Das mittlere Oberlicht von 8 m Durchmesser wird durch eine zweite, kleinere, 5,50 m hohe Kuppel mit 14 m Durchmesser überkront. Entgegen allen nationalsozialistischen Monumentalbestrebungen ist WERNER MARCH mit der Gestaltung des **Foyers** im Eingangsbereich eine einzigartige Raumkonzeption gelungen, die durch eine ausgeklügelte **Oberlichtgestaltung** die karge Nüchternheit und Askese des räumlichen Ambientes im Einklang mit GEORG KOLBES dezenter Bronzestatue „**Zehnkämpfer**" (1933) kongenial umsetzt. Die schmalen, fast schon filigranen Säulen im Lichthof, KOLBES verblüffend kleine Skulptur und die den Raum dominierende Anmut der Leere können eigentlich nie den Zuspruch von HITLER oder GOEBBELS gefunden haben. Dieses Foyer muss die nationalsozialistischen Größen, sollten sie es je in Augenschein genommen haben, in Verwirrung gebracht haben. Noch heute versetzt es jeden Besucher ins Staunen und dient ab Mai 2001 einer Austellung über das Olympiagelände.

Westlich vom „Haus des Deutschen Sports" schließen sich beidseitig die langgestreckten Trakte des **Schwimm- und Turnhauses** an. Ein T-förmiges Schwimmbad, das Forumbecken, ist zwischen ihnen gelagert. Die Vierflügelanlage des **Friesenhauses** im Südosten der Anlage beherbergte während der Olympischen Spiele die weiblichen Teilnehmer, während die Männer im **Olympischen Dorf** in **Döberitz** untergebracht waren.

Das sicherlich hervorstechendste Merkmal des **Forumareals** ist die üppige Ausstattung mit nationalsozialistischen Plastiken und Bildwerken, die ihresgleichen sucht und auf den unvereingenommenen Umgang der britischen Besatzungsmacht mit diesen einzigartigen, aber sensibel zu händelnden Kulturresten der faschistischen Epoche, zurückzuführen ist.

Vor dem „Haus des Deutschen Sports", seit 1933 Dienstsitz des Reichssportführers Hans von Tschammer und Osten und nach 1945 „Headquarter" der Briten, stehen auf zwei hohen Steinpfeilern zwei vergoldete **Bronzeadler** von Waldemar Raemisch. Zwischen den Eckpfeilern der sich zum Jahnplatz öffnenden rückwärtigen Halle finden sich zwei überlebensgroße **Bronzestandbilder**, „Siegerin" und „Zehnkämpfer", von Hitlers Lieblingsbildhauer Arno Breker (1936). Am Westrand des Forum-Schwimmbeckens wachen zwei Büffel von Adolf Strübe. Im Winkel vor dem Schwimmbad findet sich erneut eine Bronze von Georg Kolbe, diesmal jedoch ein weit überlebensgroßer „Ruhender Athlet". Über den Pfeilerhallen des Turn- und Schwimmhauses zieren zwei **Tonfriese** mit Athleten und Reiterführern von Arno Lehmann die Gebäude. Am Zugang zum Schwimmbad steht noch der Muschelkalkpfeiler mit dem Flachrelief zweier muskelbepackter Modellathleten von Willy Meller. In der Treppenhalle des Turnhauses schmücken mehrere **Graffiti** mit acht Sportlern von Lois Gruber die beiden Längswände. Der nationalsozialistische Sinnspruch „Kraft im Schlagen, Kraft im Ertragen, Kraft ist Parole des Lebens, Kraft im Zuge" verrät die Sinnleere der Naziideologie.

Die steinerne Brunnensäule mit einem kleinen bogenspannenden Amor aus Bronze von Hugo Lederer vor dem ehemaligen „Annaheim" für Sportstudentinnen, heute Sitz der Stadionverwaltung, existiert leider nicht mehr.

Noch vorhanden ist jedoch auf dem ehemaligen „Anger" nahe dem Olympischen Schwimmstadion die Max Schmeling darstellende Bronzestatue „**Faustkämpfer**" von Joseph Thorak, die vielleicht in eindrücklichster Weise die idealisierende Monumentalästhetik des Dritten Reiches im Stile einer Leni Riefenstahl ausstrahlt.

Das 1945 von den Engländern beschlagnahmte Gelände des **Reichssportfeldes**, das Olympiastadion wurde zwischenzeitlich wieder freigegeben, diente bis zum Abzug der britischen Besatzungsmacht 1994 als Standort der Militärregierung und Verwaltung. Die Briten nahmen zahlreiche Instandsetzungen und Umbauten nach dem Kriege vor.

Dennoch symbolisiert das Gelände des **Deutschen Sportforums** im Einklang mit den anderen Sport- und Kultstätten wie kein anderer Ort auf dieser Welt als Relikt des Tausendjährigen Reiches die Physiognomie, Struktur und furchterregende Ideologie des Nationalsozialismus. Allein aufgrund dieser historischen Qualität muss dieses Forum der Nachwelt auf Dauer erhalten bleiben.

Wegen der im Jahre 2000 begonnenen Umbau- und Sanierungsmaßnahmen auf dem „ehemaligen Reichssportfeld" wird die Besuchsmöglichkeit des Stadions und Forums stark eingeschränkt.

26 Olympisches Reiterstadion

Über die **Trakehner** und **Jesse-Owens-Allee**, benannt nach dem farbigen Spitzensportler der Berliner Olympiade, passieren wir in westlicher Richtung den Eingangsbereich des **Olympischen Reiterstadions**, dessen Kassenhäuschen noch aus Zeiten des Deutschen Stadions stammen. Es wurde unter Einbeziehung des alten Baumbestandes der früheren Grunewaldrennbahn angelegt und gilt wegen seiner idyllischen Lage und gelungenen Einpassung in die naturgeographische Landschaft als schönste Reitarena Europas.

Wir biegen rechts in die **Passenheimer Straße** ein, nehmen das 1988–1990 von Christoph Langhof, Thomas M. Hänni und Herbert Meerstein konzipierte **Horst-Korber-Sportzentrum** wahr (benannt nach dem ehemaligen Präsidenten des Landessportbundes Berlin und ehemaligen Senator für Familie, Jugend und Sport).

27 Waldbühne

Der große Platz „**Am Glockenturm**" verknüpft mit dem **Maifeld** und der **Waldbühne** gleich zwei Nazi-Großbauten, die im Rahmen der Olympischen Spiele 1936 entstanden. Links hinter der Einmündung der **Glockenturmstraße** befindet sich der Eingang zur Waldbühne, der ursprünglichen „**Dietrich-Eckart-Freilichtbühne**", benannt nach dem nationalsozialistischen Schriftsteller, der bis zu seinem Tode 1923 Hauptschriftleiter der Parteizeitung „Völkischer Beobachter" war. Zwei breite, rechteckige **Mauerblöcke** umrahmen den Eingang. Die beiden hohen **Reliefs** zeigen zur Linken zwei heroisch-athletische Jünglinge als Verkörperung der „Vaterländischen Feier", auf der rechten Seite versinnbildlichen zwei gewaltige, allegorische Frauenakte das „Musische Weihespiel". Direkten Einblick in die Waldbühne erlangen wir vom Glockenturm.

Maifeld – Glockenturm

28

Wir wenden uns um und betreten von Westen die gigantische Anlage des **Maifeldes**, die für die Öffentlichkeit leider nur von April bis Oktober (9–17:30 Uhr) über den 77 m hohen **Glockenturm** zugänglich ist.

Das rasenbewachsene Maifeld wurde auf besonderen Wunsch HITLERS von WERNER MARCH als Aufmarsch-, Appell- und Kundgebungsort für bis zu 500 000 Menschen konzipiert. Die Grundfläche des in der Längsachse des Olympiastadions angelegten Feldes umfasst 290 mal 375 m mit einem etwa 100 000 m² großen **Spielfeld**. Während der Olympischen Spiele fanden hier die Polowettbewerbe und das Dressurreiten statt.

Erst nach der Fahrt mit dem Aufzug präsentiert sich dem Stadtwanderer von der **Aussichtsplattform** tatsächlich ein fulminanter Blick über das Gesamtensemble mit „stadion", „forum" und „theatron" sowie die Grunewaldlandschaft. Mit dem Maifeld liegt dem Betrachter das nationalsozialistische „forum" Berlins zu Füßen. Vom **Marathontor** führt eine 260 m breite Stufenanlage mit vier 35 m hohen **Türmen** (Friesen-, Sachsen-, Franken- und Schwabenturm von links nach rechts) ins etwas tiefer gelegene **Rasenfeld**, das an den Seiten jeweils von Stufenwällen eingefasst ist. Die **Haupttribüne** besteht aus einem fast 20 m hohen, in einen Unter- und Oberring geteilten, Stufenwall aus Kalkstein, Muschelkalk, Tuff, Travertin und Granit. Allein die Tribünen und Wälle fassen bereits mit 75 000 Besuchern gleich viel Zuschauer wie das Olympiastadion heutzutage.

Kaum bekannt und von den Besuchern wenig genutzt wird der Zugang zu der im Inneren der Tribüne befindlichen **Langemarck-Halle** von 90 mal 90 m Grundriss und 30 m Höhe, die dem Gedenken an junge deutsche Opfer des Ersten Weltkriegs gewidmet ist. Am 11.11.1914 stürmten Tausende von blutjungen deutschen Soldaten, vielfach Studenten, in einem strategisch unwichtigen Angriff jenes belgische Dorf und verloren sinnlos ihr Leben, wie berichtet angeblich mit dem „Lied der Deutschen" auf den Lippen. HITLER nutzte die Ehren- und Totenhalle mit der inneren Tribüne für nationale Feiern und beschwor hier den Geist von Langemarck für alle Deutschen!

Der **Glockenturm** verkörpert die Krönung der Tribünenanlage. Im Querschnitt misst er 6 mal 10 m und ruht auf 56 Pressbetonpfählen. Während der Olympischen Spiele diente er als Beobachtungsstand, u.a. für Polizei, Sanitätsdienst und Organisationsleitung. Der im Krieg stark beschädigte Turm wurde

1948 von den Engländern gesprengt, die in den letzten Kriegstagen von einem Geschoss durchbohrte Olympiaglocke vorher geborgen. WERNER MARCH errichtete 1962 den Neubau seines gefallenen Turmes.

Lassen wir von seiner Aussichtsplattform den Blick nach Westen schweifen, so erkennen wir direkt vor uns die sich unter Ausnutzung einer glazialmorphologisch entstandenen Senke harmonisch in die bewaldete Grunewaldlandschaft einfügende **Waldbühne**. Sie entstand in den Jahren 1934–1936 ebenfalls durch WERNER MARCH und komplettierte als an das griechische Amphitheater des **antiken Olympia** erinnernde Freilichtbühne („theatron") die athletischen Kampfstätten des „stadion" sowie das Massenaufmarschgelände des „forum" (Maifeld). Als „Freiluft-Theater" der Nation sollte die damalige „Dietrich-Eckart-Bühne" den allumfassenden Kulturanspruch der Nationalsozialisten und dementsprechend auch des „Reichssportfeldes" unterstreichen. Die heutige Waldbühne in der **Murellenschlucht** diente Hitler quasi als altgermanische „Thingstätte", also Feier-, Theater- und Kultplatz.

Während der Olympiade 1936 fungierte die Waldbühne als Austragungsort der **Turnwettkämpfe** und nicht für die **Boxmeisterschaften**, wie häufig in der Literatur zu finden ist. Diese fanden in der **Deutschlandhalle** statt. Erst in der Nachkriegszeit erlebte die Waldbühne als Schauplatz von großen Boxkämpfen, etwa von BUBI SCHOLZ oder CASSIUS CLAY, große Bedeutung. Weltweite Beachtung erreichte sie am 15.9.1965, nachdem ein Rockkonzert der Rolling Stones zu heftigen Krawallen und Zerstörungen in der Freilichtarena führte. Heute ist die Waldbühne

einer der beliebtesten **Veranstaltungsorte** der Berliner für Klassik- und Pop-Konzerte als auch für die berühmten Open-Air-Kinovorstellungen im Sommer für knapp 20 000 Zuschauer.

Kreist unser Blick vom Glockenturm nach links gen Süden über die Weite der Havellandschaft und die Wälder des Grunewalds, so bildet die Höhe des **Teufelbergs** (Berlins höchster Trümmerberg) mit 115 m einen markanten Fixpunkt am Horizont.

29 | Hochschulstadt – Wehrtechnische Fakultät

Im Zuge der von HITLER und SPEER konzipierten **Ost-West-Achse**, der wir bereits schon im Tiergarten und in Charlottenburg begegneten, erfolgte eine gigantische Planung einer wahrlich riesigen **Hochschulstadt** westlich des oben erwähnten **Mussolini-Bahnhofs**. Quasi als monumentales Stadtentree nach Überquerung der Havel von Spandau kommend, gedachten die Nazistadtplaner am Westende dieser stadtprägenden Achse alle Institute und Fakultäten, einschließlich einer **Technischen Hochschule** und einer **Universitätsklinik** der weltbeherrschenden Metropole „Germania" im nördlichen **Grunewald** zu konzentrieren, etwa südlich des Reichssportfeldes. Westlich dieser Hochschulstadt, auf **Pichelswerder** – der Insel zwischen **Havel** und **Stößensee** – wurde ein **Weltausstellungsgelände** vorgesehen und etwas südlich gar eine neue Überbrückung der hier extrem breiten Havel Selbst ehemalige Mitarbeiter Speers diagnostizierten im Nachhinein „Im Rahmen der Neuplanung durch den GBI wäre der Grunewald als eine der wichtigsten ‚grünen Lungen' der Reichshauptstadt am meisten angegriffen worden." (Reuther 1985, S. 175).

Südlich der Hochschulstadt war inmitten des **Grunewalds** ein großer Komplex von **militärischen Forschungsinstituten** geplant: die Wehrtechnische Fakultät der Technischen Hochschule, eine Deutsche Akademie für Luftfahrtforschung, das Heeresvermessungsamt sowie das Reichspatentamt und ein Arbeitswissenschaftliches Institut. Im Gegensatz zu allen genannten Gebäuden und Instituten wurde die **Wehrtechnische Fakultät (WTF)** gebaut.

Die von Hans Malwitz gebaute Anlage gehörte zu den am frühesten entworfenen Gebäudekomplexen im Neugestaltungsplan. Adolf Hitler höchstpersönlich legte am 27.11.1937 den Grundstein für diese aus zwei zusammengefügten Blöcken, dem hochquadratischen **Hauptgebäude** und zweigeschossigen **Institutspavillons**, die in zwei Reihen symmetrisch gruppiert sind. Weite Teile dieses Komplexes wurden erstellt, doch nie vollendet. Zum Kriegsende 1945 ruhte ein großer Rohbaukomplex, hineingeschlagen in den Grunewald, und niemand wusste damit etwas anzufangen. Die Stadt Berlin bestand aus Trümmerschutt und der musste aus den Straßen entfernt werden. Überall in der Stadt entstanden an ehemaligen, **nicht sprengbaren Luftschutzbunkern**, wie am **Humboldthain** oder **Friedrichshain** sowie an geeigneten Freiflächen wie am **Insulaner** in Steglitz oder dem **Teufelsberg** in Grunewald neuangelegte **Trümmerberge**.

Die Schatten der Vergangenheit mit der **Wehrtechnischen Fakultät** der Nazis wurden mit Schutt bedeckt, in der Hoffnung, auch die Vergangenheit tilgen zu können. Heute bedeckt der **Teufelsberg** die gesamten Anlagen!

Doch die Verschüttung der Vergangenheit mit Hilfe der Kriegstrümmer konnte nur punktuelle Hilfe sein. Wichtiger ist heutzutage die bewusste Wahrnehmung und der behutsame

Umgang mit den historischen Zeugnissen in der Stadt, in besonderem Maße der NS-Zeit. Abriss und geplante Zerstörung,
Besuchsverbot oder Verstecken wären der falsche Weg! Die
Stadt, die Berliner und wohl alle Deutschen müssen sich ihrer
Vergangenheit und ihrer Verantwortung stellen, sie müssen lernen, sich mit der deutschen NS-Epoche und deren Bauten
auseinanderzusetzen, um sie als historische Orte und erfahr-
bares Geschichtspotential sensibel in das demokratische
Gesellschaftsleben der bundesrepublikanischen Realität des
dritten Jahrtausends zu verankern.

Literatur

Bankgesellschaft Berlin [Hrsg.] (1999): Zehn Jahre danach – Der Wirtschaftsstandort Berlin. Anspruch und Wirklichkeit. Berlin

Bankgesellschaft Berlin [Hrsg.] (2000): Aktuelle Tendenzen am Wirtschaftsstandort Berlin – Brandenburg. Berlin

Berliner Festspiele GmbH und Architektenkammer Berlin [Hrsg.] (1999): Berlin – Offene Stadt. Die Stadt als Ausstellung. Berlin

BIENERT, M. (1999): Berlin. Wege durch den Text der Stadt. Stuttgart

BURKERT, N.; MARKMANN, H.-J. (1995): Berlin und die Alliierten 1944–1994. Berlin

CHRISTOFFEL, U. [Hrsg.] (1985): Berlin-Wilmersdorf. Die Jahre 1920 bis 1945. Berlin

DEMPS, L.; PAESCHKE, C.-L. (1998): Flughafen Tempelhof. Die Geschichte einer Legende. Berlin

FISCHER, G. (1992): Berliner Sportstätten. Geschichte und Geschichten. Berlin

GEIST, J.-H.; KÜRVERS, K. (1980/89): Das Berliner Mietshaus. 3 Bd., München

GEO-Special 1991, 1998

HARENBERG, B. [Hrsg.] (1986): Die Chronik Berlins. Dortmund

HAUS, W. (1992): Geschichte der Stadt Berlin. Mannheim

HERRMANN, J.; u.a. (1987): Berlin. Werte unserer Heimat. Bd. 49/59, Berlin

HILDEBRANDT, W.; u.a. (1988): Historische Bauwerke der Berliner Industrie. Berlin

HOFFMANN, H. (1998): Berlin – Eine politische Landeskunde. Berlin

HOFMEISTER, B. (1990): Berlin (West). Eine geographische Strukturanalyse der zwölf westlichen Bezirke. Wiss. Länderkunden, Bd. 8/1. 2. Aufl. Darmstadt/Gotha

HOFMEISTER, B.; VOSS, F. (1992): Exkursionen durch Berlin und sein Umland. Berlin

ders. [Hrsg.] (1995): Exkursionsführer zum 50. Deutschen Geographentag Potsdam 1995. Berlin

HOLMSTEN, G. (1984): Die Berlin-Chronik. Düsseldorf

KIAULEHN, W. (1958): Berlin – Schicksal einer Weltstadt. München

KLING, M. (1981a): Borsig – ein Abriß der Unternehmensgeschichte. In: SCHWARZ, K. [Hrsg.]: Berlin – Von der Residenzstadt zur Industriemetropole. Bd. 1: Aufsätze. Berlin, S. 192–199

KLING, M. (1981b): Wohnanlage in der „Versöhnungsprivatstraße". In: SCHWARZ, K. [Hrsg.]: Berlin – Von der Residenzstadt zur Industriemetropole. Bd. 2: Kompaß. Berlin, S. 153–154

KLING, M. (1985): Die ausländischen Arbeitskräfte in Berlin (West) seit 1961: Herkunft – Wohnstandorte – Wirtschaftliche Betätigungen. Berlin [unveröffentl. wiss. Hausarbeit]

KLING, M. (2000): Exposé zur stadthistorischen Exkursion durch das nationalsozialistische Berlin. Berlin [unveröffentlicht]

KORFF, G.; RÜRUP, R. [Hrsg.] (1987): Berlin, Berlin. Die Ausstellung zur Geschichte der Stadt, Katalog. Berlin

KRÜGER, A.; MITTAG D. (1988): Aus der Stadtgeschichte Berlins. Berlin

LARSSON, L. O. (1978): Die Neugestaltung der Reichshauptstadt. Albert Speers Gesamtbebauungsplan für Berlin. Stuttgart

LEHMANN, D. (1999): Umweltinformationssysteme und ihre praktische Anwendung im Umweltschutz in der Stadtregion Berlin. Marburg

MCGEE , M. R. (2000): Berlin 1925 – 1946 – 2000. Berlin

OBERHAUSER, F.; HENNEBERG, N. (1998): Literarischer Führer Berlin. Frankfurt am Main

Pädagogisches Zentrum Berlin [Hrsg.] (1987): Berlin 1237 – 1786. Von der Kaufmannsstadt zur königlichen Residenz. Berlin

Presse- und Informationsamt des Landes Berlin [Hrsg.] (1992): Berlin-Handbuch. Lexikon der Bundeshauptstadt. Berlin

REICHHARDT, H. J. (1992): Die Stadt in der Nazizeit. In: BLUHM, D. u.a. [Hrsg.]: Berlin. Eine Ortsbesichtigung. Kultur – Geschichte – Architektur. Berlin, S. 134 – 152

REICHHARDT, H. J.; SCHÄCHE, W. (1985): Von Berlin nach Germania. Über die Zerstörungen der Reichshauptstadt durch Albert Speers Neugestaltungsplanungen. Berlin

REUTHER, H. (1985): Die große Zerstörung Berlins. Zweihundert Jahre Stadtbaugeschichte. Frankfurt am Main / Berlin

RIBBE, W.; SCHMÄDEKE J. (1998): Kleine Berlin-Geschichte. Berlin.

RÖDIGER, U. (1999): Das Olympiastadion Berlin. Vom Deutschen Stadion zum Reichssportfeld. Berlin

RÜHLE, G. [Hrsg.] (1994): Literaturort Berlin. Berlin

SCHÄCHE, W. (1992): Architektur und Städtebau in Berlin zwischen 1933 und 1945. Berlin

Senatsverwaltung Stadtentwicklung, Umweltschutz und Technologie [Hrsg.]: Stadtforum Berlin. Div. Jahrgänge

Senatsverwaltung Wirtschaft und Betriebe (Hrsg.) (1998a): Berlin – Standorte für Entscheidungen. Berlin

dies. (1998b): Wirtschaftsbericht 1998. Berlin

dies. (1998c): Zur wirtschaftlichen Lage in Berlin III. Berlin

Senatsverwaltung für Wirtschaft und Technologie [Hrsg.] (2000a): Berlin 2000. Wirtschaftsbericht. Berlin

dies. (2000b): Zur wirtschaftlichen Lage in Berlin, IV 2000. Berlin

SIEDLER, W.-J. (1998): Phoenix im Sand. Glanz und Elend der Hauptstadt. Berlin

KORHERR, R. (1930): In: STROHMEYER, K. [Hrsg.] (1987): Berlin in Bewegung. Literarischer Spaziergang 2. Die Stadt. Reinbek, S. 44

Topographischer Atlas Berlin 1997. Berlin

V. MÜLLER, A. (1981): Edelmann... Bürger, Bauer, Bettelmann – Berlin im Mittelalter. Berlin u.a.

VORSTEHER, D. (1983): Borsig – Eisengießerei und Maschinenbauanstalt zu Berlin. Berlin

WIRTH, I. (1961): Die Bauwerke und Kunstdenkmäler von Berlin. Stadt und Bezirk Charlottenburg. Berlin

WÖRNER, M.; MOLLENSCHOTT, D.; HÜTER, K.-H. (1997): Architekturführer Berlin. Berlin

Ortsregister

Personenregister

Sachregister

Bildnachweis

Amt für Stadtplanung und Vermessung des Bezirksamtes Treptow-Köpenick: 77

Arbeitsgemeinschaft: G. Gauglitz (Edition Gauglitz)/D. Bloch, Berlin: 27, 36, 37, 41, 48, 55, 58, 61, 65, 69, 74

Berlin Archiv: 28, 31

Berliner Hafen- und Lagerhausbetriebe (BEHALA): 54

Berliner Zeitung 17./18.04.99 (W. Olm): 59

Bundesbildstelle Bonn: 30

G. C. Falk, Berlin: 66, 68, 75, 76, 78, 79

Geographisches Institut der Universität Basel: 16

GeSoBau Gesellschaft für sozialen Wohnungsbau: 56

G. Haß, Berlin: 47, 57, 60

Heimatmuseum Marienfelde: 67

Heinze von Hippel, Berlin: 22, 42, 44, 46, 49

Institut für Länderkunde e.V., Leipzig: 52

Klett-Perthes Verlag Gotha: 2, 4, 5, 6, 9, 10, 11, 12, 15, 17, 19, 20, 21, 26, 29, 32, 50, 53, 80

Klett-Perthes (R. Koch, Berlin): 23, 35, 39

M. Kling, Berlin: 70, 71, 73

Landesarchiv Berlin: 81, 85

Landesbildstelle Berlin (Landesinstitut für Schule und Medien/ LISUM): 72

D. Lehmann, Berlin: 40, 51

Lehnartz, Berlin: 7, 18, 24, 34, 38, 43, 45, 62

Museum für Verkehr und Technik Berlin: 13

Prinz, Hannover (St. Kröger): 25

Rembrandt-Verlag (Dr. K. Lemmer): 33

Rödiger Verlag (R. Rödiger): 86

Senatsverwaltung Stadtentwicklung, Umweltschutz und Technologie (J. Welsch): 3

Stadt und Grün 8/98: 8

W. Steiner, Weimar: 1

A. Stier, Berlin: 63, 64

Ullstein Bilderdienst, Berlin: 83 (Gläser); 14, 84 (Willmann); 82

In gleicher Ausstattung im Buchhandel erhältlich:

Spuren suchen – Landschaften entdecken

Ulrich Sebastian

MITTELSACHSEN
Stadtexkursionen

192 Seiten, zahlreiche Abbildungen und Karten
ISBN 3-623-00640-8